TRAVESSIA

Aprender uma língua e estudar uma cultura é atravessar um mundo de imensos horizontes e, no processo, encontrar-se, ao descobrir o outro.

ÍNDICE

FOREWARD

SUGGESTIONS ON HOW TO USE TRAVESSIA

UNIDADE PRELIMINAR: PONTO DE EMBARQUE

UNIDADE 1: "MUITO PRAZER"

Parte I

Parte II

UNIDADE 2: UMA CASA PORTUGUESA

UNIDADE 3: PORTUGAL DESCOBRE O MUNDO

UNIDADE 4: A ÁFRICA DE EXPRESSÃO PORTUGUESA

UNIDADE 5: TODOS SOMOS BRASILEIROS

UNIDADE 6: OS BRASILEIROS

UNIDADE 7: O NORTE -- A REGIÃO AMAZÔNICA

UNIDADE 8: O NORDESTE DO BRASIL

UNIDADE 9: O SUDESTE DO BRASIL

*Não estão no vídeo

APÊNDICES

UNIDADE 7

O NORTE -- A REGIÃO AMAZÔNICA

Parte I

Parte II

V = Vídeo

NORTE

O NORTE -- A REGIÃO AMAZÔNICA
PARTE I

I. APRESENTAÇÃO

─────VÍDEO─────

De todas as regiões brasileiras, é o Norte que apresenta *menor* população: *smallest*
ela não chega a quatro milhões de habitantes, *espalhados* em uma *scattered*
extensa área de mais de três milhões e quinhentos mil quilômetros *quadrados* *square*
(quarenta e dois por cento de todo o território nacional).

Muitas tribos *indígenas* ainda *sobrevivem* na Região Amazônica, que tem as *native; survive*
maiores extensões de florestas do Brasil. Estas florestas são uma preciosa
reserva de vida animal e natural cada vez mais *ameaçada* pela *exploração* de *threatened; exploitation*
madeira e pelos interesses de grandes *empresas agropecuárias*, nem sempre *agro-pastoral businesses*
brasileiras. Estas empresas se desenvolvem nas terras *à beira* dos rios, onde *on the banks*
ainda se *destacam* a produção de *borracha* e a extração de *castanhas*. *stand out; rubber; Brazil nuts*

Amazonas, Negro, Tapajós, Madeira, Xingu, Purus... O grande número de
rios oferece, além de enorme variedade de *peixes*, um incrível volume de *fish*
água, que também funciona como o principal *meio* de transporte e de *means*
comunicação: os rios da Região Amazônica são *verdadeiras estradas*. *true roads*

O povo desta imensa região recebe uma influência indígena de uma maneira
muito *acentuada*, nos hábitos, nos costumes, nas tradições e em variados *emphatic*
aspectos da cultura e da vida. Entre estas influências indígenas, estão
algumas *lendas* (Iara, Caipora, Curupira, Boto, Cobra Norato, Uirapuru), *legends*
que se mantêm vivas na cultura popular dos *caboclos* nortistas. *of mixed (white-Indian) blood*

─────PARE─────

VOCÊ ENTENDEU?

1. De acordo com o texto, a Região Norte é muito povoada?
2. A Região Norte tem:
   - a. três milhões e quinhentos mil quilômetros quadrados
   - b. mais de três milhões e quinhentos mil quilômetros quadrados
   - c. mais de três milhões de quilômetros quadrados
3. O que ameaça a floresta amazônica?
4. Segundo o texto, quais são as atividades econômicas da Região?
5. Alguns dos rios dessa Região são:
   - a. o Madeira
   - b.
   - c.
   - d.
6. O que estes rios oferecem para a Região Amazônica?
7. Onde a influência indígena está presente nessa Região?
8. O que são os caboclos?

II. ESTAÇÕES E CLIMA

quatro estações

VÍDEO

No Brasil, em geral, as *estações* do ano não são definidas em termos de *mudanças bruscas* de vegetação. Mas, quanto ao clima, a transição das estações é mais notável. O Sul é bem frio no inverno e no Norte *costuma-se* dizer que o verão *dura* o ano todo. No Nordeste a estação da *seca* é chamada de verão e o inverno é a *época* das chuvas. No Brasil a temperatura é *medida* em graus centígrados. Veja como este sistema corresponde ao Farenheit.

seasons
abrupt changes

it is common
lasts; drought
period; measured

PARE

OBSERVE E RESPONDA

O que você vê no vídeo?

a. *pinheiros*	c. --	e. --
b. *solo seco*	d. --	f. --

VOCÊ ENTENDEU?

1. Como são as mudanças de estações no Brasil?
2. Como é o clima no Sul e no Norte?
3. Como são chamados o verão e o inverno no Nordeste ?
4. Como a temperatura é medida no Brasil?

VAMOS NOS COMUNICAR

A. **Palavra-Puxa-Palavra**

Substantivos

a **estação** (-ões) season
a **primavera** /é/ spring
o **verão** summer
o **outono** fall
o **inverno** /é/ winter

a **tempestade** storm
   o **relâmpago** lightning
   o **trovão** thunder
   a **trovoada** thunderstorm
   o **vento** wind
   a **chuva** rain
   o **arco-íris** rainbow

o **céu** sky, heaven
   a **estrela** /ê/ star
   a **lua** moon
   o **sol** sun
   o **nascer-do-sol** sunrise
   o **pôr-do-sol** sunset
   a **nuvem** cloud

a **enchente** flood
a **inundação** flood
o **nevoeiro** /ô/ fog
a **neve** /é/ snow
a **seca** /ê/ drought

Verbos

ventar to blow
chover ■² to rain
inundar to flood
molhar ■¹ to wet

nevar ■¹ to snow
esfriar to chill
agasalhar to shelter, warm
esquentar to heat

Expressões

a **lareira** fireplace
fazer frio/calor be hot/cold
fazer bom tempo good weather
fazer mau tempo bad weather

a **previsão do tempo** weather forecast
a **mudança do tempo** change in weather
temperatura mínima low temperature
   máxima high temperature

B. **O meu dicionário.** O que significam as expressões abaixo?

1. primavera: *estação do ano em que há muitas flores*

2. verão —
3. outono —
4. inverno —
5. seca —
6. enchente —
7. lareira —

8. céu —
9. agasalhar —
10. chuva —
11. arco-íris —
12. pôr-do-sol —

C. **Qual é a temperatura?** Quais são as temperaturas máxima e mínima das cidades abaixo, segundo o quadro? Qual a correspondência destas temperaturas em fahrenheit?

	Célsio	Fahrenheit
1. Brasília	30—19	—
2. Recife	—	—
3. Florianópolis	—	—
4. Goiânia	—	—
5. Manaus	—	—
6. Vitória	—	—

nos Estados

Temperaturas máximas e mínimas previstas para hoje em algumas capitais: Manaus, 36-25; Fortaleza, 33-23; Recife, 32-24; Salvador, 29-22; Goiânia, 33-24; Brasília, 30-19; C.Grande, 33-23; Cuiabá, 37-26; Vitória, 29-23; Rio de Janeiro, 30-22; Curitiba, 24-16; Florianópolis, 27-18; Porto Alegre, 28-17.

CALVIN/Bill Watterson

EI! NEVOU ESTA NOITE!

OBA! OLHEM SÓ ISTO! TERÃO QUE FECHAR AS ESCOLAS!

HÁ NEVE POR TODA PARTE! DEVE BATER NA CINTURA!

INFELIZMENTE, ESSA É UMA MEDIDA RELATIVA!

D. Como converter medidas.

A área da Região Norte é de mais de 3.500.00 km². Qual seria essa extensão em milhas?

MEDIDAS DE DISTÂNCIA E ÁREA

1 inch = 2.54 centímetros	1 centímetro= 0.39 inch
1 foot = 0.30 metros	1 metro = 1.1 yards
1 yard = 0.91 metros	= 39 inches
1 mile = 1.85 kilômetros	1 kilômetro = 0.621 mile
1 acre = 0.41 hectare	1 hectare = 2.5 acres
1 mile² = 2.59 km²	1 km² = .386 mile²
= 640 acres	

E. Diálogos.

1. Que dia gostoso!

— O dia hoje está maravilhoso!
— É mesmo! Que gostoso. Nem parece que estamos no inverno.
— Por falar em inverno, ontem nevou em Santa Catarina.
— Aqui no Rio esta mudança de tempo me deixa louco. Um dia faz frio e outro dia faz calor.
— É por isso mesmo que eu gosto daqui.
— Como você sabe que roupa usar, ou se vai dar praia, no dia seguinte?
— A gente tem que acreditar na previsão do tempo e conservar sempre o bom humor.

2. Você está nas nuvens!

Roberto	— Muita gente prefere o verão mas eu adoro o inverno!
Teresa	— O inverno! Puxa vida! Você nem parece que é de um país tropical. Eu não gosto nem do frio, nem da neve!
Roberto	— Pois eu acho o inverno uma estação tão romântica, com lareira, neve e não sei mais o quê.
Teresa	— Enfrente a realidade, Roberto! Imagine que coisa boa é uma noite quentinha com o céu cheio de estrelas.
Roberto	— Olha, Teresa, eu gosto de caminhar na rua com a neve caindo e o vento uivando.
Teresa	— Isso não é coisa do Brasil, Roberto! Você está com a cabeça nas nuvens?

3. Conversinha: Falando do tempo no telefone. Complete o diálogo.

Júlio	— Alô, Ronaldo! Como está o — hoje?
Ronaldo	— Está fazendo muito —. Aqui no — os dias são muito quentes. E aí?
Júlio	— Está —. Nessa época do ano — quase todos os dias.
Ronaldo	— Então você não foi à praia nesse fim de semana?

Ronaldo   — Qual a — para a próxima semana? Chego aí na terça-
                 feira.

Júlio   — De acordo com o jornal a — vai subir um pouco e
                 parece que não vai —.

F. Serviço de metereologia.

Procure informações no jornal, televisão ou rádio sobre a previsão do tempo para amanhã. Apresente sua pesquisa em classe.

G. A Previsão do Tempo. A previsão do tempo no texto corresponde ao mês de julho. Responda às perguntas.

1. Na ilustração ao lado há dois mapas. Um é o do Brasil. E o outro?
2. Qual é o símbolo para indicar tempo parcialmente nublado?
3. De acordo com o mapa, como está o tempo
      a) para todo o país?
      b) para o Rio Grande do Sul?
      c) para a Bahia?
4. Qual a previsão do tempo para
      a) Porto Alegre?
      b) Rio de Janeiro?
      c) Brasília?
5. Em que cidades faz mais frio?
6. Qual a oscilação da temperatura em Recife?

Brasil

Com excessão da costa leste e nordeste, onde ocorrem chuvas esparsas, e do extremo sul onde uma frente fria está em evolução, o tempo é bom no restante do território nacional. As temperaturas atingem níveis elevados para esta época do ano.

Capitais

Brasília · Parcialmente nublado, com pancadas de chuvas esparsas à tarde. Temperatura estável, entre 17 e 26 graus.

Rio de Janeiro · Nublado, com chuviscos esparsos no decorrer do período e névoa úmida pela manhã. Temperatura em declínio, entre 20 e 26 graus.

Belo Horizonte · Parcialmente nublado, com pancadas de chuvas esparsas à tarde. Temperatura estável, entre 19 e 28 graus.

Cuiabá · Parcialmente nublado, com pancadas de chuvas esparsas principalmente no período da tarde. Temperatura estável, entre 24 e 34 graus.

Curitiba · Nublado, com chuviscos esparsos. Temperatura em declínio, entre 14 e 23 graus.

Fortaleza · Parcialmente nublado, com pancadas de chuvas. Temperatura estável, entre 26 e 32 graus.

Manaus · Parcialmente nublado, com pancadas de chuvas ocasionais pela manhã e no fim do tarde. Temperatura estável, oscilando entre 26 e 32 graus.

Norte do Paraná · Bom, com nebulosidade variável. Temperatura em ligeira elevação, entre 18 e 30 graus.

Porto Alegre · Bom, com nebulosidade variável. Temperatura em ligeira elevação, entre 18 e 30 graus.

Recife · Parcialmente nublado, com pancadas de chuvas. Temperatura estável, entre 26 e 32 graus.

Salvador · Parcialmente nublado, com pancadas de chuvas ocasionais. Temperatura estável, entre 26 e 32 graus.

Sul de Minas · Nublado, com chuviscos esparsos no decorrer do período e névoa úmida pela manhã. Temperatura em declínio, entre 16 e 23 graus.

H. **Ponto de Encontro:**

Entrevista: Entreviste um colega e obtenha as seguintes informações:

1. Qual é a sua estação favorita? Por quê?
2. Quais são as suas atividades de verão?
3. Quais as atividades típicas de inverno?
4. Qual a sua opinião sobre
    a. o verão?
    c. o inverno?
5. Em que região do país você mora?
6. O que caracteriza o meio físico dessa região? montanhas, deserto, mar, rios, etc.)
7. Em geral, qual é a temperatura máxima e mínima nesta região?
8. Como é o clima da sua cidade?
9. Como fica a sua cidade no outono e na primavera?
10. Como você se sente no verão? No inverno?

III. "CONSTRUÇÃO", CHICO BUARQUE DE HOLANDA

— VÍDEO —

Amou daquela vez como se fosse a última
Beijou sua mulher como se fosse a última,
E cada filho seu como se fosse o único,
E atravessou a rua com seu passo tímido.

Subiu a construção como se fosse máquina,
Ergueu no *patamar* quatro paredes sólidas   *raised; platform*
Tijolo com tijolo num desenho mágico,   *brick*
Seus olhos *embotados* de cimento e lágrima.   *dulled, weakened*

Sentou pra descansar como se fosse sábado,
Comeu feijão com arroz como se fosse um
      príncipe
Bebeu e *soluçou* como se fosse um *náufrago*,   *sobbed, shipwrecked*
Dançou e *gargalhou* como se ouvisse música.   *laughed*

E *tropeçou* no céu como se fosse um *bêbado*,	*stumbled; drunk*
E *flutuou* no ar como se fosse um *pássaro*,	*floated; bird*
E *se acabou* no chão *feito* um pacote *flácido*,	*'died'; like; flaccid*
Agonizou no meio do passeio público.	*lay dying*
Morreu na *contramão atrapalhando* o tráfego.	*against traffic; messing up*

Amou daquela vez como se fosse o último,
Beijou sua mulher como se fosse a única,
E cada filho seu como se fosse o *pródigo*,   *prodigal son*
E atravessou a rua com seu passo bêbado.

Subiu a construção como se fosse sólido,
Ergueu no patamar quatro paredes mágicas,
Tijolo com tijolo num desenho lógico,
Seus olhos embotados de cimento e tráfego.

Sentou pra descansar como se fosse um príncipe
Comeu feijão com arroz como se fosse o *máximo*   *the best*
Bebeu e soluçou como se fosse máquina,
Dançou e gargalhou como se fosse o *próximo*.

E tropeçou no céu como se ouvisse música,   *like the next guy*
E flutuou no ar como se fosse sábado,
E se acabou no chão feito um pacote tímido,
Agonizou no meio do passeio náufrago.
Morreu na contramão atrapalhando o público.

Amou daquela vez como se fosse máquina,
Beijou sua mulher como se fosse lógico,
Ergueu no patamar quatro paredes flácidas,
Sentou pra descansar como se fosse um pássaro
E flutuou no ar com se fosse um príncipe,
E se acabou no chão feito um pacote bêbado.

Morreu na contramão atrapalhando o sábado.

— *PARE* —

"Construção" de Chico Buarque de Holanda

Chico Buarque de Holanda é um dos compositores mais famosos do Brasil. O sucesso que o projetou foi "A Banda", vencedora no Festival da Música Popular Brasileira, juntamente com "Disparada" de Geraldo Vandré, em 1966. Além de inúmeras canções, Chico Buarque tem feito composições para musicais, como "Roda Viva" e "Ópera do Malando", e outras para teatro e trilha sonora de filmes. Sua música se caracteriza pela nostalgia e uma alegria contagiante quando procura *resgatar* o universo cultural brasileiro. Por outro lado, preocupado com a violência causada pelos desequilíbrios e injustiças sociais, Chico Buarque compõe músicas de protesto, como esta, e outras onde as personagens são operários, *marginais* e infelizes. Chico Buarque é acima de tudo um poeta de belíssimas composições líricas, cujos temas são a alegria, a tristeza, os problemas e dificuldades do ser humano, a justiça e a paz.

No poema-canção que acabamos de ouvir, Chico Buarque fala da vida de um operário de construção. Conta o seu último dia de vida, desde o momento em que sai de casa até a sua morte, no trabalho, em conseqüência de uma *queda*. Para contar a história, Chico Buarque faz uma verdadeira obra de **construção das palavras**, usando-as como se fossem tijolos, ao combiná-las de maneira diferente em cada verso. Desta forma ele vai mostrando as ações do operário, que são as mesmas de todos os dias, mas vistas de maneiras diferentes. Leia o poema e procure ver como novas idéias e imagens são criadas em cada nova combinação de palavras.

marginal outcast   **queda** fall   **resgatar** redeem

OBSERVE E RESPONDA

O que você viu na tela?

     a. homens trabalhando
     b. ——   d. ——
     c. ——   e. ——

VOCÊ ENTENDEU?

A. **Perguntas.**

     1. Quem é o personagem de "Construção"?
     2. O que ele fez antes de sair de casa?
     3. Ele atravessou a rua de duas maneiras:
        a) ——
        b) ——
     4. O que ele ergueu no patamar?
     5. Na hora do almoço, o que ele comeu?
     6. Como estavam os seus olhos?
     7. Na sua opinião, como o operário se sentia?
     8. Que palavra no texto significa que o tráfego vai só numa direção?
     9. Cite três versos que indicam que o operário morreu.
     10. Na sua opinião como ele morreu?

B. **"Como se fosse..."** Há na canção uma série de versos que indicam uma correspondência de ações. Procure esta correspondência nas frases abaixo:

     1. —— como se fosse ——   *Amou daquela vez* como se fosse *a última* .

     2. —— como se fosse ——   7. —— como se ouvisse ——
     3. —— como se fosse ——   8. —— como se fosse ——
     4. —— como se fosse ——   9. —— como se fosse ——
     5. —— como se fosse ——   10. —— como se fosse ——
     6. —— como se fosse ——

C. **O que aconteceu?** Conte o que aconteceu um dia na vida de um trabalhador em qualquer profissão. Use os tempos verbais no passado. Sugestão: policial, bombeiro, pescador, médico, professor, etc.

     Ex: *João Antônio, um policial de Belém do Pará, saiu de casa às 8 horas da manhã e...*

IV. *ACENTUAÇÃO GRÁFICA -- PROPAROXÍTONAS*

1) **STRESS:** All Portuguese words have a stressed syllable in one of three syllable positions:

   a) When the stress occurs in the second-to-last syllable the word is called "proparoxítona":

ótimo	*canônico*	*gramática*
romântico	*médico*	*ênfase*

   b) When the stress occurs in the next-to-last syllable the word is called "paroxítona":

fácil	*ânsia*	*cônsul*	*caráter*
casa	*invencível*	*vênus*	*carioca*

   c) When the stress occurs in the last syllable (or in a monosyllable) the word is called "oxítona":

também	*mês*	*cantor*	*pé*
poderá	*freguês*	*comprar*	*chinês*

2) **ACCENTS:** In some words the stressed syllable carries a written accent. There are two written accent marks to indicate a stressed syllable.

   ´) -- acento agudo   -- marks an open vowel

*hist**ó**rico*	*am**á**vel*	*caf**é***

   ^) -- acento circunflexo   -- marks a close vowel:

*t**ô**nica*	*l**â**mpada*	*voc**ê***

   Note: **-i-** and **-u-** only take the *acento agudo: dif**í**cil, **ú**tero.*

3) **PALAVRAS PROPAROXÍTONAS:** We shall begin the study of accents sequentially, with *palavras proparoxítonas.* **All** *palavras proparoxítonas* take a written accent:

falávamos	*êxito*	*úmido*
ônibus	*espírito*	*cântico*

VAMOS PRATICAR ===

A. **Os tijolos mágicos.** Em "Construção", Chico Buarque construiu a sua composição musical usando palavras proparoxítonas no final dos versos. Cite **10** palavras proparoxítonas da canção.

1. *última*	5. --	8. --
2. --	6. --	9. --
3. --	7. --	10. --
4. --		

B. **O detetive de palavras:** Indique as palavras proparoxítonas no texto abaixo:

A minha excursão pela floresta amazônica foi fantástica. Foi mesmo o
máximo! Vi árvores de todos os tipos. Como um bom fotógrafo amador,
levei a minha câmara e bati fotografias de tudo o que eu vi. O clima quente
e úmido não me assustou e nem dei a mínima importância para os perigos
dessa grande floresta. Também levei o meu cartão de crédito e comprei
várias coisas típicas da Região. Já estou pensando na minha próxima
excursão: uma visita às cidades de Petrópolis e Teresópolis.

V. FUTURO SIMPLES

The simple future is formed by adding the endings *-ei, -emos, -á*, and *-ão* to the complete infinitive form
of the verb.

COMER

EU COMEREI	NÓS COMEREMOS
VOCÊ O SENHOR A SENHORA COMERÁ ELE ELA	VOCÊS OS SENHORES AS SENHORAS COMERÃO ELES ELAS

Ele **cantará** amanhã.	*He will sing tomorrow.*
Eles **chegarão** na semana que vem.	*They will arrive next week.*
Eu **estarei** livre às duas.	*I will be free at two.*

There are are only three irregular verbs in this tense: **fazer, trazer,** and **dizer.**

TRAZER

TRAREI	TRAREMOS
TRARÁ	TRARÃO

FAZER

FAREI	FAREMOS
FARÁ	FARÃO

DIZER

DIREI	DIREMOS
DIRÁ	DIRÃO

The simple future is often used for conjecture or speculation, primarily with the verb *ser.*:

Será que ele já chegou em casa?	*I wonder if he got home.*
Que horas **serão?**	*I wonder what time it is.*
Será que vai chover amanhã?	*Do you suppose it will rain tomorrow?*

VAMOS PRATICAR

A. O que estas pessoas farão?

Júlia   *Sérgio e Cláudia*

Ex.: Júlia não virá para a aula.   *Sérgio e Cláudia virão no próximo ano.*

1. ir a São Paulo	1. casar no fim do ano
2. terminar os estudos	2. ir ao cinema
3. visitar Portugal	3. fazer uma viagem
4. dizer o que viu em Coimbra	4. escrever um romance
5. residir em Lisboa no próximo ano	5. ser promovido

B. Daqui a algum tempo! Faça uma frase combinando os elementos abaixo.

Ex.: Pedro será o presidente do clube no ano que vem.

Verbos	*Expressões de tempo*
1. ser	no ano que vem
2. partir	na semana que vem
3. trazer	amanhã de manhã
4. chegar	no próximo mês
5. mudar de casa	depois de amanhã
6. ter um filho	daqui a dois meses

C. Perguntas abelhudas mais uma vez!

1. Você lê o horóscopo no jornal todos os dias?
2. Você acredita no que o horóscopo diz?
3. Qual é o seu signo zodiacal?
4. Quais são as características do seu signo?
5. Que características do seu signo você reconhece em você?

D. **Será que vai acontecer?** Leia seu horóscopo para hoje:

    1. O que acontecerá a você?
    2. O horóscopo lhe deu algum conselho?
    3. Você concorda com o seu horóscopo de hoje?

E. **A Cartomante**. Dona Berta, a nossa conhecida cartomante, predisse o seu futuro. O que acontecerá a você?

    1. (casar) *Eu casarei daqui a cinco anos.*
    2. (ganhar bastante dinheiro)
    3. (gastar dinheiro sem pensar)
    4. (perder o emprego)
    5. (conseguir outro emprego)
    6. (fazer uma grande viagem)
    7. (residir num país de língua portuguesa)
    8. (ter seis filhos)
    9. (pedir dinheiro emprestado para comprar um iate)
   10. (trazer sorte para minha família)
   11. (controlar minhas emoções)
   12. (evitar tensão)
   13. (dizer sempre a verdade)
   14. (ser feliz de um modo geral)

F. **Agora é a minha vez!**   Dê a sua opinião sobre um dos itens abaixo:

    1. Como será o ano 2.000?
    2. Como será a minha vida daqui a 10 anos?
    3. Como será a família no século XXI?
    4. Como será a vida na lua?

Mambucaba - Rua do Comércio e torre do Rosário

VI. "DICAS PARA O TURISTA"

Dicas para o turista

Em Manaus:

● A onze milhas de Manaus as águas do Rio Negro se encontram com as águas barrentas e marrons do rio Solimões. O interessante é que elas não se misturam rapidamente, correm paralelas, por 7 milhas. O espetáculo ao cair da tarde é maravilhoso e pode ser visto, confortavelmente, de botes e barcos.

● O mundialmente famoso Teatro do Amazonas foi construido em 1896 — no auge do ouro e da borracha. Neo-clássico, suas peças vieram da Europa e alí se apresentaram o famoso Caruso e a bailarina russa Ana Pavlova.

● Você pode hospedar-se no Hotel Tropical (5 estrelas); Hotel Amazonas, Novotel Manaus (4); Hotel Monaco, Hotel Imperial, Hotel Ana Cassia

(3). Todos tem ar condicionado, TV, restaurantes.

Em Belém:

● Da estação rodoviária na Praça do Operário você pode viajar de onibus para Brasilia, São Luis, Teresina, Fortaleza, Recife, Salvador, Rio, São Paulo e pelo interior do Pará.

● Faça uma visita à Basílica de Nossa Senhora de Nazaré na praça Justo Chermont, ou à Catedral Metropolitana de Belém.

● Você tem o Equatorial Palace, o Grão Pará, Selton, Vanja, Sagres, Regente, Maracaja e Novotel, com ar condicionado, TV, restaurantes, geladeira nos apartamentos, lojas de artesanato.

● Para saborear a cozinha típica você pode ir **Lá em Casa**, o **Outro**, **Marisqueira**, **Avenida**, o **Regatão**, o **Prato de Barro**. No **Augustus** tem música ao vivo, barzinho.

A palavra *dica* significa "hint". Com base na informação acima, dê as dicas para uma viagem à Amazônia.

1. O que há de interessante no encontro das águas do Rio Negro e do Rio Solimões?
2. Fale sobre o cair da tarde.
3. Por que se deve visitar o Teatro do Amazonas?
4. O que há nos hotéis recomendados em Manaus e Belém?
5. Que lugares se deve visitar em Belém?
6. O que há no Restaurante Augustus, em Belém?

VII. FUTURO DO SUBJUNTIVO -- VERBOS REGULARES

VÍDEO

Veja como é conjugado o futuro do subjuntivo de verbos regulares.

CHEGAR

SE EU		SE NÓS **CHEGARMOS**
VOCÊ		VOCÊS
O SENHOR		OS SENHORES
SE A SENHORA **CHEGAR**	SE	AS SENHORAS **CHEGAREM**
ELE		ELES
ELA		ELAS

ATENDER

SE EU		SE NÓS **ATENDERMOS**
SE ELE	**ATENDER**	SE VOCÊS **ATENDEREM**

SUBIR

SE EU		SE NÓS **SUBIRMOS**
SE A SENHORA	**SUBIR**	SE ELES **SUBIREM**

O futuro do subjuntivo é muito usado em português. Ocorre depois de **SE, QUANDO** e outras conjunções com referência ao futuro. Vamos ver alguns exemplos:

Quando mamãe **telefonar** para mim...

Quando **chover** demais...

Agora, observe o uso do futuro do subjuntivo:

Raul — Não. Pode ficar com ele. Se **acertar** a senhora me dá um *abatimento*.   *discount*

Raul — E essas coisas que tem aqui, que *estragam* se não **usar**,   *spoil* carne, leite, ovos, você leva também, 'tá bom?

Renato — Se você **precisar** de alguma coisa, pode contar com a gente.

PARE

The Future Subjunctive

1) The future subjunctive stem is obtained from the third-person plural preterite by dropping the ending: **falar**am --> *se eu falar*. For regular verbs, this stem is identical to the infinitive.

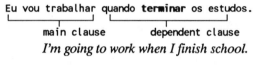

2) *Clauses*. The subjunctive occurs in the **dependent** clause of a sentence. A dependent clause cannot stand by itself. (It follows **se** or some other linking word, such as **quando, como, que**, etc.):

Eu vou trabalhar quando **terminar** os estudos.

main clause   dependent clause

I'm going to work when I finish school.

Se não **sairmos** agora vamos perder o ônibus.

dependent clause   main clause

If we don't leave now, we're going to miss the bus.

3) The future subjunctive is used after certain conjunctions that make the dependent verb's action hypothetical (anticipated, speculative, conditional) in relation to the main clause. If there is not a hypothetical relationship, the indicative is used. The most important conjunctions are:

SE	*if*	ENQUANTO	*while*
QUANDO	*when*	DEPOIS QUE	*after*
ONDE	*where*	ASSIM QUE	*as soon as*
COMO	*as, like*	LOGO QUE	*as soon as*

4) Examples:

FUTURE SUBJUNCTIVE

Eu vou sair se não **chover**.
I'm going to leave if it doesn't rain.

Nós vamos almoçar quando vocês **chegarem**.
We are going to have lunch when you get here.

Depois que nós **terminarmos** os estudos vamos procurar um emprego.
After we finish our studies we will look for a job.

Irei assim que vocês **chamarem**.
I'll go as soon as you call.

Eu vou fazer os exercícios como você **quiser**.
I'm going to do the drills however you wish.

INDICATIVE

O Mário não sabe se **irá** à faculdade amanhã.
Mário doesn't know if he will go to school tomorrow.

Quando eu **tenho** sono eu vou para a cama.
When I am sleepy I go to bed.

Eu vou trabalhar enquanto você **estuda**.

I'm going to work while you study.

A Maria põe os vestidos dela onde ela **quer**.
Maria puts her dresses where she wants.

Eu vou fazer os exercícios como você **pediu**.
I'm going to do the exercises as you asked.

VAMOS PRATICAR

A. Diálogo. Se Deus quiser!

— Você vai para o Brasil no fim do ano?
— Se eu conseguir bastante dinheiro, eu irei.
— Quanto tempo você vai ficar lá?
— Dependerá de várias coisas: dinheiro, tempo, saúde, etc.
— Você passará o Natal lá?
— Se meus pais permitirem, eu ficarei até o carnaval.
— Você me escreverá uma cartinha?
— Se Deus quiser!

B. O que faremos nas seguintes situações? Complete as frases:

1. Eu comprarei um iate *se eu ganhar uma herança.*
2. Mamãe conseguirá um emprego se ela —
3. Nós nos casaremos quando nós —
4. Meus irmãos passarão nos exames se eles —
5. Papai venderá o carro se ele —
6. Meus avós virão nos visitar se eles —
7. Nós receberemos boas notas quando nós —
8. Eu farei uma viagem a Portugal se eu —

C. Como será o futuro?

1. Irei a Recife depois que *me formar.*
2. Compraremos um carro novo quando —
3. Sairemos dessa cidade depois que —
4. Meus pais vão ficar em Belém enquanto —
5. Jorge vai casar quando —
6. Vou ficar com você enquanto —
7. Meus irmãos farão o telefonema depois que —
8. Nós escreveremos para o professor assim que —

D. Quando será o casamento?

Carlos　　　　　　　　　*Cristina e Sinval*

Ex.: *Quando ele mudar de emprego.*　　*Quando eles venderem a casa.*

1. conseguir bastante dinheiro	1. comprar uma casa
2. ganhar na loteria	2. terminar a faculdade
3. tirar férias	3. voltar das férias
4. receber aumento de salário	4. conseguir uma promoção

E. O que acontecerá se nós ... Responda às perguntas.

1. pararmos de fumar? *Se pararmos de fumar vamos engordar.*

2. bebermos demais?　　　　　　5. comermos muito?
3. mentirmos muito?　　　　　　6. perdermos o passaporte?
4. não passarmos no exame?

F. Planos para o futuro. Responda às perguntas.

1. O que você fará depois que terminar os estudos?
2. O que você fará se ganhar na loteria?
3. Quando você conseguir um bom trabalho, o que você fará?
4. Se você viajar para o Brasil, que cidades vai visitar?
5. Se você não terminar os estudos, o que você fará?
6. Quando você comprar um carro, que tipo de carro será?

G. Agora é a Minha Vez! O que acontecerá com você depois de formar-se da universidade? Construa várias hipóteses como possibilidades. Use as conjunções *se, quando, depois que*, etc.

Quando eu terminar os meus estudos vou procurar um bom emprego. Se eu conseguir esse emprego...

VIII. "FOI BOTO, SINHÁ!" -- A LENDA DO BOTO

───── VÍDEO ─────

Tajapanema chorou no *terreiro*   Indian name; praça
E a virgem morena fugiu no *costeiro*   a kind of boat
Foi *boto*, *sinhá*!   dolphin; missy (senhora)
Foi boto, *sinhô*!   mister (senhor)
Que veio *tentar*.   tempt
E a moça levou
*No *tar* dançará   popular dance
*Aquele doutor.
Foi boto, sinhá!
Foi boto, sinhô!

Tajapanema *se pôs a* chorar   began
Quem tem filha moça é bom vigiar.
O boto *não dorme*   doesn't rest or stay
No fundo do rio.
Seu *dom* é enorme,   power
Quem quer que o viu
Que diga, que informe
*Se lhe resistiu.
O boto não dorme
No fundo do rio.[1]

───── PARE ─────

Foi Boto, Sinhá!

"Foi Boto, Sinhá!" é uma composição de 1933 do paraense Waldemar Henrique com versos de Antônio Tavernard. Waldemar Henrique nasceu em 1905 em Belém do Pará. Com "Foi Boto, Sinhá!" iniciou a

---

[1]Asterisks mark discrepancies between the video subtitles and the actual lyrics of the song.

série das *Lendas Amazônicas*, que compreende onze canções. As mais conhecidas são "Foi Boto, Sinhá!" e "Uirapuru" (apresentada na segunda parte desta unidade). O boto é um mamífero ('dolphin') e o uirapuru é um pássaro, ambos da Amazônia. Segundo uma lenda indígena, o boto é um espírito dos rios da Amazônia, que nas noites de festa e de lua se transforma em um moço bonito com um chapéu preto para encobrir o *buraco* que tem na cabeça. Uma vez em forma humana, ele seduz as moças solteiras, *engravidando-as*. Por essa razão, é responsável pela paternidade de filhos de pai desconhecido e por moças misteriosamente desaparecidas. Aquelas que fazem mal aos botos, diz a lenda, arriscam-se a terem filhos com os seus traços físicos. Por precaução, os habitantes da região nunca matam o boto. Dizem que "quando matam boto, há *enchente* nas ruas".

A lenda do boto foi o assunto do romance *Lazaro* do escritor norte-americano David Kendall. Em 1986 o romance foi adaptado para o cinema no filme "Where the River Runs Black", da M-G-M, com Charles Durning e Peter Horton nos papéis principais e atores brasileiros nos papéis secundários. O filme foi dirigido por Christopher Cain e filmado no Amazonas. Nesta versão o boto se transforma em uma mulher e seduz um missionário jesuíta, segundo a *crença* local. A temática tradicional de transformação do boto em macho para a conquista da mulher é tema do filme brasileiro, "Ele, o Boto", 1987, de Walter Lima Jr. Nesta história de aventura e romance, o boto é representado por Alberto Ricelli. Constam ainda do elenco, Ney Latorraca e Cássia Kiss.

buraco hole	**enchente** flood
crença belief	**engravidando-as** making them pregnant

VOCÊ ENTENDEU?

1. Quem é Tajapanema?
2. Como ela é fisicamente?
3. O que aconteceu com ela?
4. O que é o boto?
5. Quem foi Waldemar Henrique?
6. Fale sobre a obra dele.
7. Conte a lenda do boto.
8. Por que os habitantes da região não matam o boto?
9. O que é *Lazaro*?
10. Fale sobre *Where the River Runs Black*, segundo informação do texto.
11. Como é a versão da lenda do boto, nesse filme?
12. Qual é a temática de "Ele, o Boto"?
13. Quem faz o papel do boto neste filme?
14. Que outros autores constam do elenco?

IX. PARTICÍPIO

É fácil formar o particípio passado em português. Veja: *past participle*

```
TRABALHAR --> TRABALHADO

COMER     --> COMIDO

DORMIR    --> DORMIDO
```

O particípio passado é muito usado na língua com adjetivos e em combinação com os verbos *ter*, *ser* e *estar*. Há algumas formas irregulares do particípio, que vamos aprender no livro do texto.

The Participle

1) The participle is made by adding *-ado* to the stem of *-ar* verbs and *-ido* to the stems of *-er* and *ir* verbs:

casar	--> cas**ado**	*married*
tomar	--> tom**ado**	*taken*
comer	--> com**ido**	*eaten*
conhecer	--> conhec**ido**	*known*
ser	--> s**ido**	*been*
ter	--> t**ido**	*had*
servir	--> serv**ido**	*served*
sair	--> sa**ído**	*left*

2) The participle is used

   a) with *ser* to make the **passive voice**. The passive voice expresses an action.

O carro **foi consertado** pelo mecânico.	*The car was repaired by the mechanic.*
O trabalho **é corrigido** pelo professor.	*The paper is graded by the professor.*

   b) with *estar* to express **the condition resulting from an action**:

O carro **está consertado**.	*The car is fixed.*
O trabalho **está corrigido**.	*The paper is graded.*

c) with *ter* to form the *pretérito perfeito composto* ("present perfect"):

Eu tenho estudado muito ultimamente. *I have been studying a lot lately.*

d) with *ter* and *haver* to form the *mais-que-perfeito* ("past perfect"):

O mecânico **tinha consertado** o carro. *The mechanic had repaired the car.*
O mecânico **havia consertado** o carro.

e) as an adjective:

Acabado o jogo, fomos para a biblioteca. *When the game was over, we went to the library.*
As casas **feitas** de madeira são bonitas. *Wooden houses are pretty.*

3) The most common irregular participles in Portuguese are:

abrir	--> aberto	*open, opened*
acender	--> aceso	*ignited, lighted, lit, "on"*
cobrir	--> coberto	*covered*
descobrir	--> descoberto	*discovered*
dizer	--> dito	*said*
eleger	--> eleito	*elected*
entregar	--> entregue	*delivered*
escrever	--> escrito	*written*
expulsar	--> expulso	*expelled*
fazer	--> feito	*done*
ver	--> visto	*seen*
vir	--> vindo	*come*
pôr	--> posto	*put*
compôr	--> composto	*composed*
supôr	--> suposto	*supposed*
dispôr	--> disposto	*disposed*

4) Some verbs have two participle forms, one regular, the other irregular:

aceitar	--> aceito/aceitado	*accepted*
entregar	--> entregue/entregado	*delivered*
confundir	--> confuso/confundido	*confused*
ganhar	--> ganho/ganhado	*won*
gastar	--> gasto/gastado	*spent*
pagar	--> pago/pagado	*paid*
pegar	--> pego/pegado	*grabbed, caught*
matar	--> morto/matado	*killed*
morrer	--> morto/morrido	*died*
prender	--> preso/prendido	*arrested*
salvar	--> salvo/salvado	*saved*
soltar	--> solto/soltado	*freed*
limpar	--> limpo/limpado	*clean, cleaned*

a) The regular forms are used with *ter* and *haver*:

O carteiro **tinha entregado** a carta.   *The mailman had delivered the letter.*
A polícia **havia matado** o ladrão.   *The police had killed the thief.*
Eu **tenho ganhado** muito dinheiro nas últimas   *I have earned a lot of money the last few weeks.*
semanas.

b) The irregular forms are used with *ser* and *estar*:

A carta **será entregue** amanhã.   *The letter will be delivered tomorrow.*
Eu **fui aceito** no programa.   *I was accepted into the program.*
O homem **estava morto**.   *The man was dead.*

VAMOS PRATICAR

A. **Diálogo**

Sr. Oscar   — Joaquim, você fechou as portas?
Joaquim   — Sim, senhor Oscar. As portas estão fechadas.
Sr. Oscar   — No ano passado eu fui roubado três vezes!
Joaquim   — Eu li no jornal que cinco lojas foram assaltadas ontem.
Sr. Oscar   — É! A gente precisa ter cuidado. Quando você sair, não se esqueça de deixar a luz
da garagem acesa.
Joaquim   — Não se preocupe. Eu não vou esquecer.

B. **Já está tudo feito!** Responda às perguntas.

1. Você já apagou as luzes?   — *Sim, já estão apagadas.*

2. Você desligou a televisão?   8. Você cobriu os doces?
3. Você abriu as janelas da sala?   9. Você já entregou as cartas?
4. Você já fez o jantar?   10. Você vendeu o carro?
5. Você pôs a mesa?   11. Você já terminou o trabalho?
6. Você pagou a conta do telefone?   12. Você lavou a roupa?
7. Você acendeu o forno?

C. **Por que motivo?** Responda às perguntas usando as palavras entre parênteses.

1. Porque você está triste? (carro — quebrar) *Porque o meu carro está quebrado.*
2. Porque você está feliz? (apartamento — limpar)
3. Porque sua mãe está nervosa? (avião — atrasar)
4. Porque o Luís está contente? (televisão — consertar)
5. Porque a Renata está chorando? (gato — morrer)
6. Porque os alunos estão felizes? (aulas — terminar)
7. Porque você vai embora? (banco — abrir)
8. Porque a professora está aliviada? (problemas — resolver)
9. Porque você está gritando? (telefone — ocupar)
10. Porque nós estamos contentes? (trabalhos — fazer)
11. Porque a polícia está orgulhosa? (criminoso — prender)

X. *PRETÉRITO PERFEITO COMPOSTO*

——————————— VÍDEO ———————————

O presente perfeito composto indica uma ação repetida no passado recente e é formado com o particípio e o verbo *ter*.

TENHO FALADO	**TEMOS** FALADO
TEM FALADO	**TÊM** FALADO

Agora, ouça e veja o seguinte exemplo e pratique no seu texto.

Florência: Olha aqui, olha aqui,ó seu Raúl. Eu ouvi a *conversa* lá de fora e resolvi entrar *logo*, sabe? Olha, *assim não dá*. Eu **tenho tido** muita paciência com o senhor, com o senhor, com o *barulho* das crianças.

*conversation; right away
this won't do

noise*

Raul: Eu sei, dona Florência. Eu *diria* que a senhora **tem reclamado** muito pouco.

*I would say
complained*

——————————— PARE ———————————

O Pretérito Perfeito Composto

The *pretérito perfeito composto* in Portuguese, as in:

TENHO FALADO TEMOS DORMIDO

implies only *recent, on-going* or *repeated* activity, as opposed to the preterite perfect, which is used for determinate, finished events or actions. Compare the following examples:

Ontem **almocei** às duas horas.
Yesterday I ate lunch at two o'clock.

Tenho almoçado todos os dias às duas horas.
I have been eating lunch everyday at two o'clock.

Já **tomei** o meu banho.
Eu **tenho tomado** banho frio.

*I have already taken my bath.
I have been taking cold baths.*

—— Você já **estudou** a lição?
—— Eu **estudei** ontem.
—— Eu não **tenho estudado** nada há vários dias.

*"Have you studied the lesson yet?"
"I studied it yesterday."
"I haven't studied anything for several days."*

VAMOS PRATICAR

A. Diálogo

— Você tem visto o Renato?
— Não! Ultimamente eu não o tenho visto. Será que ele viajou?
— É possível. Ele tem viajado muito a serviço.
— E o nosso programa de fim-de-semana ainda está de pé?
— Mas é claro! Tudo já está organizado.

B. O que tem acontecido com estas pessoas?

Maurício

Dr. Alfredo e Dª Vera

Ex.: *Maurício tem estudado muito.*

O Dr. Alfredo e a Dª Vera têm jogado tênis.

1. assistir bons filmes	1. ir a muitas recepções
2. dormir muito pouco	2. conhecer muita gente legal
3. beber muito	3. vir pouco à faculdade
4. ler bons livros	4. trabalhar demais
5. ganhar as partidas de volei	5. ver novelas toda noite

C. Conversinha. Complete o diálogo.

Rosa   — O que você tem feito ultimamente?
Jaime —
Rosa   — Também tenho estudado muito. Neste semestre não tenho tido tempo para nada. E você?
Jaime —
Rosa   — Não! Eu não tenho nem visitado os meus pais, mas tenho telefonado para eles. Puxa! Está tarde. Preciso ir.
Jaime —

D. **Uma pesquisa.** Quem na sala de aula tem feito as atividades abaixo ultimamente? Use as colunas A e B, como no exemplo, para construir os minidiálogos.

—   *Quem tem trabalhado muito ultimamente?*
—   *Eu tenho.*
—   *Por que você tem trabalhado muito? Etc.*

<table>
<tr><td colspan="2" align="center">A</td><td colspan="2" align="center">B</td></tr>
<tr><td>1.</td><td>Quem tem trabalhado muito?</td><td>1.</td><td>Por quê?</td></tr>
<tr><td>2.</td><td>Quem tem viajado muito?</td><td>2.</td><td>Para onde?</td></tr>
<tr><td>3.</td><td>Quem tem dormido muito?</td><td>3.</td><td>Por quantas horas?</td></tr>
<tr><td>4.</td><td>Quem tem assistido televisão?</td><td>4.</td><td>Que programas?</td></tr>
<tr><td>5.</td><td>Quem tem ido ao cinema?</td><td>5.</td><td>Que filmes?</td></tr>
<tr><td>6.</td><td>Quem tem comido muito?</td><td>6.</td><td>O quê?</td></tr>
<tr><td>7.</td><td>Quem tem tirado boas notas?</td><td>7.</td><td>Em que matérias?</td></tr>
<tr><td>8.</td><td>Quem tem praticato português?</td><td>8.</td><td>Com quem?</td></tr>
<tr><td>9.</td><td>Quem tem feito ginástica?</td><td>9.</td><td>Por quê?</td></tr>
<tr><td>10.</td><td>Quem tem se divertido?</td><td>10.</td><td>Como?</td></tr>
</table>

XI. A LENDA DO RIO AMAZONAS

Conta a lenda indígena que, *há muitos anos* só existia a *escuridão* negra e profunda. Nasceu, então, um bravo *guerreiro* com o destino de ser para os homens a luz brilhante do dia. Era o Sol. Mas antes de iluminar a escuridão ele conheceu e se apaixonou pela mais bela e cativante *filha das matas*. A linda amante chamava-se Lua, nascida para *clarear*, suavemente, a *quietude* da noite.

A Lua também entregou seu coração ao jovem guerreiro. E eles viveram um amor intenso, o maior que o mundo já conheceu. Quando chegou o momento de eles *cumprirem* a sua missão, Lua e Sol tiveram que se separar por toda a eternidade. No sofrimento de seu coração, a Lua chorou tanto, e por tanto tempo, que suas lágrimas caíram na terra e formaram o Rio Amazonas. Com seu amor infinito, o Sol iluminou e *aqueceu*, num beijo, a face da terra.

aquecer warmed	**filha das matas** daughter of the forest
clarear lighten	**guerreiro** warrior
cumprir fulfill	**há muitos anos** a long time ago
escuridão darkness	**quietude** quietness

A. **O que o texto diz.**

1. Segundo o texto, o que existia há muitos anos?
2. Como era o nome do bravo guerreiro?
3. Qual era o destino dele?
4. Por quem o Sol se apaixonou?
5. Descreva a Lua.
6. Como você sabe que a Lua também se apaixonou pelo sol?
7. Por que o Sol e a Lua se separaram?
8. Como a Lua demonstrou seu sofrimento?
9. O que fez o Sol com o seu amor infinito?

B. O Detetive de Palavras. Procure no texto o significado das expressões:

1. não tem luz = *escuridão*
2. corajoso, valente =
3. cair de amor por alguém =
4. calma, silêncio =

5. forte, agudo =
6. dever, destino =
7. dor =
8. clareou =

C. Agora é a minha vez!

Conte uma lenda que você conhece.

XII. *HÁ E FAZ INDICANDO TEMPO PASSADO*

──────────── *VÍDEO* ────────────

Já que você sabe usar o pretérito perfeito, chegou a hora de aprender como expressar tempo transcorrido. Em português, a gente usa dois verbos, *fazer* e *haver*, para esse conceito.

HAVER	HÁ
FAZER	FAZ

HÁ DOIS ANOS QUE NÃO VEJO VOCÊ.

FAZ DOIS ANOS QUE NÃO VEJO VOCÊ.

Um dos usos mais comuns destes verbos é em expressões de tempo transcorrido, onde o sujeito do verbo é indefinido.

Homem — Você chegou tão atrasada, que o ônibus foi embora **há** muito tempo.

Mulher — Tentei chegar aqui depressa. **Há** quanto tempo você está aqui?

Homem — Ora, estou aqui esperando **há** mais de duas horas ...

Mulher — Meu bem, não fique com raiva. **Há** duas horas que saí de casa e não sei o que aconteceu.

──────────── *PARE* ────────────

Elapsed Time Expressions

Forms of *haver* and *fazer* are used interchangeably in several ways to express elapsed time. *Há* is more formal:

1) present tense clause + *há/faz* + time passed **or** *há/faz* + (que) + present tense clause:

Estudo francês **há/faz** dois anos. **Há/faz** dois anos (que) estudo francês.	*I have been studying French for two years.*

2) imperfect tense clause + *havia/fazia* + time passed (or inverted, as bove):

Eu não vinha aqui **fazia/havia** dois anos. Já **havia/fazia** dois anos que eu não vinha aqui.	*It had been two years that I had not come here.*

3) preterite tense clause + *há/faz* + time since (or inverted, as above):

Falei com ela **há/faz** uma hora. **Faz/há** uma hora que eu falei com ela.	*I spoke to her an hour ago.*

VAMOS PRATICAR

A. **Há quanto tempo?**

Carlos

Amélia e Jorge

Faz duas semanas que o Carlos chegou.   A Amélia e o Jorge se casaram há dois meses.

1. dez minutos	- telefonar	1. fazer uma feijoada	- um mês
2. três dias	- partir	2. ir para o Rio	- duas semanas
3. meia hora	- sair	3. ficar noivo	- um ano
4. dois anos	- vir aqui	4. passar por aqui	- meia hora

B. **Ponto de encontro**. Entreviste um colega.

1. Há quanto tempo você estuda português?
2. Faz muito tempo que você não viaja?
3. Há quanto tempo você conhece o seu melhor amigo?
4. Quanto tempo faz que você não vê a sua família?
5. Quanto tempo faz que você não janta fora?
6. Há quanto tempo você mora nessa cidade?

XIII. COMPARATIVOS E SUPERLATIVOS IRREGULARES

VÍDEO

Você já sabe fazer comparações regulares. Agora vai aprender a usar os comparativos irregulares. Veja o quadro que se segue:

```
BOM  ┐
     ├─ MELHOR
BEM  ┘
```

```
MAU  ┐
     ├─ PIOR
MAL  ┘
```

```
PEQUENO --> MENOR
GRANDE  --> MAIOR
```

Agora, observe os seguintes exemplos, tirados de programas de televisão:

Romano — Eu acho **melhor** o senhor ir por lá...

Menina — O papai é o **maior** mesmo!

Regina — É **pior** para vocês, muito **pior**.

PARE

VAMOS PRATICAR

A. Diálogo: As melhores férias!

Sérgio	—	Estas vão ser as melhores férias da minha vida.
Renata	—	Verdade? E por quê você diz isso?
Sérgio	—	Por várias razões: é verão, consegui um aumento de salário e vou encontrar com dois dos meus melhores amigos no Rio.
Renata	—	Puxa Sérgio, pensei que essa era a pior época para se viajar para o Rio.
Sérgio	—	Engano seu! O Rio é o melhor lugar do mundo durante o verão. A gente pode pegar uma praia e assistir o maior carnaval do mundo.
Renata	—	E você já está com tudo pronto?
Sérgio	—	Tudo e com os menores detalhes: passaporte, visto, passagem, reservas de hotel, roupas para levar, etc.

B. Na minha opinião! Complete as frases.

Ex.: O maior rio do mundo *é o Rio Amazonas.*

1. A melhor cidade do mundo é —
2. A maior maravilha do mundo é —
3. A pior notícia da semana foi —
4. O maior problema do mundo é —

5. O melhor carnaval do mundo é —
6. A pior doença do mundo é —
7. O melhor filme dos últimos anos foi —
8. O maior acontecimento do ano foi —

C. Ponto de encontro.

1. Comparações. Use os itens abaixo para se comparar a um colega.

   a) Quem tem mais aulas?
   b) Quem trabalha mais horas?
   c) Quem é mais velho?
   d) Quem tem mais tempo livre?
   e) Quem come mais?

   f) Quem tem o maior número de amigos que falam português?
   g) Quem tem o menor número de pessoas na família?
   h) Quem mora num lugar maior?

2. Comparando outra vez! Com um colega, prepare uma pequena comparação sobre um dos seguintes tópicos.

   a) Duas cidades.
   b) Dois cursos.
   c) Dois colegas.
   d) Dois animais.

   e) Dois filmes.
   f) Dois programas de televisão.
   g) Dois artistas de cinema.

D. Agora é a minha vez! Fale por dois minutos sobre um dos seguintes tópicos:

1. A decisão mais importante da minha vida.
2. O melhor ano da minha vida de estudante.
3. O meu melhor amigo.
4. O momento mais feliz da minha vida.
5. O pior filme que eu vi.

6. O melhor presente que eu recebi.
7. O melhor curso que eu fiz.
8. O momento mais embaraçoso da minha vida.
9. A pior fase da minha vida.

E. "Quem é o melhor do mundo?"

Nova York quem é o melhor do mundo

France Presse/23.ago.86 Reuter/12.nov.86 Associated Presse/6.jul.86 Associated Press/1.set.86

LENDL

Número um do "ranking" mundial, venceu o Masters do ano passado e este ano conquistou o US Open e o Aberto da França, entre outros títulos. Nasceu em Ostrava, na Tchecoslováquia. Tem 26 anos, 1,88 metro e 79 quilos. Já ganhou US$ 977,5 mil (cerca de Cz$ 13,8 milhões) na temporada. É um dos melhores tenistas de todos os tempos.

BECKER

Ocupa a segunda colocação no "ranking" mundial. Entre os vários títulos que já conquistou, o destaque fica para o bicampeonato em Wimbledon (85/86). Nasceu em Leimen, na Alemanha Ocidental. Tem 19 anos, 1,86 metro e 78 quilos. Acumulou US$ 774,3 mil (cerca de Cz$ 10,8 milhões) em prêmios na temporada. Uma estrela em ascendência.

WILANDER

Terceiro no "ranking" mundial. Não teve uma boa atuação na temporada deste ano e espera ganhar o Masters para compensar. Ganhou o Aberto da França em 82 e 85 e o da Austrália em 83 e 84. Nasceu em Vaxjo, na Suécia. Tem 22 anos, 1,85 metro e 79 quilos. Recebeu este ano US$ 486,6 mil (cerca de Cz$ 6,8 milhões) em prêmios.

EDBERG

Está classificado em quarto no "ranking". No ano passado conquistou o Aberto da Austrália, seu título mais importante, derrotando o número um do tênis mundial, o tcheco Ivan Lendl. Nasceu em Vastervik, na Suécia. Tem 20 anos, 1,88 metro e 71 quilos. Já conta com US$ 505,9 mil (cerca de Cz$ 7,2 milhões) em prêmios na temporada deste ano.

1. De acordo com o jornal Folha de São Paulo, quais são os quatro jogadores de tênis melhores do mundo?
2. Quem é o mais velho de todos?
3. Quem ganhou a maior quantidade de dinheiro?
4. Onde Becker nasceu?
5. Por que o ano de 1986 não foi um dos melhores para Wilander?
6. Qual o título mais importante que Edberg conquistou?
7. Quem é o mais alto dos quatro?
8. Quem pesa mais?

PARTE II

I. "PEGUEI UM ITA NO NORTE", GAL COSTA

VÍDEO

Vamos cantar agora uma canção que expressa a *saudade* de   *homesickness*
um imigrante pela região que deixou.

Peguei um *ita* no Norte   *caught; small steam boat*
E vim *pro* Rio morar   *=para o*
Adeus, meu pai, minha mãe.
Adeus, Belém do Pará.

Ai, ai, ai, ai!
Adeus, Belém do Pará!
(bis)

Vendi os *troços* que eu tinha,   *things*
O resto eu dei pra guardar.
Talvez eu volte *pro ano*,   *by the end of the year, next year*
Talvez eu fique por lá.

Ai, ai, ai, ai!
Adeus, Belém do Pará! (bis)

Mamãe me deu uns *conselhos*   *advice*
Na hora de eu embarcar:
Meu filho *ande direito*,   *be good*
Que é pra Deus lhe ajudar.

Ai, ai, ai, ai!
Adeus, Belém do Pará! (bis)

'Tou *há bem tempo* no Rio,   *a long time*
nunca mais voltei pra lá.
Pro mês intera dez anos,   *by the end of month it will be*
Adeus, Belém do Pará.

—————— *PARE* ——————

Esta canção tradicional do Norte, expressa os sentimentos do nortista
quando deixa a sua família e sua terra ao imigrar para o Sul. Esta migração
é comum, forçada pela procura de trabalho e melhores condições de vida.
Os Estados de São Paulo, Rio de Janeiro e Minas Gerais recebem a maioria
destes imigrantes. O tom nostálgico da canção revela a saudade do nortista
pela terra natal, sentindo-se fortemente identificado a ela, mesmo depois de
anos no Sul.[2]

OBSERVE E RESPONDA

O vídeo nos mostra a cidade de Belém do Pará. Com base no que você observou, fale sobre
o que se pode ver nessa cidade. Vocabulário sugerido: *rio, barco, espumas, sobrados,
artesanato, ruas estreitas e antigas, águas*, etc.

VOCÊ ENTENDEU?

    1. Onde o personagem pegou um ita?
    2. Que tipo de transporte é o ita?
    3. Para onde o personagem foi?
    4. Ele se despediu:
       a. da ——   b) do ——   c) de ——
    5. O que ele vendeu?
    6. Ele vendeu tudo o que tinha?
    7. Que conselho a mãe deu para o personagem?
    8. O que vai acontecer se ele andar direito?
    9. Ele voltou a Belém?
    10. Há quanto tempo ele está no Rio?

AGORA É A MINHA VEZ!

Imagine que você é o personagem da canção "Peguei um ita no Norte". Conte a sua história
dizendo como você se sentiu na hora da partida, durante a viagem, na chegada ao Rio, etc.

———————————

[2]"Troço" significa coisa velha, sem valor. Na linguagem popular, troços são coisas. "Meus troços",
    como na canção, significa "meus pertences".

II. OS DETETIVES TRAPALHÕES --
FUTURO DO SUBJUNTIVO, VERBOS IRREGULARES

---- VÍDEO ----

Você já aprendeu a usar o futuro do subjuntivo com verbos regulares. Com os verbos irregulares, é um pouco diferente.

OS HOMENS **ESTIVERAM** AQUI ONTEM.

| EU VOCÊ ELE **ESTIVER** | NÓS **ESTIVERMOS** |
| | ELES **ESTIVEREM** |

ELES **TROUXERAM** O DINHEIRO.

| EU VOCÊ ELE **TROUXER** | NÓS **TROUXERMOS** |
| | OS SENHORES **TROUXEREM** |

E onde andarão os nossos detetives desastrados? Aprontando mais alguma confusão?

Onofre — Bem, eu acho que aqui 'tá ótimo, né? Enquanto nós **estivermos** sendo *perseguidos,* é bom não dar as caras por aí, né?   *pursued*

Leonel — E se alguém **souber** que estamos aqui?

Onofre — Quando alguém **souber** disso, nós já teremos que estar longe. Assim que **vier** a polícia, a gente cai fora...

Leonel — *Na medida* do possível, não é?   *as far as*

Onofre — Como, na medida do possível, rapaz?

Leonel — Porque *venha o que **vier**,* seja o que **for**, esteja onde **estiver**, a gente sempre *se sai mal.*   *come what may* / *come out badly*

Onofre — Ah, você está sendo pessimista!

Leonel — Realista! Estou pronto *pro que **der** e **vier**,* mas se a gente **quiser** sair daqui *numa boa,* é melhor que seja já, enquanto **estiver** claro...   *whatever comes up* / *well*

Leonel — E eu não disse?

Policial — Ah, ha. Os primeiros que **disserem** a verdade, serão soltos... Eu...você aí.

Onofre — E se minha mulher **trouxer** a *fiança?*

Leonel — Mulher? Fiança? *Como assim?*

bond, bail
what do you mean?
quiets down

Onofre — Desculpe, seu guarda. Ele só *sossega* dessa forma.

Agora veja os seguintes exemplos, tirados da novela que vamos estudar a seguir.

Motorista — O senhor vai pra onde, hein? Olha, se **for** pro centro eu vou pedir que o senhor tome ...

Pintor — Se já o senhor me **der** o dinheiro...

Silvana — E quando eu **tiver** coragem, aí...

Tarsila — Eu acho que a gente pode fazer o que **quiser...**

—————— PARE ——————

Irregular Future Subjunctives

Verbs that have irregular preterite forms have irregular future subjunctive forms:

SER --> ELES FORAM -->FOR

EU ELE **FOR** VOCÊ	NÓS **FORMOS**
	ELES **FOREM**

ter:	tiver, tiver, tivermos, tiverem
vir:	vier, vier, viermos, vierem
ir:	for, for, formos, forem
poder:	puder, puder, pudermos, puderem
saber:	souber, souber, soubermos, souberem
trazer:	trouxer, trouxer, trouxermos, trouxerem
haver:	houver, houver, houvermos, houverem
pôr:	puser, puser, pusermos, puserem
caber:	couber, couber, coubermos, couberem
ver:	vir, vir, virmos, virem

Fixed expressions with the future subjunctive:

Se Deus quiser	*God willing.*
Venha o que vier.	*Come what may.*
Aconteça o que acontecer	*Come what may.*
Haja o que houver.	*Come what may.*
Seja o que for.	*Whatever it may be.*
Seja quem for.	*Whoever it may be.*

VAMOS PRATICAR

A. **Diálogo:** Se você quiser!

Helena	— Aconteça o que acontecer, eu preciso fazer compras hoje!
Jorge	— Se você quiser eu posso ir com você.
Helena	— Ah! Se você puder vai ser ótimo pois o meu carro ainda está no mecânico.
Jorge	— Eu sei também que se eu for eu não vou deixar você gastar muito dinheiro.
Helena	— Você sempre com a sua mania de me controlar! E a que horas você vem me pegar?
Jorge	— Só posso ir depois que eu der uns dois telefonemas.
Helena	— Não tem problema. Quando você estiver pronto é só me ligar. Por favor, não fofoque muito no telefone, 'tá?

B. **Quando sairemos de férias?**

Sinval
Quando o Sinval disser que sim.

Ivone e o Prof. Coelho
Quando o a Ivone e o Prof. Coelho puserem dinheiro no banco.

1. querer	1. ter tempo livre
2. vir da Europa	2. poder
3. trazer as passagens	3. estar disponíveis
4. fazer as reservas	4. dar o dinheiro para as passagens

C. **O que vai nos acontecer?** Complete as frases.

1. Se nós não (ser bons) *Se nós não formos bons não conseguiremos a felicidade.*
2. Se nós não (pôr dinheiro no banco) —
3. Se nós não (ter férias) —
4. Se nós não (vir cedo) —
5. Se nós não (fazer o exame de português) —
6. Se nós não (dizer a verdade) —
7. Se nós não (ir ao Brasil) —
8. Se nós não (trazer comida) —

D. **Mais planos para o futuro!** Fale dos seus planos para o futuro. Procure usar alguns dos seguintes verbos: poder, pôr, ver, vir, ser, estar, ter, fazer, dizer, trazer, querer, haver.

Ex.: Quando eu tiver tempo e dinheiro, eu farei uma excursão pela Região Norte. Depois que ...

III. "AMAZÔNIA, PÁTRIA DAS ÁGUAS", TIAGO DE MELO

O poeta amazonense, Tiago de Mello, inicia a narração de "Amazônia, Pátria das Águas" falando sobre o intenso comércio do porto e a Escadaria dos Remédios de Manaus. Descrevendo o tráfego do Rio Negro e outros rios da Amazônia, ele dá ênfase à atitude humana dos barqueiros que sempre param para ajudar quem precise. A narrativa da viagem pelo rio se concentra nos *perigos* das tempestades e o fenômeno do *encontro* das águas *(dangers; meeting)* do Rio Negro e o Rio Solimões. Ao chegar em Careiro, Tiago de Mello conversa com os motoristas de caminhão que esperam a sua vez de *cruzarem* *(cross)* o rio na *balsa*. Na conclusão do texto o autor volta ao aspecto da relação *(ferry)* humana existente entre os habitantes da região, falando da solidariedade entre os barqueiros, sempre prontos a ajudarem uns aos outros.

VÍDEO

No cais do porto

Na *beira* do Rio Negro, em Manaus, este é o *ponto de partida* e também de *(banks; departure point)* chegada de todos os barcos que *varam* os caminhos de água pelo interior da *(pierce)* floresta amazônica. A *Escadaria* dos Remédios, assim é chamado o porto, *(stairway)* porque fica ao final da *rampa* onde se ergue a igreja em louvor de Nossa *(ramp)* Senhora dos Remédios.

Ao redor e para além dos barcos estão as canoas dos *mercadores fluviais*. O *(river merchants)* comércio é intenso. Vendem-se frutas e animais; os preços são feitos na hora. Os refrescos de frutas regionais são vendidos em garrafas dos refrigerantes industrializados. Não falta *sequer* o cafezinho *fluvial*. *(not even; riverain)*

Bem ao lado do *cais* nacional e internacional está *desguarnecida* e suja a *(dock; poorly furnished;)* beira do rio que serve de porto às embarcações que viajam pelos incontáveis *afluentes*, *paranás*, *igarapés* e *furos* de quase toda a Bacia Amazônica, uma *(tributaries; branches)* *rede* fluvial de quase 30.000 km. Viajam sempre parando: é só chamar que *(canoe channel; channel; network)* ele pára. Quando é de dia basta *acenar* com o pano branco lá do alto do *(wave)* *barranco*. Quando é de noite é só fazer um *sinal* com a *lamparina*. O motor *(river bank; signal; oil lamp)* sempre pára: recolher o casal com o menino doente, a moça professora que precisa de ajuda, entregar o *remédio*, uma encomenda que mandaram de *(medicine)* Manaus.

Descendo o rio

Agora vamos *largando* dessa Rampa dos Remédios. O nosso barco é o São *(taking off from)* Brás, barco de 20 metros, pouco mais de *100 cavalos*. O rio nos *abastece* *(100 horsepower; furnishes)* primeiramente de gelo e depois de combustível, que o comércio é fluvial.

A chuva é o elemento constante na pátria da água, não apenas nos meses de inverno quando a água *celeste* cai compacta sem *trégua*, dias e dias. Chove *(heavenly; without stopping)* sempre todos os dias, mesmo no verão, que é tempo de seca. As grandes nuvens *bojudas* no céu equatorial de repente se movem pesadas e escurecem: *(heavy with rain)* é a chuva preta. Ou ficam *alvíssimas*: é a chuva branca, como essa que nos *(whitest white)* surpreendeu na boca do Careiro. E desce *a pancada dágua*, o *temporal* do Amazonas, a ventania cantando. É de manhãzinha, é quando a gente *vai de noite* atravessando o rio, a escuridão *rasgada* de *relâmpagos* de uma margem à outra, iluminando a face enfurecida das águas. Na transparência da chuva estes *barrancos* de terra firme com o seu *casario* colorido de repente lembram as margens dos rios europeus quando é inverno. As águas servem de caminho para o homem, mas elas também caminham sozinhas. Estão sempre caminhando. Água que pára *enlouquece,* quando faz o *vento geral,* porque caminhos se encontram.

cloudburst; tempest
(because of darkness)
torn by lightning

go mad; violent wind storm

go mad; violent wind storm

Quando se encontram *duas águas* de cores diferentes, uma pode dar para a outra sua força, mas *misturar*, não se misturam nunca, são como *azeite* e vinagre. Os turistas ficam *deslumbrados* diante do encontro do Rio Negro com o Rio Solimões. Os caboclos ficam *cismando* calados, só olhando os dois rios. Os cientistas têm as suas explicações. Por que é que eles não se misturam? Perguntei eu um dia ao caboclo Jari Botelho na costa do *barravento* e ele me respondeu: "Eu acho que os dois são é muito orgulhosos, são *pávulos* animais. A água preta do Rio Negro, vamos supor, ela é indiferente, ela tem diferença, sabe? Ela não é uma... ela tem muita areia no rio, vamos dizer na terra. Então ela não sobe, aquela areia não sobe, né, e a água branca ela é *barrenta*, o *barro* solta e vai dissolvendo, e ela não consegue unir uma com a outra".

two rivers
mix; oil
dazzled
pondering

windward
stuck-up

muddy; mud

A chegada

Chegamos com chuva ao município do Careiro. Desembarcamos no porto da balsa para conversar com os motoristas que acabam de percorrer toda BR 364, única *via de acesso* terrestre entre Manaus e Porto Velho, mas nem todo *percurso* é por terra. Aqui nada se faz sem a ajuda da água. Eles agora esperam a balsa que já está chegando e que os levará até Manaus, depois dos desembarques dos caminhões que vão para Porto Velho.

access route
route

— O senhor está vindo de onde?
— Porto Velho.
— 'Tá trazendo o quê?
— Trazendo madeira.
— Onde é que o senhor mora?
— Moro em Carmo do Paranaíba, Minas Gerais.
— Quanto tempo faz que o senhor saiu de lá?
— Um mês e 15 dias.
— Nós estamos viajando desde sexta-feira da outra semana, faz uns dez dias.
— E quanto tempo vai durar esta viagem toda?
— Ah, uns vinte dias no mínimo, né?
— Ele veio com vocês?
— É. Trouxemos o avô aqui, ele 'tá com 84 anos, pra conhecer o norte do Brasil.
— O senhor quis vir conhecer aqui?
— Ô, mas claro.

— Por quê?

— Porque eu nunca tinha vindo aqui e o prazer de conhecer o que é brasileiro porque eu sou brasileiro também.

Prosseguindo a viagem

De repente demos com um barco enorme encostado na beira de uma *várzea*, pedindo ajuda com seus *apitos* tristonhos e seu *código luminoso*. Diminuímos a marcha e fomos ao seu encontro. Era o Manuelito, barco de dois *passadiços* de uns 30 metros e 400 cavalos, cheinho de gente que trabalha numa *mineração de bauxita*. Quebrara-se o *eixo*. Estava ali parado bem umas seis horas. O comandante nos pedia *reboque*. A vontade de chegar logo era grande, mas não pudemos dizer que não. *Amarra o bicho* aí e vamos embora. E aqui vamos descendo o Amazonas rebocando um *baita* barco três vezes maior do que nós. O São Brás dá o motor, o Manuelito entra com o *leme*, só vamos chegar lá pelo meio dia. Culpa de quem? Culpa da *solidariedade fluvial*, lei inquebrantável dos que viajam nessas águas. Nos caminhos do grande rio, o homem aprende a linguagem do vento e as palavras da água, mas *sobretudo* aprende a ser companheiro do homem.

grassy bank
whistles; semaphore
stories
bauxite mine; axle
tow
tie; "thing"
whopping
rudder
river solidarity
above all

— **PARE** —

VOCÊ ENTENDEU?

No cais do porto

1. O que é a Escadaria dos Remédios?
2. Qual é o comércio deste porto?
3. Por que as embarcações sempre param quando alguém acena ou faz um sinal com a lamparina?

Descendo o rio

1. De que o rio abastece os barcos?
2. Fale sobre a chuva na Pátria das Águas.
3. O que são a chuva preta e a chuva branca?
4. O que acontece quando as águas de cores diferentes se encontram?
5. Os caboclos compreendem este fenômeno?

A chegada

1. Por que os motoristas de caminhão estão no porto das balsas?
2. O que o motorista entrevistado está transportando?
3. Por que o avô quer visitar a Amazônia?

Prosseguindo a viagem

1. O que o barco Manuelito transportava?
2. Qual era o problema deste barco?
3. O que o barco São Brás fez para ajudar o Manuelito?
4. Por que a solidariedade fluvial é lei inquebrantável?

IV. VOZ PASSIVA

VÍDEO

A voz passiva é formada combinando o verbo *ser* com o particípio. Expressa sempre uma ação em desenvolvimento.

FUI CHAMADO	**FOMOS CHAMADOS**
FOI CHAMADO	**FORAM CHAMADOS**

PARE

The Passive Voice

1) The passive voice is made with the verb *ser* followed by the participle of the main verb of the clause. The participle agrees with subject in number and gender. When the agent of action appears it is preceded by the preposition *por*.

Eu **pintei** a casa.	(Active voice) *I painted the house.*
A casa **foi pintada** (por mim).	(Passive voice) *The house was painted (by me).*
Paulo **fechou** o livro.	(Active) *Paulo closed the book.*
O livro **foi fechado** (pelo Paulo).	(Passive) *The book was closed (by Paul).*

The passive voice expresses an action.

2) The participle preceded by *estar* expresses **the condition resulting from an action**:

A casa **foi pintada** por mim.	--> A casa **está pintada**.
O livro **foi fechado** pelo Paulo.	--> O livro **está fechado**.
A porta **foi aberta** por mim.	--> A porta **está aberta**.

VAMOS PRATICAR

A. **Fórmula 1.** Antes da corrida, o piloto de Fórmula 1 precisa saber do seu mecânico se:

Ex: os pneus (encher) *os pneus foram enchidos.*

1. a direção (ajustar)
2. o óleo (trocar)
3. o carro (lavar)
4. o motor (consertar)

5. o pára-brisa (limpar)
6. o tanque de gasolina (encher)
7. os freios (lubrificar)

B. **Foi feito!** Usando as informações da coluna A, faça uma frase com os agentes indicados na coluna B.

Ex: Este prédio está bem construído. *Ele foi construído por um bom engenheiro.*

A	B
1. Meu carro está bem lavado.	a. bom engenheiro.
2. O cabelo da Laura está bem cortado.	b. meu irmão.
3. Os meus sapatos estão bem feitos.	c. excelente cabelereiro.
4. A feijoada está muito gostosa.	d. bom sapateiro.
5. Este vestido está muito mal feito.	e. boa cozinheira.
6. O seu apartamento está lindamente decorado.	f. péssima costureira.
7. Estes quadros estão muito mal pintados.	g. famosa decoradora.
	h. horrível pintor.

C. **Falando um pouco sobre o Brasil.** Coloque as frases abaixo na voz passiva.

1. Pedro Álvares Cabral descobriu o Brasil. *O Brasil foi descoberto por Pedro Álvares Cabral.*
2. Os portugueses colonizaram o Brasil.
3. D. Pedro I proclamou a independência do Brasil.
4. A princesa Isabel assinou a Lei Áurea que libertou os escravos.
5. O Marechal Deodoro da Fonseca proclamou a República em 1889.
6. O Congresso Brasileiro criou a FUNAI (Fundação Nacional do Índio) em 1967.
7. João Gilberto, Tom Jobim e Vinicius de Morais iniciaram a Bossa Nova.
8. O Presidente Juscelino Kubitschek inaugurou Brasília em 1960.
9. O Brasil ganhou o tri-campeonato mundial de futebol em 1970.
10. O governo brasileiro iniciou a construção da rodovia Transamazônica em 1970.

"Meu filho, o que fizeram com você?"

V. BELÉM DO PARÁ

Belém do Pará foi fundada pelos portugueses em 1616, numa área cercada de muita água, onde ancoravam *embarcações* de índios e colonos. Além da arquitetura colonial, dos *azulejos* nas *fachadas* dos *casarões*, das igrejas históricas e da proximidade da floresta amazônica, Belém ainda oferece interessantes aspectos regionais. No *Largo* do Relógio fica o famoso mercado "Ver o Peso", um *misto* de porto e feira onde canoas desembarcam produtos regionais de diversos pontos da Amazônia. *Artesanato* indígena, artigos de couro e madeira, *cerâmica Marajoara*, verduras e objetos místicos são encontrados numa infinidade de *barracas*. O prato mais famoso de Belém é o pato-no-tucupi, um caldo feito de mandioca e folhas de *jambu*, consideradas afrodisíacas. O folclore mais conhecido é o Carimbó, uma dança de origem africana, conhecida na região há mais de 200 anos. Desde 1793, em outubro, tem lugar em Belém a manifestação religiosa do Círio de Nazaré, hoje uma das maiores do Brasil. A imagem da Virgem de Nazaré é levada por mais de 400 mil pessoas numa gigantesca procissão ao som de cânticos religiosos, muita fé e pés *descalços*. No Bosque Rodrigues Alves, na Av. Almirante Barroso, a floresta amazônica foi preservada. Em Belém você entra na Amazônia para a descoberta de uma nova terra, uma nova gente e de muitas aventuras para quem sonha com os mistérios da *selva*.

embarcações boats	**artesanato** crafts
azulejos tiles	**cerâmica marajoara** pottery from Marajó island
fachadas façades	**barracas** stalls
casarões large colonial house	**jambu** plants
largo plaza	**descalço** barefoot
misto mixture	**selva** jungle

1. Quem fundou Belém?
2. Quando Belém foi fundada?
3. O que há de típico nos casarões de estilo colonial?
4. O que é o mercado "Ver o Peso"?
5. O que se pode encontrar neste mercado?
6. Qual é o prato mais famoso de Belém?
7. O que é o Carimbó?
8. Fale sobre o Círio de Nazaré.

VI. MAIS-QUE-PERFEITO

VÍDEO

O mais-que-perfeito composto indica uma ação anterior a um ponto de referência no passado. Em outras palavras, é o passado do passado. Vamos ver como se forma este tempo verbal:

TINHA (CANTADO)	TÍNHAMOS (CANTADO)
	TINHAM (CANTADO)

Agora vamos ver alguns exemplos desta forma verbal em contexto.

Raul — Tarsila? Escuta, que história é essa de prima do interior? Não, eu não **tinha pensado** nessa possibilidade. É. Agora ninguém vai atender telefone mais lá em casa.

Danilo— Bom, eu não tive coragem de pedir mais dinheiro pro papai, né. Ele já **tinha me dado** o cheque da moto. Não dava, né?

Argemiro — Regina, deixa eu confessar uma coisa. Ontem quando eu fui ao Rio pegar dinheiro da *poupança*, eu dei uma passadinha na portaria do edifício. Eu **tinha combinado** com o seu Manoel para *ficar de olho* nos meninos.

savings account
keep an eye on

―――――― *PARE* ――――――

The Past Perfect

The past perfect (mais-que-perfeito) is the past of the past, referring to an event or action that preceded another event or action in the past. There are two forms:

1) The *mais-que-perfeito* is a compound tense formed from the imperfect of *ter* or *haver* and the participle. *Ter* forms predominate in conversational Portuguese:

Ele já **tinha/havia chegado** quando eu acordei.　　　*He **had** already **arrived** when I woke up.*

Eu não sabia que a polícia **tinha /havia encontrado** o assassino.　　　*I didn't know that the police **had found** the murderer.*

Nós **tínhamos/havíamos combinado** um passeio com nossos amigos.　　　*We **had arranged** an outing with our friends.*

2) The *mais-que-perfeito simples* is a simple tense formed from the third-person plural preterite form of the verb: **Trabalharam**, 'they worked' --> **Trabalhara, trabalháramos**[3], etc. The *simples* form is used in Brazil in formal writing, as a stylistic variation.

EU TRABALHARA	NÓS TRABALHÁRAMOS
ELE TRABALHARA	ELAS TRABALHARAM

Compare the three ways of expressing the past perfect in Portuguese:

Ele já tinha telefonado quando você telefonou. (least formal)
Ele já havia telefonado quando você telefonou.
Ele já telefonara quando você telefonou. (most formal)

―――――――――

[3]Verbs irregular in the preterite will be irregular in the *simples* form. Note the accent in the *nós* forms: *puséramos, pudéramos, fôramos*, etc.

VAMOS PRATICAR ——————————————————————————————

A. **Tudo saiu bem!** Quando o Paulo chegou na nossa casa tudo estava organizado porque nós já:

Ex.: lavar o banheiro *Tínhamos lavado o banheiro.*

1. alimentar o cachorro
2. ir ao supermercado
3. preparar o almoço
4. passar a roupa

5. limpar o jardim
6. fazer as compras
7. pagar as contas

B. **Nunca fiz isto antes!**

Mário

Márcia e Luís

Ex: Mário nunca tinha jogado tênis.　　*A Márcia e o Luís nunca tinham comido pizza.*

1. beber cachaça	1. ver filmes brasileiros
2. dirigir caminhão	2. fazer uma feijoada
3. dançar o samba	3. aprender português
4. dar tantos presentes	4. vir aqui
5. viajar de barco	5. escrever cartas
6. ter comprado nessa loja	6. sair sozinho

C. **Ainda não!** Complete as frases.

Quando eu entrei na sala ... *Quando eu entrei na sala o professor ainda não tinha chegado.*

1. Quando a mamãe telefonou—
2. Quando o papai chegou—
3. Quando nós saímos—
4. Quando eu cheguei—
5. Quando os meus primos vieram—

6. Quando a vovó partiu—
7. Quando o Sérgio passou por aqui—
8. Quando eu terminei o jantar—
9. Quando você me chamou—

D. **Foi assim!** Conte um fato que você presenciou durante um evento, como em um concerto de Rock, uma partida de futebol, etc. Use os verbos no passado incluindo o mais-que-perfeito.

Quando eu cheguei no estádio, já havia muita gente esperando na fila...

VII. A LENDA DO UIRAPURU

— VÍDEO —

A lenda do *uirapuru* é uma das histórias mais *antigas* da Amazônia. Diz esta lenda que havia na floresta um pequeno pássaro, chamado uirapuru, de *penas* verdes e de *cauda vermelha*. Era *pequenino*, *desgracioso*, feio e mudo. Todas as aves *caçoavam* dele. A avezinha vivia *tristonha* e escondida entre as folhas. A sua *amargura* foi *aumentando* com o tempo, até que um dia ele não suportou mais. Chorou muito, *desafogando* as suas *mágoas*, e aí *aconteceu* o milagre! As suas lágrimas, *ao cairem* nas folhas, transformaram-se em notas musicais, de suave melodia. O seu *suspiro* e o seu *soluço* eram notas cristalinas e o pequeno pássaro começou a cantar. Era um canto maravilhoso e *cativante*. Todas as aves, *surpresas* com aquela *maravilha*, se aproximaram para ouvir o belo canto. Até a floresta *emudeceu*. Só se ouvia o canto maravilhoso do passarinho. Depois de cantar ele *alçou vôo* e todas as aves *seguiram-no em revoada*, em homenagem ao sublime artista da *mata*.

a kind of singing wren; ancient

feathers; red tail; tiny
ungainly; made fun of
sad
bitterness; grew
relieving; sorrows; happened
upon falling
sighing; sob
captivating
surprised
marvel
became silent
took flight
followed in a flock; forest

— PARE —

VOCÊ ENTENDEU?

1. O que é o uirapuru?
2. Descreva o uirapuru.
3. Como vivia ele?
4. Qual o motivo da sua tristeza e amargura?
5. De que maneira o uirapuru mostrou o seu desespero?
6. As lendas indígenas explicam a relação entre o homem e a natureza, como por exemplo, na lenda do Rio Amazonas. O que explica a lenda do uirapuru?
7. Como era o canto do uirapuru?
8. Como as aves reagiram ao ouvir o seu canto?
9. Como a floresta mostrou a sua admiração?
10. O que o uirapuru fez depois de cantar?

AGORA É A MINHA VEZ!

Imagine que você é o uirapuru. Conte a sua história.
O meu nome é uirapuru. Eu... (Continue.)

VIII. SUPERMERCADO

A. Palavra-puxa-palavra

Feiras-livres

Alimentos básicos

arroz rice	**milho** corn
feijão bean	**pão** bread
batata potateo	**macarrão** macaroni
farinha flour	**carne** meat
galinha/frango chicken	**peixe** fish
ovo egg	**peru** turkey

Bebidas

café coffee
chá tea
cerveja beer
refresco (limão) soft drink/lemon
refrigerante soft drink

leite (café com leite) milk, coffee with milk
suco (de laranja, etc.) juice
vinho wine

Frutas e verduras

abacaxi pineapple
abacate avocado
banana banana
uva grape
cebola /ô/onion
alho garlic

laranja orange
maçã apple
mamão papaya
cenoura carrot
pimentão green pepper
tomate tomato

Seu Peso

Refeições

almoço
jantar
lanche (**merenda**) snack or light meal

café-da-manhã
sobremesa

Miscelânea

açúcar
vinagre
tempero: sal spice
   /pimenta

óleo
biscoito/**bolacha** cracker/cookie
queijo

goiabada guave jelly
manteiga
sorvete/
   de **baunilha**

a feira-livre open-air market
o armazém department store
o mercado

Utilidades em geral

sabão (em pó) soap (powder
sabonete hand soap
pasta de dente
escova de dente/ brush
   cabelo
panela pan
frigideira frying pan
copo

palito toothpick
guardanapo napkin
lenço handkerchief

prato plate
garfo
xícara cup
papel higiênico toilet paper

Quantidade: pesos e medidas

um **litro** de leite liter
uma **garrafa** de cerveja bottle

um **vidro** de maionese bottle
um rolo de papel higiênico

um quilo de carne
uma **lata** de óleo can
um tubo de pasta de dente
uma caixa de sabão em pó
uma dúzia de ovos

uma **fatia** de **bolo** slice of cake
um pacote de biscoitos
um saco de arroz
cem gramas de manteiga
 um vidro de shampoo

PESOS E MEDIDAS

Comprimento:

1 jarda	91.4 cms.
1 pé...............(aproximadamente)	33 cms.
1 polegada... (aproximadamente)	2½ cms.
39.6 polegadas	1 metro
3.3 pés	1 metro

Peso

1 libra	0,454 kg.
1 kilo...	2.2046 libras
28 gramas	1 onça
1 quarto	0,946 de litro
1 litro	1.06 quartos
2 litros	2.12 quartos
3 litros	3.18 quartos
1 galão	3.785 litros
1 litro	0.264 galões

Alimentos

☐ Arroz parboilizado Super Garibaldi - 5 kg	89,00
☐ Feijão uberabinha tipo 2 (uma marca) - kg	19,90
☐ Farinha de trigo D. Benta - kg	16,00
☐ Sal Ita - kg	11,90
☐ Catchup Arisco - vidro 400 g	24,00
☐ Vinagre Jurema - 750 ml	16,50
☐ Extrato de tomate Peixe - lata 370 g...........	17,50
☐ Café Pilão - 500 g......	53,00
☐ Nescafé - 100 g	34,50
☐ Leite condensado Moça - 395 g	29,50
☐ Biscoito maizena Piraquê - 200 g.............	12,90
☐ Biscoito cream cracker Piraquê - 200 g.............	12,90
☐ Massas c/ovos Adria - 500 g	19,90
☐ Coca-Cola - 1000 ml ..	11,00

Laticínios

☐ Manteiga Vigor - tablete 200 g	23,00
☐ Leite longa vida Parmalat - 1000 ml	25,00
☐ Requeijão Chisi - copo - 250 g	35,00
☐ Iogurte polpa Pauli - conj. c/6	43,40
☐ Peru Sadia - kg.........	59,00
☐ Queijo minas frescal São João - kg............	108,00
☐ Pizza mussarela Findus	119,20
☐ Queijo prato minilanche Marília - kg	150,00

Legumes

☐ Chuchu - kg	6,90
☐ Cebola - kg	7,90
☐ Cenoura - kg............	8,90
☐ Tomate - kg	14,90

B. Eu já sei!

1. Usa-se para escovar os dentes. --> *pasta de dente.*

2. Come-se no café da manhã.
3. Bebida feita de frutas.
4. Come-se no almoço.
5. Come-se com pão.

6. Utensílio para se tomar chá ou café.
7. Serve para limpar a boca.
8. O que se põe na carne.

C. Diálogos.

1. No supermercado

Rosa	— Por favor, onde posso encontrar palito?
Vendedor	— Ali em frente, perto das frutas.
Rosa	— Eu já procurei mas não achei. Será que o senhor pode me ajudar?
Vendedor	— Pois não. Siga-me por favor. Ah! Aqui está. Mais alguma coisa?
Rosa	— O senhor pode me dizer se os biscoitos estão em promoção?
Vendedor	— Os biscoitos e os pães estão em oferta até sábado.
Rosa	— Será que eu posso pagar com cheques?

Vendedor   — Mas é claro. O nosso supermercado está pronto para facilitar a vida do freguês.

2. Na feira-livre

Feirante   — Leva as laranjas, freguês. Estão madurinhas e gostosas.
Freguês   — Quanto é a dúzia? E quanto está o mamão?
Feirante   — Só 50 cruzados, pra acabar. Garanto que o senhor não vai encontrar preço mais barato. E o mamãozinho custa só 25 cruzados cada.
Freguês   — Está bem. Levo duas dúzias de laranja e este mamão aqui. O amigo sabe pra que lado fica a barraca do peixe?
Feirante   — No começo da rua. Vai lá, freguês, que o peixe hoje tá bom e barato.

D. A quantidade que eu preciso! Faça a sua lista de compras do supermercado:

Ex.: Pasta de dente (2): *Dois tubos de pasta de dente.*

1. Sabão em pó (3)
2. Biscoitos (1)
3. Papel higiênico (4)
4. Feijão (2)
5. Leite (1)

6. Queijo (3)
7. Ovos (5)
8. Cerveja (9)
9. Arroz (4)

E. Dê um jeito!

a) Você está no supermercado colocando as compras no seu carrinho. Ao tirar uma garrafa de cerveja da prateleira, várias delas caem e se quebram. Explique ao gerente o que aconteceu e convença-o de que você não pode pagar pelo prejuízo.

b) Ao sair de um supermercado você é parado pelo gerente que o acusa de ter roubado um chocolate. De fato você tem um chocolate na mão, pelo qual não pagou, por estar muito distraído. Explique ao gerente o que aconteceu.

F. Ponto de encontro. Entreviste um colega e obtenha as seguintes informações:

1. Em que supermercado você faz compras?
2. Onde fica esse supermercado?
3. Qual o horário de funcionamento?
4. Você pode pagar as compras com cheque?
5. Há ofertas semanais de produtos?
6. Há bebidas alcoólicas?

7. Há produtos internacionais?
8. Além de comidas e bebidas, o que há no seu supermercado?
9. Por que você faz compras lá?
10. Você recomendaria esse supermercado a outras pessoas?

G. " Na hora da compra, todo cuidado é pouco". Leia e responda:

Na hora da compra, todo cuidado é pouco

Algumas características dos alimentos que devem ser observadas:

● A carne de porco deve ser cortada em pequenos pedaços e fervida de 30 minutos a uma hora. As que apresentarem pequenas "pipocas" não devem ser compradas.

● Os alimentos de origem animal devem ser conservados em temperaturas baixas, embalados, protegidos do sol, da poeira e de insetos. Os compradores não devem manuseá-los e o alimento só deve ser cortado no momento da compra.

● Pessoas com ferimentos nas mãos ou doenças contagiosas não devem tocar no alimento.

● A carne de boi deve ter cor vermelha viva e ter consistência firme.

● A carne de ave deve ter consistência firme, estar bem presa aos ossos e não estar pegajosa.

● Os peixes devem estar com as escamas firmes, guelras vermelhas e olhos brilhantes.

● No caso de enlatados e frios, devem ser observadas mudanças na cor, no odor e a presença de líquidos. As latas não devem estar amassadas ou enferrujadas.

● O alimento não deve ser guardado na lata, depois de aberta.

● Depois de lavadas, as verduras devem ser deixadas em água e vinagre até serem preparadas.

● As latas devem ser lavadas antes de abertas.

● A refrigeração com temperaturas de 4° a 7° impede o crescimento de bactérias.

● A coloração das verduras deve ser observada: não devem apresentar cor amarelada ou manchas escuras.

1. Quando você não deve comprar carne de porco?
2. Como devem ser conservados os alimentos de origem animal?
3. A palavra "manusear" é relacionada com:
   a. a mão b. o braço c. o pé
4. De acordo com o artigo, quem não deve tocar no alimento?
5. A carne de boi deve ser:
   a. —— b. ——
6. Quando a carne de ave está saudável?
7. Quando o produto enlatado está saudável?
8. O que você deve fazer, depois de lavar as verduras?
9. Por que é aconselhável refrigerar os alimentos em temperaturas de 4 a 7 graus?
10. Que cuidado você deve ter ao comprar o peixe?

IX. O DESENVOLVIMENTO DA AMAZÔNIA

A floresta amazônica tem fascinado o mundo por sua gigantesca reserva vegetal, a maior da Terra e a menos explorada. Daí o mistério de onde nasceu os mitos como o das Amazonas, uma tribo de mulheres guerreiras, e a fantasia de aventureiros, lado a lado com as *pesquisas* científicas e a exploração econômica.

A Amazônia teve sua época de prosperidade quando a borracha brasileira era disputada no mercado internacional e o seu preço era alto. Entre 1905 e 1910, a borracha chegou a ser o segundo produto de exploração do Brasil, depois do café.

Data desta época a construção de grandes monumentos que ficaram como símbolo de uma fase de riquezas e *esbanjamentos*. Um deles é o Teatro do Amazonas, em Manaus, um dos mais ricos de todo o continente, onde representaram cantores líricos famosos da Europa como Enrico Caruso.

Foi curto o período de progresso. A falta de planejamento econômico da Região e da própria indústria da borracha, bem como o gasto imenso de dinheiro, impediram o progresso. Em 1910 o império da borracha entrou em colapso e, com o descobrimento da borracha sintética, a seringueira perdeu ainda mais o seu valor econômico.

Na década de 20 a organização Ford criou a Fordlândia, uma empresa que tentou introduzir os métodos científicos para a exploração da borracha, vindos do oriente. Também este *empreendimento fracassou*. Só no governo do Presidente Juscelino Kubitschek, na década de '50 é que a Amazônia foi ligada a outras regiões do país. Primeiro a *rodovia* Belém-Brasília ligou o Norte ao Sul e depois a Transamazônica uniu várias regiões do Nordeste e do Norte.

Nas décadas de '60 e '70 um americano, Daniel Ludwig, construiu em plena selva, com a mais sofisticada tecnologia, uma fábrica de celulose dentro de 100 mil hectares de floresta. Iniciou também a maior plantação contínua de arroz do mundo, além de vários outros investimentos de exploração de *recursos* naturais. Tudo isto constitui o Projeto Jari, o qual foi vendido a um grupo de *empresários* brasileiros na década de '80.

Recentemente a exploração da Amazônia para o *plantio* de *cereais* e criação de *gado* tem preocupado o mundo todo pelo perigo criado pela queimada de milhares de hectares de floresta, a qual produz 1/5 do oxigênio do Planeta. Além disso o solo é fraco e arenoso e não resiste a contínuas plantações, ameaçando criar gigantescos desertos onde antes havia uma rica selva cheia de vida, de mistério, de lendas e mitos.

pesquisa research	**recurso** resource
esbanjamento wild spending	**empresário** businessman
seringueira rubber tree	**plantio** planting
empreendimento undertaking	**cereais** cereal grains
fracassar fail	**gado** cattle
rodovia highway	

1. Por que a floresta amazônica tem fascinado o mundo?
2. Quando a Amazônia teve a sua fase de prosperidade?
3. Fale sobre o Teatro do Amazonas.
4. Por que não houve progresso na Amazônia durante a alta da borracha?
5. O que aconteceu em 1910?
6. Quais as outras tentativas de exploração da Amazônia que se seguiram?
7. Como o governo do Presidente Juscelino Kubitschek beneficiou a Amazônia?
8. Fale sobre o Projeto Jari.
9. Como a exploração da Amazônia tem sido feita recentemente?
10. Por que a floresta amazônica é importante para o planeta?
11. Como é o solo da floresta amazônica?

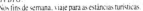

X. POR vs. PARA

1) The preposition *para* basically indicates the end point (goal, target, objective) of a direction in time or space. The preposition *por* basically indicates an intermediate point in time or space.

PARA	POR
Eu fui **para** Brasília.	Eu fui **para** Brasília passando **por** São Paulo.
Marcamos a reunião **para** as sete.	A reunião será aí **pelas** sete. (*around seven*)
Ele caminhou **para** o lago. (*toward*)	Ele caminhou **pelo** lago. (*around*)

2) Meanings of *para*:

   a) Direction, goal, objective:

Alfredo vai **para** o Chile amanhã.	*Alfredo is going to Chile tomorrow.*
Ele vem aqui **para** descansar.	*He is coming here to rest.*
Preparamos tudo **para** a sua chegada.	*We prepared everything for your arrival.*

   b) Comparison: opinion?   measurement?

O Japão é muito pequeno **para** tantos habitantes.	*Japan is small for so many inhabitants.*
Está muito quente **para** esta época do ano.	*It is very hot for this time of year.*
Para a altura dele, ele está muito gordo.	*For his height, he is very fat.*
Para mim, ele está muito gordo.	*As far as I am concerned, he is very fat.*

3) Meanings of *por*:

   a) Movement through space or time (*by, through, around*):

Eu passo **por** sua casa amanhã.	*I will go by your house tomorrow.*
Venha **pelo** caminho que eu ensinei a você.	*Come by the route I showed you.*
Vamos passear **pelo** parque.	*Let's stroll through the park.*

   b) Motive or causation (*por causa de, em lugar de*):

Desculpe **por** chegar tão tarde.	*Excuse me for being so late.*
Obrigado **por** tudo que você fez.	*Thanks for all you have done.*
Nós sentimos muito **por** você.	*We are in sympathy with you.*
Eu fiz tudo o que pude **por** ela.	*I did everything for her.*

   c) Exchange:

Comprei o carro **por** um preço muito baixo.	*I bought the car for a very low price.*
Eu dou o meu livro **pelo** seu caderno.	*I will give you my book for your notebook.*

d) Duration:

Você vai ficar aqui **por** muito tempo?	*Are you going to stay for long?*
O campeão ganhou a corrida **por** trinta segundos.	*The champion won the race by thirty seconds.*

e) Rate:

Esta camisa tem 20% (**por cento**) de desconto.	*This shirt is 20% off.*
A velocidade máxima é de 80 km **por** hora.	*The top speed is 80 km per hour.*
Temos um mês de férias **por** ano.	*We have a month's leave per year.*

4) Expressions:

Para

Eu vou me lembrar **para sempre** deste filme.
Ele andava **de lá para cá**, muito nervoso.
Este trabalho é **para já**. (*right now*)
Vamos entrar porque está **para** chover. (*about to*)
Estou trabalhando **pra chuchu**! (*quantity*)
Vou estudar **pra valer**! (*quality*)

Por

Por enquanto vamos morar neste apartamento.
   (*For the time being*)
Encontrei o Luís na rua, **por acaso**. (*by chance*)
Por fim conseguimos organizar o programa. (*At last*)
Por pouco perdemos o ônibus. (*almost*)
Vamos voltar **por volta de** 7:00 hs. (*about*)
Telefone para mim **pelo menos** uma vez por semana. (*at least*)

VAMOS PRATICAR

A. **Diálogo.** O Retrato no Jornal

Rogério	— Para que serve essa caixa tão grande?
Júlio	— Essa caixa é para guardar todos os meus retratos novos e antigos.
Rogério	— Por falar em retratos, você viu a fotografia da Sofia no jornal?
Júlia	— Para mim, a Sofia é uma boba. Ontem passei pela casa dela e ela estava muito nervosa. Andava para lá e para cá por causa dessa fotografia.
Rogério	— Pelo amor de Deus, Júlia! Será que você não entende o que significa para a Sofia aparecer na coluna social?
Júlia	— Olha, ela gosta de passar por granfina, mas para mim ela não é!
Rogério	— Diga o que quiser! Para mim, a Sofia está muito bonita na foto!
Júlia	— E por mim, você pode calar a boquinha!

B. **Entrevista.**

1. Para quem você trabalha? *Eu trabalho para a prefeitura.*
2. Você vai trabalhar lá por muito tempo?
3. Para você, como é a Amazônia?
4. Quem vai preparar a feijoada por você?
5. Quanto você pagou pelo seu carro?
6. O que você pode fazer por mim?
7. Para quem você escreve?
8. Para você, qual é a melhor coisa do mundo?
9. Por onde você passa quando vem para a universidade?
10. Quando você viajou pela primeira vez?
11. Você tem viajado muito pelo seu país?
12. O que você vai programar para o próximo ano?

C. **Por ou para?** Complete as frases abaixo usando as preposições *por* ou *para*.

1. Algum dia eu gostaria de ir —— *Algum dia eu gostaria de ir para Portugal.*

2. O Rio de Janeiro é famoso ——
3. Vou ficar na Amazônia ——
4. Se Deus quiser eu vou trabalhar ——
5. Eu vou fazer tudo ——
6. Óculos escuros servem ——
7. Eu preparei uma feijoada ——

8. Não vou mais passar ——
9. Preciso estudar muito ——
10. A velocidade máxima é de ——
11. Não vou trocar o meu carro ——
12. Eu vou marcar a reunião ——

XI. "O SOCORRO"

Ele foi *cavando*, cavando, pois sua profissão -- *coveiro* -- era cavar. Mas, de repente, na distração do ofício que amava, precebeu que cavara demais. Tentou sair da cova e não conseguiu. Levantou o olhar para cima e viu que, sozinho, não conseguiria sair. Gritou. Ninguém atendeu. Gritou mais forte. Ninguém veio. Enrouqueceu de gritar, cansou de *esbravejar*, desistiu com a noite. Sentou-se no fundo da cova, desesperado. A noite chegou, subiu, fez-se o silêncio das horas tardias. Bateu o frio da madrugada, e, na noite escura, não se ouvia um som humano, embora o cemitério estivesse cheio dos *pipilos* e *coaxares* naturais dos *matos*. Só pouco depois da meia-noite lá vieram uns passos. Deitado no fundo da cova, o coveiro gritou. Os passo se aproximaram. Uma cabeça *ébria* apareceu lá em cima, perguntou o que havia: "O que é que há?"

O coveiro então gritou, desesperado: "Tire-me daqui, por favor. Estou com um frio terrível!" "Mas, coitado!" —— *condoeu-se* o bêbado —— "Tem toda razão de estar com frio. Alguém tirou a terra de cima de você, meu pobre mortinho!" E, pegando a *pá*, encheu-a de terra e pôs-se a cobri-lo cuidadosamente.

Moral: Nos momentos graves é preciso verificar muito bem para quem se apela.

Millôr Fernandes, *Fábulas Fabulosas*

cavar dig	**mato** woods
coveiro gravedigger	**ébria** drunken
esbravejar rave	**condoer-se** sympathized with
pipilo chirp	**pá** shovel
coaxar croak	

Millôr Fernandes, *Fábulas Fabulosas*

A. **Responda.**

1. O que faz o coveiro na sua profissão?
2. Um médico trabalha no hospital, um engenheiro trabalha no escritório. Onde trabalha o coveiro?
3. Por que o coveiro estava dentro da cova?
4. "Cansou de esbravejar" significa a) cansou de cavar; b) cansou de gritar; c) cansou de chorar.
5. Como o coveiro pediu ajuda?
6. Por quanto tempo ele pediu ajuda?
7. Como ele se sentiu?
8. Como estava: a) a noite; b) a madrugada.
9. O que veio depois da meia noite?
10. Uma pessoa que bebe muito está bêbada, ou ...
11. Quando o bêbado perguntou "o que é que há", o que o coveiro respondeu?
12. Por que o bêbado cobriu o coveiro de terra?
13. O que significa a moral da história?

B. **Agora é a minha vez!**

Imagine que você é o bêbado. Conte o que aconteceu com você quando, no caminho de casa, você passou pelo cemitério.

XII. ENCERRAMENTO

─────────VÍDEO─────────

Hoje ficamos por aqui. Na próxima unidade nós vamos explorar o Nordeste do Brasil.

─────── PARE ───────

UNIDADE 8

O NORDESTE DO BRASIL

Parte I

Parte II

V = Vídeo

NORDESTE

SÃO Luis
Fortaleza
FERNANDO DE
NORONHA
CEARÁ
MARANHÃO
Teresina
Natal
RIO GRANDE
DO NORTE
PARAÍBA
PIAUÍ
João Pessoa
Recife
PERNAMBUCO
Maceió
ALAGOAS
Aracaju
BAHIA
SERGIPE
Salvador

SERTÃO

O NORDESTE DO BRASIL

PARTE I

I. APRESENTAÇÃO

VÍDEO

O Nordeste brasileiro é uma região de muitas contradições. Se, por um lado, é rico em tradições, história e *artesanato,* por outro lado, o povo nordestino sofre as conseqüências da *seca* e das *enchentes.* O Nordeste é uma região mística, dominada pela religiosidade e pela fé. Mas também é pobre e de grandes desigualdades sociais onde predominam o *patriarcalismo* e o *latifúndio.*

crafts

drought; floods

male domination
large landholdings

Sua riqueza fica em poucas mãos, e o povo vê suas terras e criações serem queimadas pela seca, ou levadas pelas águas, que irrompem violentamente com as chuvas, no período que os nordestinos chamam de inverno.

A paisagem típica do Nordeste é a *caatinga* do *sertão* e o verde dos *canaviais* do *litoral.*
O artesanato da região é de uma beleza *ímpar.* É a mão do homem trabalhando o *barro* e a *renda*, colocando na *argila* as imagens de seus santos e de suas *crenças.* A história do Brasil praticamente começa no Nordeste. Ali estão as cidades mais antigas, as primeiras igrejas, as suas mais remotas tradições.

scrub vegetation; backlands
cane fields; coast
without equal
mud; lace; clay
beliefs

PARE

VOCÊ ENTENDEU?

Responda às perguntas:

1. Quais são algumas das contradições do Nordeste?
2. Explique a frase "região mística."
3. Escolha a frase que melhor explica "patriarcalismo":
   a. Sistema social onde o chefe de família é a autoridade absoluta sobre suas terras e os que vivem e trabalham nela.
   b. Sistema social onde os donos da terra são os verdadeiros donos da pátria.
4. Latifúndio é um sistema no qual
   a. os homens são donos da terra.
   b. um só homem é dono de grande quantidade de terra.
5. Quais são as duas paisagens típicas do Nordeste?
6. Como é o artesanato do Nordeste?
7. Por que se diz que a história do Brasil praticamente começa no Nordeste?

O Nordeste do Brasil

O Nordeste do Brasil é uma região fascinante pela riqueza de suas tradições, literatura, música, folclore e artesanato, mas é *flagelado* por graves problemas econômicos e sociais.

Há dois Nordestes: o do *litoral*, de terras férteis, muita água e um clima moderado, onde se pode cultivar grande variedade de produtos agrícolas. No entanto, a monocultura da cana-de-açúcar tem tradicionalmente dominado a produção desta área. O outro Nordeste é o do "sertão", o do interior seco e vasto, onde sempre têm co-existido atividades agrícolas de sobrevivência e imensas fazendas de gado. É esta a região de secas prolongadas que forçam os habitantes a migrarem para o litoral ou para o sul do país. Os produtos principais desta região são açúcar, carne de sol, couro, laticínios, milho, algodão, óleos vegetais, castanha de caju, farinha de mandioca, tabaco e vários tipos de frutas. O sul da Bahia, onde começa o Nordeste, é o maior centro de produção de cacau do país.

Carnaúba

No panorama cultural do Nordeste, o misticismo ocupa lugar especial, tendo produzido várias manifestações de religiosidade popular. Uma delas é a igreja de São Francisco de Canindé no Ceará, aonde milhares de peregrinos acorrem, durante todo o ano, pedindo graças e curas. Uma vez alcançado o pedido, por intervenção divina, o peregrino tradicionalmente deixa na igreja um objeto alusivo a ele, o chamado ex-voto, o qual é exposto em uma sala especial da igreja. Exemplos comuns de ex-votos são reproduções em cera de órgãos e membros curados, fotografias de pessoas, objetos e lugares alusivos ao milagre alcançado.

Neste ambiente de religiosidade surgem, naturalmente, os místicos. Um dos mais notáveis entre eles é Antônio Conselheiro, que *apregoou* suas idéias de salvação da alma caminhando pelo Ceará, Pernambuco e Bahia no último quarto do século XIX. Por onde passava, Antônio Conselheiro atraía um grande número de adeptos que o seguiam de vila em vila. Acabaram por estabelecer uma comunidade em Canudos, Bahia, onde criaram incompreensões e inimizades. O governo brasileiro, que acabara de se tornar republicano em 1889, sentiu-se ameaçado pelo monarquismo bíblico de Antônio Conselheiro e seus seguidores e mandou o exército para acabar com a "rebelião". Os sertanejos de Canudos, mal equipados mas conhecedores profundos de sua terra e dispostos a morrer por suas famílias e seu líder, venceram vários ataques do exército federal. Finalmente foram derrotados. A história comovente de Canudos foi narrada por Euclydes da Cunha no famoso livro, *Os Sertões*, traduzido ao inglês como *Rebellion in the Backlands*. Recentemente o episódio de Canudos foi recontado no romance *La guerra del fin del mundo* do peruano Mário Vargas Llosa.

Outra figura religiosa de enorme projeção no Nordeste e de profunda influência no povo foi o famoso Padre Cícero, o qual viveu no sul do Ceará na área de Joazeiro do Norte, na virada do século. Padre Cícero atraiu um enorme séquito de pessoas que o reverenciavam. Vários milagres foram atribuídos ao Padre Cícero quando ainda em vida e depois de sua morte continua a viver na fé do povo, que lhe honra como um santo.

flagelado scourged   **litoral** coast
apregoar preached

1. O que caracteriza o Nordeste do litoral?
2. Como é o sertão?
3. O que o sul da Bahia produz?
4. O que há de especial sobre a igreja de São Francisco do Canindé no Ceará?
5. O que é o ex-voto? Dê um exemplo de ex-voto.
6. Quem foi Antônio Conselheiro?
7. O que foi Canudos?
8. Por que o governo federal se rebelou contra Canudos?
9. O que o governo federal fez contra a "rebelião"?
10. Como foi o conflito?
11. Como a guerra de Canudos foi documentada?
12. De que trata "La guerra del fin del mundo"?

O calendário das festas baianas

31 de dezembro/1º de janeiro – Bom Jesus dos Navegantes
3/6 de janeiro – Festa de Reis, ou Festa da Lapinha
10 de janeiro – Lavagem do Bonfim, Festa de São Lázaro
Janeiro/Fevereiro – Regata de Saveiros João das Botas
2 de fevereiro – Festa de Iemanjá
Fevereiro – Lavagem da Igreja de Itapoã e da Igreja da Luz
15/19 de fevereiro – Carnaval
29 de março – Fundação de Salvador
22/25 de junho – São João em Cachoeira
2 de julho – Independência da Bahia
Julho – Festival de Arte da Bahia
2ª quinzena de agosto – Festa da Boa Morte, em Cachoeira
Setembro – Festa do Cacau, em Ilhéus e Itabuna
8/14 de setembro – Jornada Brasileira do Curta-Metragem
27 de setembro – Festa de São Cosme e São Damião
4/6 de dezembro – Festa de Santa Bárbara
29 de novembro/8 de dezembro – Festa de Santa Luzia
10/13 de dezembro – Bom Jesus dos Navegantes

II. " OS DETETIVES TRAPALHÕES"
-- FUTURO DO SUBJUNTIVO, VERBOS IRREGULARES II

───VÍDEO───

Agora, vamos continuar praticando o futuro do subjuntivo. Os nossos detetives ainda têm esperança no futuro!

Policial — Vocês estão presos!

Onofre — Calma, seu guarda... Nós podemos explicar tudo pro senhor. *Aliás* se o senhor **puder** passar um pouco mais tarde, nós já estaremos mais calmos.

moreover

Policial — Só se eu fosse *maluco*!

crazy

Leonel — Mas o senhor é maluco!

Policial — Como????

Onofre — Não, não, não. Ele quis dizer que se alguém **tiver** que ser maluco aqui um dia, esse alguém exatamente vai ser ele, porque quando ele **quiser** vir dizer alguma coisa que *preste*, vai levar uma *porretada pra valer*, porque, então, o senhor poderá fazer como **quiser**!

worth anything; a thorough beating

Policial — Eu não entendi nada!

Leonel — Ele está *brincando* de futuro do subjuntivo!

playing at

Policial — O que é isso? Um agente subversivo?

Onofre — Não, não, não, não. Enquanto a minha mulher não **vier** com o dinheiro da *fiança*, não estaremos livres. Agora se o senhor **quiser**, ou se

bail

lhe **aprouver**, e se **estiver** ao nosso alcance, poderemos dar algumas aulas   *pleases you*
práticas de gramática pro senhor, não é verdade?

Policial — Ai, não!

───── *PARE* ─────

VAMOS PRATICAR

A. **Conselhos para o futuro**. Complete as frases com os verbos no futuro do subjuntivo.

   1. Não deixe de falar com o professor quando ... *você tiver tempo.*
   2. Visite Recife quando...
   3. Faça uma viagem de barco pelo Rio São Francisco depois que ...
   4. Faça uma promessa ao Padre Cícero se...
   5. Coma sorvete de cajú quando...
   6. Fale muito português enquanto...
   7. Compre artesanato do Nordeste quando...
   8. Passe por João Pessoa depois que...

B. **Velhas superstições!**

   1. Se você se levantar com o pé esquerdo... *terá um dia de muito azar!*
   2. Se você quebrar um espelho...
   3. Se você vir um gato preto...
   4. Se você passar debaixo de uma escada...
   5. Se você nadar depois de comer...
   6. Se você abrir a janela e pegar vento...

C. **O futuro está na minha mão!** Observe as linhas da mão, aprenda a ler o que elas dizem e fale sobre o que o futuro reserva para você.

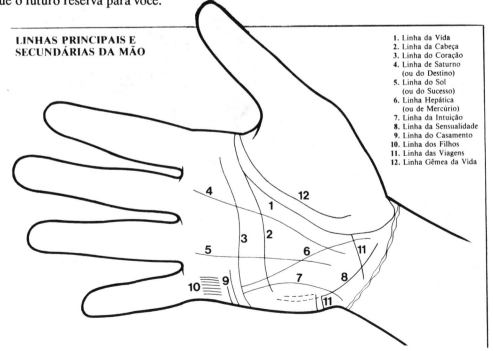

LINHAS PRINCIPAIS E SECUNDÁRIAS DA MÃO

1. Linha da Vida
2. Linha da Cabeça
3. Linha do Coração
4. Linha de Saturno (ou do Destino)
5. Linha do Sol (ou do Sucesso)
6. Linha Hepática (ou de Mercúrio)
7. Linha da Intuição
8. Linha da Sensualidade
9. Linha do Casamento
10. Linha dos Filhos
11. Linha das Viagens
12. Linha Gêmea da Vida

1. Se a linha da vida for longa você terá uma longa vida.
2. Se a linha da cabeça for curva você é intelectual; se for reta você é egoísta; e se for muito visível você é inteligente.
3. A linha do coração é a linha do amor. Se for nítida você terá sucesso no amor. Se for nítida e longa o seu casamento será eterno e bom. Se estiver bem perto do seu dedo mindinho, aquele menor de todos, você vai se casar entre os 28 e 35 anos.
4. Se a linha do sol e do destino for nítida e forte, você terá bom sucesso profissional.
5. Se a linha do sucesso for nítida e longa você terá muito sucesso e fama.
6. Quantos filhos você terá? Conte a linha dos filhos.
7. Se sua mão for longa e os dedos delicados, seu temperamento é criativo, sensível e artístico.
8. Se sua mão for quadrada e grossa, você é uma pessoa realista e prática.
9. Se sua mão for gordinha e os dedos curtos, você tem um caráter materialista.
10. Lembre-se de que mão larga pode indicar uma natureza introvertida e reflexiva.
11. Mão fina e graciosa indica natureza contemplativa, idealista e distante da realidade.
12. Se sua mão for quente, seu temperamento é quente. Cuidado com a raiva!
13. Outro lembrete: mão fria pode indicar apatia.
14. Cuidado! Mão delicada e frágil pode indicar necessidade de muito amor.
15. Finalmente é bom saber que mão peluda é sinal de personalidade forte e autoritária e que mão vermelha indica impetuosidade.

Você agora está pronto para nos falar um pouco de si mesmo de acordo com o mapa de sua mão. Mãos à obra!

III. "TREM DE ALAGOAS"
ASCENSO FERREIRA

—VÍDEO—

O *sino* bate,	bell
O condutor *apita o apito*,	blows the whistle
Solta o trem de ferro um grito,	
Põe-se logo a caminhar...	
Vou *danado* pra Catende	'damned' i.e., with all haste
Vou danado pra Catende	

Vou danado pra Catende
Com vontade de chegar
Mergulham mocambos   *huts sink*
Nos *mangues molhados,*   *wet swamps*
Moleques, mulatos,   *black boys; mulattoes*
Vêm vê-lo passar.
   --Adeus!
   --Adeus!

Mangueiras, coqueiros,   *mango trees; coconut trees*
Cajueiros em flor   *cashew trees*
Cajueiros com frutos
Já bons de *chupar...*   *suck*
Adeus, Morena do cabelo *cacheado!*   *in curls*
Vou danado pra Catende
Vou danado pra Catende
Vou danado pra Catende
Com vontade de chegar...

Na boca da mata
Há *furnas* incríveis   *caves*
Que em coisas terríveis
Nos fazem pensar:
Ali dorme o pai da mata
Ali é a casa dos *caiporas*   *goblins*
Vou danado pra Catende
Vou danado pra Catende
Vou danado pra Catende
Com vontade de chegar...

O trem movido a lenha também foi tema para um *trecho* musical de Heitor   *piece, selection*
Villa-Lobos, intitulado "O Trenzinho *Caipira*." Villa-Lobos é um dos mais   *rustic, hillbilly*
importantes compositores brasileiros de música *erudita*. Em suas   *serious, "classical"*
composições ele procurou fixar a paisagem, a cultura e a *alma* brasileira.   *soul*
Ouça como ele musicou o trenzinho caipira.

─────────── *PARE* ───────────

"Trem de Alagoas"

Neste poema há dois elementos principais: o narrador da ação e o trenzinho que repete o refrão "vou danado pra Catende..." Tanto o narrador como o refrão recriam no ritmo dos versos e na sonoridade das palavras, o movimento do trem.

VOCÊ ENTENDEU?

1. Como o narrador descreve a partida do trem?
2. O que os moleques fazem?
3. A manga é fruta da mangueira.
      O côco é ...
      O caju é ...
4. O que há na boca da mata?
5. Em que a mata faz a gente pensar?

A MARIA-FUMAÇA

Antes de ser trenzinho caipira, um termo *pejorativo* para um indivíduo *simples* da zona rural, sem sofisticação urbana ("hick"), o trem a vapor era chamado de 'Maria-Fumaça'. Foi com a Estrada de Ferro Mauá, inaugurada pelo Imperador D. Pedro II em 1854, que a Maria-Fumaça começou a marcar a vida do interior. A primeira locomotiva a operar no Brasil foi carinhosamente chamada de Baronesa. Mais tarde vieram outras com nomes sugestivos como a Zezé Leonni (também apelido de Iolanda Pereira, Miss Universo de 1930), a Ramona (nome de um filme famoso), e a Faustina (nome de samba), o que atesta a popularidade da Maria Fumaça e o carinho que o povo lhe dedicava. Seja qual fosse o seu nome, a Maria-Fumaça se tornou tema de poemas, crônicas, anedotas e músicas, sempre envolvida numa *aura* poética.

Em 1922 surgiu a primeira estrada de ferro eletrificada, marcando talvez o início da decadência da Maria Fumaça. *Afastada* pelo progresso, ela se retirou aos museus com um apito de despedida, nos versos de Manuel Bandeira ("Trem de ferro"):

Vou mimbora vou mimbora
Não gosto daqui
Nasci no sertão
Sou de Ouricuri
Oô...

Vou depressa
Vou correndo
Vou *na toda*
Que só levo
Pouca gente
Pouca gente
Pouca gente...

pejorativo pejorative
simples simple
aura aura

afastar push away
Vou-me embora= Vou-me embora
na toda as fast as I can

VOCÊ ENTENDEU?

1. Qual é o significado de "caipira"?
2. Fale sobre a primeira estrada de ferro do Brasil.
3. O que é a Baronesa?
4. Quando surgiu a primeira estrada de ferro eletrificada no Brasil?
5. Porque a Maria-Fumaça se tornou tema de expressões artísticas?

V. PARAÍBA DE TODAS AS CORES

PARAÍBA DE TODAS AS CORES

A Paraíba é uma festa de cores. A Capital, João Pessoa, tem o azul do mar, o verde dos coqueiros, o amarelo das acácias, o roxo dos jambeiros. É uma cidade mais vegetal do que urbana – na definição de José Américo de Almeida. É onde fica o extremo oriental das Américas, a Ponta do Seixas, no Cabo Branco, cenário que abre a Costa do Sol – o polo turístico que o governador Tarcísio Burity está implantando numa área de 10 mil hectares, com 4 quilômetros de costa, para abrigar hotéis, shopping centers, centros de diversão e outros equipamentos de lazer, com ligação panorâmica às praias do Norte, através da via litorânea, também em construção. Terceira cidade mais antiga do Brasil, João Pessoa guarda cores do seu passado, no magnífico barroco da Igreja de São Francisco, e do seu futuro, no arrojo metálico do Espaço Cultural. É lugar bom de viver, de morar, de curtir. Avançando para o Oeste, as cores da Paraíba banham os canaviais do Mundo de José Lins do Rego, as Itacoatiaras do Ingá, as serras de Areia (terra do pintor Pedro Américo) e de Campina Grande (onde se realiza o Maior São João do Mundo), o sítio paleontológico do Vale dos Dinossauros, na cidade de Sousa, e o incrível oásis verdejante da Estação Termal de Brejo das Freiras, em pleno Sertão de Antenor Navarro. As variedades cromáticas da Paraíba são um convite ao descanso e ao prazer. Venha dar mais colorido a essa festa.

CENTRO TURÍSTICO

A decisão de incentivar o turismo na Paraíba animou o governador Tarcísio Burity a concluir a construção do Centro Turístico de Tambaú, iniciada no seu primeiro Governo (1979-1982). Sede da empresa estadual de turismo (a PB-TUR), dispõe de centro de informações por computador e de outros serviços de assistência ao turista, além de mini-lojas comerciais. Ao seu auditório foi dado o nome do presidente da VARIG, Hélio Smidth.

João Pessoa

1. Qual é a capital da Paraíba?
2. Mencione três características da Paraíba.
3. O que são *coqueiros, acácias e jambeiros*?
4. De acordo com o texto, qual é o ponto extremo oriental das Américas?
5. Qual é o tamanho do polo turístico que está sendo implantado em João Pessoa?
6. O que esse polo turístico vai abrigar?
7. Descreva a cidade de João Pessoa.
8. O texto menciona dois paraibanos famosos, um escritor e um pintor. Quem são eles?
9. Em que cidade se realiza o maior São João do mundo?
10. Descreva o Centro Turístico de Tambaú.
11. Cite três razões para se visitar o Estado da Paraíba.

Quanto mede o trem?

O tempo gasto pelo trem para percorrer seis quilômetros é o mesmo utilizado pelo passageiro para percorrer o trem duas vezes. Para percorrer seis quilômetros, o trem gastou a décima parte de uma hora, pois sua velocidade é de sessenta quilômetros por hora. Nesse tempo, o homem precisou andar uma décima parte de três quilômetros, ou seja, trezentos metros. Portanto, o trem mede 150 metros da locomotiva ao último vagão.

Quanto mede o trem?

No exato momento em que o trem sai da estação, um passageiro começa a caminhar desde o último vagão em direção à locomotiva. Ao chegar, dá meia volta e começa a refazer o percurso; ao alcançar o último vagão o trem percorreu seis quilômetros exatamente. Se a velocidade do trem é de 60 quilômetros por hora e a do passageiro é de três por hora, quanto mede o trem?

V. *PRESENTE DO SUBJUNTIVO DOS VERBOS REGULARES*

— *VÍDEO* —

O subjuntivo presente é conjugado assim:

CANTAR		COMER	
CANTE	CANTEMOS	COMA	COMAMOS
	CANTEM		COMAM

— *PARE* —

Present Subjunctive

A. Formation

1) The present subjunctive is formed by changing the vowel of the first-person singular of the present indicative form of the verb:

```
FALAR --> EU FALO        COMER --> EU COMO        ABRIR --> EU ABRO
```

FALE	FALEMOS
	FALEM

COMA	COMAMOS
	COMAM

ABRA	ABRAMOS
	ABRAM

Any irregularities in the first-person form will be reflected in the subjunctive form.

TENH**O**   TENH**A**, TENH**A**MOS, TENH**A**M
PEÇ**O**   PEÇ**A**, PEÇ**A**MOS, PEÇ**A**M

VIV**O**   VIV**A**, VIV**A**MOS, VIV**A**M
SIRV**O**   SIRV**A**, SIRV**A**MOS, SIRV**A**M

2) Verb spelling change rules affect the subjunctive:

-ço --> -ce/-ça:

COMEÇO   COMECE, COMECEMOS, COMECEM
APAREÇO   APAREÇA, APAREÇAMOS, APAREÇAM

-co --> -que

BUSCO   BUSQUE, BUSQUEMOS, BUSQUEM

-go --> -gue

CHEGO   CHEGUE, CHEGUEMOS, CHEGUEM

B. Notes on usage

1) *Clauses*. The subjunctive occurs in the **dependent** clause of a sentence:

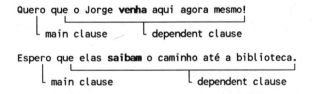

2) The subjunctive **always** follows **talvez**, even in an independent clause:

Talvez ele **venha** amanhã.
Eles **talvez cheguem** atrasados.

3) *Subjunctive in noun clauses.* A direct-object (noun) clause is a mini-sentence that functions as a direct object:

Quero **uma xícara de café bem quente!**

simple sentence   direct object

Quero **que todos aprendam português.**

main clause   direct object clause

a)   When the speaker **affirms** what he believes to be true or real, the indicative is used in the dependent clause, otherwise the subjunctive is used. There is a small number of affirmative expressions. The most common are *achar que, acreditar que, saber que, pensar que, parecer que, é verdade que:*

Acho que eles **comeram** tudo.
É verdade que nós **vimos** o acidente.
Ela sabe que eu **tenho** um carro.
Eu acredito que o José **é** rico.

When the speaker **denies or negates** what follows **que**, the subjunctive is always used:

Eu não acho que ela **seja** bonita.
Não é verdade que você **saiba** tudo.
Não pensamos que elas **possam** vir aqui.
Ele duvida que nós **tenhamos** aquele livro.

b)   In spoken usage, most Brazilians prefer to use alternatives to the subjunctive when possible:

Deixa o Jorge fazer isso. vs. Deixe que o Jorge **faça** isso.

VAMOS PRATICAR

A. **Palavra-Puxa-Palavra**

Verbos

aconselhar	pedir	dizer	insistir	parecer —[2]
desejar	duvidar	recomendar	querer	proibir
sentir —[3]	ter medo	achar	crer	acreditar

Expressões

tomara que	é aconselhável que	é verdade que
convém que	é conveniente que	é claro que
basta que	é importante que	é bom que
talvez	é melhor que	é necessário que
	é possível que	é ridículo que

B. Diálogos

1. Talvez!

Jorge	— Você vem mesmo jantar comigo amanhã?
Helena	— Talvez eu venha. É possível que eu termine o meu trabalho a tempo. Não é certeza, 'tá?
Jorge	— Ah! Você podia dar um jeitinho. Eu quero que você conheça os meus primos que chegam do Rio amanhã.
Helena	— A que horas você quer que eu chegue aqui? Talvez eu não possa vir cedo.
Jorge	— Basta que você chegue para a sobremesa e um cafezinho.

2. Tomara que o professor fique doente!

Júlia	— Esse negócio de subjuntivo me confunde muito. Não creio que eu possa aprender isso. Estou até com dor de cabeça.
Renato	— É necessário que você tenha calma. Você quer estudar comigo hoje à tarde?
Júlia	— Que idéia genial! A que horas você quer que eu chegue na sua casa?
Renato	— Eu prefiro que nos encontremos na biblioteca. Lá em casa tem muito barulho. Que tal às 3:15?
Júlia	— Você sabe, Renato, eu tive um pensamento horrível agora. É bom que eu fique calada, pois você vai me chamar de louca.
Renato	— O que foi? Quero que você me conte.
Júlia	— Está bem, eu vou contar. Tomara que o professor fique doente e não venha dar o exame. Pronto. Contei!
Renato	— Puxa! Que maldade! O professor é tão bonzinho. Não acredito que você deseje mal a ele.
Júlia	— Não, não se preocupe. Uma gripezinha fraca não mata ninguém. Basta que o coitadinho do professor fique em casa um só dia, tome aspirina, beba suco de laranja e descanse.
Renato	— Oh, Júlia, que pensamento malvado! Mas se você diz que é só uma gripezinha fraca, você está perdoada. Que tal um cinema (minha) amanhã?

C. Conversinhas

1. Tantos Problemas!

— Que devo fazer? Tenho tantos problemas!

— É bom que você ... (procurar) o Dr. Calmante. Ele pode ajudá-lo.

— Tenho medo que ele não ... (poder) me ajudar.

— Mas ele é ótimo. Convém que você ... (marcar) um hora com ele hoje mesmo.

— Está bem. Vou telefonar para ele mas quero que você ... (vir) comigo.

2. No consultório do Dr. Calmante.

— Sente-se, por favor. Quero que você se ... (sentir) bem e ... (falar) dos seus
  problemas sem medo.
— Tomara que o senhor ... (poder) me ajudar. Tenho tantos problemas!
— Basta que você ... (fechar) os olhos, ... (deitar) aqui nesse sofá e ...
  (começar) a falar.
— Tenho problemas financeiros e amorosos. Duvido que o senhor ... (curar)
  os meus problemas.
— Muito simples. Para os problemas financeiros eu recomendo que você ...
  (conseguir) um trabalho que ... (tomar) muito do seu tempo.
— E para os meus problemas amorosos? O que o senhor aconselha que eu ...
  (fazer)?
— Olhe, você vai trabalhar tanto que não vai ter tempo para o amor.

D. **Isto é o que eu quero! Eu quero que...**

Mário

Luís e Rachel

Mário jante comigo.   *Luís e Rachel passem no exame.*

1. jogar tênis comigo	1. comer frutas e verduras
2. conseguir um bom emprego	2. escrever para os avós
3. fazer uma viagem a Portugal	3. ficar mais em casa
4. beber menos	4. brigar menos
5. economizar mais dinheiro	5. ler muito mais
6. parar de fumar	6. ter paciência

E. **O que a nossa família espera de nós?**

O papai deseja que nós *terminemos os estudos no fim do ano.*

1. A mamãe deseja que nós...
2. A vovó Maroca proíbe que nós...
3. O vovô José prefere que nós...
4. A tia Marta espera que nós...

5. O tio Rui tem medo que nós...
6. O meu primo Eduardo pede que nós...
7. A minha cunhada deseja que nós...

F. Os Dez Mandamentos da boa alimentação!

1. Convém que você (comer) *coma* bem sem comer demais.
2. É bom que você (evitar) muitas calorias.
3. É aconselhável que você (escolher) os alimentos com cuidado.
4. É conveniente que você (procurar) incluir proteínas e vitaminas na sua alimentação.
5. É necessário que você (começar) o dia com uma boa refeição matinal.
6. É importante que você se (lembrar) de que uma pessoa adulta precisa de 3.000 calorias diárias.
7. Convém que você (comer) muitas frutas.
8. É aconselhável que você (ter) uma alimentação saudável e balanceada.
9. É imperativo que você não (esquecer) de incluir os sais minerais e hidratos de carbono.
10. É necessário que você (aprender) que alimentos contêm os nutrientes necessários para uma boa alimentação.

G. Problemas e conselhos. Todos nós temos problemas, não é? Vamos tentar resolver alguns deles?

1. A Marta mora com a Helena. Ela nunca pode estudar porque a Helena passa o dia todo ouvindo som e muito alto! *Eu recomendo que ela procure uma outra casa e que...*
2. O Luís mora com a Rosa. Ele faz a sua parte no trabalho de casa e a Rosa nunca faz nada: não limpa o quarto, não lava os pratos e jamais cozinha. Convém que...
3. O Jorge está muito interessado numa colega de escola. Ele é muito tímido e tem medo de convidá-la para sair. É bom que...
4. O namorado da Helena tem mania de paquerar as outras garotas em público. Helena fica muito aborrecida com esse "Don Juan". Eu recomendo que...
5. O Rui ama muito a sua mãe, mas sente vergonha de sair com ela. Ela fala muito alto e se veste com roupas jovens demais para a sua idade. Eu aconselho que...

H. Tia Candinha responde.

Tenho 18 anos e namoro um senhor de 40. Todos falam e até riem de mim, mas estou apaixonada e não gostaria de perdê-lo. Entretanto, ele quase não me procura e isso me deixa aflita. Quando nos encontramos parece que está tudo bem, não falo nada. Dependo dele pra tudo. Moro num <u>pensionato</u> e ele paga todas as despesas. Tenho medo de que vá embora mas sei também que não é amor o que ele sente por mim. Ajude-me! —

pensionato rooming house

— O que mais me espanta na sua carta é o fato de você, com 18 anos, se sujeitar à dependência financeira de um homem para viver. Meu conselho é que arranje o quanto antes um emprego. Por mais humilde que ele seja, dará, com certeza, para você pagar seu pensionato e viver com independência.

1. Qual é o problema da "Garota Apaixonada"?
2. Qual foi o conselho da Tia Candinha?
3. Você lê o consultório sentimental no jornal?
4. Que tipo de pessoa escreve para a Tia Candinha?
5. Você escreveria para a Tia Candinha?
6. Que qualificações uma pessoa como a Tia Candinha deve ter?
7. Qual a vantagem de escrever para ela?

8. Qual a desvantagem?
9. No jornal da sua cidade quem é "Tia Candinha"?
10. Qual é o seu conselho para a "Garota Apaixonada"?

I. **Ponto de Encontro.** Brincando de Tia Candinha. Você tem um problema (real ou imaginário). O seu colega é Tia Candinha. Que conselho ela deu a você?

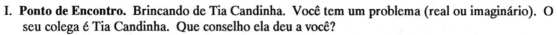

VI. "A AMBIÇÃO SUPERADA", MILLÔR FERNANDES

(À maneira dos... finlandeses)   *"Ambition Overcome"*

Certo dia uma rica senhora viu, num antiquário, uma cadeira, que era uma
beleza. Negra, feita de *mogno e cedro*, custava uma fortuna. Era, porém, tão   *mahogany and ceder*
bela, que a mulher não *titubeou* - entrou, pagou, levou para casa.   *hesitate*

A cadeira era tão bonita que os outros móveis, antes tão lindos, começaram
a parecer *insuportáveis*, à simpática senhora (era simpática).   *unbearable*

Ela então resolveu vender todos os móveis e comprar outros que pudessem
se *equiparar* à maravilhosa cadeira. E vendeu-os e comprou outros.   *match*

Mas então, a casa, que antes parecia tão bonita, ficou tão bem *mobiliada* que   *furnished*
se estabeleceu uma *desarmonia* flagrante entre casa e móveis. E a senhora   *clash*
começou a achar a casa horrível.

E vendeu a casa e comprou uma outra, maravilhosa.

Mas dentro daquela casa magnífica, mobiliada de maneira esplendorosa, a
mulher começou, pouco a pouco, a achar seu marido *mesquinho*. E trocou o   *vulgar, petty*
marido por um outro, jovem, belo e inteligente.

Mas, mesmo assim, não conseguiu ser feliz. Pois naquela casa magnífica,
com aqueles móveis admiráveis e aquele marido fabuloso, todo mundo
começou a achar que ela era extrememente vulgar.

MORAL: O MEIO FAZ O HOMEM E DESFAZ A MULHER.
Fábulas Fabulosas

1. O que é um antiquário?
2. Como era a cadeira que a senhora viu?
3. O que aconteceu quando ela a levou para casa?
4. O que ela fez para combinar a cadeira com os outros móveis.
5. Como ficou a casa depois disso?
6. O que ela fez com a casa?
7. por que ela trocou o marido por um outro?
8. Por que ainda assim ela não conseguiu ser feliz?

VII. IMPERFEITO DO SUBJUNTIVO DOS VERBOS REGULARES

——————*VÍDEO*——————

O imperfeito do subjuntivo dos verbos regulares é conjugado assim:

CANTAR

EU CANTASSE	NÓS CANTÁSSEMOS
VOCÊ O SENHOR A SENHORA CANTASSE ELE ELA	VOCÊS OS SENHORES AS SENHORAS CANTASSEM ELES ELAS

VIVER

EU VIVESSE	NÓS VIVÊSSEMOS
VOCÊ VIVESSE	ELAS VIVESSEM

ABRIR

EU ABRISSE	NÓS ABRÍSSIMOS
A SENHORA ABRISSE	OS SENHORES ABRISSEM

Acompanhe agora a cena que se segue:

Onofre — Daqui a pouco a porta vai abrir, Leonel. É necessário que a gente **fique** bem atento, só.

Leonel — Certo, Onofre. É uma pena que não **possamos** entrar de surpresa e *acabar com ele*.   *do him in*

Onofre — Mas o que é isso, sua mula? Eu 'tou falando que é necessário que a gente **fique** bem atento, é só isso.

Leonel — Não, isso foi necessário. Foi necessário que eu **ficasse** bem atento. Agora é necessário que a gente **tome** outra atitude. Mais ação, Onofre!

Onofre — Cala a boca, sua mula! E olha, é melhor que você não me **contrarie**, hein?   *don't annoy me*

Leonel — É uma pena que você não me **ouça**.

Onofre — Veja, Leonel, 'tá vindo gente.

Leonel — Você tem certeza que ele está sozinho?

Onofre — A porta vai abrir... vai abrir.

Leonel — Selma! O que você está fazendo aqui?

Onofre — Selma?

Leonel — É mesmo! 'Tá certo. Ele errou.

Onofre — 'Tá certo. Ele é uma verdadeira mula, não é verdade? Agora só não sei como é que eu *fui cair nessa outra vez!*   *let him get me in another fine mess!*

——————————————— PARE ———

VOCÊ ENTENDEU?

1. O que era necessário para Leonel e Onofre?
2. O que foi uma pena?
3. Depois, o que foi necessário?
4. Onofre tinha certeza de que ele estava sozinho?
5. Quem abriu a porta?
6. Quem é uma verdadeira mula?
7. Por que Onofre foi cair nessa outra vez?

The Imperfect Subjunctive (Noun Clauses)

A. Formation.

The past subjunctive is formed from the third-person plural preterite:

CHEGARAM --> CHEGA- + -SSE + PLURAL ENDINGS

EU ELE CHEGASSE VOCÊ	NÓS CHEGÁSSEMOS
	ELES CHEGASSEM

COMER --> COMESSE, COMÊSSEMOS, COMESSEM

SERVIR --> SERVISSE, SERVÍSSEMOS, SERVISSEM[1]

———————————

[1]Note the accent on the *nós* forms: **-ássemos, -éssemos, -êssemos, íssimos.**

B. USE

The past subjunctive is used in the dependent clause after a non-affirmative past-tense main verb.

Foi necessário que **eu ficasse bem atento.**
Foi uma pena que Onofre e Leonel não **pudessem** acabar com ele.
O Jorge queria que todos **aprendessem** português.
Eu não achava que ela **fosse bonita.**
Ele duvidava que nós **tivéssemos** aquele livro.

Only past statements of affirmation are followed by past indicative:

A Maria achava que ele **tinha** o livro.
O Onofre tinha certeza que ele **estava** sozinho.
Era verdade que os alunos **estavam** cansados.
Parecia que elas **queriam falar** com você.
O Mário disse que a mamãe **sabia** de tudo.

VAMOS PRATICAR

A. **O que era bom?** Era bom que ...

Sinval

Dr. Alfredo e Dª Rosa

Ex: *o Sinval estudasse mais.*　　　　*o Dr. Alfredo e a Dª Rosa nos telefonassem.*

1. comer mais verduras	1. abrir uma conta no banco
2. beber menos	2. pagar todas as contas
3. passar no exame	3. comprar uma outra casa
4. dormir sete horas por dia	4. ficar mais uns dias
5. casar logo	5. brigar menos

B. Diálogos.

1. As aparências enganam!

Dª Edite	— Por que você não acreditou que a Rosinha passasse no exame?
Dª Marta	— Porque ela nunca estudava e só queria se divertir.
Dª Edite	— Talvez ela estudasse muito mas você não percebia. Além do mais a Rosinha é muito inteligente.
Dª Marta	— Com tantas festinhas e namorados eu não pensei que ela levasse os estudos a sério.
Dª Edite	— Mas Dª Marta, eu conheço a Rosinha desde pequena. Ela é uma garota responsável.
Dª Marta	— Creio que você tem razão. Às vezes a gente julga as pessoas pelas aparências. Não é?
Dª Edite	— Era bom que você aprendesse a conhecer as pessoas pelo que elas são e não pelas aparências.

2. Uma consulta com o Dr. Calmante

Mário	— Fui ontem ao Dr. Calmante procurar uma solução para o meu problema.
Jorge	— E o que ele lhe aconselhou?
Mário	— Ele me disse que eu ficasse uns tempos sozinho e que não me envolvesse com ninguém.
Jorge	— Mas é tão ruim ficar só. A solidão me afoga.
Mário	— Só espero que o Dr. Calmante tenha me dado o conselho certo.
Jorge	— Foi melhor mesmo que você o procurasse, pois é difícil a gente resolver os problemas sozinho.
Mário	— Já estou me sentindo melhor mas a saudade que sinto da Sueli é muito grande.
Jorge	— E aqui vai um conselho de amigo. Se a Sueli lhe telefonar, era melhor que você não atendesse o telefone.

C. Conversinha: Chegada de surpresa

— Eu não esperava que você (chegar) *chegasse* hoje!

— Nós queríamos lhe fazer uma surpresa. O Pedro insistiu que eu não lhe (avisar).

— Mas olhem que bagunça! Não arrumei a casa e eu não queria que você me (encontrar) assim tão mal vestida.

— Que bobagem. Foi melhor assim, não acha? Além disso nós não queríamos que você se (preocupar) com a nossa chegada.

— Eu esperava que vocês (escrever) antes de vir.

— Bem, aqui estamos em pessoa! Nós não acreditávamos que você (ficar) tão zangada.

— Pelo contrário! Eu estou muito feliz. Era melhor que vocês (descansar) um pouco antes do jantar.

D. **Até que a morte nos separe!**

Para um relacionamento amoroso duradouro o psicólogo recomendou que:

1. nós (considerar) *considerássemos* o nosso parceiro como o melhor amigo.
2. nós (respeitar) sempre um ou outro.
3. nós (considerar) o casamento como um compromisso duradouro.
4. nós não (cansar) de dizer "eu te amo".
5. nós (discutir) sem perder a calma.
6. nós (demonstrar) carinho sempre que fosse possível.
7. nós nos (sentir) orgulhosos um do outro.
8. nós (confiar) um no outro.
9. nós (compartilhar) dos mesmos interesses.
10. nós nos (sentir) felizes com a vida a dois.

E. **Boas maneiras!**

Regras de boa conduta num jantar

1. Era bom que você (chegar) *chegasse* na hora combinada.
2. Era aconselhável que você (aceitar) tudo sem reclamar.
3. Era bom que você não (falar) com a boca cheia.
4. Era conveniente que você não (beber) demais.
5. Era melhor que você não (interromper) as outras pessoas.
6. Era conveniente que você não (pegar) a comida com as mãos.
7. Era aconselhável que você (usar) o garfo na mão direita.
8. Era interessante que você não (palitar) os dentes na frente das outras pessoas.

F. **Problemas e Conselhos!** O que você aconselhou?

1. O Jorge, segundo anista de universidade, detesta estudar, quer abandonar os estudos e procurar um emprego qualquer. Os pais dele se sacrificam para mantê-lo na universidade. O sonho deles é vê-lo formado dentro de dois anos.

   Eu recomendei que ele...

2. Joana escreve todos os dias no seu diário. Ela confia a ele os seus sentimentos mais íntimos. Ontem, quando chegou em casa, ela encontrou a mãe dela lendo o diário. Ela agora está muito desapontada.

   Eu aconselhei que ela...

3. Pedro foi convidado para jantar na casa de uma família brasileira. A dona da casa disse que vai servir feijoada. O problema do Pedro é que ele não gosta, odeia, tem horror a feijão. Ele agora está muito preocupado.

   Convinha que ele...

VIII. "BAHIA DE TODOS OS DEUSES", GAL COSTA

─────VÍDEO─────

Esta música que vamos ouvir mostra várias características
da Bahia e das tradições africanas.

Bahia, os meus olhos estão brilhando
Meu coração palpitando de tanta felicidade
És a rainha da beleza universal   *you are (tu form)*
Minha querida Bahia
Muito antes do Império
Foi a primeira capital
Preto velho Benedito já dizia
Felicidade também mora na Bahia.

Sua história, sua glória
Seu nome é tradição
Bahia do velho mercado
Subida da Conceição
És tão rica em minerais
Tem *cacau* e *carnaúba,*   *cocoa; kind of palm wax*
Famoso *jacarandá,*   *rose wood, jacaranda*
Terra *abençoada* pelos deuses   *blessed, favored*
E o petróleo a *jorrar.*   *flow*
Nega baiana,   *negress, black woman*
Tabuleiro de *quindim*   *tray; Bahian sweet*

Todo dia ela está
Na igreja do Bonfim.
Ô, na *Ladeira* tem,   *hill, path up a hill*
Tem *capoeira.*   *type of competitive dance*
(Zum, zum, zum, zum, zum, zum,
Capoeira mata um) Bis

─────PARE─────

VOCÊ ENTENDEU?

1. Por que o cantor diz que tem os olhos brilhando?
2. Quem é a rainha da beleza universal?
3. O que foi a Bahia antes do Império?
4. O que tem a Bahia?
5. O que tem a *nega Baiana*?
6. O que tem na ladeira?

OBSERVE E RESPONDA

Você é guia de turistas na Bahia. Use o visual da canção e as sugestões abaixo para mostrar Salvador aos turistas no seu ônibus.

Imagens: praia, mar, coqueiros/palmeiras, rochas, pedras, farol, Forte do Farol da Barra, cais do porto, navio, edifícios, Elevador Lacerda, cidade, carros, pessoas na praia, pôr-do-sol

Expressões: à esquerda/à direita, logo à esquerda, em frente, ao lado, lado a lado, atrás, distante daqui, à distância

VAMOS PRATICAR

A. **"Informe Especial -- Governo da Bahia"**

Informe Especial — Governo da Bahia

Bahia. Terra onde o profano e o sagrado se misturam, onde a fé inabalável se mistura ao sincretismo religioso. Bahia da capoeira e do samba-de-roda, da culinária rica em temperos diferentes, das vielas tortuosas e insinuantes, da Cidade Alta e da Cidade Baixa de Salvador – e do maior elevador do mundo, o Lacerda, também uma personagem antológica dos cartões-postais.

E a Bahia, fique bem claro, não é apenas Salvador. Na Bahia tem Porto Seguro, onde se descobriu o Brasil. E Ilhéus, do Cacau e da Gabriela, cravo & canela, claro. Tem Valença, Lençóis, Juazeiro, Cachoeira, cidades que integram um roteiro turístico já consagrado, os Caminhos da Bahia, e que oferecem, por suas potencialidades turísticas, uma atração capaz de multiplicar o fluxo de visitantes de todo o Nordeste do Brasil.

Melhor ainda. Nestes tempos de verão, começa a pulsar a expectativa do Carnaval, uma envolvência absoluta entre o real e o fantástico, uma manifestação definitivamente popular. No Carnaval da Bahia, todos são ao mesmo tempo dançarinos e espectadores, platéia e protagonistas. Salvador ganha um novo brilho, uma energia diferente, ao som dos trios elétricos e da espiritualidade dos afoxés. É o Carnaval de todos, da participação, das manifesta-

ções da força e da liberdade do poder negro e suas tradições afro-brasileiras. Harmonia total entre a alma branca e sua parcela negra – uma região profunda e saudavelmente mestiça, sagradamente mestiça. É, salve a Bahia, sinhô, viva a Bahia. sinhá.

O que a Bahia tem nenhum outro lugar do mundo consegue mostrar . . .

1. Na Bahia se misturam a) o profano b)... c)... d) ...
2. O que significa "sincretismo religioso"?
3. Que palavras no primeiro parágrafo descrevem a comida da Bahia?
4. Em Salvador, o que liga a Cidade Alta à Cidade Baixa?
5. De acordo com o artigo combine a coluna A com a coluna B:

A	B
1. Ilhéus	a. atração para os visitantes de todo o Nordeste.
2. Salvador	b. Cidade Alta e Cidade Baixa
3. Porto Seguro	c. Cidades de roteiro turístico consagrado
4. Juazeiro e Cahoeiro	d. do Cacau e da Gabriela
5. Caminhos da Bahia	e. onde se descobriu o Brasil

6. No último parágrafo procure as palavras que correspondem a:
   a) o que começa a pulsar no verão
   b) manifestação popular com música e dança
   c) pessoas que assistem a um show ou uma peça de teatro
   d) o que tem os afoxés
   e) mistura de raças
7. Como fica Salvador no carnaval?
8. O que é que a Bahia tem em comparação com outros lugares?
9. Falso ou verdadeiro? Estas palavras são parte da cultura afro-brasileira: a) afoxé; b) capoeira.

B. Agora é a minha vez!

Fale sobre a Bahia. O que é que ela tem?

Convento de N Sra do Amparo ~ São Francisco

IX. "QUALQUER MARCA EU NÃO VENDO!" -- PALAVRAS INDEFINIDAS

——VÍDEO——

Em português, há várias palavras indefinidas. Veja a aplicação delas.

Consuelo —— Ah, por favor...	
Orosco —— Pois não...	
Consuelo —— O senhor tem *massa de tomate?*	*tomato paste*
Orosco —— Ah, tenho sim, minha senhora. Qual é a *marca?*	
Consuelo —— **Qualquer** marca.	*brand*
Orosco —— **Qualquer** marca eu não vendo.	*any*
Consuelo —— Mas como não vende?	
Orosco —— Eu não vendo porque não posso *adivinhar* que marca a senhora quer, uai.	*guess*
Consuelo —— Mas, meu senhor, isso é o *cúmulo.* Se eu lhe pedi qualquer marca, é porque qualquer marca serve, não é mesmo?	*culmination, 'last straw'*
Orosco —— Está bem... está bem! Então, quantas?	
Consuelo —— **Algumas...**	
Orosco —— Como **algumas?** Se a senhora não me diz quantas, eu não posso adivinhar quantas latas a senhora quer!	
Consuelo —— Várias.	
Orosco —— Desculpe, minha senhora, mas várias eu também não sei quantas são...	
Consuelo —— Então o senhor me dê muitas, muitas, *um monte de* latas...	*'mountain of' (lots)*
Orosco —— Mas assim não é possível, minha senhora! Ou a senhora me dá um número exato ou então eu não vou poder servi-la!	
Consuelo —— Olha aqui, meu caro senhor: Eu jamais fui atendida por **alguém** tão impertinente quanto o senhor. Eu não estou pedindo **algumas** latas. Não estou pedindo umas poucas latas. Eu estou pedindo **várias** latas, muitas latas e se o senhor duvidar, eu compro todo o seu estoque de latas!	
Orosco —— Olha aqui, minha senhora: Eu não suporto *freguesa* que não sabe o que quer. E tem mais: Eu não vendo todo o meu estoque de	*customer*
	nail

latas. Não vendo **nenhum** *prego* para a senhora. Quer saber de uma coisa? A senhora vá comprar noutro lugar. Sabe por quê?   Porque, porque eu odeio gente indefinida.

——————————— *PARE* ———————————

VOCÊ ENTENDEU?

Faça um resumo de "Qualquer marca eu não vendo" combinando as frases da coluna A com as da coluna B.

A	B
1. Inicialmente, Consuelo pergunta se Orosco	a. porque Orosco não pode adivinhar que marca ela quer
2. Ela não consegue comprar massa de tomate	b. quantas latas ela quer
3. Depois Consuelo diz que	c. porque ela quer várias, muitas, um monte de latas
4. Orosco concorda e pergunta	d. de impertinente
5. Orosco fica muito irritado	e. tem massa de tomate
6. Orosco decide não atender Consuelo	f. qualquer marca serve
7. Consuelo chama Orosco	g. porque ele odeia gente indefinida
8. Finalmente Orosco não vende mesmo nada para a Consuelo	h. quando Consuelo diz que quer algumas latas

Indefinite Expressions

The most common indefinite words or expressions are:

algum/alguma	*some*
vários/várias	*various, several*
qualquer/quaisquer	*any*
nenhum/nenhuma	*none, any*
alguém/ninguém	*someone/no one*
alguma coisa	*something*
nada	*nothing*
cada	*each, every*
todo, toda	*each, every*
todos, todas	*all*
tudo	*everything*

Eu tenho **algum** dinheiro.	*I have some money.*
Eles queriam **algumas** frutas.	*They wanted some fruits.*
Eu quero **qualquer** coisa para comer.	*I want something to eat.*
Ela chegou com **várias** amigas.	*She came with several friends.*
Alguém está batendo na porta.	*Someone is knocking at the door.*
Eu não quero fazer **nada**.	*I don't want to do anything.*
Não tem **ninguém** em casa.	*There is no one at home.*
Você aceita **alguma coisa?**	*Will you have something?*

VAMOS PRATICAR

A. Ninguém tem nada!

Vera

Márcia e Luís

Ex: *Vera não comprou nenhum livro.   Márcia e Luís não viram nenhum filme.*

1.	dinheiro no banco	1.	aula hoje
2.	coisa para comer	2.	amigo íntimo
3.	presente para mim	3.	retrato da festa
4.	disco brasileiro	4.	dicionário de português
5.	roupa de frio	5.	bebida na geladeira

B. Diálogos.

1. Tem alguma coisa lá fora!

Jorge	— Ouvi um barulho. Tem alguém batendo na porta?
Rui	— Eu não ouvi nada, mas vou dar uma olhadinha.
Jorge	— Quem era?
Rui	— Não tinha ninguém. Você ouviu mesmo alguma coisa?
Jorge	— Tenho certeza que ouvi algo. Bem, espero que não haja mais interrupções. Vamos continuar com o nosso bate-papo. Onde é mesmo que eu estava?
Rui	— Você estava falando qualquer coisa sobre o Brasil.
Jorge	— Puxa! Ouvi de novo o mesmo barulho. Tem alguma coisa lá fora. Desta vez eu vou verificar.
Rui	— O que era Jorge? Tem mesmo alguém lá fora?
Jorge	— Sabe o que encontrei perto da porta? Este gatinho. Coitadinho, acho que ele está perdido ou talvez tenha sido abandonado.

2. Conversinhas.

a)
— Você tem alguma coisa para me falar?
—
— É mesmo? E alguém já sabe disso?
—

b)

—

— Comprei várias coisas: açúcar, leite, biscoitos...

—

— Eu devia ter ido com você, pois ainda não comprei nada para o jantar de amanhã.

C. **Positivo e negativo.** Expresse as seguintes idéias de maneira positiva e negativa, como no exemplo:

1. Teresa ouviu *alguma notícia* mas Júlia não ouviu *nenhuma.*

1. Rosa vai a (alguma parte)...
2. Lúcia conheceu (alguém) ...
3. Rui pediu (algo) ...
4. Rosinha quer (alguma coisa) ...

5. Mamãe queria (algumas coisas) ...
6. Papai recebeu (vários) ...
7. Marcos vai encontrar (algum) ...

D. **Entrevista.** Responda negativamente.

Você fez algo nesse fim de semana? *Não, não fiz nada.*

1. Você convidou alguém para sair?
2. Você viu algum filme bom?
3. Você recebeu alguma carta na semana passada?
4. Alguém lhe telefonou ontem?

5. Você fez exercícios alguma vez esta semana?
6. Alguma coisa interessante lhe aconteceu ontem?
7. Você comprou várias coisas no supermercado?
8. Você comeu qualquer coisa boa?
9. Alguém fez você ficar triste?

Jangadeiros

Vaqueiros

X. MÔNICA E SUA TURMA: "VAMOS À PLAIA"

1. Cebolinha, um personagem de *Mônica*, uma famosa revista em quadrinhos, troca sempre a letra <u>R</u> pela letra <u>L</u>. Quais são as palavras neste texto onde ele faz isto?
    a) praia   b) ...   c) ...   d) ...
    e) ...   f) ...
2. Quem recomendou essa excursão à turma da Mônica ?
3. Por que eles têm tantos descontos?
4. A expressão "tomar um banho de mar" significa ir à praia, nadar, tomar sol. O que deve significar "tomar banho de cultura"?
5. Que lugares a turma da Mônica visitou? Preste atenção aos nomes de Estados e cidades.
6. O que a turma viu? Complete: a) praias   b) ...   c) ...   d) ...
7. Cite duas vantagens oferecidas pelo agente de viagens.
8. Qual é a estação de sempre no Nordeste?

XI. OXALÁ RECANTO DA BAHIA

─VÍDEO─

Freguês 1 ── Como é que é ôoo... esse bobó com *moqueca* de peixe?	*stew*
Garçom ── O bobó é *mandioca* cozida, né? Batida na máquina, depois ela é... com *azeite de dendê*, um pouco de *leite de côco*, os temperos, depois ela volta... cozinha outra vez e é servida com peixe, uma posta de peixe, e acompanha arroz e a *farofa* de xangô.	*manioc* *palm oil* *coconut milk* *sautéd manioc; diety*
Freguês 2 ── E o vatapá com moqueca de camarão?	
Garçom ── O vatapá é feito com bacalhau, peixe, camarão seco, azeite de dendê,leite de côco, *gengibre, amendoim, castanha de caju*, um pouco de farinha de trigo. Ele é servido com camarão e acompanha o arroz e a farofa de xangô.	*ginger; peanut; cashew nut*
Freguês 2 ── Tudo bem.	
Garçom ── Vocês aceitam um aperitivo da casa? O espírito de porco?	
Freguês 1 ── Como é que é o espírito de porco?	
Garçom ── É feito com maracujá, caju, vodka, gelo, mel de abelha e *caldo de murici.*	*fruit essence*

Freguês 1 —— Ah, O.K.
Garçom   —— Você, um *gogó de ema*?
Freguês 2 —— Gogó de ema? Explica pra mim como é que é.
Garçom   —— Gogó de ema? Essa é feita com caju, limão, vodka e gim.   *'ostrich gullet'*

—————————— *PARE* ——————————

VOCÊ ENTENDEU?

1. O bobó é uma comida afro-brasileira. Cite três ingredientes de que se precisa para fazê-lo:
   a) ...   b) ...   c) ...
2. Cite três ingredientes do vatapá: a) ...   b) ...   c) ...
3. O que acompanha o vatapá?
4. Quais os ingredientes do aperitivo "espírito de porco"?
5. De que é feita a bebida conhecida como "gogó de ema"?

OBSERVE E RESPONDA

Descreva o restaurante "Oxalá, Recanto da Bahia". Use o visual e comece a sua descrição a partir da entrada com o letreiro, até o fim com a amostra dos pratos regionais.

Restaurantes

Conforto do restaurante

restaurante de luxo

restaurante de primeira

restaurante médio

restaurante simples

restaurante muito simples

restaurante localizado em local particularmente agradável

• Os garfos que aparecem antes do nome de cada restaurante indicam a sua categoria, o seu nível de conforto. Para estabelecer a categoria de um restaurante avaliamos instalações e equipamentos, sem levar em conta a qualidade da cozinha.

• A lista de restaurantes é também uma classificação. Portanto, se dois restaurantes pertencem à mesma categoria, o melhor deles aparece antes.

• Não se deve confundir garfos com estrelas. Os garfos representam o nível de conforto do restaurante; as estrelas indicam a qualidade da cozinha.

• Nossos critérios de avaliação de equipamentos levam em conta sua quantidade, qualidade, estado de conservação e limpeza. Quanto ao serviço, analisamos o número de empregados, sua apresentação e desempenho.

Serviço

♣ manobrista
ar: ar condicionado
mus: música no ambiente
est: estacionamento próprio
cv: aceita cheques de viagem

cc: cartões de crédito aceitos
AE= American Express; C= Credicard; D= Diners; E= Elo;
N= Nacional; P= Passaporte

Cuidados com o serviço

• Indicamos os cartões de crédito aceitos pelos restaurantes. Mas pode acontecer de um determinado estabelecimento romper um convênio. Por isso é bom confirmar.

• Fazer reservas, principalmente em casas de melhor categoria, é sempre recomendável.

• Nossa pesquisa informa os dias de folga dos restaurantes. Acontece que esses dias de fechamento podem se alterar entre duas edições do Guia. Recomendamos um telefonema prévio para confirmação.

• Apesar de que o nível de profissionalismo de nossos restaurantes tem melhorado muito, ainda há bastante rodízio de mão-de-obra. Não nos culpe se essas alterações internas fizerem com que uma casa que consideramos boa venha a ter uma cozinha apenas corriqueira.

• O domingo é um dia sobrecarregado para quase todos os restaurantes, o que faz cair muito a qualidade do serviço e da cozinha. Por isso — apesar de existirem exceções — recomenda-se evitar o domingo para exigir o máximo de uma cozinha.

VAMOS PRATICAR

A. **Palavra-Puxa-Palavra**.

1. Onde comer:

o restaurante o rodízio a lanchonete
a churrascaria a confeitaria o bar/barzinho
a pastelaria o café o boteco/botequim

2. Como pedir, servir e pagar:

Garçom, pode me trazer o cardápio?
Garçonete, o cardápio, por favor.
Por favor, o senhor pode me trazer mais água?
O senhor pode me trazer a conta?
Garçom, a notinha, por favor.
A gorjeta está incluída?
O couvert é facultativo?

Uma mesa para quatro, por favor.
O que a senhora recomenda/sugere?
Qual é o prato do dia?
Qual é a especialidade da casa?
Às suas ordens.
Pois não, senhor. Já pediu?
Obrigado. Pode ficar com o troco.

3. O que comer e beber:

CARDÁPIO

Entradas
melão com presunto
pão, manteiga, patê

queijo à milanesa
azeitonas

lingüiça portuguesa
sopa de cebola

Pratos principais
galeto na brasa
churrasco
  bem/mal-passado
  ao ponto

filé mignon
fritada de camarão
cozido à brasileira
feijoada completa

lagosta
peixe assado
lombo de porco
bacalhau ao forno

Guarnições
salada mista
salada de batatas
maionese

arroz branco
farofa
milho cozido

batatas fritas
purê de batatas

Bebidas
caipirinha
suco de laranja/
  caju/abacaxi
cafezinho

batida de maracujá
chopp
vinho branco/tinto
chocolate quente

refrigerante
água mineral/
  com/sem gás

Sobremesas
pudim de leite condensado
sorvete de baunilha/manga

torta de chocolate
pêssego em calda

salada de frutas
doce de leite/goiabada

Doces e salgados

Empadas: galinha/	pastel: carne/queijo	bolo de chocolate
camarão	croquete: camarão/carne	coxinha de galinha
brigadeiro	bolinho de bacalhau	olho de sogra

B. O que é, o que é?

coxinha de galinha   *Coxinha de galinha é um salgado.*

1. farofa
2. sorvete de manga
3. churrasco gaúcho
4. salada mista
5. bacalhau ao forno
6. pudim de leite condensado
7. lanchonete

8. sopa de cebola
9. chopp
10. abacaxi
11. pastel de carne
12. cozido
13. galeto na brasa
14. refrigerante

C. Diálogos.

1. No restaurante

Senhora — O senhor pode me trazer o cardápio, por favor?

Garçom — Pois não, senhora. Às suas ordens. Aqui está.

Senhora — Estou indecisa. O que o senhor recomenda?

Garçom — O bacalhau ao forno é a especialidade da casa. Vem acompanhado de arroz branco e salada mista.

Senhora — O senhor me traz bacalhau. Em vez de salada mista o senhor, por favor, me traga uma porção de batatas fritas. Ah, e vinho branco, por favor.

Garçom — Tudo bem, senhora? Mais alguma coisa? O nosso pudim de leite condensado é delicioso.

Senhora — Não, obrigado. Não quero sobremesa. Pode me trazer um cafezinho e a conta, por favor?

2. Estou morrendo de fome!

Leda	— Você já almoçou? São 12:15 hs.
Rute	— Ainda não. Estou morrendo de fome. Vamos naquela lanchonete da esquina? Tem cada doce e salgado de dar água na boca!
Leda	— Mas, Rute, você sabe que eu preciso fazer uma dieta. A minha roupa está toda apertada com esses quilinhos que eu ganhei.
Rute	— Ah, não vamos falar de dieta agora, 'tá? Moço, por favor, quero um sanduíche de atum, uma coxinha de galinha, um bolinho de bacalhau e uma empada de camarão. E um guaraná sem gelo!
Leda	— Puxa, Rute! Que gulosa! Moço, para mim um pão de queijo e um pastel de carne. Ah, e um suco de caju. Rute, por favor, me passa o sal.
Rute	— Comi como um cavalo. Vamos andar um pouquinho para fazer a digestão?
Leda	— Gostei da idéia! Preciso mesmo andar pra perder peso. Amanhã é dia de cozido lá em casa. Já pensou?

3. Conversinhas

a)
— Pois não, às suas ordens.

—

— Aqui está. Mais alguma coisa?

—

b)
—

— Ainda não. Um pastel de carne e um suco de laranja.

—

— Não, nada mais. Pode tirar a notinha?

c)
—Ah! Que pena. Não tem mais rosbife?

—

—

—

CAIPIRINHA
Ingredientes:
Cachaça
1/2 limão com casca
Açúcar
Modo de preparar:
Colocar num copo o 1/2 limão com casca, cortado em pedaços e socar.
Acrescentar açúcar e uma dose de cachaça.

D. **Eu adoro mas não sei fazer!** Leia as receitas que se seguem e depois diga para a classe como fazer uma delas.

      Ex.: Banana Split: *Primeiro, se compra o seguinte...*

Chocolate cremoso

Ingredientes
1 litro de leite
1 copo de creme
de leite
fresco
200 g de chocolate
em barra
150 g de açúcar
1 colher (sopa) de café solúvel
chantilly a gosto

Modo de preparar
    Ferva o leite, junte o chocolate picado e mexa em fogo baixo até dissolver. Acrescente o açúcar e o café solúvel. Deixe por 2 minutos, desligue o fogo, adicione o creme de leite batido e misture bem. Coloque em xícaras, guarneça com o chantilly e sirva.

Sanduíche Aurora

Ingredientes
1 lata de atum
desfiado
2 colheres (sopa) de cebola
ralada
1 colher (chá) de pasta de
mostarda francesa
4 colheres (sopa) de
maionese
1 pitada de
pimenta-do-reino
sal (se for necessário)
1 pão de fôrma branco

Modo de preparar
    Misture os ingredientes do recheio e leve ao refrigerador por 30 minutos. Corte o pão a gosto, leve ao forno em tabuleiro e deixe dourar levemente. Aplique o recheio e decore a gosto.

SERVIÇO REQUINTADO
NUM AMBIENTE AUTÊNTICO
DA BAHIA COLONIAL
Cozinha internacional e regional
Show folclórico - almôço e jantar
diàriamente, exceto aos domingos

restaurante
SOLAR do UNHÃO
(conjunto arquitetônico do Unhão - junto aos Museus de Arte Moderna e de Arte Popular da Bahia)

Banana Split

Ingredientes
1 banana madura
1 bola de sorvete de abacaxi
1 bola de sorvete de chocolate
1 bola de sorvete de morango
2 colheres (sopa de geléia de abacaxi
2 colheres (sopa) de geléia de morango
2 colheres (sopa) de cobertura de chocolate comprada pronta
Creme de chantilly
2 colheres (sopa) de nozes ou castanhas do Pará picadas
1 cereja ao marasquino

Modo de fazer
Corte a banana pela metade, no sentido do comprimento. Arrume as bolas de sorvete entre as duas metades da banana. Coloque a geléia de morango sobre a bola de sorvete de morango, a de abacaxi sobre o sorvete de abacaxi e a cobertura sobre o de chocolate. Cubra com chantilly e as nozes ou castanhas do Pará picadas e enfeite com a cereja.

E. **Um cardápio brasileiro.** Vamos aprender a ler um cardápio brasileiro?

7 CRUZEIROS
CRUZADOS

GALETO'S

Entradas *Appetizers*

Moelas com bacon e lingüiça *Gizzard and bacon, with sausage*	5.300
Melão com presunto *Melon with proscutto*	5.900
Fígados com bacon e lingüiça *Livers and bacon, with sausage*	4.800
Caldo verde *Vegetable soup*	4.900

Pratos principais *Entrees*

(Grelhados na brasa) *(Charcoal grilled)*

Galeto *"Galeto" chicken*	8.900
Bisteca de peito de peru *Turkey breast steak*	12.500
Filé mignon *Filet mignon*	12.800
Lombo de porco *Pork tenderloin steak*	10.800
Filé e lombo (meio a meio) *Filet and pork tenderloin (half and half)*	11.800
Picanha *Londonbroil*	12.600
Bisteca *Chop*	9.800
Bacalhau *Codfish*	33.000
Pintado *Fish*	12.900
Steakburger	8.700

Saladas *Salads*

Mista (alface, tomate, cebola, palmito, azeitonas) *Mixed (lettuce, tomato, onion, hearts of palm, olives)*	5.400
Alface *Lettuce*	4.400
Tomate *Tomato*	4.400
Palmito *Hearts of palm*	9.800
Cebola *Onion*	:.400
Agrião *Watercress*	.400

Espetinhos *On the spit*

Misto *Mixed*	7.200
Filé mignon *Filet mignon*	8.300
Filé e lombo *Filet and pork tenderloin*	7.600
Alcatre *Rumpsteak*	6.500
Peito de peru *Turkey breast*	8.300
Pintado *Fish*	7.900
Calabresa *Calabrese sausage*	4.900
Salsichão *Sausage*	5.300

Guarnições *Garnishings*

(Combine meia porção com meia porção) *(Combine half portion with half portion)*

Batatas fritas *French fries*	3.600
Arroz branco *White rice*	3.300
Salada de batata *Potato salad*	3.800
Batatas cozidas *Boiled potatoes*	3.400
Farofa *"Farofa"*	2.800
Ovo estalado *Fried egg*	880
	210
Pão *– opcional* *Bread – optional*	
Manteiga *– opcional* *Butter – optional*	340

Sobremesas *Desserts*

Pudim Galeto's *Galeto's cream pudding*	2.200
Pudim de caramelo *Caramel pudding*	1.800
Mousse de chocolate *Chocolate mousse*	2.900
Quindim de coco *Coconut "quindim"*	2.500
Torta de chocolate *Chocolate cake*	3.800
Cassata napolitana	3.100
Cassata siciliana	3.300
Pêssegos em calda *Peach compote*	1.900
Melão *Melon*	2.700
Mamão *Papaya*	2.200
Salada de frutas *Fruit salad*	2.100

Refrigerantes *Soft drinks*

Coca-Cola *Coke*	1.100
Guaraná Antarctica	1.100
Soda Limonada Antarctica	1.100
Águas minerais (500 ml) *Mineral water*	990

Sucos *Juices*

Laranja *(natural)* *Fresh orange*	3.500
Maracujá *Maracok*	2.700
Caju *Cashew*	2.500
Uva *Grape*	2.500
Abacaxi *Pineapple*	2.500

Vinhos nacionais e importados
Imported and domestic wines

	3.800
Taça de vinho *Cup of wine*	13.900/9.200
Château Chandon *– branco, tinto, rosé* *white, red, rose*	9.700/6.600
Château Duvalier *– branco, tinto, rosé* *white, red, rose*	12.800/7.200
Baron de Lantier *– branco, tinto, rosé* *white, red, rose*	13.400
Château Lacave *– branco, tinto, rosé* *white, red, rose*	14.500/8.900
Cabernet (Granja União) *– tinto* *red*	17.900/9.900
Forestier *– tinto, branco* *red, white*	10.500/6.600
Wunderwein *– branco* *white*	21.000/14.500
Concha y Toro *– branco, tinto* *white, red*	35.000
Dão Grão Vasco *– tinto* *red*	36.000
Mateus *– rosé* *rose*	42.000
Casal Garcia *– branco* *white*	

Whiskies, Vermouths, Licores, Cognacs
Whiskies, Vermuths, Liqueurs, Cognacs

	7.200
Bell's	6.600
Passport	4.100
Natu Nobilis	4.000
Old Eight	23.000
Ballantine's	2.600
Vodka	2.400
Caipiríssima	4.500
Campari	1.900
Martini, Cinzano	3.600
Punt & Mes	2.400
Cointreau	1.400
Aguardente	1.300
Cognacs: Duvalier, Dreher	3.900
Macieira	

Cervejas *Beer*

Chopp Antarctica cristal *(300 ml)* *Antarctica "chopp" glass*	2.300
Chopp Antarctica caneca *(460 ml)* *Antarctica "chopp" mug*	3.500
1/2 Pilsener Antarctica *Antarctica Pilsener, 1/2 bottle*	2.400
1/2 Malzbier Antarctica *Antarctica Malzbier, 1/2 bottle*	2.250
Caracu *Caracu beer*	2.400

Só aceitamos cheques mediante identificação.
Aberto diariamente até 24 h. Sextas e sábados, até 1:00 h.

PREÇOS NO BALCÃO

Os Galeto's ficam abertos de terça
a domingo até 5:00 h da manhã e às segundas até 24 h.

1. Você quer comer algo antes de pedir o prato principal. O que vai pedir?
2. Quanto custa uma porção de arroz branco?
3. Você é obrigado a pedir pão e manteiga?
4. O que você vai beber durante a refeição? Discuta as várias bebidas oferecidas e suas vantagens e desvantagens.
5. Você pode pagar a conta com cheque?
6. A que horas funciona o restaurante?
7. Você não gosta de cebola. Que salada vai comer?
8. Você adora espetinho mas só tem Cz$8.000. O que vai pedir?
9. Peça uma sobremesa bem brasileira.
10. Você gosta de peixe. Peça uma refeição completa.
11. A especialidade do Galeto's é galeto mesmo. Peça uma refeição completa com um galeto grelhado como base.
12. Cite vários tipos de carne que o Galeto's oferece.

F. Ponto de encontro!

1) Perguntas abelhudas. Procure saber de um colega e vice-versa quais os seus hábitos relacionados com a comida.

Você prefere comer só, com amigos ou com a família?
Você gosta de comer em casa ou fora?
Você gosta de comer num ambiente tranqüilo ou barulhento com muita música?
Você come muito ou pouco?
Você está de dieta ou não?
Você sabe o que comer, levando em conta o que é bom para a saúde?
Como você faz a digestão?

Qual é a sua comida preferida?
Você come sobremesa?
O que você gosta de beber durante as refeições?
Você come alguma coisa antes de dormir?
De que tipo de comida internacional você gosta?
Quando você era criança o que a sua mãe forçava você a comer?
Que tipo de comida você comia quando você estava na escola secundária?
Naquela época, que tipo de coversa decorria na hora do jantar?

2) No restaurante. Grupos de três pessoas: Prepare uma conversa de acordo com as situações abaixo. Use o cardápio do exercício E para vocabulário.

Situação 1: Você convida uma pessoa para jantar. Ela pede o prato mais caro do cardápio. Você não tem muito dinheiro. Sem a pessoa perceber, convença-a a escolher algo mais barato. Peça sugestões ao Garçom.

Situação 2: Você é vegetariano mas o seu companheiro não é. Peça sugestões ao Garçom.

Com ambientes confortáveis e cardápios apetitosos, as casas de chá fazem sucesso

O que o cafezinho tem de prático e objetivo o chá tem de suave e sofisticado. Pode-se tomar um cafezinho para fechar um negócio, bater um papo rápido ou despachar alguém mais depressa. Um chá, jamais. Um chá precisa de tempo para se apreciar o seu sabor. Um chá convida à calma, à intimidade, ao *tête-à-tête*.

G. **Dê um jeito!** O que você faria nas seguintes situações?

1. Você tem um amigo que trabalha num restaurante muito elegante. A convite dele você vai jantar lá. Quando você está comendo, encontra um cabelo na carne. Você não quer ofender o seu amigo. Como resolver o problema?

2. Você convidou a sua namorada para almoçar num restaurante muito caro. Na hora de pagar a conta você descobre que esqueceu a sua carteira em casa. Morto de vergonha, você tenta explicar a situação à namorada e ao Garçom.

3. Você parou numa lanchonete para comer algo. Você pagou mas a conta está errada. Há nela uma porção de batatas que você não pediu. O rapaz do balcão não quer acreditar em você. Convença-o.

H. **Refeição dos que têm pressa!** Leia e responda.

Sanduíche Ganhou Prestígio

O nobre inglês lord Sandwich já sabia das coisas em pleno século XVIII, quando substituiu sofisticados pratos por um pedaço de carne entre duas fatias de pão, apenas para não se afastar das mesas de jogo.

Nos Estados Unidos, hoje, são vendidos diariamente oito milhões de hambúrgueres e, no Brasil, embora não se tenha um estudo a respeito, já se sabe que as casas de fast-food, ou de refeições rápidas, vieram para ficar. Esse alimento ganhou prestígio porque, além de ser mais barato, leva pouco tempo para ser preparado e consumido.

Fast-Food, a Refeição dos Que Têm Pressa

De presunto, carnes ou salsicha, com ovo, verdura, queijo e molho, o sanduíche incorpora-se à dieta.

Até há pouco tempo, o sanduíche, em suas várias formas, era visto com reservas, principalmente por nutricionistas. Sônia Tucunduva Phillipi, professora assistente do Departamento de Nutrição da Faculdade de Saúde da Universidade de São Paulo, e que vem desenvolvendo pesquisas na área, garante que hoje a situação é outra:

— Pelo estilo de vida da população, por razões de rapidez e custo, o sanduíche passou a ocupar o lugar de uma refeição, embora nem sempre a substitua.

Um cardápio ideal — segundo ela — considerando-se os nutrientes, seria composto de arroz, feijão, bife, salada crua, legumes cozidos e uma sobremesa de fruta. Um sanduíche simples, de queijo quente, por exemplo, não tem esse mesmo valor nutricional e, por isso, é preciso pensar na complementação com a refeição de casa — advertem os nutricionistas.

Se não se conseguir tomar suco de frutas no almoço, deve-se fazê-lo no jantar, e assim também com os demais nutrientes não consumidos. Deve-se escolher sanduíches — acrescentam — que tenham verduras cruas e proteína animal em sua composição.

1. Qual é a origem do sanduíche?
2. O que é um sanduíche?
3. O sanduíche ganhou prestígio por duas razões. Quais são elas?
4. Que frase indica que o "fast-food" agora pode ser encontrado no Brasil e que vai, na certa, ser muito popular?
5. Como o sanduíche era visto no passado e como é visto hoje?
6. Porque houve mudança de opinião de ontem para hoje?
7. O que é um cardápio ideal para um nutricionista?
8. O que os nutricionistas advertem às pessoas que comem um sanduíche na refeição?
9. De que maneira o sanduíche deve ser escolhido? a) --- b) ---
10. De acordo com o artigo, o autor é negativo ou positivo quanto ao sanduíche e outras refeições do tipo "fast-food"?

PARTE II

I. PRONOMES REFLEXIVOS

────────VÍDEO────────

Estes são os pronomes reflexivos:

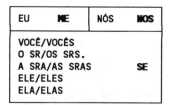

EU	**ME**	NÓS	**NOS**
VOCÊ/VOCÊS O SR/OS SRS. A SRA/AS SRAS ELE/ELES ELA/ELAS			**SE**

Como você notou, os pronomes reflexivos são apenas três: **ME, NOS, SE.**
Observe que **SE** é usado tanto no singular quanto no plural. Veja algumas
cenas que vêm a seguir:

Senhor — Bom dia, Sr. Pacheco. Sente-**se** por favor. Temos uma ótima
notícia para o senhor.

Silvana — Você sabe que eu tenho que **me** preparar pra essas coisas. Não
é assim de sopro que a gente faz.

──────── *PARE* ────────

Reflexive Pronouns

1. **Formation.**

The three reflexive pronouns (*me, nós, se*) are equivalent to the English forms *myself, yourself,
himself, herself, itself, ourselves, yourselves, themselves.*

2. **Use.**

a) In a reflexive construction, the subject of the verb also is the direct object of the verb.

Ele **se vê** no espelho.	*He sees himself in the mirror.*
Eu **me cortei.**	*I cut myself.*

b) Certain verbs change meaning when used reflexively:[1]

CHAMAR *call*/CHAMAR-SE *"be called", have a name*

───────────

[1]The verbs in groups (b) and (c) are used in popular speech non-reflexively without any change in
meaning.

Eu **chamei** a Maria.	*I called Maria.*
Eu **me chamo** Paulo.	*My name is Paulo.*

DESPEDIR *fire, dismiss*/DESPEDIR-SE *say good-bye*:

Ele **despediu** o empregado.	*He fired the employee.*
Nós **nos depedimos** do papai.	*We said goodbye to daddy.*

DIVERTIR *entertain, amuse*/DIVERTIR-SE *enjoy oneself, have fun*

O palhaço **divertiu** as crianças.	*The clown amused the children.*
Você **se divertiu** muito na festa.	*You had a great time at the party.*

LEMBRAR *remind*/LEMBRAR-SE *remember*

Nunca me **lembre** do que aconteceu ontem.
Never remind me of what happened yesterday.

Ele só **se lembrou** do livro quando já estava em aula.
He didn't remember the book until he was already in class.

c) Certain verbs are "inherently reflexive," usually occurring with the reflexive pronouns, but with no obvious reflexive meaning:

ARREPENDER-SE   *repent; regret*

Às vezes eu **me arrependo** do meu comportamento. *Sometimes I regret my bad behavior.*

CASAR-SE   *get married*

Nós **nos casamos** na primavera. *We got married in the spring.*

COMPORTAR-SE   *behave (oneself)*

Nós **nos comportamos** bem em público. *We behave (ourselves) in public.*

ESQUECER-SE   *forget*

Não **se esqueça** de me telefonar. *Don't forget to call me.*

LEVANTAR-SE   *GET UP*

Eu **me levanto** muito cedo. *I get up early.*

QUEIXAR-SE (de)   *complain*

Eu **me queixo** quando não tiro notas boas. *I complain when I don't get good grades.*

SENTAR-SE   *sit down*

Sente-se, por favor. *Sit down, please.*

SUICIDAR-SE   *commit suicide*

O Presidente Getúlio Vargas **se suicidou** em 1954.
President Getúlio Vargas committed suicide in 1954.

VINGAR-SE (de)   *take revenge, avenge*

As pessoas más **se vingam** de todo o mundo. *Bad persons take revenge on everybody.*

VAMOS PRATICAR

A. Palavra-Puxa-Palavra

Verbos reflexivos

comportar-se	levantar-se	divertir-se $_3$	despedir-se $_3$
deitar-se	lembrar-se	queixar-se	esquecer-se $_2$
vingar-se	sentar-se	suicidar-se	vestir-se $_3$

B. Eles se entendem!

Eu

Sérgio e Laura

Ex.: *Eu me levanto cedo todos os dias.*   *Sérgio e Laura se levantam tarde.*

1. vestir-se bem	1. preparar-se com cuidado para o exame
2. deitar-se cedo	2. despedir-se antes de sair de casa
3. olhar-se no espelho freqüentemente	3. divertir-se muito
4. não arrepender-se dos pecados	4. lembrar-se do aniversário dos amigos
5. não comportar-se bem	5. queixar-se muito
6. não esquecer-se dos amigos	6. vingar-se dos inimigos

C. **Diálogo.** Ele é um chato!

Rute — Por que o Jorge está sempre se queixando?

Ana — Eu sei. Ele reclama de tudo. É mesmo um chato. Acho que ele não vai se casar nunca.

Rute: — Acho que nós não devemos nos preocupar com ele. Esqueça-se que ele existe!

Ana — Quando me lembro que saí com ele, me arrependo e até me dá vontade de chorar.

Rute — O pior é que ele nem se arrepende do que faz. Ele não se dá conta de que magoa as pessoas. Ontem ele se sentou perto de mim durante a aula de português e foi um terror!

Ana — Quando eu namorava com ele, ele me dizia que eu não me vestia bem e que eu não tinha gosto pra nada.

Rute — Imagine que ele falou para o Roberto que eu não me reuni com a turma porque eu não gostava de fofocas. Qualquer dia desses eu me aborreço e fico de mal com ele.

Ana — Acho que não vai adiantar nada. Ele não se envergonha das coisas que diz ou faz.

Chato

C. **Entrevista.** Responda às perguntas usando os pronomes apropriados.

1. Você prefere se levantar cedo ou tarde? *Nos fins de semana eu me levanto mais tarde do que nos dias úteis.*
2. Você se acorda facilmente ou tem o sono pesado?
3. Você se lembra dos nomes das pessoas que encontra numa festa com facilidade?
4. O que você faz quando se esquece que tem um encontro com alguém?
5. O que você vai fazer depois de formar-se?
6. Quando você se casar, você quer o casamento de manhã, de tarde ou de noite?
7. O que você faz quando se aborrece com alguém?
8. Em que momentos você se cala?
9. Como você se prepara para fazer um exame?
10. De que coisas você costuma se esquecer?
11. Você gosta de se vestir na moda?
12. Como você reage quando se sente alegre?

II. AUTO-ESCOLA

SINAIS DE TRÂNSITO (PLACAS)

PARE — PARADA OBRIGATÓRIA — DE'A PREFERÊNCIA — SENTIDO PROIBIDO — PROIBIDO VIRAR A ESQUERDA — PROIBIDO VIRAR A DIREITA — PROIBIDO RETORNAR — PROIBIDO' ESTACIONAR

ESTACIONAMENTO REGULAMENTADO — SENTIDO OBRIGATÓRIO — MÃO DUPLA

SINAL CONVENCIONAL
APITOS DO GUARDA

	SINAIS	CONVENÇÃO	EMPREGO
5	Um silvo breve	Atenção Siga!	No ato do guarda sinaleiro mudar a direção do trânsito nos cruzamentos de ruas.
7	Dois silvos breves	Pare... (ou infração cometida)	Para a fiscalização de documentos ou outro qualquer fim.
8	Três silvos breves	Acenda a lanterna	Sinal de advertência. O condutor deve parar imediatamente, obedecer à intimação e prosseguir após.

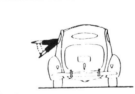

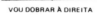
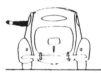

GESTOS DOS CONDUTORES

DIMINUIR A MARCHA — VOU DOBRAR À DIREITA — VOU DOBRAR À ESQUERDA

VAMOS NOS COMUNICAR

A. Palavra-puxa-palavra

Substantivos

1. No tráfego
   o carro a álcool
   a **caminhonete** pickup
   a **camioneta** pickup
   o **caminhão** truck
   o chofer

2. Funcionamento do carro
   o motor
   a **direção** steering wheel
   a **embreagem** clutch
   o **freio** brakes
   o **pneu** tire

o **motorista** driver
a **locadora de carros** car rental agency
a **estrada** road
a **rodovia** road
o **estacionamento** parking
o **trânsito** traffic
a **multa** fine
a **velocidade** speed
a **contramão** one-way

o acelerador
a bateria
o óleo
a **oficina mecânica** garage

3. Partes do carro
   o **pára-brisa** windshield
   o **pára-choque** bumper
   o **porta-luva** glove box
   o **porta-mala** trunk
   o **assento/banco** seat
   o **farol** headlight

Verbos

dirigir drive
guiar drive
conduzir drive
acelerar accelerate
frear brake
consertar fix, repair
bater wreck

ligar turn on
desligar turn off
atravessar cross
ultrapassar pass
enguiçar break down
atropelar run-over (someone)
encher fill

Expressões

sinal de trânsito traffic light
cinto de segurança seat belt
dar marcha à ré back up
trocar a marcha change gears
o **seguro de carro** insurance
o **posto de gasolina** filling station
o **tanque de gasolina**
sinal fechado red light
sinal aberto green light
carteira de motorista driver's license
pegar uma carona
mão dupla two-way
avançar o sinal run a light
zero-quilômetro brand-new

"Ótimo freio!"

B. **Agora eu já sei!** Dê a expressão para a definição abaixo.

1. Pessoa que dirige um carro ou um ônibus. (*motorista*)
2. Lugar onde se conserta o carro.
3. O que se paga quando se comete uma infração de trânsito.
4. Documento que permite uma pessoa dirigir.
5. Local onde se põe gasolina ou álcool no carro.
6. Termo para um carro novo, nunca usado.
7. O que se usa para parar o carro.
8. Lugar no carro onde se guarda documentos.
9. Local onde se aluga carros.
10. Lugar no carro onde se guarda a bagagem.

C. **Diálogos.**

1. Uma pechincha!

Vendedor	— Pois não. Em que posso servi-la?
Freguesa	— Gostaria de ver os tipos de carros usados que o senhor tem.
Vendedor	— Temos este fusca azul em ótimas condições.
Freguesa	— Estou mesmo procurando um carro pequeno e econômico.
Vendedor	— Posso garantir à senhora que não terá problemas com este carrinho. Os pneus estão novos e, como a senhora pode ver, ele está ótimo por dentro e por fora.
Freguesa	— Eu gostaria de levá-lo ao mecânico antes de comprá-lo. Pode ser?
Vendedor	— Olhe, tem rádio, toca-fita e é automático. Vou fazer um bom preço para a senhora. Uma pechincha!
Freguesa	— Se o senhor achar melhor eu posso trazer o mecânico aqui amanhã.
Vendedor	— Não tem problema. Aqui estamos para servir a freguesa.

2. No posto de gasolina.

Ajudante	— Boa tarde, senhor.
Senhor	— Boa tarde. Quer encher o tanque, por favor?
Ajudante	— Pois não. Vai verificar o óleo e os pneus?
Senhor	— Sim. Pode verificar.
Ajudante	— Sabe, o motor está fazendo um ruído estranho.
Senhor	— É problema sério? Dá para o senhor ver o que é?
Ajudante	— Acho que não dá. Hoje não. Já está tarde e o posto vai fechar daqui a pouco.
Senhor	— Posso trazer o carro amanhã?
Ajudante	— Pois não. Talvez seja uma boa idéia o senhor também examinar o radiador e a bateria.

3. Conversinha.

Renato	— De onde você está falando? O que aconteceu?
Laura	—
Renato	— O carro está no prego?
Laura	—
Renato	— Mas, minha filha, como o carro pode morrer assim? A bateria é nova e na semana passada eu mudei o óleo e mandei o mecânico fazer o alinhamento e balanceamento das quatro rodas.
Laura	—
Roberto	— Sim, eu vou já, já. Me diga onde você está e não mexa no carro.
Laura	—

D. **Ponto de encontro.**

1. Trocando informações. Em grupo de 4-5 colegas, troque as informações abaixo e apresente-as à classe.

   a. Você tem carro?
   b. Que tipo de carro é?
   c. Você o comprou novo ou usado?
   d. Foi caro ou barato?
   e. De que cor é?
   f. Qual é o ano?
   g. É econômico ou gasta muita gasolina?

   l. Esse é seu primeiro carro?
   m. Você já bateu o seu carro, ou seja, já teve algum acidente com ele?
   n. Você já recebeu alguma multa por ter cometido infrações de trânsito?
   o. Quantas milhas o seu carro já rodou?
   p. Quando você tirou a carteira de motorista?

h. Você tem algum problema com o seu carro?

i. Quanto tempo faz que você o comprou?

j. Quando você aprendeu a dirigir?

q. Você tem seguro contra acidentes e roubo?

r. Quais as vantagens de se ter um carro?

s. Quais as desvantagens?

2. Um roubo!

Com um colega, dramatize a seguinte situação: Você foi ao teatro e deixou o seu carro estacionado na frente do prédio. Ao voltar você descobre que o carro foi roubado. Na Delegacia de Polícia o policial quer saber todos os detalhes sobre o carro, como por exemplo, onde estava estacionado, a marca e o modelo, o ano, a cor, o que havia dentro do carro, etc.

3. Um acidente!

Com um colega, dramatize a seguinte situação: Você vinha dirigindo o seu carro e de repente o carro que ia na sua frente parou. Para evitar bater nele você teve que parar bruscamente. O carro que vinha atrás de você não teve tempo de parar e bateu em você. Explique o que aconteceu pois o dono do carro que bateu em você está furioso e o carro da frente já se foi!

4. Quero fazer um bom negócio!

Com um colega, faça um diálogo da seguinte situação: Você está comprando um carro usado e explicando ao vendedor o que você quer, além do tipo do carro, a marca, o ano, a cor, etc.

E. **Dê um jeito.**

1. Que azar!

Imagine que você tem 16 anos. Você aproveitou a saída dos seus pais e saiu, sem permissão, com o carro novo do seu pai. Ao voltar para casa, começou a chover torrencialmente e você bateu numa árvore. Seu pai chega em casa e quer saber o que aconteceu. Ele está furioso!

2. O carro é um abacaxi.

Você comprou um carro na semana passada. O preço era ótimo, uma pechincha mesmo, e o carro parecia estar em ótimas condições. Mas que pesadelo! Desde o primeiro dia você só tem tido problemas com o carro, que é um abacaxi. O que você vai fazer? Convença o vendedor a devolver-lhe o dinheiro, o que ele não quer fazer.

F. **Você sabia?** Leia e responda.

Dirigir não é so tirar a carteira de habilitação, entrar num carro e sair por aí! Existem regras a serem seguidas que estão contidas nos regulamentos do Código Nacional de Trânsito do Ministério da Justiça (CNT). Por esquecimento, falta de atenção ou falta de informação, muitas vezes cometemos uma infração do código. As infrações de trânsito são punidas com multas. A multa é baseada no salário mínimo e se este aumenta, o valor da multa também é modificado.

Quais são as faltas mais cometidas pelos motoristas? Você sabia que se pode ser multado se um automóvel solicitar passagem pela esquerda e você não der? Se você não parar o carro quando for interceptado por desfiles, formações militares, cotejos, procissões? Se você não der preferência ao pedestre que estiver atravessando uma rua transversal, na qual você vai entrar caso ele ainda não tenha concluído a travessia? Muitas são as leis que disciplinam o trânsito e elas mudam com o tempo. Por exemplo, você sabia que o motorista que já recebeu um determinado número de multas poderá ter sua carteira reavaliada? Que o motorista será suspenso por determinado número de meses em caso de dirigir embriagado? Você sabia que é proibido desobedecer ao sinal fechado ou à parada obrigatória? Ultrapassar pela direita? Dirigir com o braço fora do carro? Dirigir com excesso de velocidade? Usar faróis altos em ruas iluminadas? Estacionar nas esquinas afastado da calçada, nas calçadas, nos viadutos, pontes e túneis? Finalmente, para evitar dores de cabeça e multas lembre-se que a esquerda é para ultrapassagem, a direita para marcha mais lenta, e antes de tudo, respeite o pedestre!

1. De acordo com o texto, dirigir um carro é
   a) tirar a carteira de habilitação.
   b) entrar num carro e sair dirigindo.
   c) ter a própria documentação e seguir as regras do Código Nacional de Trânsito.
2. Por que muitas vezes cometemos infrações de trânsito?
3. De que maneira você é punido ao cometer infrações de trânsito?
4. Em que a multa é baseada?
5. Dê três situações em que o motorista de carro pode ser multado.
6. Dê duas proibições de trânsito de acordo com o CNT.
7. O que acontece se você dirigir embriagado?
8. O que você deve fazer para evitar dores de cabeça e multas quando dirige?

G. **"Os 'caronódromos' da cidade"**. Quem não tem carro pega carona.

Passagem cara institucionaliza a carona no Rio

Márcia Penna Firme

Em outras épocas, pegar carona era sinônimo de aventura, ousadia e romantismo. Era mergulhar de cabeça numa viagem sem rumo, com um único compromisso: a liberdade. Carona hoje virou uma necessidade, embora ela ainda exija uma boa dose de ousadia. Há pelo menos 11 pontos conhecidos de carona na cidade e quem se vale deles no dia-a-dia são, na maioria, trabalhadores que ganham menos de dois salários mínimos e estudantes que precisam ou preferem economizar o dinheiro do ônibus.

No Rio, a passagem de ônibus mais comum custa Cz$ 48, sem a garantia de viajar sentado. Agarrados às portas nos horários de *rush*, passageiros pagam pelo risco de despencar numa curva. As corridas de táxi são ousadia ainda maior, que começa com um gasto de Cz$ l83. A carona não dói no bolso, mas também tem seu preço e seu risco: haja disposição, coragem, paciência e tato para viajar com um estranho.

Meia hora de polegar esticado basta para conseguirem um motorista, em geral homem, disposto a ajudar.

Os 'caronódromos' da cidade

Para ser carona não basta esticar o dedo, pois é preciso ter disposição para chegar aos pontos ideiais, alguns de difícil acesso, coragem para correr riscos, paciência para esperar às vezes durante horas, persistência caso a oportunidade da vaga seja negada e muito cuidado no contato com o motorista, respeitando sua individualidade. Os companheiros também não devem ser esquecidos: torcer por uma Kombi para levar todo mundo é regra de solidariedade dos caronas.

Entre os principais pontos de carona na cidade estão os acessos aos túneis Rebouças e Santa Bárbara (que ligam as zonas Norte e Sul), as entradas da Ponte Rio-Niterói, vários trechos da Estrada Grajaú-Jacarepaguá (Zona Norte), a Estrada Miguel Salazar Mendes de Moraes (Cidade de Deus), a Avenida Édson Passos (subida para o Alto da Boa Vista) e as áreas das principais universidades — UFRJ, na Ilha do Fundão, Uerj, no Maracanã, e PUC, na Gávea.

Fácil é pegar carona no Condomínio Novo Leblon, na Barra da Tijuca, Zona Sul do Rio. Basta que o caroneiro fique parado em frente a uma das placas que indicam o local para onde pretende ir (Leblon, Ipanema, Copacabana, Botafogo ou Jacarepaguá). Não é preciso nem fazer sinal, pois os moradores do condomínio nunca deixam os caroneiros na mão. Campanhas do tipo *Dé carona* são freqüentes no Novo Leblon. Moradores dizem que os encontros no *caronódromo* muitas vezes resultam em amizades e transporte garantido com hora certa.

Rio de Janeiro — Segunda-feira, 8 de agosto de 1988   **JORNAL DO BRASIL**

1) Responda.

    a. Por que a carona está institucionalizada no Rio?
    b. Qual a diferença entre pegar uma carona antigamente, e hoje?
    c. Quem pega carona hoje em dia no Rio?
    d. Quanto tempo basta para se conseguir uma carona?
    e. Que gesto você faz para conseguir uma carona?
    f. Que tipo de pessoa dá carona?
    g. Como um caroneiro no Rio consegue carona para Niterói?
    h. Dê dois dos principais pontos de carona no Rio de Janeiro.
    i. Por que é fácil pegar carona no Condomínio Novo Leblon?
    j. Hipódromo é o lugar para corrida de cavalos. Aeródromo é o lugar onde os aviões pousam. Autódromo serve para corrida de carros. Como se chama o lugar no Rio onde o carioca pega carona?

2) Agora é a minha vez!

    a. Você já pegou carona?
    b. Quais as vantagens da carona?
    c. Quais as desvantagens?
    d. Você já deu carona?

3) O melhor caso de caronódromo! Um concurso de casos.

Com um grupo de 3-5 colegas, invente um caso que ocorreu no caronódromo. Qual será o melhor?

III. AÇÕES RECÍPROCAS

─VÍDEO─

Os pronomes *se* e *nos* também são usados para ações recíprocas. Por exemplo:

        ELES SE AJUDAM
        A GENTE SE VÊ
        NÓS NOS ABRAÇAMOS

Veja agora estes outros exemplos.

Adriana —— Oi.

Serginho —— O que é que você está fazendo aqui?

Adriana —— Eu? Eu tô aqui.

Moça —— Ué, vocês **se** conhecem? Ora, Serginho, essa moça trabalha
aqui.

Raul — Pois é. Por que essa pressa? Do que nos adianta, né? Vizinhos e quase não **nos** vemos. É assim mesmo, quando **nos** vemos é sempre no meio de tanta gente, né? Vamos lá?

— PARE —

Reflexive Pronouns with Reciprocal Meaning

The reflexives may have a reciprocal meaning, that is, 'each other,':

Nós **nos** amamos.	*We love each other.*
Eles **se** olharam.	*They looked at each other.*
A gente **se** vê amanhã.	*We'll see each other tomorrow.*

VAMOS PRATICAR

A. **Quem você conhece que...**

Ex.: odiar-se   *Jorge e Luís se odeiam.*

1. detestar-se
2. respeitar-se
3. corresponder-se
4. não falar-se

5. abraçar-se
6. querer-se
7. divorciar-se
8. telefonar-se

B. **Tudo é recíproco!**

Ex.: *Cristina e Sinval se adoram.*

1. amar-se muito
2. ver-se diariamente
3. beijar-se sempre
4. escrever-se freqüentemente

5. entender-se muito bem
6. falar-se no telefone constantemente
7. conhecer-se bem

C. Diálogo.

Lúcia	— Você e seu chefe se dão bem?
Helena	— Como carne e unha. Inseparáveis!
Lúcia	— Chi, dá até pra desconfiar!
Helena	— Olha, nós nos respeitamos, somos pacientes um com o outro, e nos entendemos em tudo.
Lúcia	— Já percebi que vocês se comunicam muito bem. Meu chefe e eu nos detestamos como gato e cachorro.
Helena	— A primeira coisa que o meu chefe e eu aprendemos foi a nos respeitar. Eu me conheço muito bem e isto me ajudou a me acomodar no trabalho.
Lúcia	— Este é o seu primeiro trabalho?
Helena	— Não, já tive outros e com chefes com quem não me dei bem. Acho que nem eles se entendiam.
Lúcia	— Você tem muita sorte. Olha, tem dia que eu não me agüento de tanto problema no trabalho. Você quer me emprestar o seu chefe por uns dias?

D. Ainda me lembro. Responda às perguntas.

1. Onde os seus pais se conheceram?
2. Quando eles se casaram?
3. Onde você e seu melhor amigo se encontraram pela primeira vez?
4. Quantas vezes por mês você e sua família se escrevem?
5. O que você pensa quando se olha no espelho?
6. Qual foi a última vez que você e sua família se falaram no telefone?

Engenho d'Agua ~ Ilha Bela

T. Illaia 75

IV. "ASA BRANCA", *LUIZ GONZAGA*

────────── *VÍDEO* ──────────

Quando *oiei* a terra *ardendo*   =*olhei; burning*
Quá fogueira de São João   =*qual, just like; bonfire*
Eu perguntei a Deus do céu,
Ai, pra que *tamanha judiação?*   *so great; abuse*
 (Bis)

Que *braseiro,* que *fornaia,*   *brazier;* =*fornalha, stove*
Nem um pé de *prantação,*   =*plantação*
Por *farta* d'água perdi o meu gado,   =*falta*
Morreu de sede meu *alazão.*   *sorrel (horse)*
(Bis)

Inté mesmo a asa branca   =*até*
Bateu asas do sertão,
Entonce eu disse 'Adeus, Rosinha,   =*então*
Guarda contigo meu coração'.

Hoje longe muitas *légua*   *measure of distance (+ 6 mi.)*
Numa triste *solidão*   *loneliness;*
Espero a chuva *caí* de novo   =*cair;*
Pra mim *vortá* pro meu sertão.   =*voltar*
(Bis)

Quando o verde dos teus *óios*   =*olhos*
Se *espaiá* na *prantação,*   =*espalhar, spread;* =*plantação*
Eu te asseguro, *num* chore, não, *'viu*   =*não;* =*ouviu*
Que eu *vortarei,* 'viu, meu coração   =*voltarei*
(Bis)

────────── *PARE* ──────────

Luiz Gonzaga

Luiz Gonzaga, sem dúvida, é o cantor nordestino mais popular do Brasil. Ao contrário de outros cantores, ele consegue universalizar a música do Nordeste, fazendo dela sucesso na televisão e nos palcos do sul do país. Como se pode ver no vídeo, ele geralmente aparece trajado de vaqueiro nordestino (traje altamente estilizado). Geralmente toca sanfona (*accordion*) acompanhado de conjunto nordestino: pandeiro (*tamborine*), triângulo, e cavaquinho (*ukelele*).[2] A canção emprega muitas palavras em sua forma dialetal, como se pronunciam no Nordeste.

VOCÊ ENTENDEU?

1. O falar do nordestino é mostrado na canção "Asa branca". Qual é a forma correta das expressões:

   a. oiei   d. prantação   g. óios

   b. quá   e. farta

   c. fornaia   f. entonce

2. Que palavras e expressões na canção sugerem que a terra está quente e seca?

   a. braseiro   d.

   b.   e.

   c.

3. Dê duas situações causadas pela seca do sertão:

   a. ...

   b. ...

4. Que versos da canção indicam que o cantor saiu da sua terra?

5. Quando o pobre nordestino vai voltar para a sua terra?

6. O que o nordestino aconselha que faça a sua namorada?

V. "O MUTIRÃO DAS ESTRELAS PELO NORDESTE"

Durante anos, o Nordeste tem sofrido longas secas e enchentes destruidoras. Foi a enchente de 1985 que inspirou noventa cantores e compositores brasileiros, entre os quais Chico Buarque de Holanda, Caetano Veloso, Gilberto Gil e outros, a gravar um disco com a canção "Chega de Mágoa" para beneficiar as vítimas da enchete. Leia o artigo que se segue e responda às perguntas.

---

[2]É geralmente aceito que os portugueses levaram o cavaquinho para o Havaí onde ele foi modificado e se tornou o moderno *ukelele*. Os portugueses foram uns dos primeiros estrangeiros a visitar as ilhas do Havaí e há ainda aí uma população razoavelmente grande de seus descendentes.

O mutirão das estrelas pelo Nordeste

A mobilização em torno do flagelo nordestino ganhou, na semana passada, a adesão de um grupo singular. Varando noites e manhãs num estúdio de gravação carioca, os noventa nomes mais expressivos da música brasileira juntaram vozes nas canções *Chega de Mágoa* e *Seca d'Água*, que irão compor um disco compacto cuja venda se destinará a angariar fundos para a população carente do Nordeste. O resultado desse vercadeiro mutirão de estrelas — que inclui desde Gal e Simone até os roqueiros do Kid Abelha, passando pelas veteranas Marlene e Emilinha Borba — será conhecido em uma semana, quando as 2 251 agências da Caixa Econômica Federal en todo o país inicia

Gal Costa

FOTOS ANTONIO RIBEIRO

Coro no estúdio de gravação: noites em claro para conciliar noventa vozes

rão a venda de uma primeira tiragem de 300 000 discos, a 10 000 cruzeiros cada um. Com a iniciativa, os artistas brasileiros repetem o gesto de seus colegas americanos que, com o LP *USA for Africa*, recolhem atualmente milhões de dólares para minorar a fome na Etiópia.

"A classe artística esteve unida pelas diretas, agora é a vez do Nordeste", exultava Chico Buarque na sexta-feira. "Acompanho com muita atenção o noticiário sobre as enchentes e topei na hora o convite para gravar", diz Roberto Carlos. A idéia do Nordeste Já — nome com que foi batizado o projeto — partiu do cantor Aquiles Reis, do conjunto MPB-4, que ganhou Chico Buarque como primeiro aliado. Jun-

Simone e Chico

CHIQUITO CHAVES

tos, eles passaram a convocar outros artistas, como Caetano Veloso, Gilberto Gil e Milton Nascimento, para reuniões na casa do compositor Fágner, onde o projeto foi discutido e onde

Rita Lee

nasceram, em esquema de criação coletiva, as duas canções — exceto a letra de *Seca d'Água*, assinada pelo repentista cearense Patativa do Assaré.

O dinheiro recolhido financiará a construção de áreas de lazer comunitárias nos núcleos urbanos que a Caixa Econômica constrói atualmente na periferia de várias cidades nordestinas. "Decidimos evitar o velho expediente de comprar toneladas de comida e remédios, que muitas vezes são desviados a meio caminho", explica Aquiles. "Optamos por algo que sirva às comunidades pobres por muito tempo."

Erasmo e Roberto

VEJA, 15 DE MAIO, 1985

VEJA, 15 DE MAIO, 1985

"Chega de mágoa"[3]

CHEGA DE MÁGOA

Criação e Idealização do Sindicato dos Músicos Profissionais do Município do Rio de Janeiro.

Nós não vamos nos dispersar
Juntos
É tão bom saber
Que passado o tormento
Será nosso esse chão

Água
Dona da vida
Ouve essa prece
Tão comovida
Chega
Brinca na fonte
Desce do monte
Vem como amiga

Te quero água de beber
Um copo d'água
Marola mansa da maré
Mulher amada
Te quero orvalho
Toda manhã

Terra
Olha essa terra
Raça valente
Gente sofrida
Chama
Tem que ter feira
Tem que ter festa

Vamos prá vida
Te quero terra pra plantar
Há, há
Te quero verde
Te quero casa prá morar
Há, há
Te quero verde
Depois da chuva
O sol da manhã
Chega de mágoa
Chega de tanto penar

Canto
O nosso canto
Joga no tempo
Uma semente

Gente
Olha essa gente
Olha essa gente
Olha essa gente

Quero água de beber
Um copo d'água
Marola mansa da maré
Mulher amada

Te quero terra pra plantar
Te quero verde hum
Te quero casa pra morar
Te quero verde hi! hi!

Depois da chuva
O sol da manhã
Canto

Eu canto
O nosso canto
Canto
Joga no tempo
Joga no tempo
Uma semente
Yê! Yê!
Quero te ver crescer bonita
Olha essa gente
Quero te ver crescer feliz
Olha essa gente
Olha essa terra
Olha essa gente
Olha essa gente
Gente pra ser feliz
Feliz
Quero água de beber
Me de um copo d'água
Um copo d'água
Marola mansa da maré
Yê! Yê!
Mulher amada
Te quero terra pra plantar
Plantar
Te quero verde
Te quero verde
Te quero casa pra morar
Te quero verde
Depois da chuva
O sol da manhã
Chega de mágoa
Chega de tanto penar

Chega de mágoa
Chega de tanto penar chega
Ha! ha! ha!

1. A palavra "mutirão" significa trabalho em conjunto, isto é, feito por várias pessoas. O que o título do artigo indica?
2. Onde você pode comprar o disco?
3. A que se destinará a venda do disco?
4. Quem os cantores brasileiros imitaram?
5. O que o dinheiro da venda do disco financiará?
6. O que é "Nordeste Já"?
7. De acordo com o texto, o que se costuma fazer para ajudar o povo do Nordeste?
8. Quem os autores da música pedem para ouvir a sua prece?
9. Cite três coisas que os compositores pedem na canção.
10. O que significam as expressões "chega de tanto penar" e "chega de mágoa"?

---

[3]Esta canção está gravada no encerramento desta unidade.

dispersar disperse	**prece** prayer	**fonte** fountain
monte mountain	**marola** wave	**manso** gentle
maré tide	**orvalho** dew	**valente** brave
mágoa suffering	**penar** grieve	

VI. "OS DETETIVES TRAPALHÕES"

---VÍDEO---

Agora vamos continuar com a nossa prática do subjuntivo. Vejam esta cena dos nossos detetives no espírito do subjuntivo!

Onofre — Eu espero que a senhorita nos **desculpe** por esse terrível engano.

Leonel — Eu queria que você me entendesse. Eu me atrapalhei.

Onofre — Duvido que você **tenha** se atrapalhado, 'viu. Eu acho que você queria que eu **caísse** em mais uma de suas *esparrelas*, não é verdade, eh? Eu quando digo que você não merece confiança...   *hoaxes*

Leonel — Olhe, Onofre, que tipo mais *suspeito*. Eu não disse que era aqui mesmo? E você duvidava que eu **tivesse** razão.   *suspicious*

Onofre — Silêncio, inseto. Vamos segui-lo.

Leonel — Veja, Onofre, ele deixou cair um papel no chão.

Onofre — Ah, uma mensagem!

Leonel — Então, Onofre, o que está escrito?

Onofre — Está escrito que... está escrito... vê você.

Leonel — "Já descobrimos tudo: Sabemos quem são os detetives que estão atrás de nós. Vamos explodir esta casa em cinco segundos."

Onofre — Terrível, deixa eu ver. Um...

Leonel — Socorro!!

--- PARE ---

VOCÊ ENTENDEU?

1. O que o Onofre espera da senhorita?
2. O que o Leonel queria?
3. O que o Onofre acha que o Leonel queria?
4. Leonel e Onofre vêem...
5. O que eles encontraram no chão?
6. Que mensagem eles encontraram?

7. Por que o Leonel gritou por socorro?
8. Procure no texto as palavras que significam o seguinte:
   a. bichinho do tipo mosca, barata, grilo   d. algo horrível
   b. confusão, negócio confuso   e. efeito causado por uma bomba
   c. alguém que não merece confiança   f. grito de ajuda

VII. AS CIDADES DE RECIFE E SALVADOR

VÍDEO

Recife é uma das cidades mais importantes da região e do Brasil. Fundada em 1709, com um milhão e duzentos mil habitantes, é importante centro comercial e industrial. É a Veneza brasileira, por estar localizada entre os rios Capiberibe e Beberibe.

Bonita, alegre e colorida, Recife é um dos pontos turísticos mais *procurados* por brasileiros e estrangeiros. Seu carnaval é famoso e, quando o *frevo* toma conta de suas ruas, ninguém consegue ficar parado.   *sought after* / *Pernambucan carnaval dance*

Salvador é outra das cidades importantes do Nordeste. Foi a primeira capital do Brasil e sua arquitetura é uma das mais belas do país. Cidade envolta no misticismo e na religiosidade, *possui,* segundo a lenda, trezentos e sessenta e cinco igrejas, uma para cada dia do ano. Salvador ainda traz a marca da colonização portuguesa, em seus velhos *sobrados,* e também a influência negra, na sua música, na sua comida, na velha baiana que vende *acarajé.*   *possesses* / *two-story houses* / *typical Bahian dish*

PARE

VOCÊ ENTENDEU?

Responda às perguntas:

1. Quando a cidade de Recife foi fundada?

2. Por que Recife é chamada a Veneza brasileira?
3. Qual é a população de Recife?
4. Por que Recife é local de turismo?
5. Qual era a importância de Salvador na época colonial?
6. Quantas igrejas existem em Salvador?
7. Como se manifesta a influência africana em Salvador?

VIII. A LITERATURA DE CORDEL

Autor: EROTILDES MIRANDA DOS SANTOS

Os Resultados da Cachaça

Nas bancas de revistas, portas de lojas e feiras do Nordeste é muito comum encontrarmos folhetos de histórias populares que atraem a atenção de todos. Os folhetos são pendurados em *cordel*, um ao lado do outro, sempre mostrando a sua capa com um desenho sugestivo e de linhas primitivas. Essa é a chamada literatura de cordel. Os folhetos, de dez a quinze páginas mais ou menos, são escritos em versos e incorporam os assuntos mais variados. Alguns tratam de temas da atualidade, servindo a função de informar ao povo simples, em linguagem que ele entende, o que vem acontecendo localmente ou no mundo, como enchentes, crimes, chegada dos americanos à lua, etc. Há os *"romances"* que contam histórias e lendas tradicionais, muitas delas vindas de Portugal desde o início da colonização do Brasil. Outros são de contos fantásticos, de heróis, guerreiros, príncipes e princesas. Há ainda as histórias em que os bichos falam e os folhetos de opinião que criticam fatos e pessoas, como políticos, figuras conhecidas e tipos da sociedade. As aventuras do Lampião, um misto de herói e bandido famoso no sertão, são comuns nas histórias do cordel. Há ainda os folhetos que reproduzem o desafio, uma cantoria entre dois cantores, se desafiando em determinado tema. Nas várias formas da literatura de cordel, predomina sobretudo a preocupação didática e o ensino de lições morais. Estas características também se encontram presentes na literatura oral, de onde vem a tradição das histórias de cordel.

As histórias são muitas vezes cantadas pelo "cantador" nas ruas e feiras, acompanhado de um instrumento musical, como faziam os *menestréis* da Idade Média. Outras vezes o povo se reúne em volta de quem saiba ler para ouvir e até mesmo decorar os versos do folheto.

Os autores da literatura de cordel são poetas, gente simples do povo como aqueles que compram suas obras. Muitas vezes os poetas não sabem escrever e empregam o serviço de outros para esse fim. A importância da literatura de cordel na vida do nordestino é enorme, desempenhando a função informativa do jornal. No ponto de vista da informação transmitida, nota-se o modo de pensar dessa gente, sua visão do mundo, seu conservadorismo e moralismo de fundo cristão. Acima de tudo, a literatura de cordel preserva estes valores e unifica o pensamento popular tradicional.

Ultimamente a literatura de cordel tem sido muito estudada pelo seu valor literário, lingüístico e sociológico.

cordel string **menestrel** minstrel
romance ballad

1. Onde são encontrados os folhetos de cordel?
2. Por que literatura de cordel tem esse nome?
3. Como são os folhetos?
4. Fale sobre três assuntos tratados na literatura de cordel.
5. Quem foi Lampião?
6. De onde vem a literatura de cordel?
7. O que predomina na literatura de cordel?
8. Como se pode comparar o cantador da literatura de cordel com os menestréis da Idade Média?
9. Quem são os autores da literatura de cordel?
10. Qual é a importância dessa literatura para o nordestino?
11. O que se nota no ponto de vista das histórias de cordel?
12. Por que a literatura de cordel tem sido estudada ultimamente?

Mambucaba

Talllaia 79

IX. "O VELHO CHICO"

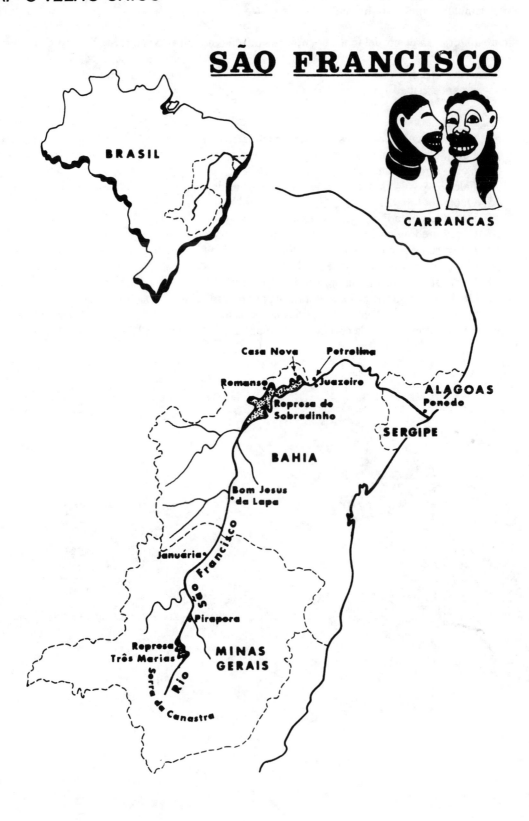

SÃO FRANCISCO

CARRANCAS

O documentário que se segue é sobre o Rio São Francisco, o segundo maior rio do Brasil. Enquanto os rios Amazonas e Paraná corriam por áreas vastas e distantes, no Brasil colonial, o São Francisco começava na área das ricas jazidas de ouro de Minas Gerais, correndo em direção ao Norte , através da Bahia, Pernambuco e Alagoas. Foi justamente nestas áreas que os portugueses deram início à colonização do Brasil. As ricas plantações de açúcar da costa e imensas fazendas de gado do sertão atraíam para o sul, não só os portugueses mas também invasores estrangeiros como os holandeses que invadiram o Brasil em 1630 e durante 24 anos mantiveram uma colônia em Pernambuco. Por estas razões, o São Francisco, chamado o "rio da unidade nacional", tem sido sempre uma estrada que, como o Rio Mississippi, liga o norte ao sul, e é rico em tradições, folclore e lendas.

Nossa viagem começa em Penedo, Alagoas, onde o rio alcança o mar depois de percorrer 3.000 km desde o lugar onde nasceu, na Serra da Canastra, ao sul, no estado de Minas Gerais. Depois de mostrar as origens do São Francisco (afetuosamente conhecido como "O Velho Chico" pelos que vivem nele e dele), vemos um dos famosos carranqueiros do rio, ou seja o criador de carrancas (*gargoyles*), perto de Pirapora. As carrancas incorporam lendas africanas, indígenas e portuguesas e são usadas na proa dos barcos que navegam o rio, para protegê-las contra os maus espíritos.

A próxima parada é em Bom Jesus da Lapa, um santuário famoso no meio do sertão. Como já foi mencionado, o sertão é uma vasta região, árida e pobre, da qual surgiu um tipo especial de misticismo. Nossa visita a Bom Jesus da Lapa nos indroduz a uma breve experiência de fé religiosa típica da região. O encontro seguinte é com um grupo de vaqueiros, os 'cowboys' brasileiros, em suas vestimentas de couro. O chapéu, calças e gibão (*leather jacket*) de couro os protegem dos espinhos e outros elementos ao cavalgarem na densa vegetação. Orgulhosamente, os vaqueiros narram as suas aventuras no trabalho de captar e marcar o gado solto no sertão. Incapacitados de usar laços (*lariats*) como os cowboys americanos, devido à espessa vegetação, os vaqueiros empregam meios especiais de pegar o gado ao ar livre. Apesar dos perigos e da vida dura que levam, os vaqueiros são bem-humorados e otimistas.

Deixando os vaqueiros e suas histórias fantásticas, voltamos a Penedo onde a jornada começou. Aí vemos um pouco de sua maravilhosa arquitetura colonial e somos informados de que Penedo era a cidade favorita do Imperador D. Pedro II.

VÍDEO

Introdução

Descer o Rio São Francisco é subir o mapa do Brasil, é unir o sul ao norte, é reconciliar passado e futuro, é beber água pura, *cachaça* pura, é *rezar* em igrejas em ruínas ou *grutas* que viraram templos, é transformar pobreza em riqueza e colher os doces frutos da irrigação, é ouvir as canções dos *antepassados* e correr a cavalo na *caatinga*, é transformar o rio em mar, navegar no vapor da memória. Mais que uma aula de história do Brasil, o São Francisco aponta para o futuro. O Velho Chico, o rio que tem a cara do Brasil, você vai ver daqui a pouco.

rum; pray

caves

ancestors; brushland

A conquista do Rio São Francisco

Aqui o Rio São Francisco começou a ser conquistado. Penedo, Alagoas, a primeira cidade fundada às margens do rio há mais de 400 anos. Só que para chegar até aqui o rio corre mais de 3.000 km. O São Francisco nasce longe, lá em Minas Gerais, e é lá que começa a nossa viagem. O *Chapadão* das *Azagaias*, Serra da Canastra, Minas Gerais. Um parque nacional de silêncio e solidão. Visto assim de longe o Chapadão das Azagaias parece árido, seco, por causa das pedras, mas, na verdade, essa terra toda aqui é *encharcada*. São dezenas de *córregos* como esses pequenininhos que vêm desses *olhos d'água*, essas minas. É assim de um *jeito* mineiro que nasce o Rio São Francisco, nasce quieto. Aqui o Rio cabe na palma da mão. *(plateau of the spears)* *(soaked)* *(streams; springs)* *(manner)*

E de repente, no meio do chapadão, esses córregos se encontram. Não dá nem para acreditar que está nascendo o terceiro maior rio do Brasil, o maior e mais importante rio do Nordeste. Aqui o São Francisco nasce sem *testemunhas* num lugar incrivelmente bonito e muito pacífico. Mas alguém toma conta, dia e noite, do berço do rio. A imagem do santo é a testemunha silenciosa do milagre. Só 20 km. depois da *nascente* o São Francisco já cresceu, está forte, e forma a primeira *cachoeira*, antes de deixar a serra para atrás. E é com esse exagero de beleza, com um *salto* de mais de 100 metros de altura, a Cachoeira de Casca D'Anta, que o rio se despede do chapadão. Até aqui era o Parque Nacional da Serra da Canastra, o homem não podia chegar perto do rio. A partir de agora, os dois seguem viagem juntos: o homem e o São Francisco. *(witnesses)* *(spring)* *(waterfall)* *(drop)*

Mitologia do Velho Chico

Esta imagem vem à lembrança sempre que se fala em navegar o São Francisco, o *gaiola apitando*, trazendo notícias, alimento e alegria. Para as populações *ribeirinhas* hoje é só uma imagem, o *descaso* e a falta de *manutenção* condenaram os gaiolas ao fim. Só o *vapor* Benjamim Guimarães sobrou e mesmo assim *salvo em cima da hora* por uma grande reforma. *Todo mundo* quer ajudar e deixar o velho Benjamim com *cara de novo*. *(sternwheeler; whistling)* *(river bank; neglect)* *(maintenance; steamer)* *(saved; just in time)* *(everybody; look like new)*

Se não se escuta mais o apito *estridente* do gaiola as *carrancas* continuam povoando o rio e a imaginação do povo. *Há quem diga* que elas assustam os maus espíritos, mas ninguém sabe ao certo de onde veio o costume de *enfeitar* os barcos com estas *caretas* assustadoras, boca de leão, olhos de homem, orelha de lobo, todos os animais da *mata* e da fantasia se misturam pra criar a carranca. *Seu* David é um dos mais antigos e famosos carranqueiros do São Francisco. Neste *ofício* não basta ser bom *artesão*. É preciso conhecer a mitologia do rio. *(strident; gargoyle)* *(there are those who say)* *(decorate; masks)* *(bush)* *(mister)* *(trade; craftsman)*

    — Esta história de maus espíritos, como é que é isto, dizem que existia o *caboclo das águas*. *(half-breed of the waters)*
    — O *pessoal* fala que era um homenzinho, mais ou menos de 80 centímetros ou um metro de altura, não é isso, e geralmente *(folks)*

preto e *careca* e aquele *negócio* todo, né? *bald ; that stuff*

— O que ele *aprontava*? O que ele fazia? *what kind of tricks*

— Olha, o pessoal fala que quando vinha o barqueiro empurrando, impulsionando a barca ou a canoa com as *varas*, com o *remo*, que *poles; rudder* muitas vezes pegavam na cabeça dele. E ele *achava ruim*, e *didn't like it* então ele perseguia aquela embarcação até virar aquele negócio todo, camarada, morrer e tudo, né? Então para se ver livre disso, sabe como dizem que o pessoal fazia, pegava uma *peixeira*, *fisherman's knife* faca de ponta daquelas assim, grande assim, e *fincava* no piso da *buried* embarcação. A simpatia que a pessoa tinha não é isso? Aí, seguia tranquilo.

— E a carranca na frente.

— É. E muitas vezes colocaram a carranca na frente pra afastar aquele *pessoal* dali. *ie., evil spirits*

Romaria

O Rio invade o sertão baiano, estamos chegando em terra de *romaria*. A *pilgrimage* história da cidade que cresceu em torno de um monumento de pedra começou há 300 anos. Foi quando um homem chamado Francisco cruzou o sertão à procura de Deus. Ele encontrou um grande rio com um enigma na margem. A enorme pedra de calcário era um destino de Francisco, apesar das *onças* e *cobras* que habitavam o lugar. Foi aqui que ele escolheu pra *wildcats; snakes* morar sozinho e Deus. Ele não sabia que que estava fundando o mais estranho e famoso templo do vale do São Francisco e uma cidade, Bom Jesus da Lapa, na Bahia. Os dois Franciscos vivem juntos pra sempre, o Velho Chico e o padre Francisco da Soledade. A gruta *virou* igreja, o padre virou *became* santo e a cidade uma lenda. Uma lenda que atrai mais de 600.000 *romeiros* *pilgrims* por ano. Vem gente de todo o Brasil para assistir uma missa na caverna, para pedir uma *graça* ou pagar uma promessa. O povo procura milagres. *divine favor*

— E essa água aí é milagrosa?

— Muito, né?

— É.

— Cheguei ontem aqui com uma dor de cabeça terrível. Melhorei bastante.

— A senhora já tinha vindo aqui?

— Não. É a primeira vez.

— A senhora veio pra pedir uma graça pra Bom Jesus?

— Vim.

— O que você vai pedir?

— Eu vim pedir pra baixar aqui, que meu menino nasceu com um tumor na cabeça e eu não quero levar pra operar, e eu vou fazer umas rezas pra ver se ele abaixa.

— Você tem fé que isso vai *resolver*? *fix things*

— Tenho fé em Deus.

— Você já fez uma promessa dessas antes?

— Já, já fui *valido*, Graças a Deus. *blessed, helped*

Num canto da gruta se acumulam os *ex-votos*, cada perna ou cabeça de madeira, cada retrato conta uma história e sobretudo afirma a gratidão e a fé em Bom Jesus.

votive offerings

O homem do sertão

A grande ponte une dois Estados, na margem direita a Bahia, na esquerda, Pernambuco. Juazeiro e Petrolina são cidades ricas *encravadas* na caatinga. O rio é referência e sinônimo de fertilidade. Durante muito tempo, Juazeiro foi o porto final das viagens dos gaiolas. A partir daqui o rio deixa de ser navegável. Pertinho do rio o homem caminha sobre a terra seca. São os vaqueiros da caatinga, no rosto de cada um deles as marcas de uma vida dura e perigosa. Todo dia eles arriscam o pescoço atrás de um *boi* dentro da caatinga fechada.

imbedded

cow

— Isso não é *adereço*, não. Isso é pra proteger mesmo.

decoration

— É pra proteger de ponta de *pau*, *xique-xique*, é perigosa demais a vida. Mas é assim mesmo. Quem nasce com dor tem que cumprir por ela, né?

tree limbs; cactus

— É muito perigo, né?

— É.

— E isso aí, que 'tá na *testa*, isso aí foi como?

forehead

— Foi mulher minha que *rapou*.

shaved; (joke)

— Foi *pau*.

tree

— Foi pau mesmo. A gente quando entra, a gente não vai procurar pra onde a gente vai. 'Tá *arriscado*, o *bicho bruto* que vai na frente, o *animal* que a gente vai montado e o vaqueiro é três bruto que vai junto. A gente não 'tá preocupado se vai entrar dentro de um *buraco*, se a gente vai entrar dentro de uma ponta de pau, se vai pegar ele ou se vai *abotoar*.

dangerous; stupid animal

hole

kick the bucket

— Já teve caso de vaqueiro morrer na perseguição de um boi?

— Já, muitas vezes.

— Já teve um colega meu que morreu há poucos tempo. Ele pegava no rabo de uma *rês* quando ele pegou aqui na passagem de uma *emburana*, o cavalo negou o corpo de *banda* em vez do cavalo passar por aqui, passou aqui. Ele bateu a cabeça aqui na emburana. Foi "tum", *estorou* o pescoço. Ele morreu na *hora*.

cow (rês = any four-footed meat animal); a kind of tree; shied

broke; immediately

— Às vezes o boi leva o vaqueiro junto.

— Oh, o *rojão* do mato.

tough work

— Esse aí não corre mais?

— Não.

— Essa *tira* é para ele não enxergar. É.

strap

— Sai, sai tudo do meio, vai pra trás -- é perigoso demais, mas é isso mesmo. É a luta!

— Teve um que caiu aí, quem foi?

    —— Foi eu e um outro rapaz, um colega meu, caiu bem ali. É esse aí.
        Sabe o que é? Isso aí é a luta do vaqueiro, o rojão é isso aqui.

O homem da caatinga valoriza o pouco que tem e não esquece a sua maior
riqueza.

    —— A grande riqueza que nós temos aqui é o Rio São Francisco. É
        uma riqueza que nem falta. *Toda vida* corrente aquela água.   *always*
    —— Dá água pro cavalo e peixe pro vaqueiro.
    —— Dá água pro cavalo, pelo povo daqui, pelo progresso que nós
        temos aí.
    —— É. Comida pro vaqueiro.
    —— Pra todo mundo aqui, nós temos o grande Rio São Francisco, é o
        Velho Chicão.

Conclusão

Depois de Piranhas o São Francisco volta a ser navegável até o oceano. A
última cidade que encontramos é a primeira da história do rio, Penedo, a
cidade dos *sobrados*.   *house of two or more stories*

Penedo foi fundada sobre uma *rocha*. Aqui viveram índios *Caetés, invasores*   *rock; extinct tribe; invaders*
holandeses, conquistadores portugueses e por estas ruas *estreitas* no dia 14 de   *narrow*
outubro de 1859 passeou o Imperador Dom Pedro II. Ele gostou tanto do
lugar que deixou escrito no seu diário: "Esta deveria ser a capital da
província".

A nossa viagem termina onde tudo começou, e não poderia ser de outra
forma. Um rio é sempre um eterno recomeço. Em Penedo já sopra a brisa
marinha e já se sente os efeitos da *maré*. O mar está pertinho, o São   *tide*
Francisco encontra o oceano mansamente, sem *pororocas*, aos poucos o rio   *river tidal wave*
vai ficando salgado e o mar ganha o gosto doce e a cor *parda* do Velho   *brown*
Chico. É o encontro definitivo do rio gigante com a imensidão.

(Música)
O *Riacho* do Navio corre pro Pajaú   *creek*
O Rio Pajaú vai despejar no São Francisco
E o São Francisco vai bater no meio do mar.
O Rio São Francisco vai bater no meio do mar.

(bis)

Ai, se eu fosse um peixe, ao contrário do rio
Nadava contra as águas e nesse desafio
Saía lá do mar pro Riacho do Navio.
Eu ia *direitinho* pro Riacho do Navio   *right away*
Pra ver o meu ranchinho, fazer umas *caçadas*.   *hunts*
E nas *pegas* de boi andar nas *vaquejadas*,   *tracks; round-up*
Dormir ao som do chocalho e acordar com a *passarada*,   *song of birds*
Sem rádio e sem notícias das terra civilizada.
Riacho do Navio, Riacho do Navio,
'tando lá não sinto frio.

— PARE —

VOCÊ ENTENDEU?

Introdução

1. O que é descer o rio São Francisco?
2. Para onde o São Francisco aponta?
3. Procure no texto o equivalente a
     a) tomar   b) orar   c) antigos   d) lembrança
4. Qual foi a primeira cidade fundada às margens do rio?

A conquista do Rio São Francisco

1. Há quantos anos Penedo foi fundada?
2. Como é o *jeito* mineiro?
3. Que distância o rio corre até Penedo?
4. Qual é o tamanho do Rio São Francisco comparado a outros no Brasil?
5. Onde começa a nossa viagem pelo rio?
6. Que frase indica que aqui essa parte do rio é pequena?

Mitologia do Velho Chico

1. "Gaiola" significa
     a) lugar onde se guardam pássaros e animais.
     b) espécie de embarcação.
     c) galho de árvore.
2. O que o gaiola transporta?
3. O que é o velho Benjamim?
4. Que frase indica que os gaiolas não mais existem?
5. Para que servem as carrancas?
6. Como são as carrancas?
7. Quem é seu David?
8. O que é o Caboclo das Águas?

CARRANCAS

9. Como era o Caboclo?
10. O que ele fazia?
11. O que as pessoas faziam para se livrar dele?

Romaria

1. Onde é a terra de romaria?
2. Qual é o nome do centro de romaria?
3. Indique a ordem em que as frases abaixo aparecem no texto.
   - ( ) Era uma vez um homem chamado Francisco.
   - ( ) Era uma pedra enorme que era o destino de Francisco.
   - ( ) Um dia Francisco cruzou o sertão a procura de Deus.
   - ( ) Ele não sabia que estava fundando o mais famoso tempo do vale do São Francisco.
   - ( ) Então ele encontrou um grande rio com um enigma na margem.
   - ( ) Foi esse local que ele escolheu para morar sozinho e Deus.
4. Em que se transformou a) a gruta b) o padre c) a cidade?
5. Quantos romeiros são atraídos para Bom Jesus da Lapa, por ano?
6. Pessoas de todo o Brasil vêm para a) assistir missa na caverna
       b) ... c) ...
7. Cite um exemplo do poder miraculoso da água do rio.
8. Qual é a graça que a senhora veio pedir?
9. O que é um ex-voto?

O homem do sertão

1. Que Estados a grande ponte une?
2. Quais são as duas cidades encravadas no sertão?
3. O que foi Juazeiro durante muito tempo?
4. Quem são os homens que caminham sobre a terra seca do sertão?
5. Como é a vida desses homens?
6. Cite alguns perigos que o vaqueiro corre.
7. O que aconteceu com um dos vaqueiros?
8. Para que serve a tira amarrada na testa do boi?
9. Qual é a maior riqueza desse homem do sertão?
10. Cite três coisas que o Rio São Francisco dá ao homem dessa região.

Conclusão

1. Onde o Rio São Francisco volta a ser navegável?
2. Quem viveu em Penedo durante a sua história?
3. O que escreveu D. Pedro II no seu diário?
4. Por que a nossa viagem pelo Rio São Francisco termina onde começou?
5. Procure no texto palavras sinônimas de
       a) coisa que não é larga b) mar c) pedra d) maneira e) começar de novo
6. Pense no que acaba de ver e ler e prepare uma pequena apresentação oral de 3-5 minutos sobre o rio São Francisco.

X. PALAVRAS PAROXÍTONAS

As we learned in Unit VII, *paroxítonas* are words stressed on the next to last syllable: *fácil, ânsia, gente*. The most common such words carry a written accent when

1) They end in   -l: fácil, amável
                       -eis: fáceis, amáveis

2) or in   -ia: farmácia; evidência
                       -io: índio

Less common accented *paroxítonas* have the following endings

-ã, -ãs:	órfã, órfãs		-ua:	água
-ão,-ãos:	órgão, órgãos		-uo:	vácuo
-ei:	jóquei		-ue:	tênue
-i, -is:	táxi, lápis		-oa:	névoa
-um:	álbum		-ea:	área
-uns:	álbuns		-eo:	gêmeo
-us:	bônus			
-n:	hífen			
-r:	açúcar, repórter			
-x:	tórax			

VAMOS PRATICAR

A. **Eu sei pronunciar!** Pronuncie as palavras abaixo.

1. fácil	7. bônus
2. agradável	8. álbum
3. série	9. idéia
4. mágoa	10. núcleos
5. água	11. óleo
6. táxi	12. revólver

B. **Eu sei ler!** Identifique as palavras paroxítonas no parágrafo abaixo e depois leia o parágrafo em voz alta.

O chofer de táxi era um homem fora de série. Com a sua ajuda foi fácil para mim chegar na Candelária. O nome dele era Mário. Durante a viagem batemos um papo muito agradável. Ele me explicou que o carro dele era a álcool e que a cana-de açúcar era agora usada para fazer os carros andarem em vez de fazer açúcar para alimentar o povo.

XI. CAPOEIRA

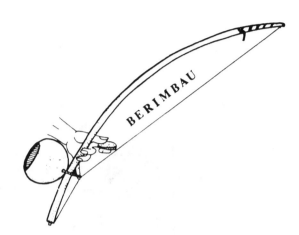

BERIMBAU

────────────── VÍDEO ──────────────

O *mestre* de capoeira é uma figura respeitada pela sua agilidade e capacidade de transmitir aos outros esta arte. Observem como os capoeiristas se movimentam com gestos precisos e harmoniosos, levados pelo ritmo da música. Esta, *ora* dança, *ora* esporte, é uma manifestação significativa da cultura afro-brasileira.

master

now...now

A capoeira, forma tradicional de *luta* e *defesa,* foi trazida para o Brasil pelos africanos de Angola, no início da colonização brasileira. Durante muito tempo a capoeira foi proibida pelas autoridades coloniais, pois a consideravam *arma perigosa* dos escravos. A história nos conta que a capoeira foi usada pelos negros durante a guerra do Paraguai. Com o tempo ela foi sendo considerada como esporte e várias academias foram formadas para o seu ensino.

fighting; self-defense

dangerous weapon

O ritmo de música envolvente é caracterizado pelo *berimbau,* o *pandeiro* e as *palmas.* Os pés são realmente a grande arma da capoeira.

Bahian one-stringed instrument;
tambourine; palms (hands)

──────────── PARE ────────────
Capoeira

A capoeira é um jogo atlético com movimentos de ataque e defesa, em golpes de mãos e pés. Foi originalmente desenvolvida na Bahia, como arma de defesa, por escravos procedentes de Angola durante a época colonial (1500-1822). Esse tipo de luta ou prática esportiva foi intensamente perseguido até as primeiras décadas do século XX, visto como atividade repressiva ou criminosa pela classe alta. Da Bahia, onde mais se difundiu, a capoeira se espalhou por todo o país.

A campanha de restauração dos valores da capoeira, degenerados em conseqüência de séculos de clandestinidade, foi liderado por Manuel dos Reis Machado, de Salvador, conhecido como Mestre Bimba. Em 1932 ele criou a Academia de Capoeira, oficialmente reconhecida pelo governo brasileiro em 1937. Durante a década que se seguiu, a capoeira e outras formas de cultura afro-brasileira, como o samba, ganharam larga aceitação na sociedade dominante. Hoje em dia a capoeira virou esporte, praticada no Brasil, na Europa e nos Estados Unidos. Como no judô, ou caratê, a capoeira também confere graus de mestria, indicados pela cor das faixas.

Um elemento distintivo da capoeira é a música que a acompanha, ditando o ritmo e os movimentos da luta como se fosse uma dança. Com exceção do pandeiro, os instrumentos de percussão da capoeira são de origem africana: o berimbau, o atabaque, o reco-reco e o agogô.

1. O que é a capoeira?
2. Qual é a origem dela?
3. Por que as autoridades a proibiam?
4. Quem foi Mestre Bimba?
5. O que ele fez em 1932?
6. Por que o trabalho dele é importante?
7. Qual é o elemento distintivo da capoeira?
8. Que instrumentos musicais são usados na capoeira?
9. O que contrasta a capoeira de antigamente e a de hoje?

XII. ENCERRAMENTO

──────VÍDEO──────

E assim terminamos a nossa visita à Região Nordeste. Na próxima unidade vamos conhecer a Região Sudeste. Até lá.

──────PARE──────

AGOGÔ

ATABAQUE

PANDEIRO

UNIDADE 9

O SUDESTE DO BRASIL

Parte I

Parte II

V = Vídeo

SUDESTE

MINAS GERAIS

ESPÍRITO SANTO

Belo Horizonte ◉

◉ Vitória

SÃO PAULO

RIO DE JANEIRO

São Paulo ◉

◉ Rio de Janeiro

O SUDESTE DO BRASIL

PARTE I

I. APRESENTAÇÃO

───── *VÍDEO* ─────

A Região Sudeste é a mais rica e a mais industrializada do Brasil. Nela estão os Estados de São Paulo, Rio de Janeiro, Minas Gerais e Espírito Santo. Os três primeiros são os maiores *pólos* da economia brasileira. O Sudeste praticamente movimenta toda a economia do país e é onde existe a maior concentração populacional.

poles

São Paulo é a maior cidade do Brasil, com mais de doze milhões de habitantes. O Estado de São Paulo tem o maior parque industrial da América Latina.

O Rio de Janeiro, antiga capital federal, é conhecido no mundo todo por seu turismo. Fora isso, é um dos grandes centros geradores de cultura do Brasil.

Minas Gerais, além de contribuir decisivamente para a riqueza do Brasil, forma um *celeiro* político e cultural, de larga tradição.

storehouse

A fertilidade do *solo* e o potencial hidrelétrico são os principais recursos naturais da região sudeste e foram condições muito importantes para o seu desenvolvimento agrícola e industrial. E é utilizando esse território e seus recursos naturais que as pessoas da Região Sudeste conseguem sobreviver, trabalhar, produzir.

soil

───── *PARE* ─────

OBSERVE E RESPONDA

Agora é a minha vez!

Com as informações da apresentação acima e com a sua observação das imagens do vídeo, faça uma exposição sobre o Sudeste do Brasil.

O Sudeste: uma história econômica e política

O Brasil nasceu no Nordeste, mas foi no Sudeste que ele cresceu, *esticando* para o sul, o oeste e o norte, o território que mais tarde seria incorporado ao Brasil e daria a ele as suas dimensões atuais. Por isso, a história dessa Região é também o capítulo mais importante da história do Brasil.

A ocupação organizada do Brasil começou em 1530 quando a capitania de São Vicente foi criada, no litoral do que é hoje o Estado de São Paulo. Aí se desenvolveu a indústria do açúcar, como também aconteceu em Pernambuco. Vieram então os holandeses e franceses, tentando ocupar as terras descobertas por Portugal, e os piratas ingleses saqueando a costa. Os estrangeiros acabaram sendo expulsos, ficando a colônia sob o domínio português.

No fim do século XVII e no século seguinte, os paulistas descobriram grandes *jazidas* de ouro em Minas Gerais, o que atraiu uma nova onda de imigração portuguesa. Nasceram os povoados e as fazendas de gado. Foi também na Região Sudeste que se formou o espírito de nacionalidade brasileira e onde teve lugar a primeira tentativa de libertação do Brasil de Portugal. *Esgotado* o ouro no século XVIII, veio o café e, com ele, um novo ciclo de riqueza, principalmente no Estado de São Paulo. Em 1763 a capital do Brasil foi transferida de Salvador para o Rio de Janeiro, consolidando-se assim o poder político da Região.

Em 1808 a família real portuguesa se transferiu para o Brasil, fugindo das tropas de Napoleão que ameaçavam invadir Portugal. O Rio de Janeiro sofreu então profundas transformações ao passar de capital da colônia a *sede* da corte real. Em 1821 D. João VI regressou a Portugal e, em 1822, seu filho, D. Pedro I, proclamou a independência do Brasil, onde é hoje a cidade de São Paulo.

Depois da proclamação da República, em 1889, a *liderança* política da Região Sudeste cresceu e se tornou cada vez mais robusta. Tanto que, no século XX, a alternância de presidentes da República, vindos de São Paulo e Minas Gerais criou o que se passou a chamar de política "café com leite". Com o *advento* da grande indústria, localizada principalmente no Estado de São Paulo, a Região Sudeste se tornou efetivamente o pólo do desenvolvimento econômico do Brasil e o maior parque industrial da América Latina.

advento coming	**esgotar** exhaust	**liderança** leadership
esticar stretch	**jazida** deposit	**sede** seat

1. Que Estados formam a Região Sudeste?
2. Qual a característica principal dessa Região?
3. Por que a história do Sudeste é importante?
4. O que São Vicente representa?
5. Que países europeus tentaram dominar o Brasil?
6. Qual foi a grande produção econômica brasileira do século XVIII?

7. Que conseqüências teve esse ciclo econômico?
8. Que fatores causaram a formação do espírito de nacionalidade brasileira?
9. Depois do ouro, qual foi o grande ciclo de produção econômica do Sudeste?
10. O que aconteceu em 1808?
11. Como foi proclamada a independência do Brasil?
12. O que é a "política café com leite"?

II. FESTA DE ANIVERSÁRIO

─── VÍDEO ───

Parabéns a você
Nesta data querida
Muitas felicidades
Muitos anos de vida.

─── PARE ───

OBSERVE E RESPONDA

1. De quem é o aniversário no vídeo?
2. Quem participa dessa festa?
3. Que decorações você vê?
4. O que as pessoas estão fazendo?
5. Compare essa festa brasileira de aniversário com uma equivalente no seu país ou em qualquer outro.

VAMOS PRATICAR

A. Palavra-puxa-palavra

Substantivos

b<u>o</u>lo /ô/ cake
v<u>e</u>la /é/ candle
d<u>o</u>ces /ô/ candies
salgados salted snacks
refrigerantes soft drinks
bebidas drinks

presente gift
lembrança gift
convite invitation
animação liveliness
decoração
aniversariante one having birthday

Verbos

convidar invite
cumprimentar greet
enfeitar make pretty, decorate
ganhar
presentear give a present to

festejar celebrate
celebrar $-^1$
receber $-^2$
decorar $-^1$

Expressões

dar uma festa
dar um abraço
dar um presente
dar os parabéns congratulate
cortar o bolo
feliz aniversário happy birthday

bolo de aniversário
apagar as velas blow out
festa de aniversário
parabéns pra você congratulations!
servir os doces

No Seu Aniversário
lembre-se sempre
do 11º mandamento...

Não devereis
revelar sua
verdadeira
idade

FELIZ ANIVERSÁRIO

B. **Diálogo**

1. Conversinha!

— Você foi à —— do Roberto?
— Não. eu estava trabalhando. Foi boa?
— Foi ótima. Havia muitos —— e ele ganhou muitos ——
— Tinha ——, doces, —— e refrigerantes?
— Claro. O bolo estava lindo, e quando ele —— todos nós cantamos "Parabéns
   pra você".
— Eu não pude ir mas amanhã vou mandar um —— para ele.

2. Parabéns!

Helena	— Parabéns, Ana. Muitos anos de vida.
Ana	— Oi, Helena, obrigada. Estou feliz por você ter vindo.
Helena	— Eu não podia deixar de vir cumprimentar você pelo seu aniversário. Eu trouxe essa lembrancinha para você. Espero que você goste.
Ana	— Puxa! Que lenço lindo. Adorei, Helena. Você adivinhou! Azul é a minha cor favorita.
Helena	— Você já apagou as velinhas?
Ana	— Ainda não. Estou esperando os meus avós e o resto da família. Vamos entrando. A turma está lá fora. Aceita um refrigerante?
Helena	— Sim, obrigada. Ana, você está ótima. Cada dia você fica mais jovem. Qual é o seu segredo, hein?

C. Ponto de Encontro.

1. Perguntas abelhudas.

a. Quando é o seu aniversário?
b. Qual o melhor aniversário que você já teve?
c. Como você se sente no seu aniversário: feliz, triste, mais velho?
d. Que tipo de presente você gosta de ganhar (perfume, jóia, coisas para casa, roupa)?
e. Você gosta de festa com muitos convidados no seu aniversário?
f. Você gosta de passar o seu aniversário com a sua família e amigos?
g. Como você passou o seu último aniversário?
h. Você faz um pedido quando você apaga as velinhas do seu bolo de aniversário?

2. Preparando a melhor festa! Com um grupo de 3-4 colegas, planeje uma festa de aniversário para o seu professor (professora). Apresente os seus planos em aula. O professor vai decidir qual o melhor dos planos. Sugestões: hora da festa; local da festa; lista de convidados; lista de presentes como vai ser o bolo; o que vai ser servido; vai ter música e dança; haverá alguma atividade especial?

D. Dê um jeitinho.

1. Seu pai está triste porque você se esqueceu do aniversário dele. Você não o cumprimentou, não telefonou, nem mandou um cartão. Explique, da melhor maneira possível, o que aconteceu. Ele dá muito valor a datas de aniversário e está bastante magoado.

2. Você ganhou uma camisa horrorosa do seu melhor amigo, como presente de aniversário.. Você detesta a cor, e além de estar apertada, parece que já foi usada. Você quer trocá-la mas não sabe como fazer isso. Converse com o seu amigo sobre o problema.

E. "Vamos cortar o bolo?" Leia e responda:

VAMOS CORTAR O BOLO?

Cortar um bolo é fácil. Quero ver você fazer isso e ao mesmo tempo atender aos pedidos da turma...

A turma resolveu fazer uma surpresa no aniversário da Patrícia. As meninas agitaram um bolo chocante, escrito "FELIZ ANIVERSÁRIO", e os gatinhos cuidaram da bebida. Foi uma festa bem íntima, com seis pessoas apenas, mas muito animada! Não faltaram presentes e teve até um bailinho. Só que na hora de partir o bolo deu a maior confusão. Tinha três gatinhos que faziam questão de dar um corte cada um e todo mundo queria um pedaço do mesmo tamanho. Além disso, a Patrícia resolveu fazer charminho e disse que se cortassem as palavras que estavam escritas no bolo daria um tremendo azar... Será que você pode ajudar a turma a cortar o bolo?

Resposta:

1. De quem é o aniversário?
2. O que a turma resolveu fazer?
3. O que as meninas e os gatinhos fizeram?
4. "Gatinho" significa:
   a. gatos pequenos   b. rapazes bonitões
5. Que adjetivos caracterizam:
   a. o bolo?   b. a festa?
6. Houve dança na festa?
7. Que confusão houve na hora de partir o bolo?
8. Como o bolo estava enfeitado?
9. Qual foi o charminho que a Patrícia resolveu fazer?
10. O que significa "fazer um charminho"?
    a. ficar elegante   b. ser engraçadinha
    c. atender os pedidos da turma
11. Diga como o bolo foi cortado. Veja a resposta na figura de cabeça para baixo.

III. QUE TORTA GOSTOSA! -- PRONOME SE

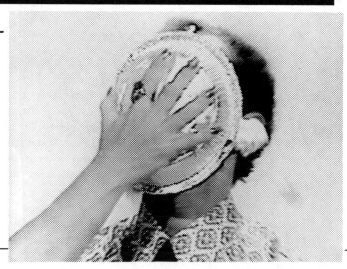

──VÍDEO──────────────────

Você já aprendeu a usar as formas passiva, ativa e reflexiva dos verbos. Na próxima cena, vamos ver essas formas em ação!

Ela ── [Há] três vozes do verbo, no português: a voz ativa, a voz passiva e a reflexiva. A voz ativa é aquela quando o sujeito é o agente do processo verbal. Exemplo: Eu *atiro* a *torta* na cara dele.   *throw; pie*

Ele ── Mas depois é ao contrário, né?

Ela ── É. É quando a voz é a passiva. O sujeito recebe a ação, ele sofre a ação. Por exemplo, ele recebe a torta na cara.

Ele ── Mas depois muda, né?

Ela ── É. Quando é voz reflexiva, o sujeito é agente e paciente. Exemplo: Ele se atira a torta na cara.

Rapaz ── Simples. Se o sujeito é o agente, é voz ativa. Se o sujeito sofre a ação, é voz passiva. E se o sujeito for as duas coisas, fazer a ação e receber a ação, é voz reflexiva. Português é fácil, né? Não dá pra errar.

O pronome *se* é utilizado para formar a voz reflexiva na terceira pessoa. Além disso, ele é usado em frases sem sujeito para substituir a voz passiva, ou então para indicar um sujeito indefinido. Veja estes exemplos:

Argemiro ── Tudo pronto. Quarto quinze. E aqui *se* tem vista pro mar. Ótimo, né? Vamos?

Raul ── Ela gosta de dar opinião sobre tudo.

Tarsila ── *Nota-se*.   *It is obvious.*

Celso ── Meu amigo, estou precisando duma *placa*: "Nesta casa **vendem-se** ovos frescos".   *sign*

Raul ── Pois não, vamos entrando, vamos entrando. Bom, estamos todos aqui, né? Vamos ver o que **se pode** fazer.

Regina ── Miro, 'tá tudo mudado. Não tem nada pra **se** cozinhar. Só tem *lataria* e pizza semi-pronta que você detesta.   *canned food*

──────────── PARE ────────────

VOCÊ ENTENDEU?

1. O que é:
   a. voz ativa?
   b. voz passiva?
   c. voz reflexiva?

2. Por que o rapaz diz
   a. "mas depois é ao contrário, né?"
   b. "mas depois muda, né?"

The Impersonal Se

1. Portuguese makes wide use of *SE* in situations where the subject is impersonal, corresponding to the use of "one," "you,"or "they."

Não se sabe quem telefonou.	*No one knows who called.*
Come-se bem em São Paulo.	*One (you) eat(s) well in São Paulo.*
Nota-se que o carro é velho.	*It is obvious the car is old.*
Vamos ver o que se pode fazer.	*Let's see what can be done.*
Há muito para se ver aqui.	*There's a lot (for one/you) to see here.*

2. The impersonal *SE* is common in expressions with no expressed subject.

Fala-se português aqui.	*Portuguese is spoken here.*
Vendem-se apartamentos.	*Apartments for sale.*
Aluga-se casa.[1]	*House for sale.*

VAMOS PRATICAR

A. **Há um motivo para tudo.** Responda às perguntas abaixo usando o *se* indeterminado:

Por que você não vai à Russia? *Porque não se fala português lá.*

1. Por que o dinheiro é necessário?
2. Por que é conveniente ter um diploma?
3. Por que o sábado é um bom dia?
4. Por que é bom estar de férias?
5. Para que serve o elevador?

6. Para que serve o garfo?
7. Para que servem as pontes?
8. Para que serve o avião?
9. Para que o banho de sol é bom?

---

[1]Note that the verb agrees with the noun of the sentence: *Alugam-se casas. Vende-se casa.*

B. **Letreiros de vitrine.** Faça um letreiro para cada uma das firmas abaixo:

Oficina do Alfredo: *Consertam-se carros.*
Padaria Laranjeira: *Vende-se pão.*

1. A Florista do Bairro:
2. Papelaria Matos:
3. Locadora Volkswagen:
4. Cabelereiro Moderno:
5. Açougue Modelo:

6. Imobiliária Real:
7. Chaveiro Eficiente:
8. Locadora de Vídeos:
9. Bicicletas de Aluguel:

C. **Diálogo.**

Mário — Já se sabe a causa do acidente do avião?
Celso — Não, não se chegou a nenhuma conclusão, mas dizem que foi uma explosão.
Mário — Há suspeita de sabotagem?
Celso — Suspeita-se de um grupo terrorista, mas não há nenhuma prova.
Mário — O que se pode fazer para evitar isto?
Celso — Acho que se deve controlar melhor os aeroportos.
Mário — Na minha opinião, é preciso um esforço maior para se chegar a acordos internacionais que ajudem a todos os países e grupos.
Celso — É mesmo. Assim, talvez se possa evitar o terrorismo.

IV. "VENDEM-SE OVOS" -- <u>SE</u> INDEFINIDO

--- VÍDEO ---

Merceeiro — Meu amigo, estou precisando duma placa: "Nesta casa **vendem-se** ovos frescos". Além destes *dizeres*, você *bola* também um desenho, 'tá?

Pintor — *'Tá falado.*

Merceeiro — Quanto?

Pintor — Cr$ 50.000,00 (cruzeiros).

grocer

words; come up with

You've got a deal

Merceeiro —— Cr$ 50.000,00 o quê? Ah, não, não vale!

Pintor —— Como não vale?

Merceeiro —— Mas não dá pra reduzir um pouco esse preço?

Pintor —— Posso reduzir o *desenho* e os dizeres. Olha, *pra começo de* — *drawing; in the first place*
conversa, não precisamos usar desenho nenhum. Se a placa diz:
"Vendem-se ovos", não é preciso *desenhar* nenhuma galinha! — *to draw*

Merceeiro —— Bem, eu acho que...

Pintor —— Assim, fica Cr$ 20.000 cruzeiros a menos. E tem mais: também
não é preciso dizer no *letreiro*: "Nesta casa **vendem-se** ovos frescos". Se — *sign*
o freguês passa por aqui e vê: "**vendem-se** ovos frescos", já sabe que é
aqui mesmo, nessa casa.

Merceeiro —— É, certo.

Pintor —— E também, pra que *colocar* "**vendem-se**"? Se o freguês passa — *put*
por aqui e lê "ovos frescos", já sabe que aqui estão vendendo ovos.

Merceeiro —— É, ninguém vai pensar que estou *alugando* ovos ou fazendo — *renting*
uma exposição de ovos.

Pintor —— E tem mais. É quanto à palavra "frescos". Não é boa psicologia
usar esta palavra. Frescos, entre outras coisas mais, pode *despertar a*
suspeita de que os ovos, na verdade, *estejam* velhos, *podres*. — *arouse the suspicion; might be*

Merceeiro —— Tiremos então os frescos. Mas, como vai ficar a placa? — *rotten*

Pintor —— Ovos. Apenas ovos!

Merceeiro —— Mas, então, por favor, desenha essa palavra aí bem grande,
bem clara e bem bonita. Ovos, só ovos, ovos em *si mesmos*, ovos que — *themselves*
vendam pela sua pura e simples aparência de ovos, pelo seu inimitável
oval!

—————— **PARE** ——————

VOCÊ ENTENDEU?

A. Responda às Perguntas:

1. O que o merceeiro pede ao pintor?
2. Quanto o pintor quer pela placa?
3. Qual foi a reação do merceeiro?
4. O que o pintor propõe?
5. Como o pintor argumenta para reduzir os dizeres do letreiro?
6. Procure no texto as expressões para
   a) lugar onde o pintor escreve, "vendem-se ovos".
   b) dono de uma mercearia.
   c) ave que põe ovos.
   d) o contrário de podre.
   e) despertar a desconfiança.
   f) o que tem forma de ovo.

B. **Agora é a minha vez!** Faça um resumo de "Vendem-se ovos" combinando a coluna A com a coluna B.

1. O merceeiro disse ao pintor que
2. Além dos dizeres ele também
3. Quando o pintor deu o preço da placa
4. O pintor disse que podia reduzir
5. Com as reduções feitas, o preço
6. No final, depois de tantas reduções
7. O merceeiro finalmente pediu ao pintor
8. Segundo o pintor, com o desenho dos ovos, o merceeiro ia vendê-los

a. o desenho e os dizeres.
b. a placa diria apenas "OVOS".
c. por si mesmos, pela sua pura e simples aparência oval.
d. queria um desenho.
e. queria uma placa com os dizeres "nesta casa vendem-se ovos frescos".
f. para ele desenhar a palavra bem bonita, ou seja, desenhar a figura dos ovos.
g. o merceeiro não gostou e pediu para o pintor baixar um pouco o preço.
h. seriam Cr $20.000 cruzeiros a menos.

V. SÃO PAULO NÃO PODE PARAR

Falar sobre São Paulo é falar em superlativos: a maior cidade da América do Sul e a sexta maior do mundo, com mais de 805.000 km de ruas e mais de um milhão de edifícios, com uma população de brasileiros falantes de italiano maior do que a de Nápoles e com mais japoneses do que em muitas cidades do Japão. Pela qualidade de seu solo e por muitas vantagens naturais, o Estado de São Paulo tornou-se o centro de uma região que tem atraído imigrantes de muitos países e do próprio Brasil. Com uma área territorial correspondente à da Grã-Bretanha, São Paulo é responsável por 54% da produção industrial e 43% da produção agrícola do Brasil.

Paulistas e paulistanos (pessoas nascidas no Estado e na cidade de São Paulo, respectivamente), são conhecidos por seu espírito *empreendedor*, sempre na ansiedade de realizar *feitos* extraordinários. Foram os bandeirantes paulistas que penetraram o Brasil no século XVII e XVIII, contribuindo definitivamente para o estabelecimento da dimensão atual do País. Bandeirantes eram homens que se *agrupavam* sob uma bandeira e penetravam regiões ainda não exploradas, à *procura* de ouro, pedras preciosas e índios para o trabalho escravo. Entre outras contribuições, os bandeirantes fundaram vilas e núcleos populacionais, chegando ao que é hoje Minas Gerais e Goiás, Mato Grosso e Mato Grosso do Sul.

Fundada pelos jesuítas em 1554, São Paulo ainda era uma cidade pequena em 1875. Chegou então o Rei Café e, com ele, milhões de pessoas de todo o mundo, para dele cuidar. Em pouco tempo a cidade se transformava numa robusta e dinâmica metrópole. Entre 1878 e 1889, meio milhão de italianos vieram para as *lavouras* paulistas. Já no início do século XX chegam os japoneses, alemães, russos, portugueses, sírios e libaneses. Depois da Guerra Civil dos Estados Unidos, várias famílias sulistas emigraram para São Paulo, onde fundaram a cidade de Americana, a qual ainda conserva as tradições dos seus fundadores. Hoje, o aspecto cosmopolita de São Paulo é evidente, entre outras maneiras, na diversidade de seus restaurantes étnicos de qualidade como os italianos, portugueses, franceses, japoneses, chineses, coreanos, indianos, alemães, austríacos, escandinavos, húngaros, russos, gregos, espanhóis, árabes, judaicos, mexicanos, bolivianos, argentinos e outros.

São Paulo é também um dos centros culturais mais importantes do país, não só pelo grande número de universidades, importantes museus, teatros e a famosa Exposição Bienal de Artes, mas também como centro produtor de cultura em dinâmica vigorosa. Como na sua produção artística, São Paulo está sempre se renovando, destruindo velhos prédios e construindo gigantescos edifícios, revelando sempre o aspecto jovem e impaciente dos seus habitantes.

agrupar group	**feito** deed	**procura** search
empreendedor enterprising	**lavoura** crop	

1. Por que falar sobre São Paulo é falar em superlativos?
2. Quais são alguns desses superlativos?
3. A que corresponde a área territorial de São Paulo?
4. A que corresponde a produção agrícola de São Paulo?
5. O que é um paulista e um paulistano?
6. Qual é a característica mais determinante deles?
7. Quem foram os bandeirantes?
8. O que eles fizeram?
9. Quando São Paulo foi fundada?
10. O que veio para São Paulo quando aí chegou o Rei Café?
11. Qual é uma das maneiras em que se evidencia o cosmopolitismo de São Paulo?
12. O que faz de São Paulo um centro cultural importante?
13. Por que São Paulo tem aspecto jovem e impaciente?

VI. "SAMPA", CAETANO VELOSO

─────VÍDEO─────

Caetano Veloso, um dos maiores compositores brasileiros, deu um *apelido*   *nickname*
carinhoso a São Paulo: Sampa. E fez uma música para essa cidade. Uma
música que fala de suas ruas, e do *espanto* que todo mundo sente quando   *astonishment*
aqui chega pela primeira vez.

Alguma coisa acontece no meu coração
Que só quando cruzo a Ipiranga e a Avenida São João.
É que quando eu cheguei por aqui
Eu nada entendi
Da dura poesia concreta de tuas esquinas,
Da deselegância discreta de tuas meninas.
Ainda não havia para mim Rita Lee,
A tua mais completa tradução.

Alguma coisa acontece no meu coração
Que só quando cruzo a Ipiranga e a Avenida São João.
Quando eu te encarei frente a frente
Não vi o meu rosto
Chamei de *mau gosto*   *bad taste*
O que vi de mau gosto, de mau gosto.
É que Narciso acha feio o que não é espelho
E a mente *apavora* o que ainda não é mesmo velho   *shocked, dismayed*
Nada do que não era antes
Quando não somos *mutantes*.   *changing*
E foste um difícil começo:
Afasto o que não conheço.
E quem vem de outro sonho feliz de cidade
Aprende depressa a chamar-te de realidade.
Porque és o *avesso*, do avesso, do avesso, do avesso   *opposite, backside*
Do povo oprimido nas *filas*, nas *vilas*, *favelas*.   *lines; poor neighborhoods, slums*

Da força da *grana* que ergue	*money (slang)*
E destrói coisas belas,	
Da feia fumaça que sobe	
Apagando as estrelas,	
Eu vejo surgir teus poetas	
De cantos e espaços,	
Tuas *oficinas* de florestas,	*machine shops*
Teus deuses da chuva,	
Pan-Américas de Áfricas utópicas,	
Túmulos do samba mais possível,	
Novo Quilombo de Zumbi,	
E os novos baianos passeiam na tua *garoa*,	*cold drizzle*
E novos baianos te podem *curtir* numa *boa*.	*enjoy; "high"*

––––––––––––––––––– PARE –––––––––––––––––––

"Sampa"

Esta famosa canção descreve como o nordestino de uma cidade pequena ou do sertão se sente alienado ao se *deparar* com uma metrópole dinâmica e impessoal como São Paulo. Caetano Veloso é baiano, e seu tributo a São Paulo é um reconhecimento poético de que sua primeira impressão da cidade tinha sido superficial e ingênua. Vindo de Salvador, Bahia, uma das cidades mais velhas do Brasil, para uma metrópole moderna, ele se apavora com " o que não é mesmo velho".

Entre as complexas referências e imagens desta canção encontram-se as seguintes: 1) A Avenida São João é uma grande e movimentada avenida no centro de São Paulo onde predomina o comércio. Como no centro da maioria das cidades grandes, hoje em dia, esta área se tornou decadente. 2) Rita Lee é uma famosa cantora de música popular. 3) São Paulo é uma cidade voltada para o futuro e pouco preocupada com o passado. Seu desenvolvimento tem exigido a demolição de grandes partes da velha cidade em cada novo ciclo de crescimento urbano, onde antigos e familiares *marcos* vão desaparecendo rapidamente. 4) São Paulo, por ser um grande centro industrial, paga o tributo de uma grave poluição, *advinda* de suas fábricas e trânsito. 5) A referência a Narciso, figura mitológica que se apaixona por sua própria imagem, indica que o cantor acha de mau gosto aquilo da cidade grande com o qual não está acostumado. 6) A expressão "oficinas de florestas" evoca duas imagens: a de São Paulo como uma fábrica de construir florestas mecânicas (os arranha-céus da cidade) e o de São Paulo como "floresta de oficinas" (*forest of shops*). 7) Quilombo de Zumbi foi a famosa cidade da liberdade dos tempos coloniais, fundada por escravos foragidos e agrupados sob a liderança de um rei, Zumbi.

deparar-se come upon   **marco** landmark
advindo coming from

VOCÊ ENTENDEU?

1. Quando o compositor chegou a São Paulo:
    a. ele não entendeu nada
    b. ele entendeu tudo
    c. ele cruzou a Ipiranga - a Avenida São João

2. Que adjetivos caracterizam:
   a. a poesia
   b. a deselegância das meninas
   c. o povo
   d. a fumaça
3. Por que o compositor achou tudo de mau gosto e feio em São Paulo?
4. Que palavra na canção significa pessoa ou coisa em mudança?
5. Por que o primeiro contato com São Paulo foi difícil?
6. O que significa "avesso" quando o cantor diz sobre São Paulo "porque és o avesso..." ?
7. De acordo com o compositor, faça uma lista das coisas que oprimem o povo:
8. O que o dinheiro ("a grana") fez em São Paulo?

B. **"Conheça São Paulo".**

Santos

Situada a 68 Km de São Paulo, a cidade de Santos ocupa a metade da Ilha de São Vicente, possuindo 7 Km de praias.

Até 1.530 os navios que se dirigiam à capitania de São Vicente fundeavam no ancoradouro onde desemboca o Rio Santo Amaro. Mas, como as condições alí não eram ideais, Brás Cubas decidiu fundar outro porto no lado oposto da Ilha de Santo Amaro.

Em 1.545, Brás Cubas concedeu foros de Vila à povoação que passou a se chamar Santos.

Mas a vila só se desenvolveu a partir da metade do século XIX. Para isso contribuíram: a construção, em 1.867, da São Paulo Railway (Santos-Jundiaí) e a fundação da Cia. Docas de Santos. Em pouco tempo Santos transformou-se no maior porto exportador de café do mundo e num dos mais importantes centros comerciais da América do Sul.

Santos recebeu foros de cidade no dia 26 de Janeiro de 1.839, data em que comemora seu aniversário. Sua população é de 637.010 habitantes (est. 1985 - FIBGE), mas em fins de semana, temporadas ou feriados prolongados chega a atingir 1,5 milhão de habitantes.

(Fonte: Almanaque Abril 1.987; Ed. Abril e Guia de Santos; Nelo's Editora e Publicidade)

Na cidade de Santos existem ainda, as Lojas Tamakavy, que ficam nas Ruas: Amador Bueno, 114 e João Pessoa, 169.

1. Onde Santos fica situada?
2. Que espaço ela ocupa?
3. Por que, depois de 1530, Brás Cubas decidiu fundar outro porto?
4. Quando Santos tornou-se vila?
5. O que contribuiu para o desenvolvimento da vila de Santos a partir da metade do século XIX?
6. Em pouco tempo Santos transformou-se:
   a. .....
   b. .....
7. Quando Santos foi elevada a cidade?
8. Qual é a população de Santos?
9. Quando esta população aumenta para 1,5 milhões de habitantes?

SÃO PAULO

VII. PRESENTE DO SUBJUNTIVO, VERBOS IRREGULARES

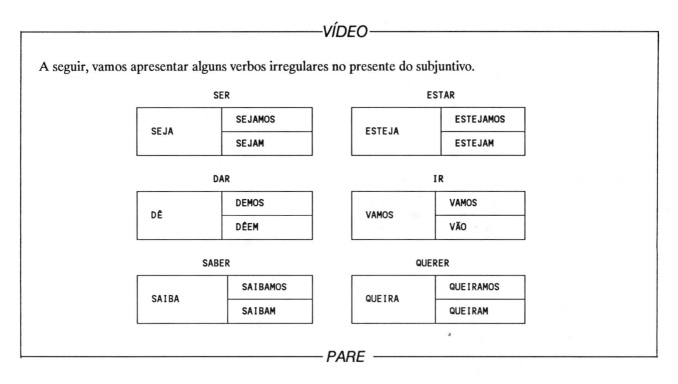

VÍDEO

A seguir, vamos apresentar alguns verbos irregulares no presente do subjuntivo.

SER	
SEJA	SEJAMOS
	SEJAM

ESTAR	
ESTEJA	ESTEJAMOS
	ESTEJAM

DAR	
DÊ	DEMOS
	DÊEM

IR	
VAMOS	VAMOS
	VÃO

SABER	
SAIBA	SAIBAMOS
	SAIBAM

QUERER	
QUEIRA	QUEIRAMOS
	QUEIRAM

PARE

Verbs with Irregular Present Subjunctive Forms

The following common verbs have irregular present subjunctive forms:

caber	--> caiba, caibamos, caibam
dar	--> dê, demos, dêem
estar	--> esteja, estejamos, estejam
haver	--> haja, hajamos, hajam
ir	--> vá, vamos, vão
querer	--> queira, queiramos, queiram
ser	--> seja, sejamos, sejam
saber	--> saiba, saibamos, saibam

Examples:

É bom que você **esteja** aqui às 19:00 hs.	*You should be here at 7:00 p.m.*
É necessário que vocês **sejam** mais pacientes.	*You must be more pacient.*
Haja o que houver, eu vou visitar Portugal.	*Come what may, I'm going to visit Portugal.*
Espero que você **vá** também.	*I hope you go too.*
Não quero que você me **dê** nada.	*I don't want you to give me anything.*
Talvez ela não **saiba** da verdade.	*Maybe he doesn't know anything.*
Tomara que ele não **queira** ir comigo.	*I hope he doesn't want to go with me.*

VAMOS PRATICAR

A. Diálogo.

1. Não sou dono da companhia telefônica!

Sr. Ramos — Jorge, não quero que você dê tantos telefonemas. No fim do mês quem paga a conta sou eu!

Jorge — Mas pai, é bom que o senhor saiba que a minha vida social depende muito do telefone.

Sr. Ramos — Você está abusando muito, meu filho. Quero apenas que você seja mais cuidadoso e não seja tão egoísta. Você passa horas e horas pendurado no telefone e ninguém mais pode usá-lo.

Jorge — Ah, paizinho, preciso me comunicar com as garotas! O senhor quer me ver feliz, não é?

Sr. Ramos — Não é que eu não queira ver você feliz, mas é bom que você dê um jeitinho nesses telefonemas. Você pensa que eu sou o dono da companhia telefônica?

Jorge — 'Tá bem, 'tá bem! Não seja tão pão-duro. Espero que o senhor compre essa companhia telefônica logo.

2. Conversinha.

— Marta, aconselho que você —— no consulório do Dr. Calmante às 8:00 hs.

— Puxa, tão cedo assim? Você quer que eu —— você?

— Não é preciso. Eu encontro com você lá. É importante que você —— pontual. Lembre-se que o Dr. Calmante aprecia a pontualidade dos seus clientes.

— Tudo legal! Não se preocupe. Talvez você não —— o quanto eu quero resolver os meus problemas.

— —— o que houver, não chegue atrasada, 'tá?

B. Conselhos para se comprar um carro usado!

1. É necessário que você (*encontrar*) um bom revendedor.
2. É bom que você (*levar*) o carro ao mecânico antes de comprá-lo.
3. É importante que você (*estar*) seguro do tipo de carro que você quer.
4. É aconselhável que você (*ser*) cauteloso e que não (*ir*) na conversa dos vendedores.
5. É imprescindível que você (*saber*) dos preços do mercado.
6. É obrigatório que você (*verificar*) a documentação do carro.
7. É bom que você (*dar*) ao vendedor todas as informações necessárias.
8. (*haver*) o que houver, nunca compre o primeiro carro que o vendedor lhe oferecer!

C. Dê um jeitinho.

Dê o seu conselho à Dª Hilda e ao José Carlos. Procure usar o presente do subjuntivo dos verbos como *ser, estar, ir, dar, saber, querer, haver*, etc.

a. Dª Hilda está furiosa. Todas as manhãs o cachorro da vizinha rasga o seu jornal, faz buracos no jardim e destrói as plantas. A vizinha é uma ótima pessoa mas Dª Hilda não suporta mais e está pronta para ter uma conversa com a vizinha. O que conselha à Dª Hilda? Que estratégias de comunicação você sugere a ela?

b. José Carlos, um conhecido seu, é um chofer irresponsável. Ele dirige sem atenção, às vezes excede a velocidade e muitas vezes não respeita os sinais de trânsito nem o pedestre. Além do mais, ele não tem seguro de carro. Você morre de medo de andar no carro dele mas você precisa tomar carona com ele para ir à faculdade. Que conselhos você daria a ele, sem ofendê-lo, considerando que vocês ainda não são muito amigos?

VIII. MINAS GERAIS: O VELHO E O MODERNO CAMINHAM JUNTOS

O Estado de Minas Gerais tem sido descrito como "um coração de ouro num peito de ferro". Foi nas suas montanhas e vales que os bandeirantes descobriram gigantescas minas de ouro e onde séculos mais tarde a tecnologia moderna identificaria uma das maiores jazidas de ferro do mundo, como também de outros minérios.

As cidades históricas de Minas Gerais datam do século XVIII. Nasceram em lugares onde a *mineração* do ouro foi muito grande, desenvolvendo-se aí uma atividade comercial intensa, ligando as montanhas de Minas ao litoral do Rio de Janeiro, através do chamado "caminho do ouro". Sabará, Mariana, Congonhas do Campo, São João del Rei, Tiradentes, Diamantina e Ouro Preto formam o quadro mais vivo do Brasil colonial, através das ruas *sinuosas* do *casario* de enormes portas e janelas azuis, do estilo barroco das esculturas e pinturas. Aqui e ali se pode ver um *chafariz* ornamentado, onde as pessoas vinham apanhar água para uso doméstico. Mas o que realmente se *destaca* nessas cidades é o grande número de igrejas, das mais simples às mais exuberantes.

Entre estas cidades, destaca-se Ouro Preto. Sua riqueza poderia ter sido muito maior para o Brasil se a Coroa portuguesa não tivesse levado para

Portugal um quinto do ouro extraído em Minas Gerais. Revoltados com os altos impostos cobrados, e inspirados pelas idéias libertárias da Revolução Francesa, um grupo de pessoas de Vila Rica organizou o movimento da Inconfidência Mineira para libertar o Brasil de Portugal. A conspiração foi descoberta, os inconfidentes foram presos e Tiradentes, o seu líder, foi condenado à *forca*. Em 1980, a UNESCO declarou Ouro Preto como Patrimônio Cultural da Humanidade, pela sua riqueza histórica, integridade e preservação de suas formas mais antigas.

Minas não é só a velha Minas Gerais. Belo Horizonte, a capital do Estado, é uma dinâmica cidade de mais de 2 milhões de habitantes, planejada e construída no fim do século passado. O moderno conjunto do Lago da Pampulha é constituído de duas obras magistrais do arquiteto Oscar Niemeyer: uma delas é o Cassino da Pampulha, hoje transformado em museu; a outra é a capela de São Francisco de Assis, com *painéis* de Cândido Portinari. Construída em 1943, a sua concepção arquitetônica é tão revolucionária que se assemelha às construções de linhas *arrojadas* que têm surgido no Brasil desde os anos 60.

Minas Gerais nasceu para ser um *pólo* econômico, não só devido à sua inesgotável riqueza mineral, mas também por suas terras férteis de rica produção agrícola, ao lado de um parque industrial bastante desenvolvido, onde a produção de *aço* tem lugar importante na exportação brasileira.

aço steel	**mineração** mining
casario row of houses	**sinuosas** sinuous
chafariz fountain	**painel**
destacar stand out	**pólo** pole
forca gallows	

1. Por que Minas Gerais tem sido descrito como "um coração de ouro num peito de ferro"?
2. Onde surgiram as cidades históricas de Minas?
3. O que é o "caminho do ouro"?
4. Quais são as características das cidades históricas?
5. O que mais se destaca nelas?
6. Qual a cidade de maior destaque nessa região?
7. Que imposto a Coroa portuguesa cobrava pela produção de ouro?
8. O que foi a Inconfidência Mineira?
9. Quem foi Tiradentes?
10. Por que a UNESCO declarou Ouro Preto Patrimônio da Humanidade?
11. O que se pode falar de Belo Horizonte?
12. O que há no Lago da Pampulha?
13. O que faz de Minas Gerais um pólo econômico?

IX. OS MINEIROS DE FERNANDO SABINO

A categorização generalizada de pessoas de um determinado país, região, ou grupo social, é bastante comum no julgamento dos seres humanos. No Brasil há muitas dessas generalizações, como, por exemplo, o paulista é trabalhador e o carioca gosta da boa vida. O Estado de Minas Gerais é bastante *visado* nessas generalizações, devido à sua evidência no país. Assim o mineiro é tido como agarrado aos seus valores tradicionais e muito conservador. Por outro lado, é desconfiado, isto é, não confia inteiramente nas pessoas, até que as conheça bem. Por isso ele é reservado e se protege contra as possíveis *deslealdades* de quem não lhe seja familiar. Essa proteção faz com que ele seja *manhoso*, isto é, que crie *artifícios* sutis para contornar as situações. Talvez estas atitudes tenham uma *raiz* histórica, do século XVIII, em que o mineiro devia se *precaver* contra os abusos na exploração do seu ouro e do seu comércio, ao mesmo tempo em que conspirava contra Portugal pela libertação do Brasil. Além de tradicional, conservador, desconfiado, reservado e manhoso, o mineiro também é tido como pão-duro, isto é, não gosta de gastar dinheiro, e se possível, gosta de usar o do outro. Mas quando se conhece bem o mineiro, vê-se que ele é simples, *despretencioso*, de bom coração e amigo, mas, ainda assim, desconfiado.

Nos textos que se seguem, Fernando Sabino, que também é mineiro, caracteriza as atitudes dos seus conterrâneos em típicas anedotas.

visado focused on	**deslealdades** disloyalties	**manhoso** cunning
artifícios tricks	**raiz** source	**precaver** forewarn
despretencioso unpretentious		

****

"MINEIRO POR MINEIRO"

Um amigo me fala na sua recente viagem a Belo Horizonte, onde foi jantar em casa de uma tia. Lá estava, em visita, um colega de seus primos, a quem a dona da casa perguntou se não queria ficar para jantar.

— Muito obrigado, mas tenho de ir andando — respondeu o rapaz.
Ela repetiu o convite, ele tornou a agradecer e recusar.

— Fica pra jantar — insistiu ela, pela terceira vez, e pela terceira vez ele recusou.

—*Não faça cerimônia*, janta aí com a gente — ela convidou, pela quarta vez.

— Não é cerimônia, é que não posso mesmo — ele recusou, pela quarta vez.

Então ela se voltou calmamente para a empregada: — Põe mais um lugar na mesa que ele vai ficar pra jantar conosco.

E o rapaz ficou.

Findo o jantar, meu amigo, ainda assombrado, chamou a tia de lado e pediu uma explicação. Era demais para ele, tinha de entender aquele complicado cerimonial de mineiro.

— É isso mesmo — explicou ela: — A primeira vez ele recusou por *educação*. A segunda, para ver se eu não estava convidando também só por educação. A terceira, porque podia ser que a comida *não desse* pra ele. A quarta, finalmente, ele estava aceitando, mas não ficava bem dizer sim depois de ter dito não três vezes.

educação good manners	**Não faça cerimônia** don't stand on ceremony
findo finished	**não desse** there wouldn't be enough for him

1. Como o paulista e o carioca são generalizados?
2. Quais as características atribuídas ao mineiro?
3. O que quer dizer:
   a. desconfiado?
   b. manhoso?
   c. pão-duro?
4. Como é a anedota narrada por Fernando Sabino, no texto acima?
5. Como a tia explica as recusas do rapaz ao convite para jantar?
6. Que características do mineiro se pode observar nesta anedota?

X. IMPERFEITO DO SUBJUNTIVO, VERBOS IRREGULARES

---VÍDEO---

Vejamos agora o imperfeito do subjuntivo dos verbos irregulares. Tomamos por base a terceira pessoa do plural do pretérito. Por exemplo, *eles estiveram*.

ELES ESTIVERAM --> ESTIVE + -SSE --> ESTIVESSE

SE EU ESTIVESSE   SE VOCÊ ESTIVESSE   SE ELE ESTIVESSE

SE NÓS ESTIVÉSSMOS

ESTAR

| ESTIVESSE | ESTIVÉSSEMOS |
| | ESTIVESSEM |

SE EU QUISESSE   SE VOCÊ QUISESSE   SE NÓS QUISÉSSEMOS

QUERER

| QUISESSE | QUISÉSSEMOS |
| | QUISESSEM |

——————————— PARE ———————————

Verbs with Irregular Imperfect Subjunctive Forms

1) Verbs with irregular preterite third-person plural forms have the same stem in the imperfect subjunctive:

dar	- desse, déssemos, dessem
dizer	- dissesse, disséssemos, dissessem
estar	- estivesse, estivéssemos, estivessem
haver	- houvesse
ir	- fosse, fôssemos, fossem
poder	- pudesse, pudéssemos, pudessem
pôr	- pusesse, puséssemos, pusessem
querer	- quisesse, quiséssemos, quisessem
saber	- soubesse, soubéssemos, soubessem
ser	- fosse, fôssemos, fossem
ter	- tivesse, tivéssemos, tivessem
ver	- visse, víssemos, vissem
vir	- viesse, viéssemos, viessem

Examples:

Eu queria que você **viesse** cedo.	*I wanted you to come early.*
Era necessário que você **tivesse** um carro.	*It was necessary for you to have a car.*
Era bom que vocês **pusessem** dinheiro no banco.	*It would be a good idea for you to put money in the bank.*
Talvez papai **esperasse** que você **fosse** também.	*Maybe Dad hoped you would go too.*
Ele queria que nós **estivéssemos** aqui às 9:00.	*He wanted us to be here at 9:00.*
Era bom que nós **viéssemos** cedo.	*It would be a good idea for us to come early.*
Talvez nós **fôssemos** com a Marta.	*Maybe we should go with Marta.*
O professor queria que nós **víssemos** este filme.	*The professor wanted us to see this movie.*

VAMOS PRATICAR ═══════════════════════════════════

A. **Diálogo:**

1. Rapaz, você nunca falha!

Rogério	— Júlia queria que eu fosse vê-la este fim de semana. Acho que não vai ser possível.
Pedro	— Mas Rogério, era bom que você desse um jeitinho de visitar a sua noiva, pelo menos nos fins de semana.
Rogério	— Você tem razão. Talvez fosse melhor eu ir pois eu sei que ela vai passar o resto do ano me chamando de ingrato.
Pedro	— Bastava que você desse um telefonema para ela uma vez por semana e fosse vê-la uma vez por mês.
Rogério	— Mas era melhor se ela não fosse tão insistente.
Pedro	— Era bom que vocês dois entrassem num acordo. Um mês você vai lá e outro mês ela vem aqui. Afinal de contas Niterói não fica tão longe.
Rogério	— Rapaz, você nunca falha. Eu esperava mesmo que você pudesse me ajudar. Vou seguir o seu conselho.

2. Conversinha: Decisão difícil.

Rosa recebeu uma bolsa de estudos para estudar em Portugal. Ela está no último semestre da faculdade e tem um ótimo emprego. Complete o diálogo com os verbos indicados no imperfeito do substantivo.

Jorge	— O que você esperava que ela (*fazer*)?
Raul	— Eu não pensei que ela (*ter*) a coragem de abandonar os estudos e o emprego.
Jorge	— Talvez ela não (*querer*) perder a oportunidade de conhecer Portugal e melhorar o seu português.
Raul	— Mas você não acha que era melhor se ela (*ir*) para Portugal depois de terminar o curso?
Jorge	— Talvez você tenha razão mas uma oportunidade como essa não aparece todo dia. Além disso os pais dela queriam que ela (*ir*).
Raul	— Senti muito que ela não (*querer*) esperar até o fim do semestre. Mas talvez não (*haver*) uma outra chance, não é?

Jorge — É verdade. Raul, queria só que você (*ver*) a alegria dela antes de partir.

Raul — Foi uma decisão difícil de tomar. Eu pedi que ela escrevesse quando (*poder*).

C. O que essas pessoas esperavam?

Dr. Alfredo

O Dr. Alfredo esperava que houvesse aula.

Helena e Laura

A Helena e a Laura esperavam que eu estivesse aqui.

1. eu (ir) com ele	1. eu (dar) um telefonema
2. nós (vir) o filme brasileiro	2. Luiz (vir) hoje de tarde
3. você (poder) sair com ele	3. você (pôr) a carta no correio
4. os alunos (ser) mais calmos	4. eu (saber) a data do concerto
5. Ana (estar) morando aqui	5. nós (ir) para o aniversário delas

D. Passados e Passados! Para cada frase no pretérito dê uma frase no subjuntivo:

Pedro deu uma festa de aniversário. > *Foi maravilhoso que Pedro desse uma festa de aniversário.*

1. Nós trouxemos salgadinhos.
   Foi ótimo que ...
2. Laura não foi ao médico.
   Era necessário que ...
3. Eu não pus o dinheiro no banco.
   Era aconselhável que ...
4. Pedro não quis sair comigo.
   Eu esperava que...

5. Jorge ainda não veio fazer o teste.
   Era necessário que...
6. Teresa ainda não soube do acidente.
   Era bom que...
7. Nós ainda não vimos esse filme.
   Era melhor que...

E. Conselhos: Procure usar os verbos irregulares (ser, ter, ver, vir, estar, querer, saber, etc.) nas suas respostas.

1. Pedro acaba de se formar e está com dificuldades em encontrar um emprego. O que você lhe aconselhou? *Pedro, era bom que...*

2. Rosa emprestou o liquidificador da sua mãe à Lúcia. Lúcia o devolveu todo quebrado. Rosa não sabe se vai falar com a Lúcia ou se vai explicar à mãe o que aconteceu. O que você lhe aconselhou? *Rosa, era melhor que...*

XI. UMA VISITA A OURO PRETO

──VÍDEO──

Vamos conhecer hoje um pouco do Brasil de ontem. Ouro Preto é o antigo centro colonial da época de mineração do ouro no século XVIII. É uma das cidades históricas mais bonitas e importantes do país. Recentemente foi considerada pela UNESCO como *Patrimônio* Cultural da Humanidade.   *heritage*

Repórter —— Há alguns séculos que Ouro Preto se conserva assim. Isso porque sua arquitetura é o reflexo de um momento de nossa história e deve ser preservada como um documento vivo de uma outra época.

Agora vamos acompanhar o cantor e compositor, Milton Nascimento, na sua visita a Ouro Preto.

"Coração Civil"

Quero a paz e utopia
Quero tudo e mais
Quero a felicidade dos olhos de um pai
Quero a alegria, muita gente feliz
Quero que a justiça reine em meu país
Quero a liberdade
Quero o vinho e o pão
Quero ser a amizade
Quero amor, prazer
Quero nossa cidade sempre *ensolarada*   *full of sunlight*
Os meninos e o povo
No poder eu quero ver

São José da Costa Rica
Coração civil
Me inspire no meu sonho de amor, Brasil
Se o poeta é o que sonha
O que vai ser real
Bom sonhar coisas boas que o homem faz
E esperar pelos frutos no *quintal*   *back yard*

Sem polícia, nem a milícia
Nem *feitiço* pra ter poder   *magic spell*

Viva a *preguiça*   *laziness*
Viva a *malícia*   *cunning*
Que só a gente é que sabe ver
Assim dizendo a minha *porfia*   *stubbornness*
Eu vou levando a vida
Eu vou viver bem melhor
Doido pra ver o meu sonho   *anxious*
Que possa um dia se *realizar*   *be achieved*

Ouro Preto foi palco da chamada Inconfidência Mineira, que foi um movimento pela independência do Brasil. O líder desse movimento foi Tiradentes. O Brasil só ficou independente em 1822 quando deixou de ser colônia de Portugal.

—————————————— *PARE* ——————————————

"Coração Civil"

Costa Rica, cuja capital é São José, é o único país da América Latina que tem sido constante em manter a democracia. Por isso, Milton Nascimento o chama de "coração civil", em oposição a "militar". Nessa canção, o compositor acusa a falha do regime militar (1964-1985) em não prover assistência e justiça ao povo.

Leia a letra da canção e fale
    a) sobre o que o cantor quer para os brasileiros.
    b) sobre como São José deve inspirar os brasileiros.

XII. ALEIJADINHO

Quando se pensa nas cidades históricas de Minas Gerais, vem à mente uma das figuras mais notáveis da arte barroca brasileira. Entre os muitos artistas que Minas Gerais atraiu na sua época *áurea*, o mais famoso é Antônio Francisco Lisboa (1730[-38?]-1814), mais conhecido como *Aleijadinho*. Sua história é tão trágica quanto é gloriosa a sua arte. Filho de um arquiteto português e de uma escrava, ainda muito jovem ele contraiu uma doença do sangue, desconhecida na época, a qual lhe contorceu a face, aleijou as mãos e finalmente lhe imobilizou as pernas. A doença o incapacitou de tal modo, que os instrumentos de trabalho eram amarrados às suas mãos e um escravo o carregava quando ficou imobilizado das pernas. Criador das mais comoventes figuras, Aleijadinho muitas vezes cobria sua própria face desfigurada para não ofender a sensibilidade das pessoas. Contudo, gênio e arte foram mais fortes que as incríveis limitações físicas. Aleijadinho dedicou-se intensamente à arte *sacra*, por mais de quarenta anos, criando em *pedra-sabão* as inconfundíveis imagens de Cristo, santos e profetas, esculpindo altares, *púlpitos, lavabos e fachadas*, planejando a arquitetura de igrejas e pintando os seus *tetos*. Seus trabalhos estão espalhados pelas cidades históricas de Minas, mas grande parte deles está em Ouro Preto. Encontra-se aí a famosa igreja de São Francisco de Assis, planejada por ele, com uma exuberante escultura em pedra-sabão sobre a porta principal. Um dos conjuntos mais famosos de suas obras é a dos doze profetas, dramaticamente dispostos nas escadarias da igreja de Bom Jesus de Matosinhos, em Congonhas do Campo, e das sessenta e seis figuras da Paixão de Cristo, esculpidas em madeira. Cada uma das estações da Paixão, representadas em imagens de tamanho natural, estão encerradas em doze capelas, numa *ladeira ajardinada* em frente à Matriz.

Aleijadinho "The Little Cripple"
áurea golden
fachada façade
ladeira ajardinada landscaped hillside street
lavabo lavabo

pedra-sabão soapstone
púlpito pulpit
sacra sacred
teto roof

1. Qual é a figura mais notável da arte brasileira colonial?
2. Que efeitos a doença de Aleijadinho teve sobre ele?
3. Como conseguia trabalhar, apesar da doença?
4. Por que ele às vezes cobria a sua face?
5. Que material ele usava para suas esculturas?
6. Que obras de arte ele produziu?
7. Onde estão hoje os seus trabalhos?
8. Que obra notável de Aleijadinho se pode ver em Ouro Preto?
9. O que ele fez para a Matriz de Congonhas do Campo?

S. Francisco de Assis
Ouro Preto

PARTE II

I. "PRA ONDE VAMOS NAS FÉRIAS?"

─────VÍDEO─────

O verão é o período de férias para o brasileiro, especialmente os meses de janeiro e fevereiro. Viaja-se de várias maneiras, preferivelmente por terra, por ser mais barato e menos agitado. Pode-se passar as férias nas belas praias do litoral brasileiro, nas montanhas das regiões Sul e Sudeste, ou nas famosas *estações de água* do Estado de Minas Gerais.

thermal baths

Algumas pessoas preferem fazer uma viagem de barco pelo Rio Amazonas, e outras se maravilham com uma excursão pela cidade de Salvador onde se pode sentir a presença viva das tradições afro-brasileiras. E por que não passar as férias sambando no Carnaval do Rio de Janeiro?

───── PARE ─────

AGORA É A MINHA VEZ!

Você trabalha numa agência de turismo. Usando o texto acima e a informação do vídeo convença um cliente a passar férias no Brasil. Fale de como chegar até lá, das melhores formas de viajar no País, das opções de lugares para se visitar e coisas para se fazer. Descreva o que você vê no vídeo para entusiasmar o cliente.

VAMOS PRATICAR

O CONDOMÍNIO/Laerte

A. **Palavra-Puxa-Palavra**

Substantivos

férias vacation	viagem
acampamento camp	agência de viagem
montanha mountain	**passagem** ticket
barraca tent	**partida** departure
diária daily rate at hotel	**chegada** arrival
reserva /é/ reservation	**embarque** embarkation
turismo	**desembarque** desembarkation
rodoviária bus station	**alfândega** customs
aeroporto airport	**visto** visa
horário	**cheques de viagem** traveler's checks
mochila backpack	**roteiro** route
hospedagem lodging	

Verbos

viajar	desembarcar
acampar	planejar
pernoitar spend the night	reservar _¹
descansar	passear

Expressões

pagar em prestações make payments	pegar uma praia
à vista pay cash	entrar de férias
passar as férias	tomar sol
armar uma barraca put up	fazer uma excursão
reserva de hotel/passagens	**taxa de embarque** departure tax
passear de barco	**imposto de alfândega** customs duty

B. **As férias do João.** Complete as frases do texto com as palavras e expressões apropriadas da lista abaixo. O número em parênteses corresponde ao grupo de palavras para a sua escolha.

João trabalhou muito o ano inteiro. Ontem ele foi falar com o patrão para (1). O patrão foi legal e no mês que vem ele (2). João foi para casa (3). Depois de muito pensar, ele resolveu (4) na famosa Ilha Grande, no litoral do Rio de Janeiro. Lá ele poderá pescar, (5) as montanhas que circundam a ilha, (6) e (7). O que mais atraiu João foi a tranqüilidade e a possibilidade de curtir o mar e a natureza sem a confusão das cidades litorâneas. João vai (8) bastante e esquecer a rotina do seu trabalho. Ele já fez reservas num pequeno hotel e em quatro semanas ele vai.

1. passar as férias
   entrar de férias
   pedir férias
2. pedir férias
   entrar de férias
   passar as férias
3. passar as férias
   férias do fim do ano
   planejar as férias

4. entrar de férias
   passar as férias
   excursionar
5. escalar
   pescar
   planejar
6. pegar uma praia
   esquiar
   planejar

7. entrar de férias
   barraca
   tomar sol
8. acampamento
   descansar
   trabalhar

C. Diálogos.

1. "Com a alfândega não se brinca"

Júlia	— Puxa, Laura, você comprou a metade de Nova Iorque!
Laura	— Isso que você está vendo aqui não é nada. No hotel tem muito mais.
Júlia	— Como você vai passar com tudo isso na alfândega do Rio de Janeiro?
Laura	— Ah, não se preocupe. Quando chegar lá eu dou um jeitinho.
Júlia	— Você não vai dar jeitinho coisa nenhuma. O limite máximo de compras pra passar na alfândega, sem pagar taxa é de US $300,00 (dólares).
Laura	— Que nada, os funcionários da alfândega nem revistam a bagagem da gente!
Júlia	— Isso é o que você pensa! Quando chega a sua vez de passar na alfândega você aperta um botão que acende uma luz. Se for verde, você passa sem que ninguém abra suas malas. Se for vermelha eles revistam tudo que você leva.
Laura	— Eu vou parecer tão inocente e discreta que ninguém vai desconfiar de mim.
Júlia	— Discreta? Você parece uma árvore de Natal com todos esses pacotes nas mãos, nos braços e no pescoço.
Laura	— É como estou dizendo. Não se preocupe que eu dou um jeito.

2. Um acampamento

Joel	— O que você fez quando estava acampando?
Sílvia	— Posso lhe dizer que foi muito divertido. Fiz novos amigos, aproveitei o máximo da tranqüilidade e do ar puro do campo.
Joel	— Mas você ainda não me disse o que fez lá. Você dormiu na barraca? Teve medo?
Sílvia	— Não tive medo nenhum. Durante o dia a gente saía em excursões pelas redondezas. À noite jogávamos cartas e cantávamos em volta da fogueira. Foi legal!
Joel	— Então, tudo correu bem?
Sílvia	— Houve só um probleminha. Na segunda noite, enquanto dormíamos, a nossa barraca desabou. Tivemos que armá-la no escuro. Foi um sufoco.

"Ele quer que você veja a nova bola dele."

3. Conversinha: Onde você foi passar as férias?

— Onde você foi passar as férias?
—
— Ah! Você foi pro Rio. Você chegou a ver o Carnaval?
—
— Claro que eu notei o seu bronzeado. Além da praia, que mais você fez?
—
— Foi mesmo? Que maravilha! Você encontrou muita gente interessante?
—
— Pelo que você me disse, suas férias foram ótimas.

D. Ponto de Encontro

1. Entrevista. Entreviste um colega.

   a. Onde você costuma passar as suas férias?
   b. Você prefere passar as férias na praia, nas montanhas, acampando ou fazendo uma viagem?
   c. Como você gosta de passar o seu tempo livre? Jogando cartas? Dançando? Pescando?
   d. Você gosta de passar as férias sozinho, com a família ou com amigos?
   e. Você prefere um ambiente tranqüilo ou com muita gente?
   f. Onde você passou as suas últimas férias?

2. Diálogos. Prepare um diálogo com um colega, usando uma das situações abaixo.

   a. Você passou as férias na praia e o seu colega numa fazenda.
   b. Você e uma colega estão fazendo planos para as próximas férias.
   c. Você está passando as férias num lugar maravilhoso e encontra um colega seu.
   d. Você quer passar as férias no Rio e o seu colega em Recife.

3. Dê um jeito! Em grupos de 4-5 pessoas, planejem uma das seguintes férias:

   a. O seu professor ganhou uma herança e resolveu gastar o dinheiro numas férias, para as quais ele tem duas semanas. Ele quer a sua ajuda na programação da viagem dele e diz que dinheiro não é muito problema. Quer viajar, gosta de conforto e ambiente gostoso. Para onde ele vai?
   b. Dª Silvana é uma viúva de 55 anos, muito ativa e energética. Ela tem interesse em conhecer novos lugares e fazer novos amigos. Ela quer viajar por 15 dias mas não tem muito dinheiro. Para onde ela vai?
   c. A família Ferreira tem sete filhos, de cinco a dezessete anos de idade. Para as férias de julho, decidem passar duas semanas em algum lugar interessante. Os pais gostariam que a viagem também fosse educativa, mas os filhos têm as suas próprias idéias. Para onde a família deve ir?

E. **"Bom mesmo é acampar!"** Leia e responda:

Bom mesmo é ACAMPAR!

Sem gastar muito. Em contato direto com a natureza. Conhecendo muita gente nova... Que frio, que nada! Barraca, mochila e pé na estrada!

Pesquisa: M. Inês Pereira

Ao contrário do que muitas pessoas pensam, julho pode ser uma época bastante interessante para viagens. O importante é escolher direito o seu roteiro. Bem, lugares bonitos não faltam no Brasil. Se você for fanática por aquele bronzeado, fique mesmo com as praias do Nordeste. Lá o sol brilha o ano inteiro!

Mas nessa época do ano existem outras opções, como encher os pulmões com o ar puro das montanhas, por exemplo. Ou alegrar os olhos com a beleza das cidades históricas de Minas Gerais. Bem, aqui vão dois roteiros, para você optar e curtir:

1. Das planícies do Vale do Paraíba às montanhas de Itatiaia — O grande barato dessa viagem (entre SP e Rio) são os contrastes. Para você, que vem de longe de São Paulo, os campings de Guarulhos e Guaratinguetá são bons pontos de parada. Entrando por Guararema, na via Dutra, você chega a São José do Barreiro. De lá estique até o Parque Nacional da Bocaina, a grande atração da região. A próxima parada é Itatiaia e o Parque Nacional, onde despontam os picos mais altos do Estado: Agulhas Negras e Prateleira. Mergulhando numa atmosfera européia, você chega à tran-

qüilidade de Penedo e Visconde de Mauá, ambos de clima seco e repletos de montanhas e cachoeiras.

2. Belo Horizonte e cidades históricas de Minas — Partindo de São Paulo pela rodovia Fernão Dias, entre por Camanducaia e siga as indicações para a Vila Monte Verde. Ali você vai encontrar um lugar de natureza intacta e casas em estilo alemão. Siga então para São João Del-Rey, a primeira cidade histórica. Adiante, a famosa Congonhas do Campo e, finalmente, Ouro Preto, cidade-monumento mundial, emocionante, linda. Esse roteiro termina na simpática Belo Horizonte.

Uma dica: se o ponto de partida for o Rio, vale conhecer Petrópolis. Não esqueça a máquina fotográfica e o Guia 4 Rodas Camping, que lhe será útil.

Outra coisa básica: você precisa escolher o tipo de camping que prefere. Se quiser usufruir de conforto — água encanada, luz, banheiros, cantina — prefira os *organizados*. Agora, se o espírito é curtir o natural, o simples e lugares mais desertos, opte pelo camping *selvagem*. Sendo campista de primeira viagem, o mais indicado é ficar nos campings organizados, onde já existem áreas para barracas, o que facilita muito a montagem.

---

1. Se você gosta de um bronzeado de sol, onde deve ir nas férias de julho?
2. De acordo com o artigo, quais as duas outras opções para estas férias?
3. Dê mais três elementos do primeiro roteiro:
   a. *contrastes*
   b.
   c.
   d.
4. Qual é o segundo roteiro que o artigo nos sugere?
5. Quais as cidades históricas que você poderá visitar?
6. Qual é a diferença entre um camping organizado e um camping selvagem?
7. Por que é boa idéia, se você não tem muita experiência em acampamento, ficar nos campings organizados?
8. O que há em Penedo e Visconde de Mauá?
9. Que adjetivos caracterizam Ouro Preto?

F. Que jogo para um dia chuvoso!

CARTAS NA MESA

Senhoras e senhores, façam suas apostas. O jogo vai começar!

A As férias estão legais, mas para um dia chuvoso nada como ficar em casa, com os amigos, comendo pipoca e jogando baralho.

Quer aprender um jogo novo? Então vamos lá: *duvido ou desconfio* é simples e divertido — dá até para jogar em dois, mas com mais gente fica mais animado. O objetivo do *desconfio* é cada um se livrar de suas cartas o mais rápido possível, antes que os adversários o façam.

AS REGRAS DO JOGO

Antes de começar, sorteie o carteador, que vai embaralhar e distribuir as cartas. Ele vai começar pelo jogador à sua esquerda, usando todo o baralho — se alguém ficar com número maior de cartas não tem importância. Ele mesmo inicia o jogo, escolhendo uma carta e colocando sobre a mesa — voltada para baixo — e dizendo qual é o naipe da carta que escolheu. Acontece que ele pode dizer a verdade ou não.

O jogador seguinte vai colocar outra carta sobre a anterior e "cantar" o mesmo naipe. O lance é que tanto ele como o anterior podem estar mentindo e descartando cartas de naipes diferentes.

Então, a qualquer momento, um dos jogadores pode não acreditar na afirmação que foi feita por quem descartou. Aí, ele deve dizer *desconfio* e virar a carta. Se ele "desconfiou" corretamente, quem descartou recolhe o monte de cartas que está sobre a mesa e ficará com todas elas na mão. Mas se quem "duvidou" estiver enganado, leva todas as cartas do monte.

Quem fica com o monte é que recomeça o jogo, escolhendo um novo naipe. O vencedor será aquele que conseguir descartar todas as suas cartas antes de todos os outros.

Atenção: Quando dois ou mais jogadores duvidarem, tem prioridade aquele que disser primeiro. Se desconfiarem ao mesmo tempo, tem preferência quem estiver mais perto de quem descartou.

Bom, você também pode criar em cima do jogo que ensinamos. Afinal, o que vale é se divertir!

1. Quais as três atividades sugeridas para um dia chuvoso?
2. Como é o nome do jogo?
3. Quantas pessoas podem participar desse jogo?
4. O que faz o carteador, a pessoa que tem as cartas na mão?
5. Quem inicia o jogo?
6. Os passos para iniciar o jogo são:
    a. *Escolha uma carta.*
    b.
    c.
7. A pessoa que anuncia o naipe da carta tem que dizer a verdade?
8. Complete: ouro, paus, copas e espada são os quatro ... do baralho.
9. O que faz o jogador seguinte?
10. O que se diz quando não se acredita no jogador?
11. Se a pessoa que duvida do jogador estiver enganada, o que acontece?
12. E se estiver correta a pessoa que duvida do jogador ?
13. Quem vence do jogo?
14. O que acontece quando mais de um jogador duvidar ao mesmo tempo?

G. "Mais dia menos dia você vai ter um carro a álcool"

A primeira coisa a considerar num carro a álcool é que a sua construção é feita da mesma forma que um a gasolina.

Tanto que as versões a álcool de todas as marcas correspondem exatamente aos modelos originais, fora algumas modificações feitas em função das propriedades do álcool.

O que pode parecer, à primeira vista, uma pequena diferença entre um carro e outro, na verdade faz uma grande diferença para o País e para o bolso de cada um.

Quanto mais álcool for usado nos carros, menos o País terá que gastar com importação de petróleo e mais dinheiro você economizará com combustível.

O carro a álcool é mais potente.

Desde que foram proibidas as corridas de automóvel com motor a gasolina, e adotado o álcool, os tempos de todas as categorias foram baixados.

Todos os pilotos quebraram seus recordes. O carro a álcool tem melhor rendimento, mesmo nas piores condições: com temperaturas variáveis, diferentes tipos de terreno, mudanças bruscas de marchas.

Mas não é preciso ser piloto para sentir isto.

Você vai sair ganhando em potência e, acima de tudo, em cruzeiros.

Tanto mais quanto maior for a quilometragem que você rodar, desde que rode racionalmente.

O álcool é o combustível mais econômico.

O álcool é derivado de uma fonte de energia renovável, principalmente cana-de-açúcar, que dá em quantidades crescentes no País.

E o que é melhor: pago em cruzeiros. O petróleo é importado, é uma fonte de energia não renovável e sujeita a custos de transporte e a preços cada vez mais altos.

E o que é pior: pago em dólares.

Em resumo: o álcool é o combustível mais econômico porque a fonte é brasileira e os preços também.

O carro a álcool tem as mesmas garantias do carro a gasolina.

A maioria das marcas já lançou versões de quase todos os seus modelos com motores a álcool.

Você pode trocar de tipo de combustível sem trocar de tipo de carro.

E para todos os modelos de todas as marcas são mantidas as mesmas garantias dos modelos originais.

No mínimo, dez mil quilômetros ou seis meses de uso. Esta garantia somente é oferecida depois de todos os testes a que são submetidos nas fábricas.

A garantia do carro a álcool não poderia ser diferente.

O carro a álcool tem vantagens antes de você rodar com ele.

Antes de tudo, o preço de tabela de um carro a álcool é o mesmo de um carro a gasolina. E, por outro lado, ele está amparado por incentivos: a TRU é bem reduzida e o financiamento tem prazos mais longos do que são permitidos para o carro a gasolina.

O carro a álcool é um bom negócio, mesmo antes de você gastar com ele a primeira gota.

O álcool é um combustível garantido até nos fins de semana.

Todas as distribuidoras de combustível estão abrindo espaço para o carro a álcool.

Não é de hoje que a Shell vem fazendo isto. Ela já instalou centenas de bombas de álcool hidratado na sua rede de postos, e a cada dia aumenta o seu número.

Já é possível viajar de carro a álcool por vastas áreas do País com toda a segurança de abastecimento.

Antes de pedir para você confiar no álcool, a Shell confiou primeiro. **Shell**

Você pode confiar no álcool.

1. Responda às perguntas.
   a) Qual a primeira coisa a se considerar em um carro a álcool?
   b) As versões do carro a álcool são como o modelo original?
   c) Como o carro a álcool tem maior rendimento?
   d) Qual o desempenho do carro a álcool nas corridas de carro?
   e) Onde mesmo o carro a álcool tem maior rendimento?
   f) De onde vem o álcool mencionado no texto?
   g) Qual a vantagem do álcool sobre o petróleo?
   h. Quais as garantias do carro a álcool?
   i) Como são os financiamentos para os carros a álcool?
   j) Por que é possível viajar com um carro a álcool por todo o Brasil?

2. Dê um jeito.

Você trabalha para uma revendedora de carros novos e tem uma comissão de venda maior nos carros a álcool. Convença um dos seus fregueses sobre a conveniência do carro a álcool. O freguês só tem experiência com carros a gasolina.

G. **"Só existe uma coisa tão importante quanto o trabalho: As férias"**

SÓ EXISTE UMA COISA TÃO IMPORTANTE QUANTO O TRABALHO: AS FÉRIAS.

Ninguém, mas ninguém mesmo questiona a importância do trabalho. Mesmo porque isto é indiscutível. É através dele, afinal, que os planos são realizados, sejam das empresas ou mesmo da gente. Só que existe um detalhe: o trabalho é um meio e não um fim. Porque ninguém vive só para trabalhar.
Pelo menos é assim que deveria ser.

Quem de nós nunca se pegou em flagrante diante de um impasse: "E se eu trocasse minhas férias por dinheiro? Aí sim eu poderia comprar isto ou aquilo, trocar aquilo por isto".
Aí está o grande erro. Porque o trabalho garante o sustento, o conforto, as necessidades. E quem garante o trabalho são coisas como o descanso, as férias, que recuperam as energias físicas e o equilíbrio mental. Não existe trabalho que dispense o descanso. Nem profissional nem doméstico.

Nos países mais desenvolvidos, as férias entram na lista de prioridades de todo e qualquer trabalhador. E delas eles não abrem mão. No máximo refazem os planos, trocando o avião pelo trem, o trem pelo carro, o carro pelo ônibus. Trocando o distante pelo próximo. Mas eles viajam nas férias de todo jeito, mesmo que seja por alguns poucos dias.

É essa consciência que precisamos adquirir. Precisamos nos colocar em primeiro plano, com prioridade sobre coisas que podem esperar. Porque as férias são a reposição de energia, a terapia preventiva, o indispensável descanso. Férias não existem por acaso. Se você está concordando com este argumento, se você também acha que a sua saúde não tem preço, por que você está pensando em adiar as suas férias?

PARE PARA PENSAR. FÉRIAS É A MELHOR SAÍDA.

VEJA, 30 DE NOVEMBRO, 1988

1. Por que a importância do trabalho é indiscutível?
2. Que detalhe existe no conceito do trabalho?
3. De acordo com o anúncio:
   a. há pessoas que pensam em trocar o trabalho pelas férias.
   b. há pessoas que pensam em trocar as férias pelo trabalho.
4. O que significa "trocar" nas seguintes frases:
   a. Eu não troco as minhas férias por dinheiro.
   b. Ela não vai trocar de roupa para sair.
   c. Eu vou trocar o sapato que comprei porque ele está apertado.
   d. Ainda não troquei os Cz$ 50,00 e, portanto, não tenho trocado.
5. O que o trabalho garante?
6. Como o descanso e as férias garantem o trabalho?
7. Que importância se dá às férias nos países mais desenvolvidos?

8. A expressão "abrir mão", na frase "E delas eles não abrem mão" significa:
   a. não desistir
   b. não abrir as mãos.
9. De acordo com o anúncio, como os planos de férias podem ser refeitos?
10. Como o anúncio define "férias"?

11. O objetivo principal deste anúncio é o de promover viagens pela Varig, mas algumas das idéais relevantes aí encontradas são:
    a. uma definição do conceito de trabalho.
    b.
    c.
    d.

12. A Varig é uma das maiores companhias aéreas brasileiras. A sigla significa: Viação Aérea Riograndense (referente a Rio Grande do Sul). Faça uma definição para "sigla".

H. **"O Homem na direção: A hora do médico"**

A HORA DO MÉDICO

Para o Dr. Pedro Junqueira, o período que antecede às férias é o mais indicado para um *check-up* de saúde anual.

Enquanto seu carro está na revisão. aproveite para visitar uma clínica e fazer um exame geral: eletroencefalograma; exames de sangue, fezes e urina, abreugrafia. etc.

"Suas férias vão depender de seu bom estado de saúde e, caso exista algum mal a reparar. nenhum período melhor para fazê-lo do que o de descanso."

Além disso. para quem vai mudar de clima e de ambiente, o exame médico também servirá para indicar o lugar a ser procurado para o descanso.

Nas grandes altitudes, os seres vivos têm que se ajustar à diminuição de pressão de oxigênio. O organismo reage, aumentando o número de glóbulos vermelhos. Nas altitudes abaixo de 3 mil metros dificilmente ocorrerá um problema e basta iniciar a temporada fazendo exercícios físicos para ativar a atividade muscular.

Nos climas quentes e secos ou úmidos a perda de calor por irradiação torna-se mais difícil, sobretudo quando as temperaturas do corpo e do meio-ambiente são aproximadas. Nesses casos, evite atividades musculares e procure sempre a sombra.

Quando o ar é muito seco, como no Nordeste, onde a umidade relativa é muito baixa, variando de 5 a 20%, a perda de água pelo indivíduo é muito acentuada, podendo produzir desidratação (mal-estar, vômitos, diarréia). Nesse caso, procure logo um médico, onde estiver. Para evitar. beba muita água, de 5 a 6 litros por dia. Nos climas frios, você se sentirá obrigado a comer mais. Não tente o regime. pois o organismo nessas circunstâncias precisa de mais calorias.

Muitas pessoas lembram-se de um acidente que ocorreu no ano passado na Via Dutra. próximo ao seu início no Rio de Janeiro: uma Rural com duas mulheres e dois meninos saiu de uma das pistas, atravessou o canteiro central e foi bater num caminhão que vinha em sentido contrário, matando todos os seus ocupantes, inclusive o seu motorista que. três meses antes. havia sofrido um *enfarte*.

A pista livre e o laudo pericial mostrando que nada de anormal ocorrera com o carro, indicaram que o motorista fora acometido de um novo ataque cardíaco em plena direção do veículo.

Os fatos indicam que você não deve dirigir na estrada sem plenas condições físicas. Saindo de férias, você pode iniciar a viagem descansado. Não dirija se houver qualquer prescrição médica contra-indicando.

Como funciona um bom coração.

coração é um músculo admirável do tamanho de um punho. Bate cerca de 100 mil vezes por dia, contraindo-se e relaxando, bombando cerca de 17 mil litros de sangue através de quase 97 mil km de veias e artérias. Para agüentar esse trabalho, usa 5% de sangue fresco para sua própria alimentação. Esse sangue é então distribuído por artérias coronárias e, depois, segue por ramificações cada vez menores, irrigando todo o tecido muscular. A natureza, porém, fez suas duas principais artérias da espessura de uma ponta de lápis. Por isso elas são tão vulneráveis a entupimentos, muitas vezes causados por pequenos depósitos de gordura.

abreugrafia X-ray	**laudo pericial** autopsy report
desidratação dehydration	**meio ambiente** environment
enfarte heart attack	**revisão** in the shop
fezes stool	**Rural** Jeep
glóbulos vermelhos red blood cells	**sentido contrário** opposite direction
irradiação radiation	**Via Dutra** Rio - São Paulo highway

1) Responda às perguntas.

    a) Qual o período mais indicado para um *check-up* anual de saúde?

    b) Fazer uma revisão no carro é
        1. lavar o carro.
        2. verificar o estado de funcionamento geral do carro.
        3. renovar o seguro contra acidentes.

    c) Em que consiste o *check-up* que o motorista deve fazer?

    d) Por que o exame médico é importante para quem vai mudar de clima nas férias?

    e) Que ajuste o organismo humano deve fazer nas grandes altitudes?

    f) Por que as atividades musculares devem ser evitadas em lugares de clima quente e seco ou úmido?

    g) O que causa a desidratação?

    h) Quais são os sintomas da desidratação?

    i) Como o organismo reage nos climas frios?

    j) Como foi o acidente que ocorreu na Via Dutra?

    l) Que explicação se pode dar como causa do acidente?

2) Dê um jeito.

    a) Você vai fazer uma longa viagem de férias com a sua família. Seu pai, com seus 65 anos de idade é um homem sadio, mas muito teimoso, e nunca faz um *check-up* anual. Tente convencê-lo a fazer todos os exames clínicos, porque os lugares por onde a família vai viajar exigem que as pessoas estejam em boa forma física. Além do mais, o seu pai adora dirigir.

    b) Você presenciou um acidente de um ônibus com dois carros, numa auto-estrada que leva a um local de férias muito popular. Chamado pela polícia para prestar um depoimento de testemunha, você deve:
        1. contar como foi o acidente.
        2. dar a sua opinião sobre as causas do acidente, porque parece que os motoristas não cometeram infração de trânsito. Por outro lado, talvez você não tenha visto todos os pormenores do ocorrido.
        3. dizer quantas pessoas morreram no momento e quantos feridos foram levados para o hospital por outras pessoas que presenciaram o acidente.

II. O CARNAVAL DO BRASIL

─────────────────────── VÍDEO ───────────────────────

O carnaval do brasil é famoso no mundo inteiro. Durante quatro dias a dança e a música carnavalescas tomam conta da população. O carnaval é o momento de união entre pobre e rico, branco e negro, participando do mesmo sentimento de euforia. Muitas pessoas passam o ano inteiro juntando dinheiro para comprar uma *fantasia*. Pobres e ricos vivem os seus sonhos através das fantasias que usam.

costume

As novas músicas de carnaval e as tradicionais passam a ser cantadas por todos. O grande *desfile* das famosas escolas de samba, como, por exemplo, Portela e Mangueira, começa geralmente às 9:00 hs. da noite e termina ao meio-dia do dia seguinte. Cada escola de samba ensaia durante vários meses para este grande dia. São mais de mil pessoas usando as cores da sua escola e cantando o seu samba-enredo nesse espetáculo deslumbrante.

parade

Ao som de *frevos*, marchas e samba, os *carros alegóricos* passam atirando confetes e *serpentinas*. É nesta explosão de alegria que o brasileiro esquece de seus problemas e quando chega a *quarta-feira de cinza*, ele volta à realidade. Mas, ao mesmo tempo, este é o momento em que já se começa a pensar no carnaval do ano que vem.

Pernambucan carnival dance floats; streamers Ash-Wednesday

─────────────── PARE ───────────────

VOCÊ ENTENDEU?

1. Quem participa do carnaval?
2. O que estes participantes compartilham?
3. O que o texto diz sobre a fantasia no carnaval?
4. Descreva o desfile das escolas de samba.
5. Quais são os ritmos da música de carnaval?
6. O que é o carnaval para o brasileiro?

Carnaval

O carnaval é uma *festa móvel*, variando de acordo com o calendário litúrgico cristão. No Brasil, tem lugar no sábado, domingo, segunda e terça-feira (terça-feira gorda ou mardi gras), que precedem ao início da *quaresma*, um período de *penitência* em preparação para o Domingo de *Páscoa*. Assim, o carnaval celebra a despedida da vida mundana com grandes festividades.

O carnaval é a maior manifestação popular brasileira e a de maior relevância porque *abrange* todo o país e não apenas algumas regiões. Nas grandes e pequenas cidades, em qualquer parte do país, o povo canta e dança numa espontânea identificação de sentimentos repetindo um ritual que já se tornou parte da cultura brasileira. Sem dúvida o carnaval representa um importante fator de unidade nacional pelo fato de, em um dado momento, congregar toda a nação dentro de uma mesma ideologia de manifestação popular e forma de celebração. Como o carnaval acontece durante o mês de fevereiro, já no início do ano começam a aparecer as músicas carnavalescas. À medida em que se aproxima a época do grande dia, as emissoras de rádio *incrementam* os programas com estas canções, despertando no povo o espírito da festividade, adormecido desde a *quarta-feira de cinzas* do ano anterior. Como a fênix renascida, ele volta em todo o seu vigor ao ritmo do samba, da *marchinha* e da *batucada*, nas fantasias ricas e coloridas, nos *blocos* e *cordões* dos sambistas, nas serpentinas e confetes.

Tomando conta do país, o carnaval deixa de ser apenas uma festa de salão, onde os custos podem ser altos, e sai pelas ruas para cumprir a sua verdadeira função de ritual popular. O Rio de Janeiro tem um dos mais famosos carnavais de rua do Brasil devido à presença do grande número das escolas de samba e da alta qualidade de suas apresentações. Depois de meses de preparação, *ensaios* e *confecção* de fantasias, estes gigantescos grupos de sambistas descem dos morros e das favelas como borboletas brilhantes *arrancadas* de um obscuro *casulo*, transformando as ruas num mundo de sonhos, cores e *magia*. Recentemente o governo do Rio de Janeiro construiu um lugar especial para desfile das escolas de samba, o *sambódromo*, para assim evitar os altos custos da construção anual das *arquibancadas* e demais *aparatos* para o desfile no centro da cidade.

O carnaval de rua de Salvador, Bahia, também é muito famoso pelo seu *trio-elétrico*, um acompanhamento que leva a música pelas ruas através de possantes alto-falantes e em volta do qual o povo dança e canta. O do Recife tem a particularidade do frevo, uma dança regional. Dentre as muitas canções que a cada ano aparecem, sempre algumas poucas são aceitas pelo povo e se tornam clássicas e imortalizadas pela preferência popular. Cada ano elas voltam, pouco importando sua idade, lado a lado com as campeãs do ano.

Como em todo ritual, o carnaval também está cheio de símbolos e mensagens do subconsciente. Aqui a mensagem é a da liberdade, da expressão individual, da rejeição às regras sociais e do triunfo da fantasia sobre a realidade. Durante quatro dias, do norte ao sul do Brasil, o povo *brinca* e esquece suas *mágoas*, se transforma em muitos seres encantados, canta e vive um sonho que para muitos é maior que a própria vida.

aparato street decoration	**ensaio** practice
arrancar tear from	**festa móvel** movable holiday
arquibancada grandstand	**incrementar** augment
batucada samba percussion music	**mágoa** sorrows
bloco samba group	**marchinha** carnival music
brincar play	**magia** magic
casulo cocoon	**Páscoa** Easter
confecção preparation	**penitência** penance
cordão carnival dance group (conga line)	**quaresma** Lent
custear afford	**trio-elétrico** Bahian carnival musical group

A. Responda às perguntas:

1. Por que o carnaval é uma festa móvel?
2. O que é a quaresma?
4. Como se explica que o carnaval é um fator de unidade nacional?
5. Como as músicas de carnaval aparecem cada ano?
6. Quais são os elementos do carnaval que voltam a cada ano como a fênix renascida?
7. A fênix renascida é:
    a. o renascimento de um felino, na mitologia grega.
    b. um pássaro mitológico que morre e renasce de suas cinzas.

    c. o feno que renasce depois de seco.
8. O que há de especial no carnaval de rua do Rio de Janeiro?
9. Como as escolas de samba enriquecem o carnaval?
10. O que é o sambódromo?
11. Como é o carnaval de rua de Salvador?
12. O carnaval é celebrado da mesma forma em todo o Brasil?
13. Qual é a mensagem do carnaval?

B. **O meu dicionário.** Defina as seguintes palavras:

1. quarta-feira de cinzas
2. Páscoa
3. batucada
4. fantasia
5. bloco de carnaval
6. cordão de carnaval
7. confete

8. serpentina
9. ensaio
10. morro
11. borboleta
12. casulo
13. arquibancada
14. quaresma

C. **Dê um jeito!**

Depois de passar um ano no Brasil, você é convidado para falar sobre o carnaval a um grupo de estudantes universitários. Eles estão fazendo pesquisas sobre manifestações populares em vários países do mundo e gostariam de saber mais sobre o carnaval brasileiro, principalmente de alguém que participou dele. Fale sobre o que é o carnaval, como ele é celebrado, o que significa para o povo e sobre a sua experiência pessoal ao participar dele.

Império da Tijuca apresentou em 84 a dupla Irene e Bagdá,
como porta-bandeira e mestre-sala. Este ano vai mudar

VAMOS PRATICAR

A. Elementos de uma escola de samba.

— *Bateria:* é a orquestra da escola. Canto e dança se apóiam na bateria e cada uma delas tem seu rítmo próprio. Os parâmetros para julgamento seriam então os seguintes: a) Constância: é a inalterabilidade do rítmo. Vale até três pontos; b) Harmonia: é a perfeita conjugação dos instrumentos. Vale até três pontos; c) Arrumação: é a adequada distribuição dos instrumentos. Vale de 0 a um ponto; d) Movimentação: é o perfeito deslocamento da bateria, inclusive sua parada no local adequado e novo retorno à pista. Vale de 0 a um ponto; e) Uniformidade: é a identidade das peças da indumentária dos componentes, constituíndo deslize a apresentação de componentes com qualquer peça da fantasia faltando. Vale de 0 a um ponto; f) Postura: é a correta apresentação individual dos instrumentistas, constituíndo deslize a apresentação individual desleixada ou inconveniente. Vale de 0 a um ponto.

— *Harmonia:* é o perfeito entrosamento entre o rítmo (bateria) e a melodia (canto do puxador de samba e do conjunto), fornecendo a base musical para os movimentos coreográficos da escola. A harmonia exprime a unidade vital do desfile do ponto de vista musical. Constituí deslize a divergência entre o rítmo e a melodia, o que se chama atravessar o samba. Os parâmetros de julgamento deverão ser, portanto, os seguintes: a) Riqueza: validade da harmonia do samba-enredo. Vale de 0 a dois pontos; b) Uniformidade: tonalidade, continuidade e inalterabilidade de puxador do samba-enredo. Vale de 0 a 3 pontos; c) Conjunto: continuidade e inalterabilidade da harmonia, por parte dos desfilantes. Valende de 0 a três pontos; Rítmo: continuidade e inalterabilidade do rítmo da bateria. Valendo de 0 a dois pontos.

— *Samba-Enredo:* é a interpretação musical e literária do enredo. O samba-enredo tem características e versos próprios. Não precisa ser descritivo. O julgador relevará pequenos deslizes de português e atentará, sobretudo, para as soluções encontradas pelos compositores na interpretação do enredo. Não deve ser julgado como peça literária, mas tem que haver, no samba-enredo, uma perfeita adaptação da letra à melodia. Os parâmetros de julgamento são os seguintes: a) Letra: é a interpretação liberária de enredo, na qual deve ser observada sua objetividade, clareza e precisão, valendo esse sub-ítem de 0 a cinco pontos; b) *Melodia:* é a interpretação musical do enredo, na qual devem ser observadas a criatividade, a originalidade, a riqueza, e a valentia. Vale de 0 a cinco pontos.

— Evolução: são os movimentos coreográficos da escola em desfile. A verdadeira coreografia do samba se expressa através da singularidade. Cada um sambando à sua maneira, cada qual procurando fazer o melhor possível. Os ítens para julgamento deste quesito são, então, os seguintes: a) Singularidade: é o samba no pé. Valendo de 0 a dois pontos; b) Empolgação: é a alegria espontânea dos desfilantes, valendo de 0 a dois pontos; c) Agilidade: é a destreza nos movimentos dos desfilantes. De 0 a dois pontos; d) Precisão: é a sintonia dos movimentos coreográficos. Valendo de zero a dois pontos; e) Vigor: é a continuidade e manutenção nos movimentos dos desfilantes, valendo de 0 a dois pontos.

- *Fantasia:* é a criação artística que reconstitui a indumentária dos personagens referidos no enredo. Os parâmetros de julgamento serão os seguintes: a) Originalidade: é a maneira diferente de criar ou estilizar as fantasias. Vale de 0 a dois pontos; b) Concepção: é a criação artística baseada no enredo. De 0 a dois pontos; c) Propriedade: é a adequação das fantasias à temática do enredo. De 0 a dois pontos; d) Efeito: é a impressão causada pelo material utilizado nas fantasias, a beleza e bom gosto das mesmas. De 0 a dois pontos; e) Tonalidade: é a perfeita utilização e exploração das cores das escolas: De 0 a um ponto; f) Variedade: é a diversidade de fantasias. De 0 a um ponto.

— Enredo: é o motivo, o tema central de todo o desfile. O enredo é uma peça literária. Para julgá-lo, é necessário prestar atenção nos seguintes aspectos: a) Argumento: é a idéia central do enredo. É o texto. Deve-se levar em consideração sua preparação (pesquisa) e a história desenvolvida literáriamente. De 0 a dois pontos; b) Roteiro: é o detalhamento, a sequência, a ordem do desfile. O roteiro é o encadeamento das partes de que se compõe o enredo. De 0 a dois pontos; c) Adequação: é a concepção e a realização do tema proposto pela escola. De 0 a dois pontos; d) Aproveitamento: é a exploração das potencialidades do argumento. De 0 a dois pontos; e) Exatidão: é a obediência ao argumento. As impropriedade do argumento constituem deslize. De 0 a um ponto; f) Originalidade: caráter ou qualidade original. De 0 a um ponto.

— *Alegorias e adereços:* São os elementos plásticos ilustrativos do desfile. As alegorias e adereços não devem ser julgados como obras de arte erudita mas de acordo com os pendores artísticos da escola. Os parâmetros de julgamentos nesse quesito são: a) Plasticidade: pinturas e esculturas apresentados como elementos ilustrativos do enredo. De 0 a um ponto; b) Concepção: é a criação plástica baseada no enredo. De 0 a um ponto; c) Originalidade: é a maneira diferente de criar ou estilizar as alegorias e adereços. De 0 a um ponto; d) Propriedade: é a adequação das alegorias e adereços à temática do enredo. De 0 a um ponto: e) Efeito: é a impressão causada pelos materiais utilizados, a beleza e o bom gosto das alegorias Valendo de 0 a um ponto.

- *Conjunto*: É o voto do jurado, livre de qualquer compromisso técnico Se gosta ou não gosta da escola como um todo. O julgador deve observar; a) Ótimo: três pontos (máximo); b) Bom: dois pontos (médio); c) Regular: um ponto (mínimo)

1. Quais são os elementos que entram no julgamento da escola de samba?
2. O que é a bateria?
3. O que deve ser julgado na bateria?
4. O perfeito entrosamento entre o ritmo e a melodia chama-se:
    a. bateria
    b. harmonia
    c. postura
    d. constância

5. O que se chama "atravessar o samba"?
6. O que é o samba-enredo?
7. Faça uma comparação entre letra e melodia no samba-enredo.
8. Defina a singularidade da evolução.
9. Na evolução, o que é o vigor?
10. Como se chama o item onde a fantasia está adequada à temática do enredo?
11. O que é o enredo?
12. Para julgar o enredo se deve prestar atenção ao seguinte:
    a. *argumento*
    b.
    c.
    d.
    e.
    f.
13. Como as alegorias e adereços devem ser julgados?
14. Que elemento deve ser julgado livremente, sem nenhum compromisso técnico?

B. Agora é a sua vez!

Baseado no texto acima e no que você aprendeu sobre o carnaval, faça uma pequena apresentação sobre a escola de samba. Guia de ajuda: *avenida, carnaval, fantasia, desfile, samba-enredo, Portela, dançar, Mangueira, ritmo, movimentos, coreografia, passistas, porta-estandarte.*

III. RIO, CIDADE MARAVILHOSA

O superlativo máximo do Rio de Janeiro é a sua incomparável beleza natural ao lado das *imponentes* construções do tempo do império e outras de linhas contemporâneas, das imensas avenidas, parques e jardins. O contraste de formas, dimensões e cores se mistura com o da paisagem humana. Como disse Stephan Zweig, "num quarto de hora podemos ir de uma praia ao cimo da montanha, em cinco minutos de um mundo de luxo à mais primitiva pobreza das *choças* de barro e, em mais cinco minutos, podemos estar novamente em movimento cosmopolita de cafés luxuosos e num *turbilhão* de automóveis -- tudo aqui se mistura, se confunde, pobre e rico, novo e velho, paisagem e civilização, choças e *arranha-céus*, negros e brancos ... praia e *rochedos*, vegetação e asfalto. E tudo isso brilha com as mesmas cores *deslumbrantes*, tudo é bonito, tudo é *mesclado* e sempre fascinante".

Mas o forte da cidade são as praias de nomes evocadores como Leme, Copacabana, Arpoador, Ipanema, Leblon, Vidigal, São Conrado e Pepino, abertas para milhares de adoradores do sol. Nas quatro últimas descem os homens voadores em suas *asas delta*, desde as alturas da Pedra da Gávea. Na noite de 31 de dezembro, milhares de pessoas vêm para as praias prestar homenagens a Iemanjá, a Rainha do Mar do culto africano. É a noite branca. Vestidas de branco, com *braçadas* de flores brancas e velas acesas, entre cantos e danças, as pessoas recebem o Ano Novo com fogos de artifícios e a *bênção* da *deusa*.

São Sebastião do Rio de Janeiro -- o nome de batismo da cidade -- foi fundada em 1567. Em 1763 se tornou a capital do Vice-Reino e de 1822 a 1889 foi a sede do Império. Daí até 1960 foi a capital da República, quando esta foi transferida para Brasília. Como toda cidade grande, o Rio de Janeiro tem muitos problemas sociais, pela sua incapacidade de absorver no mercado de trabalho e no sistema educacional uma classe toda que se *marginalizou* nas *favelas* ou em outras áreas pobres da cidade. As favelas estão nos *morros* que se elevam logo depois das áreas habitadas pela classe média e crescem com o *afluxo* de imigrantes das regiões mais pobres do país.

O Estado do Rio de Janeiro é o segundo parque industrial do País, com avançadas *usinas siderúrgicas* como a de Volta Redonda, a construção naval e a indústria de confecções. Pela sua beleza natural, o Estado tem garantido importante fonte de renda através do turismo. Nas montanhas, onde o clima é ameno e a vida é calma, estão pequenas como Petrópolis, onde está o palácio de verão da família real, em ótimo estado de conservação.

Mas é ainda o litoral que concentra a maior atração turística. A nordeste está a Costa do Sol, com belíssimas praias, lagoas, dunas e *salinas*. A sudoeste, a Costa Verde, com mais de 300 ilhas paradisíacas, ao pé das matas da Serra do Mar. A leste, Itapuna, a praia de grandes ondas, selecionada para campeonatos de surfe. Os nomes de praias não terminam nunca, mas Búzios e Cabo Frio não devem ser esquecidos no calendário sobrecarregado do turista que queira ver um dos lugares mais lindos do mundo.

Búzios
- Temperatura média da água: 18 graus
- Turistas no verão: 120 000 pessoas
- Visibilidade da água: cristalina. Com sorte vêem-se botos
- Ventos: o "vento terreal" que sopra do sul e do norte, é ideal para velejar
- Altura média das ondas: um metro
- Areia: branca e grossa

Com tanta beleza a sua volta, o carioca não poderia deixar de ser distraído, amante do ritmo lento e da boa vida, criador do samba, consagrador do futebol e celebrante do carnaval, com o mais brilhante espetáculo do mundo: o desfile das escolas de samba.

afluxo inflow
arranha-céu skyscraper
asa delta hang glider

imponente imposing
marginalizar marginalize
mesclado mixed

bênção blessing
braçada arm-full
choça shack
deslumbrante dazzling
deusa goddess
favela slums

morro hill
rochedo cliff
salinas saltworks
turbilhão whirlwind
usinas siderúrgicas steel mills

1. Qual é o superlativo máximo do Rio de Janeiro?
2. Dê o nome de quatro elementos da natureza que formam a paisagem do Rio de Janeiro, juntamente com adjetivos aplicados a eles:
   a. praias
   b.
   c.
   d.
   e.
3. Como se pode resumir a descrição que Stephan Zweig faz do Rio de Janeiro?
4. O que é asa delta?
5. Que celebração há nas praias do Rio de Janeiro, mencionadas no testo?
6. Dê três datas importantes do Rio de Janeiro, mencionadas no texto.
7. Qual é uma das causas dos problemas sociais do Rio?
8. O que é uma favela e onde muitas delas se localizam no Rio?
9. Que lugares interessantes existem nas montanhas do Estado do Rio de Janeiro?
10. Como é o litoral desse Estado?
11. Como é o carioca?

IV. PALAVRAS OXÍTONAS

Oxítonas are words stressed on the last syllable:

avó	café	você	aqui	feroz

In writing the stressed syllable carries either an acute accent (´) or a circumflex accent (^) in the following situations:

1. Words ending in the following stressed vowels:

   -á, -ás: está, atrás,
   -é, -és: fé, até, pés
   -ê, -ês: vê, três, português
   -ó, -ós: pó, nós,
   -ô, -ôs: robô, avô, pôs

2. Words of more than one syllable ending in *-em, -ens* carry an acute accent:

alguém	também	parabéns	armazéns
contém	detém	convém	

3. The third-person plural form of verbs ending in *-em* carry a circumflex accent:

eles têm   eles vêm   elas contêm   elas detêm

4. Verbs with a third-person singular form ending in *-ê* have *-êem* as their plural form:

ele lê   eles lêem
ela vê   elas vêem

VAMOS PRATICAR

A. **Eu sei ler!** Leia as palavras abaixo.

1. lá	8. pé	15. trem
2. lã	9. som	16. maçã
3. aqui	10. paletó	17. sofá
4. guru	11. jacaré	18. vou
5. vovô	12. alguém	19. Saci
6. vovó	13. através	20. bombom
7. só	14. dê	21. comum

V. *"VAI PASSAR", FRANCISCO HIME/CHICO BUARQUE DE HOLANDA*

VÍDEO

A música "Vai Passar" resume bem o carnaval, um momento em que as pessoas se sentem livres dos seus compromissos do dia-a-dia:

Vai passar nessa avenida um samba popular,
cada *paralelepípedo* da velha cidade   *paving stone*
essa noite vai se *arrepiar*   *shiver*

ao lembrar que aqui passaram sambas imortais,
que aqui sangraram pelos nossos pés,
que aqui sambaram nossos ancestrais.

Num tempo, página infeliz da nossa história,
passagem *despontada* na memória   *blunted*
das nossas novas gerações,
dormia a nossa *pátria mãe* tão *distraída*   *motherland; distracted*
sem perceber que era *subtraída*   *subtracted*
em *tenebrosas transações.*   *dark (evil) transactions*

Seus filhos *erravam* cegos pelo continente,   *wandered*
levavam pedras *feito* penitentes,   *like*
erguendo estranhas catedrais.
E um dia, afinal,
tinham direito a uma alegria *fugaz,*   *fleeting*
uma *ofegante* epidemia que se chamava   *panting*
          carnaval, o carnaval, o carnaval.

(Vai passar...)

Palmas pra *ala* dos *barões famintos,*   *applause; carnival group; famished*
o bloco dos napoleões *retintos*   *barons; black*
e os pigmeus do *bulevar.*   *boulevard*
Meu Deus, vem olhar,
vem ver de perto uma cidade a cantar
a evolução da liberdade até o dia clarear.

Ai, que vida boa, olerê.
Ai, que vida boa, olará.
O estandarte do sanatório geral vai passar.
Ai, que vida boa, olerê.
Ai, que vida boa, olará.
O estandarte do sanatório geral vai passar.

───── *PARE* ─────

Vai Passar

Esta canção de carnaval, de 1984, reflete a alegria do brasileiro com o fim do regime militar de 1964 a 1984. A canção presta, inicialmente, uma homenagem à tradição do samba no Rio de Janeiro. Na segunda estrofe são feitas referências à repressão e ao exílio que muitos brasileiros sofreram durante a ditadura. O próprio Chico Buarque esteve exilado por algum tempo e, ao retornar, suas canções foram freqüentemente censuradas pelo governo. Em "Vai passar" Chico faz jogos de palavras, uma forma de compor a mensagem da canção para enganar os censores durante o regime militar. Agora, nesta brincadeira, as palavras estão integradas na alegria do carnaval. O compositor inicialmente faz a combinação "subtraídas -- transações" para sugerir a corrupção existente no regime militar. Mas "subtraída" também pode ser dividida em "sub" e "traída" ("betrayed from below," or "betrayed basely"). A terceira estrofe se refere diretamente à experiência do exílio. Na última estrofe, Chico volta às tradições do samba e bate palmas para os "barões famintos" e "Napoleões retintos", em alusão às fantasias de reis e nobres que os pobres das favelas usam nos grandiosos defiles das escolas de samba.

A encenação deste vídeo está cheia de duplos sentidos. Exemplo disto são as cadeias que prendem o povo, agora quebradas pelo samba e arrastadas pelos paralelepípedos, que lembram janelas de uma cela. As cadeias quebradas poderiam ser uma rotina da vida diária, mas também são um símbolo da opressão política finalmente interrompida.

1. O que vai passar nessa avenida?
2. Cada paralelepípedo da cidade vai se arrepiar, ou seja, vai tremer, ao lembrar que
    a. *aqui passaram...*
    b.
    c.
3. Dê três imagens infelizes do passado.
4. Mostre onde, na canção, o carnaval era aquilo que fazia as pessoas esquecerem daquelas imagens infelizes.
5. O que o compositor pede a Deus?
6. Como você interpreta a palavra "sanatório" em "sanatório geral"?

VI. FUTURO DO PRETÉRITO

---VÍDEO---

Um tempo verbal muito associado ao imperfeito do subjuntivo é o futuro do pretérito. Ele se forma assim:

CANTAR

CANTARIA	CANTARÍAMOS
	CANTARIAM

Há só três verbos irregulares no futuro do pretérito: *fazer*, *dizer* e *trazer*.

FAZER

FARIA	FARÍAMOS
	FARIAM

Veja os exemplos que se seguem do futuro do pretérito:

Caio — Mas, calma, pai. O Danilo foi preso pra averiguações. Eles me disseram lá na delegacia que se ficasse tudo esclarecido ele **seria** solto hoje mesmo.

Eulálio — É uma comunidade agrícola onde todos trabalham. E o produto é dividido igualmente. Taí.[1] Vocês podiam ir lá conhecer. **Seria** uma boa pra vocês.

Apresentador — A experiência inicial foi boa, pois a bilheteria do jogo contra a modesta portuguesa carioca atingiu uns Cr$60.000,00. A renda **teria** sido maior se não fosse a concorrência da arquibancada dos padres.

--- PARE ---

The Conditional

The conditional tense is called the "**preterite future**" in Portuguese.

A. **Formation**.

The conditional is formed by adding the following endings to the infinitive of regular   *-ar*, *-er* and *-ir* verbs: *-ia, -íamos, -iam.*

---

[1]**Taí** = *está aí*, meaning "There you have it."

trabalhar	+ -ia	--> *trabalharia*	*comer*	+ -ia --> *comeria*
	+ -íamos	--> *trabalharíamos*		+ -íamos --> *comeríamos*
	+ -ia	--> *trabalharia*		+ -ia --> *comeria*
	+ -iam	--> *trabalhariam*		+ -iam --> *comeriam*

There are three verbs with irregular conditional stems:

dizer	--> *dir-:*	*diria, diríamos, diriam*
fazer	--> *far-:*	*faria, faríamos, fariam*
trazer	--> *trar-:*	*traria, traríamos, trariam.*

B. Use. The conditional is commonly used in three situations:

1) to express an implied condition (with or without *se* and the imperfect subjunctive);

   Se eu tivesse dinheiro, **compraria** um carro.
   If I had money I would buy a car.

   Ele **gostaria** de ir ao cinema, mas não pode.
   He would like to go to the movies, but he can't.

2) in softened commands or requests:

   Você **gostaria** de me acompanhar? *Would you like to come with me?*

3) as the future from a past point of view:

   Amélia disse que **iria** com eles.　　*Amelia said she would go with them.*
   Antônio escreveu que **estudaria** muito esta semana.
   Antonio wrote that he would study a lot this week.

VAMOS PRATICAR

A. Com um pouco mais de dinheiro! Diga o que essas pessoas fariam:

Júlia
Júlia compraria um iate.

Sérgio e Cláudia
Sérgio e Cláudia fariam uma viagem a Portugal.

1. vender o volkswagem	1. ir aos melhores restaurantes
2. ver todos os bons filmes	2. sair todos os fins de semana
3. nunca andar a pé	3. não trabalhar tanto
4. ser mais feliz	4. jogar cartas conosco
5. usar roupas novas	5. entrar num clube elegante

B. **Dialogo**

1. **Um milhão!**

Renata	— Um milhão? Você ganhou mesmo na loteria? O que é que nocê sentiu quando recebeu a notícia?
Oscar	— Ainda estou chocado. Parece um sonho. O que é que você faria?
Renata	— Eu faria muita coisa. Acho que primeiro eu investiria parte do dinheiro. Assim eu asseguraria o meu futuro.
Oscar	— E como você gastaria o resto do dinheiro?
Renata	— Eu tiraria férias e iria viajar pela África e depois pela América do Sul. Mas você não me falou nada dos seus planos. O que é que você vai fazer?
Oscar	— Ainda não sei. Você me deu boas idéias. Eu gostaria de mais tempo para pensar!

2. **Conversinha: Um Carioca!**

— Se você fosse brasileiro, de onde você (*desjar*) ser?
— Eu (*gostar*) de ser carioca. Portanto, eu (*morar*) no Rio de Janeiro. Eu (*adorar*) morar em Ipanema.
— E você (*saber*) ser um carioca? Acho que (*ser*) muito difícil para você!
— Ora, eu não (*dizer*) isso. Eu (*procurar*) ser um carioca da gema. Eu (*dançar*) o samba, (*torcer*) pelo Flamengo, (*aprender*) as gírias de Ipanema.
— É, acho que você (*poder*) se transformar num bom malandro!
— Se eu (*ser*) carioca eu (*ter*) uma filosofia de vida bem diferente!

C. **O que você faria nas seguintes situações?**

1. O seu gato morre. *Eu choraria muito.*
2. Um ladrão assalta você.
3. Você encontra uma carteira com mil dólares.
4. Há um incêndio na faculdade.
5. Você está num restaurante e vê um homem se engasgando (*choking*).
6. Você encontra uma garotinha perdida.
7. Você recebe uma declaração de amor.
8. Você vê um carro atropelar uma velhinha.
9. Você recebe uma herança do seu tio-avô.
10. Você vê o seu artista de cinema favorito num restaurante.
11. Você está muito doente.
12. Você recebe a visita de um ex-colega que não vê há muito tempo.

D. **Como é bom sonhar!**

1. Se eu tivesse mais tempo ... *eu faria exercícios todos os dias.*
2. Se o papai tivesse mais dinheiro...
3. Se a minha casa fosse maior...
4. Se eu soubesse falar melhor o português...
5. Se a mamãe fosse promovida...
6. Se a minha família viesse morar aqui...
7. Se eu recebesse uma bolsa de estudos...

8. Se eu pudesse escolher onde morar...

E. Há razões para tudo!

1. Se meus pais se divorciassem eu ficaria triste porque... *eu não quero vê-los separados.*
2. Se eu ganhasse uma bolsa de estudos para o Brasil, eu aceitaria porque...
3. Se eu fosse para o Brasil eu iria no verão porque...
4. Se eu estivesse em Portugal eu não falaria inglês porque...
5. Se alguém batesse no meu carro eu ficaria com muita raiva porque...
6. Se o meu amor brigasse comigo eu ficaria triste porque...
7. Se eu fosse reprovada eu ficaria muito infeliz porque...
8. Se o meu pai perdesse o emprego dele eu teria muita pena porque...

F. Tudo é possível! Use a sua imaginação:

1. Se eu ganhasse na loteria... *eu compraria uma casa.*
2. Se eu fosse invisível...
3. Se eu fosse um pássaro...
4. Se eu fosse Presidente da República...
5. Se eu tivesse 15 anos...
6. Se eu só tivesse 24 horas de vida...
7. Se eu fosse o super-homem...
8. Se eu fosse uma formiga...
9. Se eu fosse um artista de cinema...
10. Se eu achasse um anel mágico que me desse o direito a três pedidos...

VII. "CONTINUA LINDO, CONTINUA LINDO"

Muito do sorriso do carioca é picardia fina, modo atilado de driblar os percalços

João Antônio

Carioca, carioca da gema seria aquele que sabe rir de si mesmo. Também por isso aparenta ser o mais desinibido e alegre dos brasileiros. Que, sabendo rir de si e de um tudo, é homem capaz de sentar-se no meio-fio e chorar diante de uma tragédia.

O resto é carimbo.

Minha memória não me permite esquecer. O tio mais alto, o meu tio-avô Rubens, mulherengo de tope, bigode frajola, carioca, pobre, porém caprichoso nas roupas, empaletozado como na época, impertigado, namorador empenitente e alegre e pioneiro a me ensinar nos bondes a olhar as pernas nuas das mulheres e, após, lhes oferecer o lugar. Que havia saias e pernas nuas no meus tempos de menino.

Folgado, finório, malandreco, vive de férias. Não pode ver mulher bonita, perdulário, superficial e festivo até as vísceras. Adjetivação vazia... E só idéia genérica, balela, não passa de carimbo.

Gosto de lembrar aos sabidos, perdedores de tempo que jogam conversa fora, que o lugar mais alegre do Rio é a favela. É onde mais se canta no Rio. E, aí, o carioca é desconcertante. Dos favelados nasce e se organiza, como um milagre, um dos maiores espetáculos de festa popular do mundo, o carnaval.

O carimbo pretensioso e generalizador se esquece que o carioca não é apenas o homem da Zona Sul badalada — de Copacabana ao Leblon. Setenta e cinco por cento da população carioca mora na Zona Centro eNorte, no Rio esquecido. E lá, sim, o Rio fica mais Rio, a partir das caras não cosmopolitas e, se o carioca coubesse no carimbo que lhe imputam, não se teriam produzido obras pungentes, inovadoras e universais como a de Noel Rosa, a de Geraldo Pereira, a de Nélson Rodrigues, a de Nélson Cavaquinho... Muito do sorriso carioca é picardia fina, modo atilado de driblar os percalços.

Como filosofia de vida ou não, vivendo numa cidade em que o excesso de beleza é uma orgia, convivendo com grandezas e mazelas, o carioca da gema é um dos poucos tipos nacionais para quem ninguém é gaúcho, paraibano, amazonense ou paulista. Ele entende que está tratando com brasileiros.

João Antônio é colaborador do Caderno 2

1. O que seria um carioca da gema, isto é, um carioca de verdade?
2. Adjetivos que caracterizam o carioca:
   a. alegre
   b. ....
3. O carioca sabe:
   a. rir de si
   b. ...
   c. ...
4. Como era o tio-avô do autor?
   a. mulherengo
   b.
   c.
   d.
   e.
   f.
5. A palavra "carimbo" indica clichê, generalização. Dê exemplos na leitura dos chamados "carimbos" do carioca.
6. Que lição o velho tio Rubens ensinava ao menino João Antônio?
7. De acordo com o autor, qual é o lugar mais alegre do Rio?
8. Como o autor apresenta a favela?
9. O que caracteriza a Zona Norte e o Centro do Rio?
10. Complete: Noel Rosa, Geraldo Pereira, Nelson Rodrigues, Nelson do Cavaquinho, produziram...
11. No fim do artigo, como o autor define o carioca?

VIII. RELATIVOS

Relativos (linking words): *que, quem, o qual, cujo*

1) *Que* ("that, which, who, whom") refers to both persons and things and forms dependent adjectival clauses:

Procuro alguém **que** fale português.	*I'm looking for someone who speaks Portuguese.*
Qual é o nome do rapaz **que** encontramos na festa?	*What is the name of the boy we met at the party?*
Procuro a máquina de escrever **que** estava aqui.	*I'm looking for the typewriter that was here.*
Como é o nome do teatro **que** fica na Rua 7 de Setembro?	*What is the name of the theater on 7 de Setembro?*

2) *Quem* ("whom") refers to persons and is used after prepositions: *a quem, de quem, para quem, com quem.*

Roberto vai encontrar a moça de **quem** eu falei.	*Roberto is going to meet the girl I spoke of (of whom I spoke).*
Com **quem** você veio à festa?	*Who did you come to the party with? (With whom did you come to the party?)*
Não sei de **quem** você está falando.	*I don't know who you're talking about.*
O professor deu boas notas a **quem** estudou.	*The professor gave good grades to those who studied.*

3) *O que, os que, a que, as que* ("he who, she who, the one(s) who/which") in the subordinate clause refer to either persons or things in the main clause:

Essa moça é **a que** vai trabalhar conosco.

This young woman is the one who is going to work with us.

Esse filme é **o que** vimos ontem.

This film is the one we saw yesterday.

4) *O qual, os quais, a qual, as quais* are used in place of *que* to avoid ambiguity:

O marido da Laura, **que** é jornalista, nos entrevistou.
O marido da Laura, **o qual** é jornalista, nos entrevistou.

Laura's husband, who is a journalist, interviewed us.

5) *Cujo, cujos, cuja, cujas* ("whose") are adjective forms that agree in gender and number with the noun that follows them.

Você conhece a moça **cujo** pai é diretor?

Do you know the young woman whose father is the director?

Quem é o artista **cujos** filmes ganharam o Oscar?

Who is the artist whose films won an Oscar?

Both the *o qual* and *cujo* forms are rarely used in spoken Brazilian Portuguese.

VAMOS PRATICAR

A. **O que estas pessoas querem?** Ligue as orações abaixo com o pronome relativo "que".

Maurício

O Maurício quer o livro que está na mesa.

O Sr. e a Srª Barros

O Sr. e a Srª Barros querem o carro que está à venda.

1. ver o filme -- ganhou o Oscar	1. visitar o museu -- fica no centro
2. comer o bolo -- você trouxe	2. beber o vinho -- você trouxe
3. pintar a casa -- ele alugou	3. ler a carta -- você mandou
4. ver o cachorro -- você achou	4. o chaveiro -- está na mesa
5. aqueles pratos -- estão na vitrine	5. a máquina fotográfica -- vi naquela loja

B. **De quem você está falando?** Ligue as orações usando as seguintes expressões: *de que, com quem, por quem, a quem, para quem.*

1. Esta é a garota ... eu vou me casar. *Esta é a garota com quem eu vou me casar.*
2. Pedro é o rapaz ... eu lhe falei.
3. Esta é a professora ... eu estava falando.
4. Teresa é a moça ... eu estava esperando.
5. Você é a secretária ... eu estava falando no telefone?
6. Não conheço o rapaz ... você está dando aulas.
7. Onde estão os alunos ... você estuda?
8. Não gosto muito dos rapazes ... você está saindo.
9. Paulo é o rapaz ... Teresa está apaixonada.
10. É Gil o garoto ... você está pensando?
11. Quero conhecer a família ... você vai alugar a casa.
12. Teresa é a moça ... você vai telefonar?

C. **Um pouco de tudo.** Complete as orações abaixo.

Eu não gostei da casa que ... *você comprou.*

1. Aquelas são as garotas de quem...
2. Estes não são os livros que...
3. Aqueles rapazes são os que ...
4. O amigo de quem...
5. Como se chama a Companhia para a qual...
6. Eu conheço a moça cujo pai...
7. Este filme é o que...
8. A moça por quem...
9. O cinema que...
10. Procuro a chave que...
11. Como se chama o homem cujos...

D. **Acabou-se o que era doce!** Leia o texto abaixo colocando em cada número os pronomes relativos apropriados: *que, quem, cujo, cujos.*

Quero falar das férias de julho (1) eu passei na fazenda dos meus avós. A fazenda, (2) nome foi dado pelo meu bisavô fica a quatro horas daqui. A vovó Lourdes de (3) eu já lhe falei na última carta foi muito legal. Ela fazia as comidas (4) eu gostava e me contava histórias engraçadas (5) personagens eram nossos parentes de um passado distante. O vovô Lucas, com (6) eu adoro bater um papo, me levou para ver os lugares (7) ficavam perto da fazenda. Conheci o Rogério, (8) pai foi colega de escola da minha mãe. Vi de perto os animais (9) meu avô cria na fazenda: vaca, cavalo, carneiro, galinha e outros. O meu lugarzinho favorito era o (10) ficava perto da lagoa. Lá havia uma árvore (11) sombra me fazia sentir em paz. Era lá (12) eu passava alguns momentos pensando nas pessoas de (13) eu gosto e nas coisas (14) eu quero fazer no futuro. Mas como tudo (15) é bom dura pouco, foi com muita tristeza (16) eu vi o fim das férias chegar. E, em agosto, acabou-se o (17) era doce!

IX. *"OS DETETIVES TRAPALHÕES"* -- *O SUBJUNTIVO EM FRASES ADJETIVAS*

─VÍDEO─

Vamos agora continuar a praticar o subjuntivo. E por falar em subjuntivo, o que estarão fazendo nossos detetives neste momento?

Leonel ── Como estão as coisas?

Onofre ── Quem é você?

Leonel ── Como, quem sou eu? A gente trabalha junto há dez anos!

Onofre ── Ah, é! Pois, então me responda depressa. Qual é a *senha* de hoje?

password

Leonel ── A senha de hoje... a senha de hoje... é...

Onofre ── Ah! Ah! 'Tá vendo? 'Tá querendo me *enganar,* não é?

deceive, trick

Leonel ── Ah! Lembrei! A senha de hoje é... o primeiro **homem que passar** por aqui *leva um tiro!*

be shot

Onofre ── Ah, idiota! Essa foi a senha de anteontem. A senha de hoje é outra!

Leonel ── Não, não faça isso, Onofre! Você sabe que eu não tenho boa memória!

Onofre ── Mas, então, não serve para trabalhar comigo! Eu quero **um homem que seja** esperto e inteligente como eu, e **que tenha** boa memória!

Leonel ── Lembrei! Lembrei! A senha de hoje é "**Não tenho nada que sirva para você!**"

Onofre ── Não tem mesmo, não tem mesmo. Esta é a senha de amanhã, até! Eu nunca encontrei **ninguém que tivesse** todas as nossas senhas *de cor.* Olha, Leonel, desista, desista, porque eu não vou te dar nenhuma informação, viu?

by heart

Leonel ── Não faça isso comigo, Onofre! Você sabe que **quem chegar** sem informação será *despedido!*

fired, dismissed

Onofre ── Ah, muito bem. Até que enfim! Essa realmente é a senha de hoje!

Leonel ── Ah, então! Já que é assim, qual é a informação?

both (of us)

I couldn't help but

Onofre —— Sinto muito, mas acho que *ambos* seremos despedidos. Eu não   *both (of us)*
conheço **ninguém que possa** nos dar essa informação.

Moça —— Com licença, rapazes. *Eu não pude deixar de* ouvir a conversa.   *I couldn't help but*
Eu sei a **pessoa que tem** a informação que vocês precisam.

Leonel —— E quem é essa pessoa? Quem é essa pessoa?

Moça —— Eu...

—— *PARE* ——

VOCÊ ENTENDEU?

1. No começo da cena, por que o Onofre finge não reconhecer o Leonel?
2. Como Onofre pede que Leonel se identifique?
3. Qual a primeira senha que o Leonel dá ao Onofre?
4. Onofre aceita a senha?
5. Que tipo de homem Onofre diz que precisa?
6. A segunda senha dada por Leonel é a certa?
7. Leonel dá a senha correta, intencionalmente ou por acaso?
8. Como a moça diz que pode ajudar os dois detetives?
9. Por que ela não consegue salvá-los?

The Subjunctive in Adjective Clauses

A. Formation.

Adjective clauses are dependent clauses that function like adjectives:

Estas laranjas me parecem **boas.**   Quero umas laranjas **que sejam boas.**
     simple sentence   adjective   main clause   adjective clause

B. Use.

1. Both the subjunctive and indicative are used in adjective clauses. When the speaker **affirms** that the noun modified by the *que* (or another relative adjective) clause is true, real, or is part of his experience, the indicative is used.

   Vou ver o filme **que** você recomendou.   *I'm going to see the movie you recommended.*
   Comprei o carro **que** era mais barato.   *I bought the car that was cheapest.*

2. The subjunctive is used when the noun modified is not part of the speaker's experience, and may or may not exist.

   Vou ver um filme **que** você recomende.   *I'm going to see any film you may recommend.*
   Vou comparar um carro **que** seja barato.   *I'm going to buy a cheap car.* (I haven't found one yet.)

3. Indefinites (*alguém/ninguém, algum/nenhum, algo/nada*) usually are followed by the subjunctive, but may be followed by the indicative when the speaker is sure of their reality. Relatives may be followed by all forms of the subjunctive:

—— Você sabe de alguém que *precise* de uma casa?

—— Eu conheço alguém que quer alugar uma.

—— O diretor queria alguém que soubesse cantar bem.

—— Mas não queria ninguém que não fosse jovem.

—— Então, não há nada que me impeça de falar com ele.

"Do you know someone who needs a house?"

"I know someone who wants to rent one."

"The director wanted someone who could sing well."

"But he wanted only someone young."

"Then there is nothing to keep me from talking to him."

VAMOS PRATICAR

A. O que é que você prefere?

um par de sapatos - ter salto alto

Eu prefiro um par de sapatos que tenham salto alto.

1. um professor - dar notas boas
2. uma namorada - ser paciente
3. ver um filme - ser estrangeiro
4. beber algo - não ter álcool

5. comprar roupas - estar em remarcação
6. comer num restaurante - oferecer comidas internacionais
7. morar num país - não ser tão populado

B. O que estas pessoas querem?

Roberto

Roberto quer uma gravata que seja colorida.

Dr. Alfredo e a Dª Rosa

Dr. Alfredo e a Dª Rosa querem conhecer alguém que tenha dinheiro!

1. um quarto - ter ar condicionado	1. um carro - ser econômico
2. um apartamento - ser moderno	2. uma casa - ter 4 quartos
3. assistir um programa - ser educativo	3. um empregado - saber cozinhar
4. comer algo - ser gostoso	4. comprar uma TV - ser barata
5. uma secretária - falar português	5. viajar para um país - ser industrializado

C. **Diálogo.**

Vendedor	— O que é que o senhor queria?
Freguês	— Eu gostaria de um carro que não fosse muito grande e nem custasse muito.
Vendedor	— O senhor tem preferência de cor?
Freguês	— Eu prefiriria um carro que fosse branco ou preto e que, acima de tudo, fosse bastante econômico.
Vendedor	— Tenho um carrinho que talvez seja o que o senhor esteja procurando.
Freguês	— Mas eu exijo que seja confortável, hein?
Vendedor	— Bem, deixe-me ver: o senhor quer um carro que não seja muito grande, que não custe muito, que seja branco ou preto, que seja econômico e confortável. Mais alguma coisa?
Freguês	— O que é que o senhor tem aí pra me mostrar? Ah! Não esqueça! Quero um carro cujos bancos sejam de couro e não de plástico.
Vendedor	— Que tal este aqui, senhor?
Freguês	— Um carro usado? Não! Exijo que seja zero-quilômetro! Obrigado pela sua ajuda!!!

X. A CULTURA DO SUDESTE

─────────VÍDEO─────────

As manifestações folclóricas da região Sudeste estão preservadas e são muito ricas. Traduzem a cultura do povo brasileiro, mostrando as influências que essa cultura recebeu de outros povos.

A região Sudeste é, também, o maior pólo cultural do País. Em São Paulo e no Rio de Janeiro acontecem os grandes espetáculos teatrais e de dança. São também realizados aí os melhores filmes, sem falar da televisão e do mercado editorial.

───────── PARE ─────────

XI. ENCERRAMENTO

─────────VÍDEO─────────

Chegamos mais uma vez ao fim de uma visita agradável. Na próxima unidade vamos explorar o Centro-Oeste do País, onde se encontra sua capital, Brasília. Até lá.

───────── PARE ─────────

UNIDADE 10

O CENTRO-OESTE DO BRASIL

Parte I

Parte II

V = Vídeo

CENTRO-OESTE

MATO GROSSO

GOIÁS

DISTRITO FEDERAL

Brasília ⊙

Goiânia ⊙

PANTANAL

Cuiabá ⊙

Campo Grande ⊙

← MATO GROSSO DO SUL

O CENTRO-OESTE DO BRASIL

PARTE I

I. APRESENTAÇÃO

—— VÍDEO ——

Vai *boeiro* rio abaixo *drover*
Vai levando gado e gente
O *sal grosso* e a semente *rock salt*
Eh, porto de Corumbá!
Pantaneiro, ôh!! ôh,ôh!! *worker in the Pantanal of Mato Grosso*

A Região Centro-Oeste do Brasil é muito extensa. É formada pelos Estados de Goiás, Mato Grosso, Mato Grosso do Sul e também pelo Distrito Federal onde está situada Brasília, a capital do país.

É nessa Região, ainda, que fica o *Pantanal*, uma das reservas ecológicas mais *swampland*
importantes de todo o mundo. Nele habitam uma grande variedade de animais e aves raras. A flora é igualmente rica, estendendo-se numa área de aproximadamente cem mil quilômetros quadrados. A criação de gado do pantanal constitui a maior fonte de *renda* do Mato Grosso do Sul. *income*

A Região Centro-Oeste ainda é caracterizada pelo *cerrado*, com sua *"brushland"*
vegetação de arbustos e árvores *retorcidas*. Hoje o cerrado é um grande *twisted*
produtor de arroz e *soja*. *soybeans*

As cidades principais da região são Goiânia e Campo Grande. O Centro-Oeste vem se desenvolvendo aceleradamente, principalmente depois da inauguração de Brasília, que agora está ligada por *estradas de rodagem* a *highways*
todas as regiões do país.

—— PARE ——

VOCÊ ENTENDEU?

1. Como é dividida a Região Centro-Oeste?
2. Qual é a importância do Pantanal?
3. A frase "o Centro-Oeste *vem se desenvolvendo* aceleradamente" quer dizer que a Região:
    a. se desenvolveu neste século.
    b. se desenvolveu nos últimos anos.
    c. começou a se desenvolver recentemente e ainda está se desenvolvendo.
4. Explique como o Centro-Oeste tem se desenvolvido.

A Região Centro-Oeste

Até outubro de 1988, a Região Centro-Oeste correspondia a 25% do território nacional, com aproximadamente 2.122.499 km². Nessa data, com a aprovação da nova Constituição brasileira, foi criado o Estado de Tocantins, constituído da parte norte do Estado de Goiás. O novo Estado passou a integrar a Região Norte.

A cirurgia geográfica
Com a divisão, o governador Henrique Santillo perdeu Tocantins de Siqueira Campos

Miracema do Norte
TOCANTINS
Siqueira Campos

GOIÁS
Goiânia
Henrique Santillo

Foram os Bandeirantes que, no século XVII, penetraram o Oeste à procura de ouro e pedras preciosas passando por onde é hoje Goiás e Mato Grosso. Por onde passavam, iam se formando povoados nos locais das minas de ouro, expandindo-se assim o domínio português nas novas terras. As cidades de Cuiabá, Pirenópolis e Goiás estão entre as cidades mais antigas da região. Em volta delas começou pouco a pouco a se desenvolver a agricultura e mais tarde a criação de gado. Hoje a agropecuária é a principal fonte de *renda* da região e uma das mais importantes do país. Por outro lado, o setor industrial é modesto comparado ao das Regiões Sudeste e Sul.

BRASIL
MT
PANTANAL
MS

O Estado de Goiás é um dos maiores produtores de gado, *grãos* (arroz, milho, soja), cana-de-açúcar e álcool do Brasil. É também conhecido por suas tradições dos tempos coloniais, como a da *cavalhada* de Pirenópolis, reprodução das lutas entre *mouros* e cristãos da Idade Média. Os cavaleiros se vestem em trajes medievais e os cavalos são equipados e adornados para o *torneio*. Entre as maiores atrações turísticas do Estado está o Rio Araguaia, famoso por sua beleza natural e pela pesca abundante e variada. As estações de água na área do Rio Quente têm atraído turistas do mundo todo pela alta qualidade dos seus hotéis e pelos lugares ideais de repouso, à volta das magníficas piscinas de água quente. A capital do Estado é Goiânia, uma cidade moderna e arborizada, planejada especificamente para ser a nova capital de Goiás. Inaugurada em 1935, Goiânia conta hoje com mais de 1 milhão de habitantes.

Mato Grosso e Mato Grosso do Sul representam a mais próspera fronteira agrícola do Brasil. Campo Grande, a capital do Mato Grosso do Sul, é um centro econômico de enorme importância e conta hoje com o maior índice de crescimento populacional do país.

cavalhada joust
grãos cereal grains
mouros moors

renda income
torneio tournament

VOCÊ ENTENDEU?

1. Em 1988 a Região Centro-Oeste tinha uma área de aproximadamente 2.122.499 Km^2. Qual era o tamanho dela em milhas quadradas?
2. Onde se localiza o Estado de Tocantins?
3. Qual foi a conseqüência do avanço dos Bandeirantes no Centro-Oeste?
4. Quais as fontes de renda dessa Região?
5. Faça um resumo do que os Estados dessa Região oferecem.

AGORA É A MINHA VEZ!

Fale sobre o desenvolvimento recente de uma região ou de um país que você conhece. Explique os fatores econômicos ou políticos que determinaram o desenvolvimento dela.

II. *O SUBJUNTIVO EM FRASES ADVERBIAIS*

—*VÍDEO*—

Vamos ver o que os nossos detetives estão fazendo. Ao mesmo tempo vamos observar o uso do subjuntivo na fala deles.

Onofre: Muito bem, mocinha, faremos qualquer coisa **para que** nos **passe** essa informação.
Moça: Qualquer coisa? Que tal me dar dinheiro. **Assim que eu tiver o dinheiro** em minha mão, eu digo o que sei.
Leonel: Onofre, ela está tentando nos enganar.
Onofre: Cala a boca, vegetal! Escuta, baby, que tal **se a gente negociasse...**
Moça: Nada feito. Mas, **se vocês mudarem** de idéia, sabem onde me encontrar: Rua 42, Sobreloja, fundos.
Onofre: Espere aí, boneca, espere aí. Você não sai daqui **antes que eu consiga** essa informação.
Moça: Rapazes, eu já disse, passo a informação **contanto que vocês me dêem** o dinheiro.

Leonel: O.K. Você venceu. Mas não vá gastar feito louca.
Moça: O.K. A informação é: Amanhã às 9 horas, na rua...

──────────────── *PARE* ────────────────

OBSERVE E RESPONDA

1. Onde se passa esta cena?
2. Quem está com os detetives trapalhões?
3. Como a moça está vestida?
4. O que acontece com a moça?
5. Quem atirou nela?

VOCÊ ENTENDEU?

1. O que o Onofre oferece para que a moça lhe passe a informação?
2. O que ela diz ao Onofre?
3. O que o Onofre propõe à moça?
4. Que frase indica que ela não concorda com o Onofre e que alternativa ela dá a eles?
5. Como a moça consegue o seu objetivo?
6. Quem Onofre chama de
   a. vegetal?
   b. boneca?

Goiás

Goiás tem atrações incríveis para oferecer.

A capital, Goiânia, fundada na década de 30, é uma cidade jovem e moderna, com belos exemplos de avançada arquitetura como o Estádio Serra Dourada e o Autódromo Internacional. A 130 km de Goiânia, nas ruas da cidade de Goiás, antiga capital do Estado, você encontrará construções remanescentes da arquitetura colonial dos tempos do ouro, além de museus e rico artesanato.

Depois de um banho de história, nada melhor do que um banho de saúde em Caldas Novas, onde você vai conhecer a Lagoa Pirapitinga e o Complexo Hoteleiro com várias fontes, poços artesianos e piscinas de águas quentes.

Em seguida, a Pousada do Rio Quente, o maior complexo de fontes hidrotermais do País. As águas nascem no sopé da Serra de Caldas e descem formando um rio de águas quentes, onde a natureza dá um show de saúde e beleza.

Mais adiante, a 315 km de Goiânia, a cidade de Aruanã é o principal portão de entrada para o Rio Araguaia, com suas praias de areia branca e seus pirarucus, pintados, tucunarés e matrinxãs, que desafiam a perícia do pescador mais experiente.

A paisagem é sempre fascinante, em cada curva do Araguaia.

Seu coração vai ficar em festa. Visite Pirenópolis.

Amor à primeira vista é o que você vai sentir ao deparar-se com mais uma das deslumbrantes paisagens do Estado de Goiás - Pirenópolis, a antiga Meia Ponte.

Situada às margens do Rio das Almas, a 130 km de Brasília, e 120 km de Goiânia, entre as grandes elevações que formam a Serra dos Pirineus, esta cidade conserva ainda a beleza de uma arquitetura colonial, com velhos casarões, tradicionais Igrejas e alguns prédios públicos, como a Cadeia e o Teatro dos Pirineus.

Sua maior e mais intensa manifestação folclórica é a famosa Festa do Divino, que conta com o fantástico espetáculo das Cavalhadas.

São três dias em que são revividas as épocas medievais, na intensa luta entre Mouros e Cristãos.

The Subjunctive in Adverbial Clauses

A. Formation

Adverbial clauses are dependent clauses that function as adverbs:

```
  ┌─simple sentence─┐              ┌── main clause        ┌── dependent adverbial clause
  Eu gostei muito do filme.  Quero falar com o Jorge antes que ele vá embora.
            └adverb
```

B. Use

1. The future or the past subjunctive is used after these conjunctions when what follows is hypothetical (anticipated or expressing futurity), or by the indicative when what follows expresses reality (completed action or event). See p. 375 (Unidade 7):

quando	enquanto	onde	conforme
depois que	assim que	como	sempre que
logo que	até que[1]	se	

Subjunctive	Indicative
Eu vou ao Brasil **quando você estiver** lá.	Eu fui ao Brasil **quando você estava** lá.
I will go to Brazil when you are there.	*I went to Brazil when you were there.*
Ela vai trabalhar **depois que se formar.**	Ela começou a trabalhar **depois que se formou.**
She will work after she graduates.	*She began to work after she graduated.*
Nós ficaremos aqui **enquanto pudermos.**	Nós ficamos **enquanto pudemos.**
We will stay here as long as we can.	*We stayed as long as we could.*
Paulo iria **onde você estivesse.**	Paulo foi **onde você estava.**
Paul would go wherever you were.	*Paul went where you were.*
Eu faria o jantar **como você pedisse.**	Eu fiz o jantar **como você pediu.**
I would have fixed dinner any way you asked.	*I fixed dinner the way you asked.*
Ele pode nos ver **sempre que quiser.**	Ele me cumprimenta **sempre que me vê.**
He can see us whenever he wishes.	*He greets me every time he sees me.*

2. The present or past subjunctive is **always** used after the following common conjunctions:

embora	*although, even if*	antes que	*before*
ainda que	*although, even if*	sem que	*without*
mesmo que	*although, even if*	caso	*in case*
nem que	*even if*		
para que	*so that*	contanto que	*provided that*
a fim de que	*so that*	a não ser que	*unless*

---

[1]*Até que* is followed by **present** or past subjunctive.

Vou juntar dinheiro **para que eu possa** viajar para o Brasil.	*I'm going to save money so I can travel to Brazil.*
Eu iria com você **contanto que você** pagasse a passagem.	*I would go with you provided you paid the fare.*
Vou falar com o Paulo **antes que ele vá embora**.	*I'm going to talk to Paul before he leaves.*
Eu saí do quarto **sem que ninguém me visse**.	*I left the room without anyone seeing me.*
Ela não estudaria **ainda que tivesse** tempo.	*She wouldn't study even if she had time.*

3. The following conjunctions are followed by the present or past subjunctive when they express condition or doubt, and by the indicative when they express certainty or conclusion.

de maneira que	*so that/ so*	desde que	*provided that/since*
de modo que	*so that/so*		

Subjunctive

Eu janto, **desde que haja** comida para todos.
I will eat supper provided there is food for everyone.

O Pedro falava **de modo que atraísse** as moças.
Pete spoke so as to attract the girls.

Ana vai trabalhar **de maneira que fique** rica logo.
Ana will work so as to get rich quickly.

Indicative

Desde que você insiste, eu janto com você.
Since you insist, I will eat supper with you.

Ele se comportou **de modo que agradou** a todos.
He behaved in such a way that he pleased everyone.

Nós trabalhamos **de maneira que não ficamos** cansados.
We worked in such a way that we did not get tired.

VAMOS PRATICAR

A. **Há razões para tudo!** Responda às perguntas usando o subjuntivo.

1. Por que você chegou cedo? Para que eu - pegar um bom lugar.
   Para que eu *pegasse um bom lugar.*
2. Por que a Lúcia mandou um telegrama para o pai dela? A fim de que ele lhe - enviar dinheiro.
3. Por que o Jorge vai juntar tanto dinheiro? Caso ele - querer passar as férias no Rio.
4. Por que a sua irmã está em Londres? Para que ela - aprender inglês.
5. Você vai ao cinema? Vou, contanto que você - pagar a entrada.
6. Por que a Marta estudou a semana toda? Para que não - ter nada que fazer no fim de semana.
7. Por que você vai tomar um táxi? Para que eu não - chegar atrasado.
8. Você vai emprestar o carro ao Alberto? Não, nem que ele me - dar dinheiro.

B. **Antes que algo aconteça!**

1. Vá logo ao teatro antes que os ingressos (acabar) *acabem*.
2. Venha para casa antes que o seu pai (chegar).
3. Embora você (ganhar) pouco, você deve economizar.
4. Telefone para a sua mãe mesmo que (ser) tarde.
5. Limpe a casa ainda que a sua sogra não (vir).
6. Compre um computador antes que os preços (subir).
7. Compre uma moto, caso os seus pais (permitir).

C. **Diálogo:** Antes que eu mude de idéia!

Regina	— Martinha? Alô! Tudo bem? O dia está lindo. Vamos à praia?
Marta	— Eu vou contanto que você venha me apanhar.
Regina	— Puxa, Martinha! Você mora tão longe! Você está sem carro?
Marta	— Estou, sim. Eu emprestei o meu carro ao Carlos para que ele pudesse ir fazer umas comprinhas.
Regina	— Ele vai demorar muito?
Marta	— Acho que não. Caso você queira esperar uma meia hora ou mais, talvez eu não precise de carona. Eu lhe telefono assim que o Carlos chegar.
Regina	— Não, não. É melhor que a gente vá agora, antes que a praia fique muito cheia. Tá bem?
Marta	— Não tem problema. Venha logo antes que eu mude de idéia.

D. **Conversinha:** Visita ao Centro-Oeste.

— Quanto tempo vocês vão ficar aqui?
— Enquanto nós (ter) dinheiro. Eu gostaria de ver o Pantanal depois que nós (sair) de Goiânia.
— E Brasília? Vocês vão até lá?
— Não voltamos para casa sem ver Brasília, ainda que (ser) só por uns dois dias.
— E o Rio Araguaia? Seria um programão se vocês (ir) pescar lá.
— Eu sei, mas não temos bastante tempo pra tanta coisa. Nós vamos ao Parque Nacional do Xingu assim que nós (conseguir) a permissão da FUNAI. Embora a gente (ter) feito o pedido há vários dias, ainda não recebemos resposta.
— Ouvi dizer que demora muito. É necessário controlar a entrada das pessoas no Parque para que os índios (poder) viver sua vida normalmente.

E. **Conselhos:**

1. O elefante do zoológico anda meio triste. Ele não quer comer nem andar. Antes que...

2. O Sílvio está no último ano da universidade e não sabe se deve procurar um trabalho ou continuar os estudos. Depois que...

3. Lúcia quer sair de casa e morar com duas amigas. A mãe não gosta da idéia e a Lúcia se sente culpada de deixar a mãe sozinha. Para que...

Se você fosse o juiz

A senhora Maria decidiu, certo dia, trocar o pavimento de sua casa. Para simplificar o trabalho dos operários, consentiu que eles tirassem o material anti-acústico, embutido no assoalho. Quando Arturo, o vizinho de baixo, soube disso, sentiu-se lesado em seus direitos (pois não haveria mais proteção, para evitar que o som do apartamento de Maria passasse para o seu) e moveu uma ação judicial contra ela. O advogado de Maria argumentou que ela não teria obrigação de consultar ninguém para tirar o material. Se você fosse o juiz, a quem daria a razão? Confronte a sua resposta com a publicada na página 50.

SOLUÇÕES

Resposta do teste "se você fosse o juiz" da página 46: o professor vence a causa. A Corte de apelação, de fato, sentenciou que o material anti-acústico colocado no assoalho é considerado propriedade de ambos moradores. O de cima não pode removê-lo sem autorização.

III. O AMIGO DA ONÇA

O Amigo da Onça é um personagem criado pelo *desenhista* e humorista Péricles Maranhão e publicado pela revista *O Cruzeiro*, de 1943 a 1961. Nesse ano Péricles se suicidou, poucos anos depois *O Cruzeiro* saía de circulação, mas O Amigo da Onça ainda é uma presença na cultura popular brasileira, como um tipo *gozador* e *mau-caráter*. Seu aspecto físico é inconfundível: baixinho, com uma cara comprida e cínica, o cabelo repartido ao meio, bigodinho fino, "summer jacket" branco, calça de boca apertada, *piteira* entre os dedos, um tipo perfeito de *cafageste* dos anos 40 e 50. O Amigo da Onça é caracterizado principalmente pelo cinismo e prazer de colocar as pessoas em situações difíceis, embaraçosas e muitas vezes cruéis. Por exemplo, em uma de seus quadros ele se apressa a ajudar um cego a atravessar a rua, segurando-o pelo braço. Quando vê um carro se aproximando, ele diz "Agora!" e *empurra* o cego. A perversidade do Amigo da Onça está em enganar as pessoas, criando o humor através da tensão e ambiguidade.

O Amigo da Onça foi extremamente popular no Brasil e até hoje seu nome está na língua portuguesa como sinônimo do tipo de "amigo" que ele representa. Recentemente o Amigo da Onça tem sido objeto de estudos, e uma peça de teatro, "O Amigo da Onça" foi sucesso de bilheteria no Rio de Janeiro em 1988.

Por que esse personagem foi tão popular? Além de criar um humor tenso e ambíguo, o Amigo da Onça ainda evoca a metáfora masculina, segundo o historiador Marcos Silva, representada pelo ideal da força interna e muscular, espírito competitivo e exigência de vitória. Por outro lado, a atitude *picaresca* de enganar os outros com fins humorísticos é muito comum nas anedotas brasileiras, fazendo parte das tradicionais histórias de *malandros* e *espertalhões*.

cafageste good-for-nothing
desenhista cartoonist
empurrar push
espertalhão wise guy, crafty person
gozador wiseguy

malandro rascal
mau-caráter heel
picaresca picaresque
piteira cigarette holder

A. **Perguntas.**

1. Quem é o Amigo da Onça?
2. Por que ele desapareceu de *O Cruzeiro*?
3. Como é ele fisicamente?
4. O que ele faz às pessoas?
5. Por que o Amigo da Onça evoca a metáfora masculina?
6. Que aspecto da atitude do Amigo da Onça é comum nas anedotas brasileiras?

B. **Agora é a Minha Vez!**

Fale sobre um personagem de histórias em quadrinhos que você conhece.

IV. "ENTRE NÓS"

─────VÍDEO─────

Ter amigos é não viver só. A amizade de alguém é sem dúvida o maior e
melhor *presente* que uma pessoa possa receber. Como é bom ter um amigo   *gift*
para rir conosco nas horas de alegria e para nos confortar nos momentos de
tristeza.

Na vida de todos nós, é fundamental ter amigos e desenvolver amizades: a
gente pode *trocar* idéias, experiências, ser ajudado e ajudar.   *exchange*

─────── PARE ───────

VOCÊ ENTENDEU?

1. Você concorda com a definição do texto de que "ter amigos é não viver só"?
2. De acordo com o texto,
   a. qual é o melhor presente que um amigo pode receber?
   b. em que ocasiões é bom ter um amigo?
   c. por que é fundamental ter amizades?
3. Quais são as vantagens de se trocar idéias com alguém?

VAMOS PRATICAR

A. **Palavra-puxa-palavra**

Entre amigos

emoção emotion	**solidão** solitude
sentimento feeling	**amizade** friendship
afeto affection	**desavença** argument
afeição affection	**discussão** argument
confiança trust	**conversa** conversation
solidariedade fellowship	**desacordo** disagreement
compatibilidade compatibility	**turma** group (of friends)

Expressões :

fazer amigos	estar de acordo com
conservar a amizade	estar com a razão
perder a amizade	ter razão
sentir falta miss someone	**culpa** guilt
fazer um favor	**confiança** trust
amigo do peito bosom buddy	**bater um papo** chat
de verdade	**puxar conversa** strike up a conversation
da onça false friend	**dar-se bem com** get along well
pra toda hora for all occasions	**ficar chateado/contrariado** get peeved

Características pessoais:

divertido	**chato** tiresome, boring
sincero	**fofoqueiro** gossip
grosso vulgar, gross	**mal-educado** rude
grosseiro boorish	**bem-educado** polite
engraçado funny	solitário

B. **Diálogo**

1. Amigo da onça!

Ivan	— O Gil emprestou a moto dele pra você ir ver a Ana Maria?
Ricardo	— Que nada! Ele me deu várias desculpas, dizendo que precisava levar o gato ao veterinário, que tinha hora marcada no dentista, e não sei mais o quê.
Ivan	— Mas que tipo de amizade é essa de vocês?
Ricardo	— Acho que somos bons amigos, mas ele ficou chateado comigo desde o dia em que eu disse que ele era fofoqueiro.
Ivan	— Cá pra nós, ele é muito fofoqueiro mesmo! Mas essa história de não emprestar a moto não me cheira bem.
Ricardo	— Deixa isso pra lá. Ele é muito chato mas eu não quero perder a amizade dele.
Ivan	— Meu caro, amigo da onça a gente sente de longe. Você tem certeza que ele não conhece a Ana Maria?

C. **Já sei o que significa!** Responda às perguntas abaixo.

1. Como você se sente quando tem uma *desavença* com alguém?
2. Você tem *confiança* nas pessoas? O que pode causar a perda de confiança em alguém?
3. Dê um exemplo de atitudes de uma pessoa *mal-educada*.
4. Você conhece uma pessoa *chata*? Por que ela é chata?
5. Quando e onde você costuma *bater papo* com os seus amigos?
6. Quando é inconveniente *puxar conversa* com alguém?
6. Você *teve culpa* ao perder a amizade de alguém? Conte o fato.
8. Descreva uma situação na qual você ficou *chateado* com alguém?

D. **Eu também sei!** Combine a coluna A com a coluna B.

A	B
1. grupo de amigos	a. solidão
2. conversar	b. contar com
3. falso amigo	c. mal-educado
4. sentimento de estar só	d. turma
5. ter o hábito de falar das pessoas	e. ficar contrariado
6. esperar o apoio de alguém	f. bater um papo
7. ficar chateado	g. fofoqueiro
8. interromper as pessoas e falar muito alto	h. amigo da onça

E. **Conversinha.** Complete o diálogo usando as seguintes expressões:

turma de amigos	*bem-educado*	*amizade*
fofoqueiro	*chato*	*amigo do peito*
amigo de verdade	*afeição*	*briga*
bater um papo	*brigar*	

Helena	— Sinto falta daqueles tempos de colégio. A nossa — era legal!
Marta	— Tinha gente de todo tipo. Gil, o —, porque falava das pessoas; Renata, a —, porque ajudava todos nós. Pedro, o —, porque não concordava com ninguém; Rosa, a —, porque matava a gente de rir.
Helena	— Existia muita — entre nós, mas quando ficávamos nervosos, sempre havia uma —. Você se lembra quando você — com o Paulo?
Marta	— Nem me lembro mais. Por que será que eu — com ele? Todos gostávamos dele porque era um cara muito —.
Helena	— Parece que ele ficou bêbado numa festa e fez uma porção de bobagens.
Marta	— Você se lembra do Antônio? Ele me telefona de vez em quando e nós — gostoso. Eu tenho muita — por ele.
Helena	— Um — a gente nunca esquece.

F. **Perguntas abelhudas.**

1. Você tem muitos amigos?
2. Você faz amigos com facilidade?
3. Que tipos de amigos você tem?
4. Há alguém que você considere como o seu melhor amigo?
5. Você confia nos seus amigos?
6. Onde você se reúne com seus amigos?
7. Que tipos de atividades você faz com seus amigos?
8. Você conhece alguém que seja um amigo da onça?
9. Como você se sente longe de seus amigos?
10. Você puxa conversa com pessoas desconhecidas?
11. Em que momentos você sente necessidade de estar com seus amigos?
12. Que tipo de amigo é você?
13. Conte um episódio de solidariedade ou falsidade entre você e um amigo seu.
14. Você já perdeu um amigo? Como?

G. **Ponto de encontro.** Com um ou mais colegas, discuta os tópicos abaixo e compartilhe a sua opinião com o resto da turma.

a. Como fazer amigos. Como uma pessoa deve agir para fazer amizades? O que se deve fazer para manter a amizade de alguém? Quais as qualidades de um bom amigo? Quais as obrigações de um bom amigo?

b. Qual a diferença entre conhecido, amigo e amigo íntimo? Quais as suas relações e atividades com pessoas nestas três categorias?

c. Diz um ditado brasileiro que "dois bicudos não se beijam". É possível que duas pessoas muito diferentes uma da outra sejam amigas?

d. Qual a sua opinião sobre encontrar amigos ou namorados através de anúncios de jornal ou revistas? Por que este meio de fazer as pessoas se encontrarem está se tornando tão comum?

H. **Dê um jeito!**

Gabriela é a sua melhor amiga. Vocês se conhecem desde a escola secundária. Ultimamente ela tem se envolvido com drogas e anda em más companhias. Ela diz aos pais que passa as noites com você e pediu que você guardasse segredo sobre a vida dela. Ontem à noite os pais dela lhe telefonaram perguntando sobre ela. Você prometeu falar com eles pessoalmente. O que você vai dizer?

V. "AMIZADE COLETIVA"

EM FOCO

AMIZADE COLETIVA

Um grupo de amigos que só se encontra no ônibus

À primeira vista, aquele é um ônibus normal, em nada diferente dos outros que circulam pela cidade. A passagem custa 80 cruzados e no trajeto de 15 quilômetros que liga a Freguesia do Ó, na Zona Norte, à Estação Paraíso do metrô, na Zona Sul, sempre sobem mais pessoas do que o número de bancos disponíveis. Mas é durante a semana, das 6h30 às 7h20 — tempo que dura a viagem, com trânsito normal —, que o ônibus se transforma num fenômeno único entre os 9 000 coletivos que circulam pela cidade transportando 4,5 milhões de pessoas todos os dias. Enquanto em todos os outros ônibus os passageiros mal se olham, disputando de cara feia os espaços de um veículo lotado, neste as pessoas não só se cumprimentam, mas também — de tanto viajarem juntas num carro que dificilmente superlota — se conhecem pelos primeiros nomes, fazem brincadeiras umas com as outras, trocam jornais, comentam a eleição do prefeito — e, freqüentemente, comemoram os aniversários dos colegas passageiros. Este ano, já foram comemorados três aniversários dentro do coletivo. Um passageiro leva o bolo, outro oferece os salgadinhos, um terceiro se encarrega do champanhe e assim por diante. Para o final do ano, o grupo já combinou uma festa de amigo secreto, com as necessárias trocas de presentes.

Este clima de bom humor e muitas brincadeiras sobre rodas se deve a algumas particularidades. Primeiro porque o ônibus atende a uma linha auxiliar com apenas quatro carros, especialmente instalada há dois anos e meio na Freguesia do Ó para servir os moradores daquele bairro que pretendiam chegar até o metrô, através da Avenida Paulista. Foi assim, encontrando-se todos os dias na fila que se formava no ponto inicial, que a "turma do ônibus", como eles mesmos se chamam, começou a se conhecer. Isso é praticamente impossí-

Cleide e Cabrera (sentados): comemorando até aniversários dentro do ônibus

O motorista Bigode: elogios e presentes

vel de acontecer, por exemplo, nos ônibus que trafegam pelo corredor da Avenida Nove de Julho, onde uma pessoa pode ficar um mês tomando o ônibus no mesmo horário sem que encontre as mesmas pessoas entre os passageiros, que vêm de diferentes regiões da cidade. No ônibus da "turma", isso não acontece. Além de morarem todos na mesma região, eles têm horários de trabalho parecidos, o que facilita seu encontro todas as manhãs.

FAVORES — As pessoas já se conheciam há mais de um ano, trocando cumprimentos e travando conversas rápidas, quando a protética Diva Neri Batista, 40 anos, sugeriu que arrecadassem dinheiro para comprar um ovo de Páscoa para o motorista. "Foi aí que começou tudo", conta Diva, cujo aniversário, em outubro passado, mereceu festa e presente — um travesseirinho para que ela pudesse cochilar à vontade durante o percurso. "Passamos a nos ver como amigos e não como passageiros a mais", diz a bancária Cleide Polo Silveira, 29 anos. Além de festinhas e brincadeiras, os passageiros passaram a se ajudar. O técnico de laboratório Sílvio Jaime, 39 anos, encaminhou gratuitamente um colega de ônibus para alguns exames clínicos. O auxiliar administrativo Paulo Sérgio Souza Flores, 24 anos, já economizou em muitas compras, graças às indicações dos colegas. E todos, sem exceção, não reclamam quando o cobrador fica sem troco: os 20 cruzados que faltam ficam como uma espécie de crédito para o dia seguinte. "Sempre usei ônibus para trabalhar, mas nenhum era igual a esse", afirma o vendedor Francisco Cabrera, 38 anos. Como todo grupo, a turma do ônibus já elegeu seu ídolo — é o motorista Antônio Marques, 41 anos, que todos conhecem por "Bigode". Elogiado pelos passageiros por sua paciência e educação, Bigode não deixa por menos e retribui os cumprimentos. "É bom demais trabalhar com um pessoal tão alegre. Deixa a gente de bom humor pelo resto do dia." ∎

A. **Perguntas.**

1. Com base no título do artigo, do que ele trata?
2. À primeira vista, o que faz esse ônibus ser igual aos que circulam pela cidade?
3. Quanto tempo dura a viagem em trânsito normal?
4. Compare o comportamento dos passageiros regulares das linhas de ônibus, com o desse grupo especial.
5. Como os aniversários são comemorados?
6. A festa do amigo secreto é aquela em que todos trazem presentes, os quais são trocados por sorteio entre os participantes. Por que esse tipo de festa acontece em determinados grupos de amigos e não em outros?
7. O que significa "clima de bom humor e brincadeiras sobre rodas"?
8. Que condições existem nessa linha de ônibus que facilitam a comunicação?
9. Por que não é possível haver uma "turma do ônibus" no ônibus da Rua Nove de Julho?
10. Como começou o ambiente de camaradagem entre a "turma do ônibus"?
11. No último parágrafo, identifique:
     a. as pessoas entrevistadas
     b. a profissão delas
     c. o que disseram ao entrevistador
12. Que tipo de pessoa é o motorista do ônibus?
13. Por que o motorista tem o apelido de "bigode"?

B. **Ponto de Encontro**

"Amizade coletiva" é um relato sobre a formação de um grupo de amigos em situação muito peculiar, principalmente por acontecer em São Paulo, uma das maiores cidades do mundo. Considerando esses fatores, faça um debate na sala de aula usando as seguintes questões:

1. A situação narrada no texto é comum?
2. Em sua opinião, quais são os elementos típicos da sociedade brasileira que explicam a ocorrência de "Amizade Coletiva"?
3. É possível que uma situação semelhante a essa aconteça em algum país que você conhece?
4. Fale sobre uma relação de amizade acontecida em circunstâncias especiais. Pode ser uma experiência real (por exemplo, a turma de uma aula) ou fictícia, de um filme ou televisão.

O centro de Goiânia visto da Universidade Federal de Goiás

VI. "CANÇÃO DA AMÉRICA",
MILTON NASCIMENTO

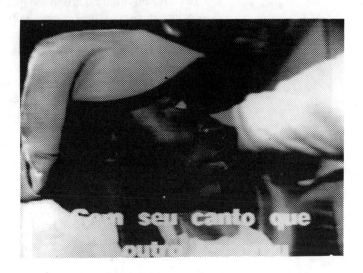

───VÍDEO───

Amigo é coisa pra se guardar
Debaixo de sete chaves
Dentro do coração
Ao se falar na canção
Que na América ouvi
Mas, quem cantar vai chorar
Ao ver seu amigo partir
E quem ficou, no pensamento voou
Com seu canto que o outro lembrou
E quem voou no pensamento ficou
Com a lembrança que o outro cantou.

Amigo é coisa pra se guardar
No lado esquerdo do peito,
Mesmo que o tempo e a distância
Digam não,
Mesmo esquecendo a canção.
E o que importa é ouvir
A voz que vem do coração.
Pois venha o que vier
Seja o que vier
Qualquer dia, amigo, eu volto
A te encontrar
Qualquer dia, amigo, a gente
Vai se encontrar.

───PARE───

Canção da América

"Canção da América" (1980) faz parte de um grupo de canções inspiradas no ideal do panamericanismo, isto é, da solidariedade entre os países latinoamericanos. Deste modo, "a canção que na América ouvi" é a canção da amizade e união espiritual dos latinos. Em tom nostálgico o compositor fala da tristeza causada pela separação destes amigos.

O que é solidariedade?

VII. ACENTUAÇÃO GRÁFICA: OUTROS CASOS

1. The open stressed dipthongs *éi*, *éu*, *ói* carry an acute acent:

idéia	céu	jóia
papéis	véu	dói
platéia	chapéu	bóia
anéis	Ilhéus	herói

2. When *i* and *u* are stressed following a vowel, two syllables are formed and a written accent is needed:

aí	construído	reúne
Piauí	país	gaúcho
saímos	Luís	miúdo

3. A circumflex accent (^) is used to mark the third-person plural forms of *-er* verbs having an accented singular form:

lê --> lêem	crê --> crêem	vê --> vêem

The third-person plural present subjunctive form of *dar* carries a circumflex accent:

       dê --> dêem

The first-person singular of *-oar* verbs carries a circumflex accent:

vôo	abençôo	perdôo	corôo

4. When *-g-* or *-q-* are followed by a syllabic (pronounced) *-u-* and either *-e-* or *-i-*, an acute accent (´) is used to mark stress and a dieresis (¨) is used to mark the unstressed form:

averigúe	freqüente	eloqüente
averigúem	argúem	lingüística

5. Circumflex and acute accents are used to distinguish between certain homonyms:

pôde (perfect)	pode (present)
pôr (verb)	por (preposition)
pêlo (noun -- *hair, fur*)	pelo (contraction of *por* + *o*)
pêra (noun -- *pear*)	pera (archaic preposition)
pára (verb)	para (preposition)

VAMOS PRATICAR

A. **Vamos pronunciar?** Leia em voz alta as palavras abaixo:

1. platéia
2. saúde
3. saí
4. baú
5. países

6. Jesuíta
7. paraíso
8. heroísmo
9. assembléia
10. céu

11. pôde
12. vêem
13. gaúcho
14. hotéis
15. heróico

B. **Às vezes somos diferentes.**

1. Você abotoa a sua camisa e eu não —— (*abotôo*) a minha.
2. O Papa coroa os reis e eu não —— nem a Miss Piauí.
3. Você sempre voa pela VARIG mas eu —— pela PANAM.
4. Meu pai crê em tudo e meus irmãos não —— em nada.
5. Minha mãe enjoa no avião e eu —— no navio.
6. A Maria vê os problemas mas os amigos dela não —— nada.
7. Você perdoa com facilidade mas eu nunca —— ninguém.
8. Você lê muito mas seus colegas nunca ——.
9. O padre abençoa os fiéis e eu —— meus filhos.
10. Quero que o meu pai me dê um carro e os meus irmãos me —— dinheiro pra gasolina.

C. **A letra u é pronunciada ou não?** Leia em voz alta.

1. questão
2. conseqüência
3. quadro
4. queijo

5. aquarela
6. lingüiça
7. enguiçar
8. tranqüilo

9. freqüentemente
10. delinqüente
11. freguês
12. agüentar

O PARAÍSO NATURAL A SUA ESPERA.

Se existe um estado brasileiro que se pode dizer privilegiado por sua posição geográfica, este estado é Mato Grosso.

Suas fronteiras territoriais limitam com cinco Estados (Mato Grosso do Sul, Goiás, Amazonas, Pará, Rondônia) e com a Bolívia.

No entanto, é outro o grande orgulho de seus 1.300.000 habitantes.

Mato Grosso detém, com imenso carinho, a maior reserva ecológica das Américas: o Pantanal mato-grossense.

Neste viveiro natural de aproximadamente 100.000 km², a fauna e a flora, de uma diversidade exuberante, reinam soberanas, colorindo um cenário paradisíaco.

Isto não significa que o Mato Grosso viva no primitivismo ou no isolamento. O correto aproveitamento dos recursos econômicos, por empresários nacionais e estrangeiros aliados a incentivos do Governo, desencadeou, nos últimos anos, um acelerado surto de desenvolvimento.

MATO GROSSO

VIII. "PROCURA-SE UM AMIGO"

VÍDEO

A seguir, a gente vai apresentar um texto chamado "Procura-se um Amigo", que foi publicado na *Folha de São Paulo*. O texto define um amigo ideal e fala sobre a importância da amizade.

important São Paulo daily

"Não precisa ser homem, basta ser humano, basta ter sentimento, basta ter coração. Precisa saber falar e calar, sobretudo saber ouvir. Tem que gostar de poesia, da *madrugada*, de pássaros, de sol, da lua, do canto dos ventos e das canções da brisa. Deve ter amor, um grande amor por alguém, ou então sentir falta de não ter esse amor. Deve amar o próximo e respeitar a dor que *os passantes* levam consigo. Deve guardar segredo sem se sacrificar. Não é preciso que seja de *primeira mão*, nem é imprescindível que seja de *segunda mão*. Pode já ter sido enganado, pois, todos os amigos são enganados. Não é preciso que seja puro, nem que seja de todo impuro, mas não deve ser vulgar. Deve ter um ideal e um medo de perdê-lo, e, no caso de assim não ser, deve sentir o grande vazio que isso deixa. Tem que ter *ressonâncias* humanas, seu principal objetivo deve ser o de amigo. Deve sentir pena das pessoas tristes e compreender o imenso vazio dos solitários.

dawn

passers-by
new
used (second hand)

resonances

"Deve gostar de crianças e lastimar as que não puderam nascer. Procura-se um amigo para gostar dos mesmos gostos, que se *comova* quando chamado de amigo. Que saiba conversar de coisas simples, de *orvalhos*, de grandes chuvas e das recordações da infância. Precisa-se de um amigo para não enlouquecer, para contar o que se viu de belo e triste durante o dia, dos anseios e das realizações, dos sonhos e da realidade.

comover = be moved
dews

"Precisa-se de um amigo que diga que vale a pena viver, não porque a vida é bela, mas porque já se tem um amigo".

PARE

VOCÊ ENTENDEU?

1. O que o autor quer dizer com "Não precisa ser homem, basta ser humano"?
2. Em que circunstâncias um amigo deve saber falar, calar e ouvir?
3. O autor quer um amigo que goste de poesia, da madrugada, de pássaros, etc. O que ele realmente está dizendo?
4. Por que é importante que o amigo ame?
5. No terceiro parágrafo, que expressões querem dizer:
    a. novo?
    b. usado?
6. Ainda no terceiro parágrafo, o que autor quer dizer quando se refere ao amigo usando as palavras:
    a. enganar?
    b. vulgar?
    c. ideal?
    d. objetivo?
7. Qual a melhor definição para o tipo de amigo procurado pelo autor? Que ele seja:
    a. amante da natureza e dos homens
    b. acima de tudo humano
    c. comunicativo e idealista

AGORA É A MINHA VEZ!

Numa aula de psicologia, o professor faz um levantamento de opinão sobre a importância de se ter amigos. Diga porque, *para você*, é importante ter amigos e como esse amigo deve ser.

IX. FORMAÇÃO DO DIMINUTIVO E AUMENTATIVO

—VÍDEO—

O diminutivo é formado com os sufixos *-inho* e *-zinho*:

-INHO E -ZINHO

LIVRO   LIVRINHO

MOÇA   MOCINHA

JOÃO   JOÃOZINHO

PAPEL   PAPELZINHO

CAIXAS   CAIXINHAS

O aumentativo, bem menos usado, é formado pelos sufixos *-ão* e *-ona*: amigo, amigão; banana, bananão; solteira, solteirona.

AMIGO   AMIGÃO

BANANA   BANANÃO

SOLTEIRA SOLTEIRONA

Observe os diminutivos na cena seguinte:

Mãe: Oi, minha filha, meus parabéns, que alegria. Estou tão emocionada. Ah, Cristina, eu *tricotei* tanto, fiz tanta coisa **bonitinha** que você nem imagina.   *knitted*

Filha: Deixa eu ver.

Mãe: Olha, você não queira saber. Tá tudo uma ***gracinha***. Olhe aqui, ***calçãozinho***, olha que **sapatinho**, Cristina! Olha, ***touquinha***, Cristina. Olha, o ***casaquinho***, Cristina. Olhe aqui, Cristina, olhe, Cristina. Não está tudo uma **gracinha**, Cristina?   *cute* *pants*; *hat; coat*

Filha: Tá, mamãe, tá lindo. Mas é tudo rosa, mamãe!

Mamãe: Mas é claro que é cor-de-rosa, Cristina. Pois é pra minha **netinha**.

———————————— *PARE* ————————————

OBSERVE E RESPONDA

1. Onde se passa a cena?
2. Quais são os personagens?
3. O que os personagens estão fazendo aí?

VOCÊ ENTENDEU?

1. Qual é o assunto da conversa entre os personagens?
2. O que a mãe tricotou?
3. Por que a filha está um pouco desapontada com os presentes que a mãe trouxe?

The Diminutive

1. The diminutive is made using the *-inho/-inha* suffix:

cachorro   --> cachorrinho   moças   --> mocinhas

2. Words ending in a consonant, a stressed vowel, a nasal vowel or a diphthong take the suffix *-zinho* (*-zinha*)[1]:

animal   --> animalzinho   nuvem --> nuvenzinha
café   --> cafezinho   pai   --> paizinho
homem   --> homenzinho

3. Words ending in *-co(a)*, *-go(a)*, change their spelling to form the diminutive:

-co(a)   -->-qu + -inho(a)   barco -->   barquinho
-go(a)   -->-go + -inho(a)   amigo -->   amiguinho

4. The diminutive may be used to indicate:

a. small size: *Este livrinho cabe no meu bolso.*
b. a nickname: *O Joãozinho é meu irmão.*
c. affection: *Ele é tão engraçadinho!*
d. sarcasm: *Esse doutorzinho é muito chato.*

The Augmentative

1. The augmentative is made using the suffixes *-ão* (masculine) and *-ona* (feminine):

cachorro   --> cachorrão   mesa   --> mesona

2. There are many infrequently used augmentative endings: *-arão, -arrão, -zarrão, -aço.*

casa   --> casarão   homem   --> homenzarrão
santo   --> santarrão   rico   --> ricaço

3. The augmentative may be used to indicate:

a. large size: A minha casa tem um **banheirão!**
b. greater degree: Ela é **bonitona!**
c. scorn: Aquela **mulherona** é muito **mandona** (bossy).
      Raul é um **bananão.** (spineless or indecisive man)

---

[1]Notice that the addition of a suffix, such as *-zinho* causes the loss of the written accent: *história --> historinha; café --> cafezinho.*

VAMOS PRATICAR

A. **Como são essas crianças?**

Tânia

Luís e Rachel

Ex.: *Tânia é boazinha.*   *Luís e Rachel são bonitinhos.*

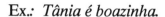

1. magra	1. meus amigos
2. minha colega	2. tão educados
3. um pouco doida	3. muito bons
4. pequena	4. jovens

B. **História em quadrinhos.** Elisa, uma garotinha de dez anos, adora revistas em quadrinhos e escreveu uma redação sobre isso. Coloque as palavras em parênteses na forma do diminutivo, porque foi assim que a Elisa as escreveu.

A História em quadrinhos é uma (história) feita com desenhos e palavras e que se desenvolve em (quadros). Ontem li uma muito (engraçada). Era sobre uma (gata) que se chamava Mimi. Ela vivia sozinha num lugar muito chic e (perto) de tudo. Nada lhe faltava. Tinha a sua (comida), a sua (casa) confortável e os seus (brinquedos). Mas Mimi sentia-se um (pouco) triste na sua solidão, sem (companheiros) para brincar. Não havia nenhum outro (animal) por perto. Não havia (coelhos), (vacas), nem (porcos). De manhã ela tomava o seu (café) com um (pão) bem gostoso e depois brincava com a sua (bola) e sua (boneca). De noite, antes de ir pra sua (cama), ela comia um (pedaço) de galinha, tomava uma sopa bem (quente) e ficava olhando as (estrelas) brilhando no céu. Um dia ela estava muito (triste) e não quis comer (nada). Já era tarde e ela só pensava que tudo o que queria na vida era ter um (colega). Como sempre, pediu o seu (favor) a Deus, isto é, que lhe mandasse um (amigo) de verdade, que enchesse os seus dias de alegria. De repente um (rato) apareceu correndo e, muito assustado, parou na frente da Mimi e ficou olhando para ela (morto) de medo. Ela olhou para ele e pensou um (instante): Será esse o enviado de Deus? Como ficou na dúvida e o (rato) já ameaçava fugir, e uma (fome) danada começou instintivamente a crescer dentro dela, Mimi não hesitou: deu um salto, pegou o (coitado) e fez dele um bom (jantar).

Moral: Nunca visite amigos de estômago vazio.

C. **Investigação policial.** Coloque as palavras em parênteses na forma do aumentativo.

Policial   — Como era ele?

Zezinho   — Era um (moreno) bem forte!

Policial   — Era gordo? Magro?

Zezinho   — Era bem (gordo) e tinha um (cabelo) muito comprido.

Policial   — Ele estava descalço?

Zezinho   — Não, eu vi muito bem. Ele tinha um (pé) desse tamanho e usava um (sapato) sujo e velho.

Policial   — Algum outro detalhe?

Zezinho   — Ele tinha um aspecto (grosseiro) com uma (cara) e uma (boca) muito grandes. Era um (homem) muito feio.

Policial   — Ele levava alguma coisa nas mãos?

Zezinho   — Nas (mãos) dele tinha uma (sacola) do tamanho de um elefante. Eu me lembro muito bem.

Policial   — E você lembra como ele estava vestido?

Zezinho   — Deixe-me ver! Ah! Ele estava usando um calção azul, uma (camisa) muito (frouxa) e um (chapéu) de caubói. Parece que ele tinha um (brinco) na orelha esquerda.

Policial   — Basta! Já tenho todas as informções que preciso. O assaltante é o Chico (Macaco), um (safado) muito conhecido nessa região. E você? Como é o seu nome? Você vai identificar o Chico?

Zezinho   — Olha, do meu nome eu não me lembro, moço! Agora o senhor me dá licença que eu estou com muita pressa de ir pra casa.

X. O PROBLEMA ECOLÓGICO

A construção de Brasília marcou o início de um grande *crescimento demográfico* no Centro-Oeste. Começou aí a *corrida* para a abertura de novas fronteiras. Inicialmente a imigração atendia às necessidades da construção da nova capital. Depois foram construídas estradas como a Belém-Brasília e a Transamazônica, criando enormes possibilidades de ocupação de vastas áreas até então inexploradas.

A promessa de *enriquecimento* rápido e maiores oportunidades de trabalho -- situação típica das zonas de fronteira -- atraía pessoas de todas as regiões do país. Inicialmente, a população se concentrava ao longo das estradas. Com a descoberta de enormes *jazidas* de *minérios*, principalmente de ouro, como as de Serra Pelada e Poconé, e a expansão *agropecuária*, começou a exploração *desordenada* da Amazônia e do Pantanal. A floresta amazônica, responsável por 1/3 da produção de oxigênio do planeta, vem sendo devastada para o *aproveitamento* de *madeiras de lei* ou simplesmente queimada para dar lugar à agricultura ou à criação de gado. Além de destruir a vegetação e seriamente ameaçar a vida animal, a queimada polui o ar e contribui para o aquecimento do planeta. O prognóstico é de que estas áreas devastadas podem se transformar em gigantescos desertos porque o solo é fraco e arenoso.

O Pantanal do Mato Grosso e do Mato Grosso do Sul, vítima da ação predatória do homem, começa a sofrer um rápido processo de destruição de sua flora e fauna pela procura do ouro, poluição dos rios e caça sem controle. Muitas das espécies animais ali existentes já são raramente vistas.

Ao lado do problema ecológico, a Região Amazônica tem sido um foco de sérios conflitos sociais. A disputa pela terra, o deslocamento e abandono do índio, a reação de vários grupos contra o abuso à natureza e aos direitos humanos, têm gerado violência, mortes e uma trágica ameaça a toda a região.

Se por um lado o desenvolvimento econômico do Brasil depende em grande parte do aproveitamento de áreas até agora inexploradas, por outro lado a maneira como isto vem sendo feito cria mais problemas do que soluções. Em vista do perigo iminente, existem hoje no Brasil 800 associações e entidades em defesa da ecologia. As maiores mantêm *convênios* para financiamento de projetos de fiscalização e *educação ambiental*, mas todas trabalham juntas para fazer o brasileiro consciente de sua responsabilidade pela boa utilização dos recursos naturais do País.

ambiental environmental	**crescimento** population growth
aproveitamento utilization	**desordenado** disorganized
agropecuária cattle and agriculture	**enriquecimento** enrichment
consciente conscious	**jazidas** deposits
convênio agreement	**madeiras de lei** hardwoods
corrida run	**minérios** minerals

A. Perguntas.

1. O que a construção de Brasília significa para o desenvolvimento do Centro-Oeste e Amazônia?
2. Que oportunidades de trabalho a nova fronteira prometia?
3. A preservação da floresta amazônica é importante para o planeta?
4. Como a Amazônia vem sendo ameaçada?
5. O Pantanal tem sido explorado racionalmente?
6. Que problemas sociais têm surgido com a exploração da Amazônia?
7. Quais são as razões a favor e contra a exploração da Amazônia?
8. O que se pode fazer para evitar a destruição da Amazônia e do Pantanal?

B. Agora é a minha vez!

O desenvolvimento industrial e a exploração econômica em muitos países têm criado situações de desequilíbrio ecológico. Fale sobre uma dessas situações mencionando como o problema aparece (por exemplo, poluição do ar) e o que ele causa (por exemplo, o efeito estufa).

XI. "FOLCLORE AJUDA"

MEIO AMBIENTE

Folclore ajuda

Curupira está sendo invocado.

■ Um exército de "vigilantes curupiras" vai invadir o Paraná nos próximos dias. Que exército é esse? Quem são os "vigilantes curupiras"? São escolares dos seis aos doze anos, que estão recebendo noções básicas sobre a necessidade de preservação do meio ambiente. Terão carteirinhas de identificação, usarão camisetas com o desenho de um curupira e concorrerão anualmente ao Troféu Curupira, que será entregue na Semana do Meio Ambiente ao que melhor desempenhar suas funções.

Folclore conta — O curupira é uma entidade que habita as matas, segundo o folclore brasileiro. É um menino, para alguns; um anão, para outros. Em diversas regiões tem cabeleira vermelha; em outras é calvo. Mas em todos os lugares há unanimidade quanto aos pés voltados para trás. Por causa disso, deixa rastos ao contrário e faz os mais incautos se perderem na floresta. "Invencível", diz a *Enciclopédia Delta—Larousse*, "faz percussão nas árvores quando se aproxima uma tempestade, para que despertem e resistam à força das intempéries." Em todo o país, esse ser que habita as matas é o protetor da flora. Do Maranhão para baixo é também protetor da caça.

Pois é esse personagem de lenda que foi escolhido para sensibilizar a criançada do Paraná. Tornou-se símbolo de um projeto pioneiro que visa, principalmente, a desenvolver nas crianças a consciência preservacionista do meio ambiente. O Projeto Curupira está sendo coordenado pelas secretarias do Interior e da Educação, além da Superintendência de Recursos Hídricos e Minerais. Paralelamente, o Governo baixou uma portaria há muito aguardada pelos técnicos agrícolas e pela população.

Não à pulverização — A portaria proíbe o uso de aviões pulverizadores e o bombardeamento de pesticidas na lavoura quando se tratar de terrenos situados a 100 metros de cursos de água, núcleos habitacionais, escolas rurais e locais de lazer; exige que toda propaganda comercial desses pesticidas mencione os perigos de toxicidade; e estabelece que o seu lançamento em rios, córregos ou reservatórios será configurado como crime.

O Projeto Curupira criou também o curso profissionalizante de técnico em piscicultura, a nível de segundo grau, sendo implantado na cidade de Toledo. O objetivo é formar técnicos que desenvolvam a piscicultura em setenta municípios do Oeste e do Sudoeste do Paraná. □

anão dwarf	**intempérie** storm
avião pulverizador spray plane	**sensibilizar** sensitize
calvo bald	**piscicultura** fish culture
configurar consider	**portaria** government regulation
incauto rash, unwary	**rasto** track

1. O que são os "vigiliantes curupiras?
2. Como os vigilantes curupiras vão ser identificados?
3. Quem é o curupira no folclores brasileiro?
4. Faça uma descrição do aspecto físico do curupira.
5. Por que o curupira tem os pés voltados para trás?
6. Como o curupira protege as árvores contras as intempéries?
7. De um modo geral, o que o curupira protege?
8. O que é o Projeto Curupira e porque o curupira foi escolhido como símbolo dele?
9. "Baixar uma portaria" quer dizer aprovar uma lei ou regulamentação. Diga, em suas próprias palavras, quais os três aspectos que a portaria sobre pulverização determina.
10. Por que o Projeto Curupira criou o curso para profissionais em piscicultura?

XII. FESTAS JUNINAS

VÍDEO

Junho é o mês das festas juninas. Dia 13 é o dia de Santo Antônio, dia 24 de São João e 29 de São Pedro. Nestas festas os brasileiros dançam *quadrilha* e *pulam fogueira*. As comidas tradicionais são *bolo de milho, pamonha*, pipoca e *pé de moleque*. Bebe-se *quentão*, que é feito de cachaça e s serve para esquentar nessas noites frias de junho. O ambiente é festivo e o céu fica decorado com balões. Ouve-se por toda parte o barulho dos fogos de artifício.

square dance; jump over bonfires; corn bread; sweet corn cake; peanut brittle; punch of rum, gin and cinnamon

PARE

As festas juninas

Tradição cristã que passou para o domínio popular

Do Banco de Dados

As festas juninas (de junho), ou joaninas (de João), são comemoradas anualmente, no período de 12 a 29 de junho, e se caracterizam em todo o Brasil por danças (especialmente a quadrilha), bebidas (quentão —pinga ou vinho fervido com gengibre) e comidas (batata-doce, pinhão, pipoca etc). Até meados da década de 50, quando começou a aceleração do processo de urbanização nas principais cidades brasileiras, era comum acender fogueiras nas ruas, normalmente livres do asfalto e dos automóveis.

Em suas origens cristãs, a festa era realizada no hemisfério norte na noite de 23 para 24 de junho e dedicada a São João, santo católico, primo de Jesus Cristo. O dia de seu nascimento (24 de junho) coincide com o solstício de verão (inverno no hemisfério sul).

Influência portuguesa

Toda a Europa antiga conheceu a tradição de acender fogueiras nos lugares altos e mesmo nas planícies, as danças ao redor do fogo, os saltos sobre as chamas. No hemisfério sul, as fogueiras tiveram grande aceitação popular porque as festas ocorrem numa época de frio.

As festas juninas —hoje dedicadas a Santo Antonio (dias 12 e 13), São João (dias 23 e 24) e São Pedro (dias 28 e 29)— foram trazidas ao Brasil pelos colonizadores portugueses no mesmo século da descoberta.

A noite de 23 de junho também é usada na prática de adivinhações, principalmente por moças, embora Santo Antonio é que seja conhecido como o santo casamenteiro (São João é o protetor das grávidas e São Pedro das viúvas).

VOCÊ ENTENDEU?

1. Quando as festas juninas são celebradas?
2. O que é uma quadrilha?
3. A bebida típica das festas juninas é o *quentão*. De que ele é feito?
4. Por que não é mais comum acender fogueiras nas ruas?
5. Explique as origens das festas juninas.
6. Fale sobre o uso do fogo nas celebrações populares da europa antiga e do Hemisfério Sul.
7. Quais são as datas de celebração dos santos de junho?
8. O santo casamenteiro é ——.
9. O santo das viúvas é ——.

PONTO DE ENCONTRO

Entrevista entre colegas:

1. Você conhece alguma celebração tradicional de qualquer país?
2. Qual é o motivo dessa celebração, quando e onde é celebrada?
3. Quem participa dela?
4. Como os participantes e espectadores se vestem?
5. Descreva a celebração.
6. Essa celebração tem sofrido alguma mudança com o passar do tempo? Quais foram as causas dessa mudança?
7. Você já participou dessa celebração? De que maneira?

DÊ UM JEITO!

O prefeito da cidade quer fechar a fábrica de fogos de artifício "Estrela", argumentando que esses fogos são perigosos. O dono da fábrica defende o seu produto dizendo que o uso dos fogos deve ser regulamentado por lei. Faça uma dramatização dessa disputa, com três personagens: o prefeito, o dono da fábrica e o juiz.

ARRAIAL NO Shopping CENTER NORTE

DE 22 A 30 DE JUNHO

COM COMIDAS TÍPICAS
Churrasco, Sardinha, Pastel Mineiro, Pinhão, Batata Doce, Pipoca, Amendoim, Pé-de-moleque, Doce de Abóbora, Quentão, Vinho Quente e Refrigerantes.

MUITA BRINCADEIRA
Telefone Maluco, Bola ao Palhaço, Pescaria, Corrida de Cavalinhos, Caixa de Surpresa, Coelhinhos.

E MUITA ANIMAÇÃO
Cantores Regionais, Concurso de Fantasias, Concurso de Quadrilhas, Pau-de-sebo, Corrida de Saco, Corrida de Ovo, Procura ao Tesouro, Cabo de Guerra e um tremendo Arrasta-pé.

LOCAL:
Praça dos Eventos ao lado do Shopping Center Norte
De 2.ª a 6.ª das 17 às 22 horas e aos sábados e domingos das 10 às 22 horas.

PARTE II

I. BRASÍLIA

─VÍDEO─

Brasília foi construída no *planalto central* do Brasil durante o governo do Presidente Juscelino Kubitschek, para ser a capital do país. A razão para isto foi a de atrair para o interior a população e o desenvolvimento que se concentravam nas regiões próximas do *litoral*. A cidade foi inaugurada no dia 21 de abril de 1960, quando a nova capital foi transferida do Rio de Janeiro.

central plateau (1955-1960)

coast

O *planejamento urbano* de Brasília, chamado *Plano Piloto*, foi feito por Lúcio Costa. O arquiteto Oscar Niemeyer projetou os edifícios da capital. A arquitetura de linhas modernas e *arrojadas* simboliza ao mesmo tempo a tradição cultural brasileira e o Brasil do futuro. Brasília tem uma sociedade representada por pessoas que vieram de todas as partes do Brasil, trazidas pelo governo ou atraídas por novas oportunidades.

urban planning;Pilot Plan

daring

── PARE─

VOCÊ ENTENDEU?

1. Por que Brasília foi construída no Planalto Central?
2. O que simboliza em Brasília a tradição cultural brasileira e o Brasil do futuro?
3. Que oportunidades Brasília poderia oferecer aos seus novos habitantes?
4. Identifique as pessoas abaixo e o que elas fizeram:
   a. Juscelino Kubitschek
   b. Oscar Niemeyer
   c. Lúcio Costa

Brasília, realização de um sonho

A idéia de mudar a capital federal do Rio de Janeiro para um ponto mais central do Brasil, vem do tempo do Império. Com a primeira Constituição republicana (1891) foi designada uma área no Planalto Central para nela se estabelecer a futura capital do Brasil. Essa área só foi definitivamente aprovada em 1955 e a construção de Brasília foi iniciada em 1957.

A mudança da Capital foi parte do Plano de Metas do Presidente Juscelino Kubitscheck (1955-1960). Esse plano de desenvolvimento integrado incluía também a construção de estradas de rodagem, usinas hidroelétricas, a expansão do parque industrial e, em particular, o estabelecimento da indústria automobilística. O lema do Plano era desenvolver o país "Cinquenta anos em Cinco", levando o progresso para o interior e criando condições para a migração interna. Como se sabe, desde os tempos coloniais a população brasileira se concentrava ao longo do gigantesco litoral do país. O interior continuava isolado e o seu enorme potencial econômico permanecia inexplorado.

A planta de Brasília, o chamado Plano Piloto, tem a forma de um avião. Nas asas curvas encontra-se o maior setor residencial da cidade, composto de Super-Quadras que abrigam prédios de apartamentos, escolas, comércio, os setores hoteleiro e bancário, enfim a parte funcional urbana. No corpo do avião estão os edifícios do governo, como o Palácio da Alvorada (residência do Presidente), Palácio do Itamarati (Ministério das Relações Exteriores), Congresso Nacional, e a Catedral.

Inaugurada em 1960, Brasília conta, em 1989, com uma população de quase 2.000.000 de habitantes vindos de todas as partes do país, e com várias gerações de indivíduos que nasceram ali. Dessa mistura surgiu uma sociedade única no contexto urbano e cultural, com suas características próprias, cada vez mais afirmando o interior do Brasil como território conquistado.

PLANO-PILOTO

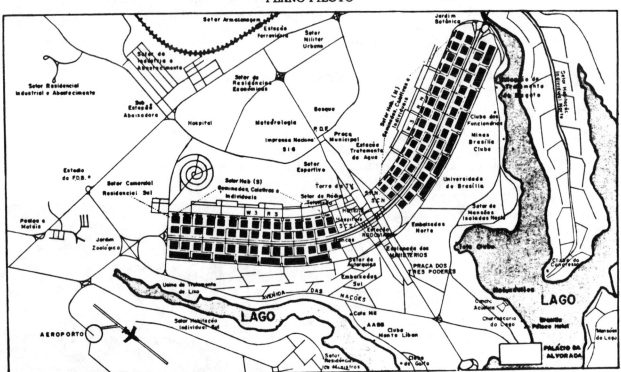

VOCÊ ENTENDEU?

1. De onde veio a idéia de mudar a capital do Brasil para o interior do país e qual foi a cronologia desse processo?
2. Descreva o Plano Piloto. Por que ele tem esse nome?
3. Fale sobre o Plano de Metas do Presidente Juscelino Kubitschek.
4. Por que Brasília é a afirmação de que o interior do Brasil está sendo conquistado?
5. Quantos anos se levou para construir Brasília?

AGORA É A MINHA VEZ!

Faça uma apresentação sobre a fundação e desenvolvimento de alguma cidade, em qualquer país. Pode ser uma cidade pequena ou grande, conhecida ou não.

II. ÁGUA COM BOLINHAS
— ACENTUAÇÃO GRÁFICA, REVISÃO

—VÍDEO—

A cena que se segue mostra bem a importância dos acentos em português. O acento marca a sílaba mais forte da palavra, que é chamada de "sílaba tônica". Veja o que pode acontecer se você não usa bem os acentos em português.

Garçom —— Pois não, às suas ordens.

Fernando —— Ah, por gentileza, pra mim o senhor faz o favor de trazer um suco de laranja. E para você, minha filha, que é que você quer, Ofélia?

Ofélia —— Pra mim pode ser uma tonica.

Garçom —— Uma quê, minha senhora?

Ofélia —— Uma tonica, aquela água que tem as *bolinhas* que *coçam* no nariz da gente, entendeu?   *bubbles; tickle*

Fernando —— Ofélia, pelo amor de Deus! A água se chama "ÁGUA TÔNICA".

Ofélia —— Que é isso, Fernandinho? Aquela água que tem as bolinhas é tonica. Ou você pensa que não sei o que estou falando?

Fernando —— É tônica, Ofélia, tonica não existe.

Ofélia —— He, he, he, como não existe, meu bem? Se eu tomei a vida inteira?

Fernando — É, você tem tomado muita coisa enganada, Ofélia, é por isso. Ofélia, tônica, acentuação de tônica é o TO, TO, acento circunflexo. Isso chama-se "acentuação tônica".

Ofélia — *Era só o que faltava.*

That's all I needed!

Garçom — He, he, he. Ela não entendeu foi nada. Mulherzinha *burra*, hein?

dumb

Fernando — Você, não faça, não! Tenha a bondade, acrescenta mais aí: **respeito**. Essa que está aí é a minha senhora, a mãe dos meus filhos. Se ela não entendeu, não tem problema nenhum, meu filho. O senhor entendeu, não é?

Garçom — Entendi, sim senhor.

Fernando — Então faça o favor de trazer o que ela pediu, uma água com bolinhas.

Garçom — Pois não. Com licença, com licença.

Ofélia — Olha aí. Pra mim uma tonica porque se vier a outra eu não tomo. *Essa é boa!*

What a joke!

Fernando — Ofélia, pelo amor de Deus! Deixa a gente explicar. Toda palavra tem uma sílaba acentuada, tônica, entendeste? A sílaba forte da palavra. Todas elas têm uma sílaba chamada "tônica".

Ofélia — Por quê? Elas têm bolinhas? Olha aqui, Fernandinho, deixa de dizer besteira.

Fernando — Não, bolinha é o que você tem na cabeça. Estou falando de sílaba. Sílaba tônica é a sílaba forte da palavra. Quando você pede, por exemplo, um guaraná, a sílaba forte é "na". E essa sílaba forte, "na", é que nós chamamos de sílaba tônica.

Ofélia — Mas acontece que não tô querendo guaraná. Estou querendo uma tonica, *mas será o Benedito!*

I can't believe this is happening!

Fernando — Pelo amor de Deus, Ofélia, presta atenção. Uma coisa não tem nada a ver com a outra. Estou falando de sílabas, não de refrigerantes. Então a sílaba forte da palavra chama-se "sílaba tônica". Por exemplo, 'tônica', a sílaba forte é "tô"; guaraná, a sílaba forte é "ná"; imbecil, a sílaba forte é "cil". Então a sílaba é tônica e não tonica. Entendeu?

Ofélia — Claro que eu entendi. Há muito tempo que eu entendi. Você não precisava dar essa explicação toda porque você sabe muito bem que eu só abro a boca quando eu tenho certeza.

———— *PARE* ————

OBSERVE E RESPONDA

1. Onde se passa a cena?
2. Quem são as personagens do diálogo?
3. Descreva:
   a. como os personagens estão vestidos.
   b. a personalidade deles.

VOCÊ ENTENDEU?

1. Que expressão significa "por favor" quando Fernando pede o suco de laranja ao garçom?
2. É verdade que água tônica tem bolinhas que coçam o nariz?
3. Como o garçom trata a Ofélia?

4. O que indica que Fernando não aceita a maneira como o garçom trata a sua esposa?
5. O Fernando exige que o garçom respeite a sua mulher porque:
   a. ele quer evitar brigas com ela.
   b. ele fica com raiva do garçom.
   c. só ele pode criticar a sua mulher.
6. O que você acha da atitude de superioridade do Fernando?
7. O objetivo dessa cena é mostrar:
   a. como se pede algo num restaurante.
   b. a importância da acentuação gráfica na pronúncia das palavras.
   c. que água tônica tem bolinhas.
8. Complete as frases abaixo com as seguintes palavras: *besteiras, coçar, burro.*
   a. quando eu tomo água tônica, o meu nariz ——.
   b. o meu irmão só abre a boca para dizer ——.
   c. aquele homem não entende nada do que eu falo porque ele é ——.

PONTO DE ENCONTRO

Faça uma dramatização de "Água com bolinhas" em que você é o narrador e três colegas fazem o papel de Fernando, Ofélia e o garçom.

III. "AMIGOS", Luís Fernando Veríssimo

"Amigos"

Os dois eram grandes amigos. Amigos de infância. Amigos de adolescência. Amigos de primeiras aventuras. Amigos de se verem todos os dias. Até mais ou menos os 25 anos. Aí, por uma destas coisas da vida -- e como a vida tem coisas! -- passaram muitos anos sem se ver. Até que um dia.

Um dia *se cruzaram* na rua. Um ia numa direção, o outro na outra. Os dois se olharam, caminharam mais alguns passos e se viraram ao mesmo tempo, como se fosse coreografado. Tinham-se reconhecido.
—— Eu não acredito!
— Não pode ser!

Caíram um nos braços do outro. Foi um abraço demorado e emocionado. Deram-se tantos *tapas* nas costas quantos tinham sido os anos de separação.
— Deixa eu te ver!
— Estamos aí.
— Mas você está *careca*!
— Pois é.

— E aquele bom cabelo?
— Se foi...
— Aquela *cabeleira*.
— Muito *Gumex*...
— Fazia um sucesso.
— Pois é.
— Era cabeleira pra *derrubar suburbana.*
— Muitas *sucumbiram*...
— Puxa. Deixa eu ver atrás.

Ele se virou para mostrar a careca atrás. O outro exclamou:
— Completamente careca!
— E você?
— Espera aí. O cabelo está todo aqui. Um pouco *grisalho*, mas *firme.*
— E essa barriga?
— O que é *que a gente vai fazer?*
— Boa vida...
— Mais ou menos...
— Uma senhora barriga.
— Nem tanto.
— Aposto que futebol, com essa barriga...

— Nunca mais.

— Você era bom, hein? Um bolão.

— O que é isso?

— Agora tá com a bola na barriga.

— Você também.

— Barriga, eu?

— Quase do tamanho da minha.

— O que é isso?

— Respeitável.

— *Quem te dera* um corpo como o meu.

— Mas eu estou com todo o cabelo.

— Estou vendo umas *entradas* aí.

— O seu só teve saída.

Ele se *dobra* de rir com a própria *piada*. O outro muda de assunto.

— Fazem o quê? Vinte anos?

— Vinte e cinco. No mínimo.

— Você mudou um bocado.

— Você também.

— Você acha?

— Careca...

— De novo a careca? Mas é fixação.

— Desculpe, eu...

— Esquece a minha careca.

— Não sabia que você tinha complexo.

— Não tenho complexo. Mas não precisa ficar falando só na careca, só na careca. Eu estou falando nessa barriga indecente? Nessas *rugas*?

— Que rugas?

— Ora, que rugas.

— Não. Que rugas?

— Meu Deus, sua cara está que é um *cotovelo*.

— Espera um pouquinho...

— E essa barriga? Você não se cuida, não?

— Me cuido mais que você.

— Eu faço ginástica, meu caro. Corro todos os dias. Tenho uma saúde de cavalo.

— É. Só falta a *crina*.

— Pelo menos não tenho barriga de baiana.

— E isso o que é?

— Não me *cutuca*.

— E esse óculos são pra quê? Vista cansada? Eu não uso óculos.

— É por isso que está vendo barriga onde não tem.

— Claro, claro. Vai ver que você tem cabelo e eu é que não estou enxergando.

— Cabelo outra vez! Mas isso já é obsessão. Eu, se fosse você, procurava um médico.

— Vá você, que está precisando. Se bem que velhice não tem cura.

— Quem é que é velho?

— Ora, faça-me o favor...

— Velho é você.

— Você.

— Você.

— Você!

— Ruína humana.

— Ruína, não.

— Ruína!

— Múmia!

— Ah, é? Ah, é?

— *Cacareco*! Ou será cacareca?

— Saia da minha frente!

Separaram-se, furiosos. Inimigos para o resto da vida.

A Velhinha de Taubaté

cruzar-se cross on the street
cabeleira big head of hair
cacareco old, worthless object

careca bald
cotovelo elbow
crina mane
cutuca jab
dobrar bend over
entrada widow's peak
grisalho grey

firme in place
Gumex hair cream
o que a gente vai fazer? There's nothing you can do about it.
piada joke
quem te dera You wish you had...
ruga wrinkle
derrubar suburbana conquer women of a lower class
sucumbir succumb
tapas taps or slaps

A. Você entendeu?

1. Procure no texto as expressões que você precisa para combinar a coluna A com a coluna B.

A	B
1. dar tapas	a. algo velho, quebrado, sem valor
2. careca	b. tocar uma pessoa com o dedo
3. grisalho	c. sem cabelo
4. rugas	d. cabelo escuro entremeado de fios brancos
5. cutucar	e. usado por pessoas com problemas de olhos
6. cacareco	f. dobras na pele que indicam velhice
7. óculos	g. dar batidas leves nas costas ao se cumprimentar

2. Complete a frase abaixo com a alternativa mais apropriada: Os dois eram amigos ...
   a. há 25 anos.
   b. desde criança até aproximadamente os 25 anos.
   c. de escola.

3. Por que os dois amigos passaram muitos anos sem se verem? Que fatores causam a separação de amigos?
4. Como os dois amigos se reconheceram?
5. Como foi o abraço dos dois? Esse abraço é típico do seu país ou de outros que você conhece?
6. Como era o cabelo do amigo que agora está careca?
7. Que indicação existe, no texto, de que um dos amigos não joga mais futebol?
8. Os dois amigos criticam, mutuamente, sua aparência física:
   a. careca
   b.
   c.
   d.
   e.
9. Quando os dois amigos começam a se zangar um com o outro?
10. O que um dos amigos quis dizer com o jogo de palavras "cacareco" e "cacareca"?
11. Qual o significado do verbo "virar" nas frases abaixo?
   a. Ele virou-se e olhou para trás para ver o que estava acontecendo.
   b. À meia noite ele vira lobisomen.
   c. O carro virou e matou o motorista.
   d. Eu vou me virar para conseguir o dinheiro da viagem.

B. Ponto de Encontro:

Dramatize com um/a colega a história dos dois amigos. Use a sua imaginação e faça as mudanças que forem necessárias.

C. Agora é a minha vez!

Você já teve alguma experiência semelhante à dos personagens de "Amigos", ao reencontrar um amigo ou parente que não via há muito tempo? Conte a sua experiência ou invente uma, como por exemplo:

  1. rapaz reencontra a ex-noiva no elevador.
  2. aluno encontra ex-professor no consultório do dentista.
  3. moça encontra o ex-patrão numa festa.

IV. *É SÓ ORGANIZAR AS PALAVRAS!*
▬ REVISÃO DE FORMAS VERBAIS

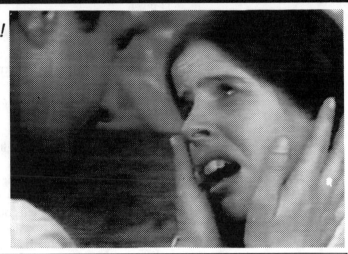

──────*VÍDEO*──────

Mulher —— Ai, acorde, pelo amor de Deus. Acorde, lá dentro...

Homem —— Fala mais devagar, Genésia.

Mulher —— Ai, eu tô nervosa, eu tô nervosa. As crianças estão lá dentro, aquilo bateu, caiu no meu pé, ai meu Deus!

Homem —— Fala devagar, Genésia. Fala mais devagar. Assim não dá. Genésia, será que você não entende?

Mulher —— Ai, eu tô nervosa. Ai, meu Deus, eu não consigo nem respirar. Juca, pelo amor de Deus, me ajuda. Santa Madalena, eu não tive culpa. Você não faz nada? Juca, pelo amor de Deus, me ajuda, você tem...

Homem —— Genésia, como é que você quer que eu faça alguma coisa se eu não tenho a menor idéia do que você está falando?

Mulher —— Ai, meu Deus, eu tô nervosa. As crianças estão lá dentro. Me ajuda, pelo amor de Deus!

Homem —— Genésia, calma, calma, fica calma. Eu já te disse várias vezes, várias vezes: Quando você quer contar alguma coisa pra alguém ... pára de chorar ... quando você quer contar alguma coisa pra alguém ou então escrever alguma coisa, você tem que contar os fatos com clareza. Você tem que ir diretamente aos fatos principais. Eu vou te explicar. É muito fácil... pára de chorar... fica calma. Tá bem? Tá bem agora? Então agora raciocine e me responda com a maior clareza: O que é que está acontecendo?

Mulher —— A casa... está... pegando fogo!

Homem —— Viu? Agora eu entendi. Quando você enuncia as palavras com bastante clareza, eu entendo o que você quer dizer. Você me disse que a casa ESTÁ PEGANDO FOGO?????

Mulher —— Viu? Agora ele entendeu! Ele tinha razão. É só organizar as palavras direitinho!

──────*PARE*──────

OBSERVE E RESPONDA

1. Onde se passa a cena?
2. Quais são os personagens?
3. Faça uma descrição deles.

VOCÊ ENTENDEU?

1. O que indica que a mulher está nervosa?
2. Por que o marido diz que não tem a menor idéia do que a Genésia está falando?
3. "Enunciar" é o mesmo que:
   - a. pronunciar
   - b. anunciar
   - c. contar, relatar
4. Como foi demonstrado na dramatização, um dos problemas que prejudica a comunicação é o fato de as pessoas não falarem com clareza. Que outros motivos impedem a boa comunicação?
   - a. não falar com clareza
   - b.
   - c.
   - d.
5. Qual o motivo de a Genésia estar nervosa?
6. Por que o marido não se deu conta imediatamente do que estava acontecendo?
7. Leia o texto com atenção e diga se o tom do diálogo é:
   - a. triste e trágico
   - b. cômico e triste
   - c. irônico e engraçado

VAMOS PRATICAR

A. **Atividades passadas!** O que você fez

1. na praia? Ex.: *Eu tomei banho de sol.*
2. no aeroporto?
3. no teatro?
4. no hospital?
5. no estádio?
6. na floresta?
7. na igreja?
8. no hotel?
9. na rua?
10. na locadora de vídeo?

B. **Um mistério!** Complete o texto usando os verbos indicados nas formas apropriadas.

Quando o Rogério chegou em casa, ele (ter) um pressentimento de que algo não estava certo. Na hora do jantar ele (notar) que o seu quadro, obra de um pintor famoso e de grande valor, não (estar) pendurado na parede. Ele pensou: "(ser) que alguém (entrar) no apartamento? Como? A que horas? Só os membros da minha família e a faxineira (ter) a chave da casa. E eu (ter) certeza de que eu (trancar) a porta e eu (ser) o último a sair de casa!"

Rogério (decidir) chamar um detetive para investigar o caso. O detetive (interrogar) a todos: o filho, que (passar) o dia todo na escola, a esposa que trabalha no banco e a faxineira que (vir) limpar a casa uma vez por semana. Até hoje o caso (permanecer) um grande mistério pois todos (conseguir) provar a sua inocência.

C. **É assim que eu faço!** Responda às perguntas abaixo usando o imperativo e o vocabulário sugerido: *inicialmente, primeiro, depois, em seguida, então, agora, finalmente, por último.*

    1. Como se dá banho num cachorro? Ex.: *Primeiro ponha água na banheira. Em seguida, tenha em mãos o sabonete, a escova e a toalha. Agora pegue o cachorro e ponha-o dentro da banheira. Passe o sabonete nele, use a escova para tirar a sujeira e use água novamente para tirar o sabonete. Finalmente retire o cachorro da banheira e pegue a toalha para enxugá-lo.*

    2. Como se usa o telefone público?
    3. Como se usa a máquina de lavar roupa?
    4. Como se usa o Banco Dia e Noite (*24 Hour teller*)?
    5. Como se faz café?
    6. Como se troca o pneu de um carro?
    7. Como se engraxa um par de sapato?
    8. Como se usa uma máquina para comprar um refrigerante?
    9. Com se faz um sanduíche de presunto e queijo?
    10. Como se dança uma música lenta com alguém?
    11. Como se deve preparar para um exame?
    12. Como se põe pilhas num rádio portátil?

D. **O que será, será!** Imagine como uma pessoa na sua sala de aula será daqui a vinte anos.

    1. Que tipo de trabalho ela terá?
    2. Essa pessoa estará casada, viúva, divorciada, solteira?
    3. Ela estará muito feliz?
    4. Quantos filhos terá?
    5. Onde estará morando?
    6. Como se divertirá?
    7. Como será a vida dela, de um modo geral?
    8. Como estará fisicamente? (gorda, cabelos brancos, careca, etc.?)

E. Com toda a honestidade! Complete as frases abaixo. Com base no que você disser, seus colegas farão perguntas que você deve responder.

1. Tenho orgulho de dizer que...
   Ex.: *nunca deixo para amanhã o que devo fazer hoje.*
   Colega 1 —— *Como você consegue ser assim?*
   Colega 2: —— ...
2. Eu estou feliz quando...
3. Eu fico desapontado quando...
4. Eu fico nervoso quando...
5. Quando eu estou com raiva...
6. Eu fico triste quando...
7. Eu sinto necessidade de ficar só quando...
8. Eu sou contra...
9. O que me faz muito medo...
10. Eu sou a favor...
11. O que eu quero da vida...
12. Meu corpo fica todo tenso quando...
13. Para melhorar a minha vida...
14. Quando eu não tenho muito para fazer...
15. Para mim, o amor...

"Você se importa que eu fume?"

F. Ponto de Encontro:

1. **Pessoa Desaparecida:** Uma pessoa muito importante para você (pai, irmão, esposo, noivo) desapareceu ontem à noite. Hoje de manhã você vai à polícia registrar o fato. Dramatize a sua entrevista com um policial:

   a. Seu nome completo, endereço e telefone.
   b. O grau de relacionamento entre você e a pessoa.
   c. O nome da pessoa desaparecida.
   d. A idade, peso e altura da pessoa.
   e. O aspecto físico da pessoa, a presença de algum sinal de nascença, cicatriz ou outra marca de identificação.
   f. Como esta pessoa estava vestida.
   g. Quando esta pessoa foi vista pela última vez.
   h. Possíveis motivos para o desaparecimento dessa pessoa.
   i. (Outras informações)

2. **Teatrinho Improvisado:** Com um grupo de colegas, prepare uma apresentação sobre a situação abaixo:

   Personagens: quatro jovens que moram na mesma casa.

   Situação: os jovens fazem uma reunião para resolver uma situação insuportável: a casa está uma bagunça, o banheiro está imundo, as latas de lixo estão cheias, não há comida, alguém comeu a comida de um dos jovens, outro trouxe um amigo para passar o fim de semana sem avisar a ninguém. Todos têm uma desculpa por não terem feito a sua parte para manter a boa ordem da casa. O que fazer?

3. Concurso de Mentiras: Algumas pessoas acham que certas mentiras são necessárias e benéficas. Dramatize uma situação em que você é forçado a mentir.

    a. Você foi convidado para ser padrinho/madrinha do casamento de sua irmã, mas você não foi à cerimônia. Invente uma mentira para se desculpar.

    b. Durante a sua lua-de-mel você esqueceu a sua mulher num shopping center e voltou para o hotel. Quando a sua mulher volta, ela está furiosa! Defenda-se.

    c. Outras sugestões: Você faltou ao exame final de português; você faltou à festa de aniversário que seu amigo tinha preparado para você, etc.

V. " O MEU BRASIL É COM S", *RITA LEE*

——VÍDEO——

A próxima canção nos mostra aspectos pitorescos da história do Brasil.

Quando Cabral descobriu no Brasil
O caminho das Índias
Falou ao Pero Vaz de Caminha
Escrever para o rei
"Que terra linda assim não há
Com *tico-ticos no fubá*
Quem te conhece não esquece
meu Brasil é com 'S'".

O *Caçador de Esmeraldas* achou uma mina de ouro
Caramuru deu *chabú* e casou com a filha do *pajé*
Terra de encanto, amor e sol
Não fala inglês nem espanhol.
Quem te conhece não esquece
Meu Brasil é com 'S'.

E pra quem gosta de boa comida é um prato cheio.
Até Dom Pedro abusou do *tempero* e não se
segurou
Oh! Natureza generosa
Está com tudo e não está *prosa*
Quem te conhece não esquece
Meu Brasil é com 'S'.

Na minha terra onde tudo na vida se dá um
jeitinho
Ainda hoje invasores namoram a tua beleza
Que confusão, veja você
No mapa-mundi está com 'Z'
Quem te conhece não esquece
Meu Brasil é com 'S'.

    tico-tico no fubá "the sparrow in the cornmeal"
    Caçador de Esmeraldas the emerald prospector --
      a famous bandeirante
    Caramuru famous pioneer

    chabú bang or boom
    tempero spices
    estar prosa be a bragger
    pajé medicine man

——PARE——

"O Meu Brasil É com S"

"O Meu Brasil É com S" faz parte da longa tradição de músicas de expressão nativista, isto é de preocupação com o *enaltecimento* dos valores nacionais, sem crítica objetiva. Nessa canção a ênfase é a exaltação da natureza e das figuras históricas que viram nela um potencial único. Pero Vaz de Caminha, *escrivão* da *frota* de Cabral, é o autor da carta ao Rei de Portugal relatando as grandezas das novas terras descobertas. "Tico-tico no Fubá" é o título de um filme famoso da década de '40, de puras características nacionais.

O Caçador de Esmeraldas é o bandeirante Fernão Dias Paes Leme que, como outros bandeirantes, penetrou o interior à procura de ouro, contribuindo assim para a expansão do território nacional. A canção também fala do português Diogo Alves que iniciou a colonização da Bahia no século XVI. Foi chamado de o Caramuru ("filho do trovão") pelos índios Tupinambás quando *disparou* sua arma de fogo. Casando-se com a filha de um pajé dessa tribo, ele é considerado o símbolo da paternidade da raça brasileira. A terceira estrofe fala da comida de *tempero* tão *apetitoso* que conquistou o *paladar* do próprio Imperador D. Pedro I. A última referência é à capacidade de "dar um jeitinho", uma das mais notáveis características do brasileiro.

O refrão volta sempre ao título da canção, insistindo em que este é um país de língua portuguesa e, também por essa razão, único nas Américas. Quem conhece o Brasil não esquece que ele é muito diferente dos países de língua espanhola, tanto no seu desenvolvimento histórico como em sua cultura. Acima de tudo, não pode haver confusão: o Brasil não deve ser americanizado, ainda que o inglês predomine no mapa-mundi, onde o Brasil é Brazil.

enaltecimento exaltation		**tempero** cooking spice	
escrivão scribe		**apetitoso** appetizing	
frota fleet		**paladar** palate	
disparar shoot off			

VOCÊ ENTENDEU?

1. O que o título da canção sugere?
2. O Brasil foi descoberto numa viagem de Pedro Álvares Cabral quando tentava chegar às Índias pelo mar. Por que a canção diz que "Cabral descobriu *no* Brasil o caminho das Índias"?
3. O que é música de expressão nativista?
4. Identifique as pessoas abaixo:
   a. Pero Vaz de Caminha   c. Diogo Alves
   b. Fernão Dias Paes Leme   d. D. Pedro I
5. O que caracteriza uma "natureza generosoa"?
6. Do que a pessoa que conhece o Brasil não se esquece?
7. Por que se diz que no Brasil se dá um jeitinho pra tudo na vida?
8. Que confusão não deve existir entre Brasil e Brazil?

VI. ONDE VOCÊ ESTUDA?

---VÍDEO---

No Brasil existem instituições de ensino muito diferentes entre si. Escolas de 1º e 2º grau, faculdades, cursos técnicos, cursinhos preparatórios, cursinhos por correspondência e muitas outras formas de ensino. As pessoas procuram determinada instituição de acordo com seus interesses ou necessidades.

---PARE---

Na comunicação, Cásper

Editoria de Arte

OS SERVIÇOS QUE OFERECE E OS PREÇOS

Custo
A Faculdade de Comunicação Social Cásper Líbero oferece três cursos de graduação: jornalismo, relações públicas e publicidade e propaganda. A mensalidade, a preço de novembro, custa Cz$ 23.500,00. A taxa para o próximo ano ainda não foi definida.

Transporte
Por se localizar na avenida Paulista, o acesso ao prédio da faculdade é facilitado pela expressiva quantidade de ônibus que interligam todas as regiões da cidade. Muitos dos ônibus que circulam pela Paulista são integrados ao metrô.

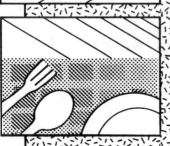

Alimentação
A faculdade possui apenas uma lanchonete que serve lanches rápidos. Refeições e lanches poderão ser feitos na "prainha", região de bares da alameda Joaquim Eugênio de Lima, esquina com a Paulista; no shopping Top Center, ao lado do prédio da Faculdade e também no Museu de Arte de São Paulo (Masp). Os preços variam de Cz$ 600,00 a Cz$ 2.000,00.

Biblioteca
A atual biblioteca, com cerca de seis mil títulos, terá sua espaço ampliado ainda este ano, segundo a direção da faculdade. Nova sala de leitura será aberta. O centro de documentação, onde o aluno pode encontrar publicações sobre diversos assuntos, também será ampliado.

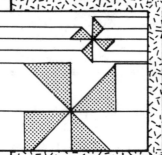

Lazer
A faculdade dispõe apenas de uma sala de televisão e uma sala de jogos. Os estudantes costumam se reunir na região de bares da alameda Joaquim Eugênio de Lima, esquina com a paulista, denominada "Prainha". Ao lado da faculdade também ficam os cinemas Gazeta, Gazetinha e Gazetão, além do cine do shopping Top Center. Outro lugar bastante procurado pelos estudantes é a própria escadaria da faculdade, para uma conversa informal.

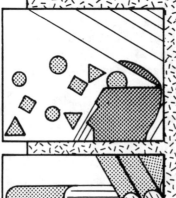

Cultura
Não há um calendário fixo para eventos na faculdade. O mini-auditório (120 pessoas) é usado para projeções de filmes e os corredores do quinto andar abrigam exposição de fotos ou trabalhos realizados pelos próprios alunos. O Teatro Popular do Sesi, na Paulista, oferece shows gratuitos. O Museu de Arte de São Paulo (Masp), também na Paulista, é outro ponto cultural importante.

Livraria/papelaria
Uma pequena livraria, montada no hall de entrada da faculdade, atende parcialmente às necessidades dos alunos. No shopping Top Center, ou nas imediações, o estudante poderá encontrar várias livrarias e papelarias.

VII. ESTUDO E TRABALHO

A. Palavra-Puxa-Palavra

1. O que você estuda?

2. Faculdade e escola

pré-requisitos
matrícula registration
mensalidade tuition
taxa de inscrição registration fee
preencher formulário fill out application
fazer exame take an exam
nota grade
reprovar flunk
colar cheat on exams
levar bomba flunk
professor particular tutor
faltar aula cut class
matar aula cut class
horas de atendimento office hours
trancar matrícula leave school
curso de graduação/pós-graduação

3. A caminho da faculdade!

vestibular entrance exam
candidatar-se
calouro freshman
bacharel B.A.
mestrado M.A.
doutorado Ph.D.
vaga opening,vacancy
bolsa de estudo scholarship
pesquisa research
orientador advisor
monitor Graduate Assistant/T.A.
reitor President of college
formar-se graduate
festa de formatura
restaurante universitário
histórico escolar transcript
cursinho special vestibular prep course

4. Procurando trabalho

sessão de classificados
empresa/firma/companhia
concurso contest
estágio internship
contratar hire
mercado de trabalho
agência de empregos
currículo/curriculum vitae
experiência anterior
tempo/período integral full-time
aviso prévio prior notice
salário mínimo
folga time off
férias remuneradas paid vacation
aposentadoria pension
aposentar retire
despedir fire
meio-período part-time
carga horária workload
carteira de trabalho work permit
desempregado unemployed

Estágios

Se você está cursando ou vai cursar arquitetura, artes plásticas, engenharia, comunicações ou outra faculdade, já deve ter ouvido falar da briga no mercado de trabalho das grandes cidades. Quem tem experiência sempre leva vantagem. Uma boa maneira de já ir adquirindo experiência, mesmo sem o diploma, é conseguir um estágio. Procure entrar em contato com amigos de seus pais que possam conseguir isso pra você: um período de alguns meses como estagiária numa empresa da sua área, para observar e executar as tarefas mais simples. Ao final do período, pode ser interessante prolongar o estágio, e até pleitear um salário, se você já estiver exercendo atividade produtiva.

Se você não tiver nenhum "padrinho" para ajudar, pode fazer contato diretamente com alguma empresa. Nesse caso é fundamental ter um currículo para apresentar. •

Faculdades Integradas Santana
Faculdade São Paulo

PÓS-GRADUAÇÃO • ESPECIALIZAÇÃO
Res. 12/83 do CFE/MEC
Aulas aos Sábados - Início da XIII Turma: 26/05/84
CURSOS em: Administração, Economia, Contábeis, Educação e Letras.
INFORMAÇÕES/INSCRIÇÕES: Tel.: 298-8000 PABX
Rua Voluntários da Pátria, 257
próximo estação Tietê-Metrô

VAMOS PRATICAR

A. **Diálogo:** Uma aula difícil

Renato — Oi, Jorge! Você tem tempo para um cafezinho?

Jorge — Tenho uns vinte minutos antes da minha aula de computação. Como vão as coisas esse semestre?

Renato — Decidi fazer Direito. Quero ser advogado e não professor. E com você, tudo bem? Ainda está trabalhando na livraria?

Jorge — Parei de trabalhar. Preciso terminar os estudos e mesmo trabalhando meio-período eu não tinha muito tempo para preparar as minhas aulas. Infelizmente eu estou tendo muitas dificuldades na aula de química.

Renato — Se você não precisa dessa matéria, por que você não cancela? Outra saída é tomar aulas particulares com um monitor.

Jorge — Já falei com o meu orientador e ele me aconselhou o mesmo. Eu queria trancar a matéria, mas o prazo já passou.

Renato — Infelizmente eu não sou bom em química e não posso dar uma mãozinha a você.

Jorge — Não tem problema. Puxa, tenho que ir embora! Está quase na hora da minha aula. Obrigado pelo cafezinho e até a próxima.

B. **Qual é a resposta correta?** Escolha a resposta correta para as palavras grifadas.

1. José Luís anda muito feliz porque passou no *vestibular*.
   - a. teste vocacional
   - b. exame para ingressar na faculdade
   - c. curso preparatório
2. No curso do *segundo grau* ele saiu-se muito bem em línguas estrangeiras.
   - a. colegial
   - b. primário
   - c. universitário
3. Ele vai levar muito tempo para *se formar* em medicina.
   - a. ser doutor
   - b. curar os doentes
   - c. terminar os estudos
4. José Luís já se matriculou e escolheu as *disciplinas* para o próximo semestre.
   - a. carreira
   - b. matrícula
   - c. matérias
5. Ele vai continuar trabalhando *meio-período* na fábrica do seu pai.
   - a. dia sim, dia não
   - b. quatro horas diárias
   - c. oito horas por dia
6. Onde se encontra a *sessão de classificados*?
   - a. na agência de empregos
   - b. numa firma
   - c. no jornal

7. José não gosta de "matar aula".
    a. faltar à aula
    b. faltar à aula sem motivo justo
    c. levar bomba

8. Ele também quer fazer um *estágio* num bom hospital.
    a. pesquisa
    b. treinamento interno
    c. estudo

9. Depois de alguns anos ele gostaria de conseguir uma *licença remunerada*.
    a. período de afastamento do trabalho mas com salário pago
    b. férias
    c. folga

10. Finalmente, ele quer continuar a fazer pesquisas depois de *se aposentar*.
    a. ser despedido
    b. ser contratado
    c. parar de trabalhar

C. **Qual é a diferença?** Diga a diferença entre as palavras abaixo:

1. exame final e exame vestibular. *O exame final é o que se faz no fim do semestre e vestibular é o exame para admissão à universidade.*
2. curso e cursinho:
3. orientador e monitor:
4. estágio e pesquisa:
5. medicina e enfermagem:
6. curso de graduação e curso de pós-graduação:
7. trancar a matrícula e trancar curso:
8. despedir e contratar:
9. curriculum vitae e histórico escolar:
10. pedir férias e dar aviso prévio:

D. **Conversinha.** Complete o diálogo com as seguintes palavras: *folga, gerente, emprego, promoção, contrato, benefícios, salário, férias, estabilidade, currículo.*

— Você sabe da maior? Consegui um —— de fotógrafo na televisão Verde-Amarela.
— Que legal! Quando você foi contratado? O —— é bom?

— Para iniciar está bem. Começo a trabalhar no dia 15. O importante é que há possibilidades de —— e os —— são ótimos: seguro de saúde, um dia de —— por semana e —— anuais.

— Essa posição tem —— ou é apenas um trabalho temporário?

— Eu assinei um —— de dois anos. Creio que o —— gostou muito da minha entrevista, do meu —— e das minhas atividades extra-curriculares.

— Aposto que seus pais estão contentíssimos. Parabéns!

E. Perguntas abelhudas.

1. Você já escolheu a sua carreira?
2. O que influenciou você na escolha dessa profissão? (família, mercado de trabalho, etc.)
3. Que estudos e treinamento essa profissão requer?
4. Quais as vantagens ou desvantagens de se ter uma educação universitária?
5. A educação deve ser grátis?
6. A carreira de professor deve dar mais importância à pesquisa ou ao ensino?
7. Os exames são a melhor forma de se testar o conhecimento do aluno? Que alternativas se poderia usar para este fim?
8. Você acha que o estudante deve morar com a família, com amigos no campus, ou sozinho?
9. Quais as carreiras mais populares atualmente?
10. Que profissões
    a. oferecem melhores salários?
    b. dão mais tempo livre?
    c. oferecem melhores oportunidades de promoção?
    d. trazem mais prestígio social?
    e. devem ser evitadas? Por quê?
11. O que é mais importante para você em um emprego?
12. O que faz uma entrevista de trabalho ter sucesso?
13. Você já foi despedido injustamente de um emprego? O que aconteceu?
14. Como se pode encontrar um emprego
    a. nos classificados de jornal
    b.
    c.

F. Classificados

RELAÇÕES PÚBLICAS

Agência de Publicidade em fase de expansão necessita de profissional com boa experiência e bom relacionamento no mercado publicitário e também no desenvolvimento de negócios entre agência e cliente.

Salário de acordo com o potencial. Cartas A/C deste jornal para ''AGÊNCIA SP-88''

FILTROS MANN LTDA.

FILTROS MANN LTDA., indústria de auto peças, situada à Rua Dr. Brasilio Machado Netto, 122 - Socorro - Santo Amaro - CEP 04776 Fone: 548.5011, ramal 262, seleciona:

ASSISTENTE DE VENDAS (EXTERNO)

Colegial completo ou cursando Superior, experiência específica na função ligada as indústrias montadoras, boa apresentação e fluência verbal, facilidade de relacionamento e espírito de trabalho em equipe, habilidade em cálculos e redação própria. Imprescindível condução própria.

Os interessados deverão se apresentar no endereço acima de 2ª a 5ª feira das 7:30 às 15:00 horas, ou enviar "Curriculum Vitae", mencionando último salário e pretensões para análise e posterior contato.

Para serviços em nossa Fazenda, procuramos um

AGRÔNOMO

Com conhecimento em plantas medicinais ou horticultura. Exigimos: iniciativa, dinamismo, responsabilidade técnica, além de conhecimento do idioma alemão.

A empresa oferece reais perspectivas de desenvolvimento profissional, um sólido plano de benefícios, moradia na fazenda, além de remuneração adequada.

Os interessados deverão enviar "Curriculum Vitae", contendo última faixa salarial, bem como pretensão, para:

Solana Agropecuária Ltda. Fazenda N.S. Aparecida, Sr. Artur Von Treuenfels. Caixa Postal 1091 - 86700 Arapongas - Paraná.

Indústria do ramo químico/farmacêutico, visando implementar sua área de C.Q., deseja identificar no mercado o seguinte profissional:

FARMACÊUTICO(A) OU QUÍMICO(A)

- Sólidos conhecimentos em cromatografia líquida de alta pressão (HPLC) a fim de efetuar análise de drogas.
- Alguns conhecimentos do idioma alemão.
- Responsabilidade técnica, dinamismo e iniciativa também são pré-requisitos.

O profissional alvo irá trabalhar em nossa fazenda situada a 7 km de Arapongas, Norte do Paraná.

A empresa sente-se segura em oferecer reais perspectivas de desenvolvimento profissional, aliadas a um sólido plano de benefícios, além de remuneração adequada.

Os interessados deverão enviar curriculum vitae contendo última faixa salarial, bem como pretensão, para Solana Agropecuária Ltda.

Fazenda N.S. Aparecida
Sr. Artur Von Treuenfels
Caixa Postal 1091
86700 Arapongas - Paraná

1. Que empregos pedem o conhecimento de uma língua estrangeira?
2. Que empregos exigem as seguintes qualificações:
 a. conhecimento de horticultura?
 b. conhecimento de cálculo?
 c. habilidade na operação de Telex?
 d. bom relacionamento no mercado publicitário?
3. Todos os anúncios dão informações sobre os benefícios dados aos empregados? Justifique sua resposta e dê exemplos.
4. Que empregos exigem diploma universitário?
5. Que anúncios têm algo em comum?
6. Procure nos anúncios uma expressão equivalante
 a. ao que se recebe por mês.
 b. a curso secundário.
 c. a transporte.
 d. a espírito de trabalho em grupo.
7. O que significa:
 a. boa apresentação
 b. fluência verbal
8. Algum desses anúncios pede candidatos de determinado sexo? Na sua opinião, qualquer trabalho pode ser desempenhado por pessoas de ambos os sexos?

G. **Ponto de Encontro.**

1. Entrevista de trabalho. Use um dos anúncios do exercício anterior para entrevistar um candidato à vaga anunciada.

F. **Ponto de Encontro.**

1. Entrevista de trabalho. Use um dos anúncios do exercício anterior para entrevistar um candidato à vaga anunciada.

    a. Pergunte à pessoa entrevistada: como soube da vaga; se trouxe o currículo vitae; que experiências tem; que salário pede; porque quer trabalhar nessa companhia, etc.

    b. Pergunte ao entrevistador: se o trabalho é de tempo integral ou de meio-período; se há oportunidades de promoção; que benefícios a companhia oferece; se é necessário apresentar referências; quando será dada informação sobre o resultado da entrevista.

VIII. EDUCAÇÃO NO BRASIL

―――*VÍDEO*―――

No Brasil o ensino é estruturado cronológica e hierarquicamente, englobando o pré-escola até os graus universitário e pós-universitário. É na pré-escola que a criança, com menos de sete anos de idade, entra em contato com o ambiente escolar. Aí ela desenvolve o seu processo de socialização e se prepara para a alfabetização e para a entrada ao primeiro grau. A criança cursa oito séries no primeiro grau, que correspondem a oito anos de estudo. Toda a base da informação adquirida é ministrada neste período.

O segundo grau representa os três últimos anos de estudo do jovem antes dele ingressar numa universidade. Geralmente, os alunos que pretendem cursar uma universidade fazem, paralelamente ao último ano do segundo grau, um cursinho específico destinado a prepará-los para o exame vestibular. O exame vestibular, realizado duas vezes por ano, tem o objetivo de selecionar os jovens aptos a entrar numa universidade. Outros jovens ingressam nos chamados cursos técnicos que os levam ao mercado de trabalho afim de se sustentarem e ajudarem às suas famílias.

A universidade é um momento muito importante na vida do estudante. Depois de passar no exame vestibular onde ele concorreu com centenas de candidatos, o jovem começa a pensar na sua carreira e no seu futuro. Ele vai ser o arquiteto, o engenheiro, o sociológo, o historiador, o advogado ou o político do Brasil de amanhã.

―――*PARE*―――

VOCÊ ENTENDEU?

    1. O que é a pré-escola e qual a sua função?
    2. Qual é a função do ensino de primeiro grau?
    3. Como é o ensino de segundo grau no Brasil?
    4. O que é "cursinho"?
    5. Como opção, o que representam os cursos técnicos?
    6. O que é o vestibular?
    7. Quais são os objetivos do ensino universitário?

VAMOS PRATICAR

A. Carta solicitando emprego.

As cartas comerciais têm um formato padronizado e uma linguagem específica. Observe na carta abaixo os elementos que entram na sua composição. Ela foi escrita em resposta ao anúncio "Agrônomo", da página 600.

1. O nome do destinatário (pessoa a quem se escreve a carta) é precedido da expressão *Ilmo. Sr./Ilma. Sra.* (Ilustríssimo/-a Senhor/-a).
2. O CEP (Código de Endereçamento Postal) precede o nome da cidade.
3. A palavra *prezado/-a* é muito comum na saudação e aplicável à maioria das pessoas.
4. O primeiro parágrafo estabelece o motivo da carta.
5. O segundo, ou mais parágrafos, desenvolve o assunto da carta.
6. O fecho, isto é, o último parágrafo, é padronizado e com poucas variações.

São Paulo, 14 de julho de 1989

Ilmo. Sr.
Renato Passos
Caixa Postal 1281
86700 Campinas, SP

Prezado Sr. Passos:

Dirijo-me a V.Sa. em resposta ao anúncio da posição de agrônomo, publicado no *O Estado de São Paulo* do dia 6 de julho próximo passado.

Sou formado em agronomia pela Universidade de Viçosa, MG, e desde então tenho tido experiências relevantes nesse campo. Trabalhei por um ano em pesquisas relacionadas a horticultura na Cooperativa Hortas de Goiânia, tendo deixado essa posição para fazer o Mestrado em Agronomia na Universität von Wien, Áustria. Também fiz um estágio e um curso de extensão universitária na Alemanha e na Nova Zelândia, respectivamente. Estou atualmente terminando a minha tese de doutoramento em agronomia pela Universidade Federal de Santa Catarina. Envio-lhe em anexo o meu curriculum vitae para maiores informações.

Acreditando satisfazer as qualificações pessoais e profissionais requeridas pela sua companhia, gostaria de me candidatar à posição de especialista em fertilizantes. Estarei pronto para assumir essa posição em quatro meses. Sugiro um salário inicial em Cruzados, correspondente a US$ 35.000,00.

Grato pela atenção de V.Sa., apresento-lhe cordiais saudações.

Atenciosamente,

Eric Wonderlandt

CURRICULUM VITAE

Eric Wonderlandt

Nascimento:	1º de agosto de 1961
Local:	Dartmouth, NH, USA
Estado Civil:	solteiro

Endereço: Rua Gonçalves de Medeiros, 138
35800 Florianópolis, SC
Fone: (23) 487-2569

Objetivo: Pesquisador na área de fertilizantes.

Qualificações:

Conhecedor de processos de fertilização para vários tipos de plantas, inclusive legumes e cereais. Prática em instalação de sistemas de irrigação de lavoura. Assistente de laboratório para análise de solo. Fluente em inglês (língua nativa), português e alemão.

Educação:

1987-	Ph.D. em andamento, Universidade Federal de Santa Catarina.
1987	Extensão universitária em pesquisa de campo na University of New Zealand, Wellington (verão).
1987	Mestrado em Agronomia, Universität von Wien, Áustria.
1986	Estágio na Stuttgart Agro Firma, Stuttgart, Alemanha (verão).
1983	Bacharel em Agronomia, Universidade de Viçosa, MG.

Experiência profissional:

1986-87	Monitor em cursos de Composição do Solo, Univ. von Wien.
1985-86	Recepcionista de biblioteca, meio-período, Univ. von Wien.
1984-85	Assistente de administração, meio-período, Restaurante Dona Flor, Viena.
1983-84	Pesquisador na área de fertilizantes, tempo integral, Cooperativa Hortas de Goiânia, GO.

Bolsa de estudos:

Bolsa de estudos do CNPq para programa de pós-graduação, Universität von Wien.

Atividades extra-curriculares:

Sócio da Agremiação Viçosa de Futebol.
Presidente do Clube dos Agrônomos, Univ. de Santa Catarina.
Membro da Associação de Música "Ars Nova", Florianópolis, SC.

IX. "A CARREIRA DO MOMENTO", Carlos Eduardo Novaes

Como diz o nostálgico *tira* da Bardahl, chutando uma latinha da Esso: "Os tempos estão mudados". No passado, um *garotão* de 15, 16, 17 anos da classe média carioca que pretendesse abandonar os estudos para se dedicar à música era logo *encaminhado* a um psiquiatra ou ameaçado de colégio interno. Hoje, não há família da Zona Sul do Rio de Janeiro que não tenha um representante tocando num dos milhares de conjuntos de rock que se *debatem* para chegar às *paradas de sucesso*. Atualmente no Rio forma-se um conjunto de rock a cada meia hora.

Lembro-me na adolescência do meu amigo Bebeto que sob a influência dos **Bill Halleys** da vida decidiu parar os estudos para se entregar de corpo e alma ao ofício de *tocar bateria*. Quando anunciou a novidade em casa, a mãe pediu *os sais*, a avó verificou se ele estava com febre e o pai cortou-lhe *a mesada*.
    — Ficou maluco, menino? Você vai tratar é de estudar — disse o pai de *dedo em riste*. — Estou
        pagando o seu colégio para você ter uma profissão decente: médico, engenheiro, advogado...
        baterista! Onde já se viu?
    — Por que não, pai?
    — Porque isso é coisa de *juventude transviada*!

O velho só faltava *babar de ódio*. Todos os filhos de seus amigos e parentes estudavam direitinho para chegar à universidade e serem alguma coisa na vida. Não sabia de nenhum que quisesse ser -- ora vejam -- baterista. Para ele baterista era coisa de suburbano pobre. No seu modo de ver as coisas, um baterista não diferia muito de um *camelô* ou um *punguista*. Qual é o futuro de um tocador de bateria?
    — Bem, nós vamos fundar um conjunto de **rock'n roll** e sair por aí.
    — Onde vocês estão pensando *ensaiar*?
    — Aqui em casa.

O velho deu um pulo de dois metros.
    — O queeê? Ter que *aturar* essa barulheira o dia todo? — berrou a mãe. — Negativo. Enquanto você morar aqui vai tratar de estudar para tirar um diploma. Depois, se quiser estudar bateria, o problema é seu... Aluga um quarto no *Catete* e vai...

Atualmente tudo mudou. Os tocadores de bateria, guitarra, *teclados*, se *alastram* pela cidade como uma *praga*. Três garotos se conhecem numa esquina e vão logo tratando de formar um conjunto de rock. A posição da família também mudou. Agora dá **status** ter um filho *roqueiro*. Antes, a ambição dos pais era ver o filho *doutor*. Hoje, é vê-lo tocando no Rock in Rio. Conheço um casal que anda preocupado com o menino de 16 anos que só pensa em estudar. Outro dia, os pais tiveram uma conversinha com ele:
    — Escuta filho, seu aniversário está chegando e nós gostaríamos de saber o que você quer de presente.
    — Uma enciclopédia médica!

Os pais se *entreolharam* apreensivos:
    — Você não preferia uma guitarra ou uma bateria?
    — Não curto muito música, pai. Quero ser médico!
O pai olhou para a mãe como se dissesse: "Assim vai mal".

—— Tem certeza, filho? É uma profissão tão *ingrata*. Veja o que aconteceu com o Pinotti! Experimente pegar numa guitarra... Você vai gostar, filho!

A mãe tratou de dar força à sugestão do pai:

—— Olha seu vizinho do 401! Não tem nem 15 dias que começou a tocar guitarra e já vai se apresentar no Disco Voador!

—— Medicina não dá dinheiro, filho —— disse o pai —— *volta e meia* os médicos estão fazendo greve. Você já ouviu falar em greve de bateristas ou guitarristas?

O garoto *balançou sob o fogo cruzado*:

—— Não tenho a menor inclinação para a música.

—— E daí, filho? A maioria dessa garotada que está tocando por aí também não tem!

A mãe ilustrou a tese do pai:

—— Veja o filho da minha amiga Dora. Depois do desastre de moto ficou sem movimento em três dedos da mão direita. No entanto é tido como um dos melhores bateristas da cidade. Já gravou até um compacto!

O filho resistia:

—— Não! Eu quero é estudar!

—— Estudar pra que, Paulinho?

—— Bem, acho importante ter um diploma!

—— Esquece isso, filho. O que é um diploma? Um pedaço de papel que não vale nada. O futuro está nos conjuntos de rock!

—— Um futuro que pode chegar numa semana —— concluiu a mãe.

Os pais decidiram o seguinte: comprar uma guitarra e uma bateria para o filho. Ele experimenta as duas e ficaria com o instrumento que se sentisse melhor. Paulinho ainda tentou argumentar dizendo que iria fazer uma *barulheira* infernal.

—— Ora, filho, qual é o problema? Essa casa anda tão silenciosa...

Paulinho aniversariou e ganhou uma guitarra de presente. Quando vibrou a primeira corda do instrumento, apareceram vários garotos na porta da sua casa convidando-o para formar um conjunto. Para alegria dos pais, Paulinho resolveu abandonar os estudos e virar guitarrista. Seus pais já não se sentiam deslocados diante dos outros pais. Quando deram uma festa na sua *cobertura* na Vieira Souto e os outros pais começaram a contar histórias dos conjuntos de rock de seus filhos, eles bateram no peito, orgulhosos, e falaram de Paulinho:

—— O nosso é guitarrista do conjunto "**Marimbondos de Fogo**". Agora mesmo está tocando num baile em Rocha Miranda.

Um casal perguntou como eles tinham conseguido convencer o filho a se dedicar ao rock. Os pais de Paulinho *se entreolharam* e se disseram: "Só Deus sabe o que passamos". O casal então fez um apelo:

—— Será que vocês não poderiam ter uma conversa com o nosso filho? Ele insiste em ser advogado.

alastrar spread	**entreolhar** look at one another
babar de ódio slobber in rage	**garotão** kid
aturar put up with	**ingrata** unrewarding
barulheira noise	**juventude transviada** wayward youth
baterista drummer	**marimbondos** wasps
balançar sob fogo cruzado yield	**mesada** allowance
to the cross fire	**paradas de sucesso** hit parade
camelô street peddler	**praga** plague
Catete famous Rio neighborhood	**punguista** pickpocket
cobertura penthouse	**roqueiro** rock musician

debater struggle	**sais** smelling salts
dedo em riste shaking finger at	**tira** cop
doutor with a degree	**teclado** keyboard
encaminhar be directed to	**tocar bateria** play drums
ensaiar practice	**volta e meia** all the time

A. **Eu sei!** Responda às perguntas abaixo.

1. Leia o título e o primeiro parágrafo do conto. Qual é o tema da história que você vai ler?
2. Antigamente, como os pais reagiam quando os filhos queriam se dedicar à música?
3. O que a carreira de baterista significa para o pai de Bebeto?
4. Quais foram os argumentos do pai contra a idéia do Bebeto ser baterista?
5. Quais são as profissões definidas abaixo?
   a. vendedor ambulante de rua
   b. pessoa que defende um acusado
   c. pessoa que toca num conjunto de rock
6. Você concorda que "atualmente tudo mudou"? O autor está sendo irônico? Dê outros exemplos de "mudanças" do mundo atual.
7. Quais os argumentos dos pais a favor da profissão de roqueiro e contra a de médico.
8. Por que o filho é contra ser roqueiro?
9. Por que o Paulinho resolveu ser guitarrista?
10. O que o autor quis dizer com este conto?

As surpresas na escolha

Durante dez anos, a engenharia reinou absoluta como a carreira mais procurada pelos jovens que buscam uma vaga na Universidade de São Paulo, a USP. Neste ano, porém, o reinado acabou — a engenharia foi batida pelo direito e relegada ao segundo lugar. A ultrapassagem é surpreendente, uma vez que o mercado de trabalho está longe de ser brilhante para os advogados. Da sensação de perplexidade não escapou nem mesmo o alto comando da Fuvest. "As causas desse fenômeno são impossíveis de ser detectadas", rende-se Sylvio Ferraz Mello, diretor da Fuvest, com as estatísticas nas mãos. "Deve ser obra do acaso", acrescenta.

A outra ponta do triângulo das carreiras tradicionais, a medicina, confirmou a terceira colocação que vem mantendo há quatro anos. A vedete suprema das carreiras do momento, a computação, apareceu na sétima colocação,

lugar em que está estacionada desde 1982. A psicologia, que justificadamente vinha despencando pelas tabelas — em 1976 estava na oitava colocação, em 1983 na 19.ª —, recuperou-se este ano. Ficou em 11.º lugar. Eis aí outra surpresa — poucas profissões experimentam tempos tão sombrios como a psicologia. A arquitetura, cujo campo de trabalho é apenas razoável, também ganhou várias posições este ano. Em 1984, estava na 21.ª colocação. Neste ano, foi o 13.º curso mais procurado da Fuvest. Estará perdendo tempo, também nesse caso, quem procurar explicações lógicas para a arrancada. Uma das profissões mais bem remuneradas do momento, a odontologia, foi a quinta carreira mais procurada este ano, posição alcançada também em 1983 e 1984. Em 1985, ficou em sexto lugar.

B. **Qual é a palavra certa?** Com um colega escolha as expressões certas para comple 607 abaixo:

es

colégio interno	*conjunto de rock*	*cortar a mesada*
juventude transviada	*os tempos estão mudados*	*fazer greve*
sentir-se deslocado	*dedo em riste*	*paradas de sucesso*
como uma praga		

1. Carlos Eduardo Novaes se refere à propaganda de óleo Bardahl para nos dizer que —
2. Antigamente, um dos castigos que os pais davam aos filhos que paravam de estudar para ser roqueiros era mandá-los a um —.
3. Um dia o jovem Bebeto abandonou os estudos e decidiu formar com uns amigos um —.
4. Isso trouxe problemas para ele pois o pai — e ele ficou sem dinheiro.
5. O pai dele, babando de ódio e com o —, chamou-o de maluco e comparou-o a um camelô.
6. O jovem obteve um grande êxito e logo as suas músicas estavam nas —.
7. Nessa época havia jovens roqueiros espalhados por todo o país —.
8. As atitudes desses jovens, a maneira de vestir e o cabelo longo foram a razão deles ganharem o apelido de —.
9. Os jovens respondiam dizendo que eles eram mais responsáveis que médicos, professores e engenheiros pois nunca —.
10. Hoje em dia, para não se — os pais dos jovens procuram ficar em dia com a música popular e assim poder se comunicar melhor com seus filhos.

C. **Agora é a minha vez!**

Faça uma dramatização do conto "A Carreira do Momento" com os seguintes personagens:
a. narrador
b. pai e mãe
c. filho
d. outro casal

X. ENCERRAMENTO

————————————VÍDEO————————

Espero que tenham gostado desta visita ao Centro-Oeste do país. Na próxima unidade vamos conhecer o Sul.

————————————PARE————————

UNIDADE 11

O SUL DO BRASIL

Apresentação
O Sul do Brasil (V - 610)

Leituras
O Negrinho do Pastoreio (627)
Por que o Brasil é do tamanho que é (636)

Música
"Aquarela do Brasil", Gal Costa (V - 623)

Gramática
Tempos Compostos (620)
Infinitivo Pessoal (V - 624)
Regência de verbos -- *a, para, de, em* (628)
Verbos em *-iar, -ear* (634)

Cultura
Uma estância gaúcha (V - 612)
Aspectos do Sul (V - 638)

Comunicação
Lazer (V - 614)
Saúde (630)

V = Vídeo

S U L

O SUL DO BRASIL

I. APRESENTAÇÃO

Gramado - Rio Grande do Sul

VÍDEO

A Região Sul é formada pelos Estados do Paraná, Santa Catarina e Rio Grande do sul. O Sul é uma região muito diferente das demais. É composta, em grande parte, por descendentes de imigrantes, o que dá às suas cidades e aos seus campos, um aspecto quase que europeu. Principalmente porque esses imigrantes mantiveram vivos muitos de seus usos e costumes. No Sul há muitos alemães, italianos poloneses e russos.

A economia do Sul está baseada no vinho, na indústria do couro, na extração da madeira e erva-mate, e no cultivo do café. As duas maiores cidades da Região são Curitiba e Porto Alegre.

PARE

A Região Sul

Situada abaixo do Trópico de Capricórnio, A Região Sul é a única de clima subtropical no Brasil, com as estações do ano bem definidas. O inverno é o mais rigoroso do país, com *geadas* frequentes e neve em algumas áreas. As condições climáticas do Sul favoreceram grandemente a imigração européia desde o século XIX, por serem semelhantes às daquele continente. Essa imigração começou em 1811 com a chegada de um grupo de suíços mas expandiu em grandes números nas décadas seguintes. Vieram então os alemães, poloneses, italianos, ucranianos, holandeses, russos e japoneses. Trazendo suas técnicas de trabalho, absorvendo e recriando a cultura local, contribuíram de forma notável para o crescimento econômico brasileiro. Ao mesmo tempo têm preservado, através de gerações, as tradições de seus países de origem. Esta integração de tantas culturas permite a perfeita convivência dos costumes tipicamente sulistas com as de cada país ali representado.

A forte influência européia distingue o Sul do resto do país, principalmente pelo sistema de uso da terra, baseado na pequena propriedade familiar. Nas outras Regiões, principalmente no Nordeste, Norte e Centro-Oeste o sistema de *latifúndio* tem sido tradicional desde os tempos coloniais. No Sul, o crescimento da população e a escassez de terras, cada vez mais divididas, tem causado a emigração de um grande número de sulistas, principalmente gaúchos, para o Mato Grosso do Sul, Mato Grosso, Goiás, Rondônia e Pará, desde a década de 70, onde têm fundado importantes colônias agrícolas.

A Região Sul tem algumas das mais notáveis atrações turísticas do país. Uma delas é a Foz do Iguaçu, no Estado do Paraná, na fronteira do Brasil com a Argentina e o Paraguai. Aí acontece o espetáculo das águas, num panorama de 275 fantásticas *quedas de água*, sobre um precipício de até 90 m de altura, como na Garganta do Diabo.

No Rio Grande do Sul, alguns dos atrativos são a festa da uva, o famoso *churrasco*, os pampas, as praias, as formações rochosas de Vila Velha e a Serra Gaúcha, repleta de atrações turísticas, como a cidade de Gramado. Situada a 5 mil metros de altura, colonizada por alemães e italianos e conhecida pelo bom gosto de suas construções e magnífica paisagem, Gramado é também a *sede* do Festival de Cinema Brasileiro e da Festa das *Hortências*. Santa Catarina é notória pelas suas cidades de estilo europeu, como Blumenau e Joinville. Fundadas por imigrantes alemães, até hoje seus descendentes preservam aí a arquitetura, as tradições e aspectos culturais do seu país de origem, como a Oktoberfest. Além disso, as belíssimas praias do litoral catarinense também têm atraído uma enorme quantidade de turistas.

churrasco grilled meat
geada freeze
hortênsia hydrangea

latifúndio large land holding
queda de água waterfalls
sede site

VOCÊ ENTENDEU?

1. O texto diz que "o Sul é uma região muito diferente das demais". Aponte algumas dessas diferenças. Refira-se às imagens do vídeo na sua resposta.
2. Compare a colonização do Sul com a das outras regiões do Brasil.
3. Como se explica a emigração dos sulistas para o Centro-Oeste e Norte?
4. Descreva a Foz do Iguaçu. O que é, onde se localiza, aspectos físicos.
5. Fale sobre algumas atrações turísticas do Rio Grande do Sul.
6. O que é característico de Santa Catarina?

Teatro São Pedro - Porto Alegre

AGORA É A MINHA VEZ!

Com um colega, faça uma pesquisa sobre um grupo de imigrantes segundo o plano abaixo:

    a. de onde vieram
    b. por que emigraram
    c. que tradições trouxeram
    d. que costumes ainda preservam
    e. que contribuições têm dado ao país

Se possível, use fotografias, mapas, etc. para ilustrar a sua apresentação em aula.

II. UMA ESTÂNCIA GAÚCHA

VÍDEO

Nos pampas gaúchos predomina a grande propriedade de gado, chamada "estância". Vamos visitar uma estância?

—— Aqui é a sede da estância onde mora o proprietário, inclusive hoje ele não está, foi pra Porto Alegre. Essa *figueira* aí tem 300 anos de idade e esse *tablado* aí nós fizemos para nossos *fandangos* gauchescos, dias de festa nos domingos. Isso aqui é uma *carreta* do tempo antigo que a fazenda usava para os serviços da fazenda. Hoje não usa mais, está aqui só para mostrar para quem não conhece. Agora nós vamos para o *galpão do* **chirú***[1], onde se toma o *chimarrão* de madrugada. Aqui é o galpão do chirú: se levanta de madrugada pra vir tomar chimarrão; depois que termina o chimarrão vai lá pra **cuia***, puxa os cavalos em cima e vamos pro campo *campear*. Aqui nós temos esse galpão aí para assar churrasco dias feriados, dias de domingo, aos convidados do fazendeiro. Aqui é a **mangueira*** da fazenda onde o *peão* campeia em cima dos cavalos. Isso aí é os *arreios*, são de **chincha*** onde aperta os *pelego*, onde chincha o boi.

fig tree
dance floor; folk dance
wagon

shed; cowhand
tea made from mate

gourd used for drinking mate
"ride the range"
cattle chute; cowboy, farmhand
gear; cinch
sheepskin saddleblanket

PARE

---

[1]*Starred items are regionalisms that need not be memorized or used in active vocabulary.

OBSERVE E RESPONDA

1. O que o narrador está nos mostrando?
2. Descreva as pessoas que aparecem no vídeo e o que elas estão fazendo.
3. Descreva os lugares, os objetos e animais.

Glossário: o gauchês de A a Z

Apear — Descer (do cavalo ou veículo); pôr-se a pé.
Baita — Grande.
Bombacha — Calças típicas.
Buenas — Bom.
Chiar — Protestar, reclamar.
Chinoca — Moça.
Chiripá — Vestimenta sem costura, espécie de saia para homem.
Coxilha — Elevação acentuada do terreno.
Entrevero — Mistura, confusão de pessoas ou coisas.
Festança — Grande divertimento.
Grosso — Grosseiro, ignorante.
Indiada guasca — Homens do campo ou do interior gaúcho.

Marmanjos — Gente grande.
Pala — Poncho leve de brim, lã ou seda.
Piá — Menino.
Pilchar — Vestir à moda gauchesca.
Pingo — Cavalo.
Poncho — Espécie de capa grossa.
Prenda — Jóia. Mulher bonita.
Prosar — Conversar fiado ou contar histórias.
Rebuliço — Grande barulho.
Recuerdos — Lembranças, recordações boas.
Tchê — Interjeição gaúcha para chamar uma pessoa.
Tropeada — Uma grande confusão.

AGORA EU SEI!

Combine uma definição da Coluna A com um termo da Coluna B.

Coluna A

1. uma dança folclórica
2. comida típica do gaúcho
3. árvore que dá figos
4. vacas, bois e bezerros
5. meio de transporte puxado por animais
6. bebida típica do gaúcho
7. estrado de madeira para dança
8. período entre meia-noite e o nascer do sol

Coluna B

a. tablado
b. figueira
c. madrugada
d. gado
e. fandango
f. churrasco
g. chimarrão
h. carreta

AGORA É A MINHA VEZ!

Como guia turístico você está mostrando uma estância gaúcha a um grupo de turistas. Use o vocabulário da leitura acima e as imagens do vídeo.

III. O LAZER

---VÍDEO---

Para o brasileiro, assim como para muitos outros povos, o fim de semana é muito esperado. É o momento do lazer, da *quebra da rotina*, das festas, dos encontros, do cinema do teatro, enfim, de diversão. Muitos viajam para a praia ou para o campo, outros preferem ficar em casa, descansando. E você, o que gosta de fazer no fim de semana?

quebra de rotina getting out of the rut

---PARE---

VAMOS NOS COMUNICAR

A. Palavra-puxa-palavra

1. **Lazer**
   diversão
   divertimento
   passatempo

2. **Lazer em casa**
   ver televisão
   ouvir música
   ver um filme alugado
   locadora de vídeo
   desenho animado
   novela
   fita cassete

3. **Lazer ao ar livre**
   passear
   dar um passeio
   dar uma volta
   andar a cavalo
         de bicicleta
   caçar

pescar
acampar

4. **Lazer intelectual**
   teatro
   cinema
   museu
   exposição de arte

5. **Esportes**
   uma partida/ de tênis
   quadra/ de tênis/voleibol
   campo de futebol
   a equipe/ o time de futebol
   fazer cooper

6. **O preço do lazer**
   de graça/ grátis
   convite, convidar
   comprar o ingresso/o bilhete/a entrada
   fila/furar a fila

B. Diálogos

1. Fim de semana: tempo de lazer

Renato	— Você tem algum plano para o fim de semana?
Gilda	— A turma quer ir hoje à noite ao cinema e depois jantar fora. Você já viu o filme do Cacá Diegues "Um Trem para as Estrelas"?
Renato	— Ainda não, mas ouvi dizer que é ótimo. O Jornal do Brasil publicou uma boa crítica sobre ele. As canções do filme são de Gilberto Gil. Onde vocês vão jantar?
Gilda	— Estamos pensando em ir à Churrascaria Gaúcha. Lá servem o melhor churrasco da cidade. Você vem conosco?

Renato	— Não quero sair hoje à noite. Quero assitir ao jogo do Flamengo na T.V. Ainda tem o sábado e o domingo para a gente se divertir. Algo de bom pra se fazer?
Gilda	— O fim de semana está cheio de atividades: concerto de rock, campeonato de vôlei, reunião com churrasquinho na casa da Clara e festa no Iate Clube.
Renato	— Bem, depois de vocês decidirem o que vão fazer, você me chama? Olha, no domingo tem a corrida de Fórmula I e a estréia de "Dona Flor e Seus Dois Maridos" no Teatro de Bolso. Ah! Esqueça o teatro pois não tem mais ingresso.
Gilda	— Não tem problema. O pessoal estava falando em fazer um piquenique em Cabo Frio, no domingo. É melhor eu ir, pois tenho que me aprontar. Telefono amanhã cedinho.

ACONTECE NO ESPORTE

FUTEBOL

Corinthians x Mogi Mirim — Local: Estádio Pacaembu, praça Charles Muller, s/nº, região central de São Paulo. Hoje, às 21h. Ingressos: Geral, Cz$ 20,00; arquibancada e cativa, Cz$ 60,00; numerada descoberta, Cz$ 150,00; e numerada coberta, Cz$ 300,00.

Palmeiras x Santo André — Local: Estádio Parque Antártica, rua Turiassu, 1.840, zona oeste de São Paulo. Hoje, às 21h. Ingressos: Arquibancada e cativa, Cz$ 60,00; numerada descoberta, Cz$ 150,00; e numerada coberta, Cz$ 300,00.

Portuguesa x São Bento — Local: Estádio Canindé, rua da Piscina, 33, zona norte de São Paulo. Hoje, às 17h. Ingressos: Arquibancada e cativa, Cz$ 60,00; numerada descoberta, Cz$ 150,00; e numerada coberta, Cz$ 300,00.

Ponte Preta x Novorizontino — Local: Estádio Moisés Lucarelli, praça Dr. Francisco Ursaia, s/nº, em Campinas. Hoje, às 21h. Ingressos: Arquibancada e cativa, Cz$ 60,00; numerada descoberta, Cz$ 150,00; e numerada coberta, Cz$ 300,00.

São Paulo x Guarani — Local: Estádio do Morumbi, praça Roberto Gomes Pedrosa, s/nº, zona sul de São Paulo. Hoje, às 16h. Ingressos: Arquibancada e cativa, Cz$ 60,00; numerada descoberta, Cz$ 150,00; e numerada coberta, Cz$ 300,00.

Botafogo x Internacional — Local: Estádio Santa Cruz, avenida Costábile Romano, s/nº, em Ribeirão Preto. Hoje, às 21h. Ingressos: Arquibancada e cativa, Cz$ 60,00; numerada descoberta, Cz$ 150,00; e numerada coberta, Cz$ 300,00.

Ferroviária x Juventus — Local: Estádio Fonte Luminosa, praça Deputado Scalamandré Sobrinho, s/nº, em Araraquara. Hoje, às 21h. Ingressos: Arquibancada e cativa, Cz$ 60,00; numerada descoberta, Cz$ 150,00; e numerada coberta, Cz$ 300,00.

15 de Jaú x América — Local: Estádio Zezinho Magalhães, avenida Caetano Perlatti, s/nº, em Jaú. Hoje, às 21h. Ingressos: Arquibancada e cativa, Cz$ 60,00; numerada descoberta, Cz$ 150,00; e numerada coberta, Cz$ 300,00.

BASQUETE

Brasil x França — Amistoso entre as seleções masculinas. Local: no Clube Sírio, avenida Indianópolis, 1.192, zona sul de São Paulo. Hoje, às 21h. Ingressos: Cz$ 80,00.

TÊNIS

Campeonato Brasileiro de Catorze Anos — Local: no Clube Pinheiros, rua Tucumã, 142, zona oeste de São Paulo. Hoje, a partir das 8h, durante todo o dia.

Entrada franca.

Campeonato Aberto de Idade e Classe do Juventus — Seqüência. Local: rua Comendador Roberto Ugoline, 152, zona norte de São Paulo. Hoje, às 14h. Entrada franca.

Campeonato Aberto de Presidente Prudente — Local: avenida Washington Luiz, 1.841, em Presidente Prudente. Hoje, às 8h. Entrada franca.

BRIDGE

Torneio Aberto do Bridge Clube Paulistano — Local: avenida Gabriel Monteiro da Silva, 2.013, zona sul de São Paulo. Hoje, às 20h45. Entrada franca.

FUTSAL

Vila Maria (B) x Polícia Militar — Campeonato de Veteranos. Local: Ginásio dà Federação, avenida Condessa Elizabeth Rubiano, 5.120, zona norte de São Paulo. Hoje, às 21h30. Entrc da franca.

Hebraica x Palmeiras — Campeonato de Veteranos. Local: no Hebraica, rua Hungria 1.000, zona oeste de São Paulo. Hoje, às 21h. Entrada franca.

Aquático do Bosque x Vovô da Penha — Campeonato de Veteranos. Local: rua Traituba, 267, zona sul de São Paulo. Hoje, às 21h. Entrada franca.

Informações para esta seção pelos tels: 874-2246 e 874-2446.

2. No dia seguinte: bons e maus resultados

Renato	— Alô! Oi, Gilda, estava esperando o seu telefonema. Como é que foi? Vocês se divertiram muito?
Gilda	— O filme foi fantástico. Fazia tempo que eu não via um bom filme brasileiro. Não perca! O jantar foi muito bom, mas havia gente demais.
Renato	— Jantar fora na sexta-feira é um terror. A gente tem que esperar numa fila por mais de meia hora.
Gilda	— O jeito é furar a fila. E o jogo? O seu time ganhou?

Renato	— Puxa, Gilda, nem quero falar sobre isso. O Flamengo jogou bem mas deu azar. O juiz era mesmo um ladrão. Com dois segundos para terminar ele deu um pênalti inexistente contra nós! Perdemos o jogo!
Gilda	— Coitado do juiz! Ele sempre leva a culpa. Há! Há! Estou brincando, Renato! Não fique zangadinho. Sinto muito. E você vai sair com a gente?
Renato	— O que é que vocês decidiram? Acho a idéia de fazer um piquenique em Cabo Frio muito boa. Estou louco para tomar banho de sol, nadar e jogar vôlei na praia. A gente vai ficar lá até amanhã?
Gilda	— É claro. Vamos dormir no apartamento dos pais do Bebeto. Podemos voltar a tempo de ver a corrida de Fórmula I e torcer pelo Ayrton Sena. Vamos sair às 9:00 hs. Venha logo.
Renato	— 'Tá bom. Ah! Vou levar a minha máquina fotográfica para tirar umas fotos da turma. Até já.

C. Conversinhas

1. Filmes na T.V.

Ricardo	—
Laura	— Alô, Quem é? Ah, é você **Ricardo**? Olha, eu não posso falar agora. Será que você pode me ligar mais tarde?
Ricardo	—
Laura	— Estou vendo um filme que aluguei. Está quase terminando.
Ricardo	—
Laura	— O nome do filme é "O Milagre Veio do Espaço". É um filme de ficção científica muito bom.
Ricardo	—
Laura	— É sobre a vida dos moradores de um velho edifício, que estão ameaçados de serem expulsos pelo dono. Agora eles estão sendo ajudados por dois discos voadores. Vou desligar pois não quero perder o fim.
Ricardo	—
Laura	— Legal! A gente se fala daqui um pouquinho.

2. Domingo é dia de lazer.

Laura	— Oi, **Ricardo**. Sim, o filme foi mesmo ótimo. No fim os moradores conseguem ficar no edifício. O que é que você quer falar comigo?
Ricardo	—
Laura	— Claro! Gostei da idéia. Adoro ir à Feira de Antiguidades. Você está interessado em comprar alguma coisa?
Ricardo	—
Laura	— Não, nada em particular mas se eu vir algo que me interessa, eu compro. Eu me divirto só em andar pela feira e ver as pessoas.
Ricardo	—
Laura	— Depois a gente pode ir comer um bom cozido no "Boca de Ouro" e de tarde ir ver o jogo do time de basquete da faculdade.
Ricardo	—
Laura	— De noite podemos ir à Galeria Rio-Sul e ver a exposição sobre a arte indígena. Afinal, domingo é dia de lazer, não é? Então, a que horas você vem me pegar?
Ricardo	—

D. **Qual é a resposta correta?**

1. Lugar onde se joga tênis:
    a) campo   b) quadra   c) estádio
2. Não se paga para assistir um concerto ou um outro evento:
    a) grátis   b) ingresso   c) bilhete
3. O que se recebe para assistir a um evento especial, como casamento, coquetel, festa, recepção, etc.:
    a) convite   b) bilhete   c) ingresso
4. O que se assiste num teatro:
    a) filme   b) desenho animado   c) peça
5. Lugar onde se aluga vídeos:
    a) locadora   b) cinema   c) teatro
6. Nome que se dá às aventuras dos super-heróis na T.V., como Superhomem e Mickey Mouse:
    a) histórias em quadrinhos   b) desenho animado   c) comédia
7. O que você compra para entrar no cinema, no teatro, no estádio, etc.:
    a) convite   b) ingresso   c) passagem
8. Uma forma de lazer muito popular para as crianças, onde há muitos brinquedos, shows, e muita coisa para se fazer:
    a) campo de futebol   b) parque de diversão   c) jardim zoológico

E. **Perguntas Abelhudas.**

1. Na sua opinião, quais as melhores formas de lazer?
2. O que você leva em consideração ao planejar um programa de lazer? O local, o custo, o clima, etc?
3. Quais são as formas mais populares de lazer no seu país e em outros que você conhece?
4. Que efeitos o lazer tem na vida das pessoas?
5. O rádio tem um lugar especial na praia, no acampamento, etc. Quando você gosta de ouvir o rádio e quais os seus programas favoritos?
6. Qual o melhor ou o pior filme que você já viu? Fale sobre ele.
7. Quais são os seus critérios para escolher um filme? (diretor, atores, enredo, etc.)
8. Como você se diverte em casa?
9. Quais são as atividades ao ar livre preferidas pela sua família?
10. Você gosta de esportes como participante ou como espectador? Fale sobre isso.
11. Das formas de lazer intelectual, quais as que lhe dão mais satisfação? Por quê?
12. Em que forma de arte você gostaria de ser famoso? Por que?

F. **Ponto de encontro**

Noticiário da T.V. Travessia! Como repórter da "T.V. Travessia", você faz o "Noticiário da Noite", juntamente com outros repórteres. Prepare com eles o jornal falado de hoje e faça a apresentação em aula. Sugestão: Preparem comerciais para serem apresentados entre as notícias.

Repórter 1: Notícias Internacionais
Repórter 2: Notícias Nacionais
Repórter 3: Notícias Locais
Repórter 4: Notícias Esportivas
Repórter 5: Serviço de Metereologia

G. **Agora é a minha vez!** Procure informações nos jornais sobre o que está acontecendo no momento, na cidade, em uma das áreas de lazer da lista abaixo. Faça sua apresentação em aula.

1. Cinema: Que filmes estão levando? Onde? Quando? Quanto custa o ingresso?
2. Esportes
3. Teatro
4. Concertos
5. Museus
6. Conferências
7. Galerias
8. Buates
9. Shows
10. Parques

H. **Sob Suspeita:** Crítica de teatro

Ester Góes e Renato Borghi: personagens convincentes

Sob suspeita

Escrita em 1928 por Louis Verneuil *(Negócios de Estado)*, *O Amante de Madame Vidal* trata da dificuldade em distinguir verdade e aparência, subjetivo e objetivo, notadamente em situações que envolvem insegurança. Esse tema é apresentado de modo leve, cômico e banal através de Madame Vidal (Ester Góes), riquíssima e elegantíssima, acometida da suspeita de que o marido (Carlos Vergueiro) anda traindo-a. Inconformada, ela arquiteta um plano de que participam seu admirador (Zecarlos Machado), uma amiga íntima (Tânia Bondezan), seu secretário (Renato Borghi) e, secundariamente, um casal (Elizabeth Henreid e José Rubens Siqueira) e o mordomo (Walter Breda).

Com esse elenco de primeira linha, dirigido pelo veterano Gianni Ratto — radicado no Brasil, com significativa atuação no Futurismo Italiano e depois no TBC —, o espetáculo prima pela competência e afinação. Os belíssimos figurinos levam a assinatura da consagrada Kalma Murtinho. As personagens centrais são aristocráticas e agem como tal, o que é raro em nossos palcos. O tom geral das interpretações é o da comédia pura, sem caricaturas, denotando respeito à inteligência do público, convidado a identificar-se e também rir, conseqüentemente a rir de si mesmo.

São essas qualidades da montagem que a diferenciam da maioria das comédias ligeiras dos nossos teatros. Se você gosta do gênero, é uma ótima opção.

Maria Lúcia Candeias

1. O que o crítico diz.
   a. O que sugere o título do artigo "Sob Suspeita"?
   b. O que é "Negócios de Estado"?
   c. De acordo com a crítica, o autor da peça trata da dificuldade em distinguir uma série de contrastes. Que contrastes são esses?
   d. O gênero da peça é cômico? Justifique a sua resposta.
   e. O que é "elenco"?
        1. os produtores de uma peça de teatro.
        2. grupo de atores que interpreta um filme, peça, etc.
        3. o tema da peça.
   f. Quem é o diretor de "O Amante de Madame Vidal"?
   g. Qual é a função de Kalma Murtinho nessa peça?
   h. O que é o "enredo" de uma peça ou filme?
        1. a história
        2. o tema
        3. a direção
   i. A crítica de "O Amante de Madame Vital" é positiva ou negativa? Explique.
   i. O que a crítica diz sobre o elenco da peça?

2. Eu sei criticar um filme.

   Faça uma crítica de uma peça ou um filme seguindo o plano abaixo.
        a. título
        b. autor
        c. ano de lançamento
        d. resumo do enredo
        e. crítica e recomendação
        f. outros aspectos

IV. TEMPOS COMPOSTOS DO SUBJUNTIVO

Compound Subjunctive Forms

1. Formation

The present perfect form of the subjunctive is formed by combining the present subjunctive of *ter* with the past participle of a second verb (*-do* form):

TENHA COMIDO	TENHAMOS COMIDO
TENHA COMIDO	TENHAM COMIDO

The past perfect form of the subjunctive is formed by combining the imperfect subjunctive of *ter* with the past participle of a second verb:

TIVESSE FALADO	**TIVÉSSEMOS** FALADO
TIVESSE FALADO	**TIVESSEM** FALADO

2. USE

A. The present subjunctive is used to refer to events simultaneous to or following the time of the main verb. The present perfect subjunctive is used to refer to events that preceeded the time of the main verb.

Present Subjunctive	Present Perfect Subjunctive
Espero que você *aprenda* a nadar este verão.	Espero que você *tenha aprendido* a nadar no ano passado.
Talvez ele *comece* a trabalhar hoje.	Talvez ele já *tenha começado* a trabalhar.
Duvido que ele *volte* aqui algum dia.	Duvido que ele *tenha voltado* aqui recentemente.

B. The imperfect subjunctive is used to refer to an event simultaneous with or following the time of the main verb. The past perfect subjuntive is used to refer to an event preceeding the time of the main verb.

Imperfect Subjunctive	Past Perfect Subjunctive
Eu não pensei que você *fosse* à praia hoje.	Eu não pensei que você *tivesse ido* à praia ontem.
Era necessário que você *escrevesse* a carta agora mesmo.	Era necessário que você *tivesse escrito* a carta na semana passada.
Se você *estudasse* mais você passaria no exame.	Se você *tivesse estudado* mais você teria passado no exame.

VAMOS PRATICAR

A. **Diálogo**: Uma noite de autógrafos.

Escritor	— Estou feliz que você tenha vindo esta noite!
Regina	— Agradeço muito por ter me convidado.
Escritor	— Você e os outros colegas sempre têm me dado muito apoio. Eu não faria nada sem a ajuda de vocês.
Regina	— Ora, não seja tão modesto. Você tem tido sucesso porque é um bom escritor.
Escritor	— Mas a ajuda de vocês tem sido uma grande ajuda para mim. E o Fernando, não veio?
Regina	— É provável que ele ainda não tenha chegado. Acho que ele só vem depois que terminar o artigo para o jornal.
Escritor	— Por que você não vem tomar um vinho e comer uns salgadinhos?
Regina	— Está bem. Não se esqueça de assinar o meu livro. Muito sucesso, 'viu?
Escritor	— Eu lhe daria o meu autógrafo mesmo que não tivesse vindo!

B. Cada um tem a sua opinião!

1. Papai tem medo de que eu não (ter -- passar) *tenha passado* no exame final.
2. Mamãe não crê que eu (ter -- conseguir) um emprego no Banco Nacional.
3. Vovô espera que nós (ter -- fazer) a reserva do hotel hoje mesmo.
4. O Professor Golias duvida que vocês (ter -- responder) todas as perguntas.
5. Tia Lúcia tem medo que você (ter -- quebrar) o carro dela.
6. Minha mãe não acredita que o papai (ter -- perder) tanto dinheiro.
7. Meus primos duvidam que eu (ter -- ganhar) uma bolsa de estudos.
8. Vovó teme que a mamãe (ter -- ser) injusta com a minha irmã.

C. Qual foi a sua reação?

1. Jorge não passou no vestibular. *Sinto muito que ele não tenha passado.*
2. Meus primos decidiram fazer medicina. Que bom que seus primos...
3. Teresa me escreveu uma carta do Brasil. Estou feliz que ela...
4. Meus pais não vieram para a minha formatura. É uma pena que eles...
5. Meu professor quebrou a perna. Sinto muito que o seu professor...
6. Inês falou que já pagou a conta do telefone. Espero que ela...
7. Marta casou-se com o Paulo por amor. Duvido que ela...
8. O meu time ganhou o Torneio da Amizade. Que legal que o seu time...

D. Arrependimentos.

1. Se você (ter -- passar) *tivesse passado* pela minha casa eu teria ido com você.
2. Se você (ter -- furar) a fila você teria comprado o ingresso.
3. Se nós não (ter -- sair) cedo teríamos visto o fim do jogo.
4. Se vocês (ter -- estudado) mais teriam passado no exame vestibular.
5. Se ela (ter -- ouvir) os meus conselhos não teria sofrido tanto.
6. Nós não teríamos perdido o concerto se nós (ter -- vir) de táxi.
7. Se você (ter -- dizer) a verdade o seu pai não teria ficado tão zangado.
8. Se o Jorge não (ter -- comer) aquela carne ele não teria ficado doente.

E. Conversinhas. O tempo voa.

Júlio	— É uma pena que esta semana tenha se passado tão depressa. O tempo voa, não é?
Rita	—
Júlio	— Também tenho me divertido muito. Ah, se eu tivesse tido mais tempo!
Rita	—
Júlio	— Eu teria feito muito mais coisas. Teria visitado o Museu Nacional e também teria assistido um concerto de fados. E você?
Rita	—
Júlio	— Claro! Ganhei muita experiência nessa excursão e aprendi muito sobre a cultura portuguesa. Qual é a sua opinião?
Rita	—
Júlio	— Concordo com você. De fato, é uma pena que nós não tenhamos conhecido mais pessoas. Numa viagem rápida como essa a gente não tem muitas oportunidades de conhecer o povo. O nosso ônibus está chegando! Vamos?

V. "AQUARELA DO BRASIL", GAL COSTA

─────VÍDEO─────

Esta é uma das músicas brasileiras mais conhecidas fora do país, onde já fez
sucesso mais de uma vez com o título "Brasil".

Brasil, meu Brasil brasileiro
Meu mulato *inzoneiro*   *crafty, sneaky*
Vou cantar-te nos meus versos
Ô Brasil, samba que dá
Bamboleio que faz *gingar*   *swaying, swinging*
Ô Brasil do meu amor
Terra de Nosso Senhor
Brasil, pra mim, pra mim, pra mim.

Oh! Abre a cortina do passado
Tira a *mãe preta* do cerrado   *slave wet nurse*
Bota o rei *congo* no *congado*   *African place; dance*
Brasil pra mim

Deixa cantar de novo o *trovador*   *minstrel*
À *merencória* luz da lua   *melancholy*
Toda a canção do meu amor
Quero ver a "*sá dona*" caminhando   *"lady"*
Pelos salões arrastando
O seu vestido *rendado*   *lace*
Brasil pra mim, pra mim, pra mim

Brasil, terra boa e gostosa
A morena *sestrosa*   *crafty, sly*
De olhar indiscreto
(Refrão)

Ô esse coqueiro que dá coco
Onde eu amarro a minha rede
Nas noites claras de *luar*   *moonlight*
Brasil pra mim
Ah! Ouve essas fontes murmurantes

Onde eu mato a minha sede
E onde a lua vem brincar
Oi, esse Brasil lindo e *trigueiro*   *brown-skinned*
É o meu Brasil brasileiro
Terra de samba e *pandeiro*   *tamborine*
Brasil, pra mim, pra mim
Brasil, pra mim, pra mim, pra mim
Brasil, Brasil
Brasil, pra mim

———————————— PARE ————————————

Aquarela do Brasil

"Aquarela do Brasil" é uma composição de 1939, do mineiro Ari Barroso. Juntamente com outras canções da época como "No Tabuleiro da Baiana" (1926), "Na Baixa do Sapateiro" (1938), "Os Quindins de Iaiá" (1940) e "Brasil Moreno", "Aquarela do Brasil" marca um momento excepcional no desenvolvimento da música popular brasileira. Essas criações se caracterizam pelo nacionalismo, isto é, pela preocupação em registrar as belezas do Brasil, seu exotismo, o colorido da paisagem, os mitos e os "encantos mil" do país. Elas falam especialmente da Bahia, onde começou e se desenvolveu a colonização do Brasil. A ideologia é a do engrandecimento da natureza, do povo, da história e da cultura, sem qualquer preocupação de crítica objetiva. Por exemplo, em "Aquarela do Brasil" as referências ao negro e ao mulato refletem estereotipos paternalistas mas carinhosos, como se fossem parte do folclore, sem nenhuma alusão ao passado de sofrimento do escravo.

A criação dessas canções foi estimulada pelo Departamento de Imprensa e Propaganda da ditadura do Presidente Getúlio Vargas que chegou a instituir um concurso para escolha das melhores músicas populares. "Aquarela do Brasil" foi a vitoriosa. Ela se tornou internacionalmente famosa, penetrando primeiro no mercado americano com a imagem baiana de Carmen Miranda, e iniciando assim a exportação da música brasileira.

VI. INFINITIVO PESSOAL

———————————— VÍDEO ————————————

Uma das peculiaridades da língua portuguesa é o infinitivo pessoal. O infinitivo pessoal difere do infinitivo impessoal porque ele acusa sujeito e tem terminação plural. Veja a tabela que se segue:

IR	IRMOS
	IREM

EU IR
NÓS IRMOS
ELE IR
VOCÊ IR
OS SENHORES IREM

```
┌─────────┬───────────┐
│         │ COMERMOS  │
│ COMER   ├───────────┤
│         │ COMEREM   │
└─────────┴───────────┘
```

```
EU COMER
VOCÊ COMER
NÓS COMERMOS
ELES COMEREM
VOCÊS COMEREM
```

Agora observe as seguintes cenas:

Marido — Alô? É você, meu filho?
Mulher — O Robertinho?
Marido — É. Você está bem, meu filho?
Mulher — Deixa **eu falar** com ele, deixa!

Tarsila — E que tal **sairmos** juntos hoje? Pra **jantarmos** e nos **conhecermos** melhor?

Danilo— A gente vai fazer um *som da pesada* lá na tua casa. Só falta agora **eu dar** um toque no meu sócio pra **ele não marcar** mais nada nessa data.

Policial — Falar o quê? O delegado saiu e vai demorar. É bom **vocês sentarem** por aí e **esperar**. O delegado só vai voltar à noite, hein.

Adriana — Ah. Cozinhar é uma desgraça! Olha. É até perigoso. Ô, Caio, segura o *escorredor* aqui pra eu **tirar** o macarrão. Segura, tá *fervendo*.
Caio — Cuidado com isso aí.
Adriana — 'Pera aí. **Deixa eu virar** o macarrão. Segura, Caio.

som da pesada terrific sound system   **escorredor** strainer
ferver boil

─────── *PARE* ───────

The Personal Infinitive[1]

The personal infinitive is generally used to make the subject of an infinitive clear. It is extremely common as a substitute for the subjunctive

1. after impersonal expressions:

Personal Infinitive | Subjunctive

É melhor **telefonarmos** para os seus pais. | *É melhor que* **nós telefonemos** para os seus pais.
É mais fácil **eles virem** aqui de carro. | *É mais fácil que* **eles venham** aqui de carro.
É uma vergonha **vocês** não **saberem** a lição. | *É uma vergonha que* **vocês** não **saibam** a lição.

[1]The infinitive, either personal or impersonal, is usually called the "infinito" in Portuguese.

2. after the following prepositions:

para	depois de	sem
até	antes de	

Personal Infinite · Subjunctive

Personal Infinite	Subjunctive
Ele insistiu *até* **nós ficarmos** para o jantar.	Ele *insistiu que* **nós ficássemos** para o jantar.
Eu apago a luz *depois de* **vocês sairem.**	Eu apago a luz *depois que* **vocês saiam.**
O papai pediu *para* **ficarmos** com a mamãe.	O papai pediu *que* **ficássemos** com a mamãe.
Não vou a lugar nenhum *antes de* **vocês telefonarem.**	Não vou a lugar nenhum *antes que* **vocês telefonem.**
Ele entrou em casa *sem* **nós percebermos.**	Ele entrou em casa *sem que* **nós percebêssemos.**

When both verbs have the same subject, use of the personal infinitive is optional. Preference is always for the expression that avoids ambiguity.

Eles pediram *para* saírem de férias.
Eles pediram *para* sair de férias. (preferred form)

The Infinitive as Noun

Both the personal and impersonal infinitives may be used as nouns. This usage is may be translated with *-ing* in English.

Depois de escrever a carta nós fomos embora.	*After writing* the letter we left.
Fale comigo *antes de falar* com o seu pai.	Talk to me *before speaking* with your father.
Muito obrigado *por nos convidarem.*	Thank you *for inviting* us.
Eles se casaram *sem nos avisar.*	They got married *without letting us know.*
Trabalhar aqui é inconveniente para nós.	*Working* here is inconvenient for us.
Estudarmos juntos não vai dar certo.	*Our studying* together won't work out.

VAMOS PRATICAR

A. **Aviso a todos!**

1. É bom vocês (sair) *saírem* agora!
2. Convém todos nós (ficar) aqui!
3. É preciso você (ter) mais paciência!
4. É melhor eu e você (parar) de fumar!
5. Era bom vocês (convidar) o professor para a sua formatura.
6. Seria legal nós (assistir) o jogo de futebol juntos!
7. É bom os estudantes (aprender) português.
8. É aconselhável nós (fazer) a reserva do hotel hoje.

B. O que aconteceu?

1. Mamãe falou para nós (chegar) *chegarmos* cedo.
2. Eles saíram de casa sem os pais (saber).
3. Papai disse que é melhor eu (economizar) mais dinheiro.
4. Tio Carlos disse que é tarde para nós (conseguir) passagem de avião.
5. Jorge partiu sem vocês (perceber).
6. Eles perderam o emprego por (ter) chegado tarde.
7. Pedimos um quarto ao (chegar) no hotel.
8. Eles foram ao cinema depois de (escrever) a carta.
9. Por (estar) tão cansado, ele foi dormir cedo.
10. Papai disse que foi bom nós (descontar) o cheque hoje.

C. Mais acontecimentos.

1. Ao (chegar) *chegarmos* em casa, começou a chover.
2. Por (chegar) atrasados eles não pegaram um bom lugar no teatro.
3. Antes de vocês (falar) com o chefe, venham falar comigo.
4. (Trabalhar) com você não é fácil para nós.
5. Ao (entrar) em casa nós encontramos tudo sujo.
6. Depois de (comer) a pizza, eles se sentiram mal.
7. Ao (ver) o filme, eles ficaram muito emocionados.
8. (Ouvir) música é um bom divertimento para eles.
9. Eles saíram sem (dizer) nada a ninguém.
10. Ao nos (registrar) no hotel tivemos que deixar o nosso cartão de crédito na portaria.

VII. O NEGRINHO DO PASTOREIO

Era uma vez um fazendeiro *malvado* e um piazito (menino do Rio Grande do Sul) escravo, chamado Negrinho do Pastoreio. "Tocador" notável de cavalos, certa vez, foi escolhido para tomar conta de um *rebanho*, recebendo ordens severas de não perder nenhuma *rês* de vista. Mas, seu patrão, *estancieiro* ruim e *miserável* que era, quando contou a *manada* na volta, *deu por falta* de uma cabeça. Sem querer saber o que acontecera, *espancou* o menino violentamente. Depois, obrigou o Negrinho a voltar, em busca da rês desaparecida.

Encontrado, após muitos esforços, o *novilho* fugiu novamente, levando o laço que o menino utilizou. O Negrinho, apresentando-se ao fazendeiro, se desculpou pelo laço, dizendo que já se achava meio gasto pelo uso. Mas o *intratável* fazendeiro nada quis saber. *Chicoteou* o *moleque* novamente. Não satisfeito, amarrou-o pelos pés e colocou-o num formigueiro para ser devorado vivo pelas formigas.

No dia seguinte, quando amanheceu, o fazendeiro voltou a ver o Negrinho. Que surpresa! O pequeno desaparecera. No lugar se erguia uma nuvem que sumia nos ares. A notícia se espalhou. Os homens daquelas *paragens*, *boquiabertos*, consideraram aquilo um milagre. O Negrinho do Pastoreio tinha sido um mártir. Portanto só poderia ter ido para o Céu. O tempo passou. O Negrinho virou santo. Quem perder algum objeto, pode encontrá-lo, invocando o Negrinho. Ele o ajudará. Esta história aconteceu no sul do Brasil. Na terra onde os homens bravos criam gado e tomam chimarrão.

boquiaberto open-mouthed	**manada** herd
chicotear whip	**miserável** despicable
dar por falta find missing	**moleque** black boy
espancar beat	**novilho** yearling
estancieiro rancher	**paragens** thereabouts
intratável pig-headed	**rebanho** herd
malvado evil	**rês** 4-footed stock animal

A. Perguntas

1. O que quer dizer "piazito"?
2. Explique por que o menino foi espancado pelo patrão.
3. O que fez o fazendeiro chicotear o pequeno escravo.
4. Que punição final ele recebeu?
5. Como foi o "milagre" do Negrinho do Pastoreio?
6. Faça uma caracterização do fazendeiro.
7. Como o Negrinho do Pastoreio ajuda as pessoas agora?

B. Agora é a minha vez!

Conte uma lenda de qualquer país ou região. Se você não conhecer nenhuma, pesquise na literatura de folclore em sua biblioteca.

VIII. REGÊNCIA DE VERBOS (+ A, PARA, DE, EM)

Verbs Followed by Prepositions

Many common verbs require a specific preposition when followed by an infinitive:

A	DE	PARA	EM
ensinar a	gostar de	convidar para	pensar em
aprender a	deixar de	pedir para	consentir em
continuar a	lembrar-se de	preparar-se para	concordar em
ajudar a	esquecer-se de		insistir em
começar a	acabar de		hesitar em
	desistir de		
	parar de		

VAMOS PRATICAR

A. **O que essas pessoas fizeram?**

Júlia

Cristina e Sinval

Ex: Júlia aprendeu a nadar.

Cristina e Sinval desistiram de viajar.

1. parar de fumar
2. concordar em sair comigo
3. preparar-se para viajar
4. esquecer-se de desligar a T.V.
5. ajudar o Roberto a fazer o jantar

1. aprender a dirigir
2. acabar de chegar
3. pedir para sair cedo
4. concorder em ficar
5. insistir em falar com o diretor

B. **Resoluções da família.**

1. Papai vai (deixar *de*) fumar e beber
2. Mamãe vai (comecar ___) trabalhar no hospital.
3. Meu irmão vai (desistir ___) jogar tênis.
4. Vovó vai (concordar ___) morar conosco.
5. Meus primos vão (acabar ___) fazer o curso de computação.
6. Minha irmã vai (começar ___) procurar um trabalho.
7. Tia Luzia vai (aprender ___) consertar carros.
8. Eu vou me (preparar ___) fazer o exame vestibular.
9. A Lourdes vai me (ensinar ___) pronunciar bem o português.

C. **Perguntas abelhudas.**

1. Quando você era criança, quem ajudava você a preparar os trabalhos da escola?
2. Durante a escola secundária o que você gostava de fazer nos fins de semana?
3. Quando você começou a estudar português?
4. Quem na sua família ensinou você a ter boas maneiras? Dê um exemplo.
5. Você se sente preparado para enfrentar o futuro? Por quê?
6. Quando você pensa em casar-se?
7. Você já deixou de fazer alguma coisa que você gostava muito de fazer? Explique.
8. Você se lembra da última vez que você se recusou a sair com alguém?
9. Fale de algo que você se arrependeu de não ter feito.
10. Fale de algo que você concordou em fazer mesmo sabendo que não era bom para você.

D. **Eu, visto por outra pessoa!**

Fale sobre você, sob o ponto de vista de uma outra pessoa: o seu pai, a sua mãe, o seu professor, o seu namorado, o seu melhor amigo, ou outra pessoa da sua escolha. Na sua apresentação tente incluir o maior número possível de verbos seguidos de preposição: *deixar de, pensar em, gostar de, convidar para, lembrar de*, etc.

IX. COMO VAI DE SAÚDE?

O Doente Imaginário

VAMOS NOS COMUNICAR

A. **Palavra-Puxa-Palavra**

1. **O corpo humano**

o ouvido	as **costas** back	o sangue
o **pescoço** neck	o estômago	a **pele** skin
a **garganta** throat	o intestino	o pulso
os **ombros** shoulders	o **fígado** liver	o **peito** chest
o coração	a **barriga** belly	

2. **Doenças, sintomas e remédios**

catapora chicken pox	**dor de barriga** stomache ache
sarampo small pox	**de dente** tooth ache
diabete diabetes	nas costas
pneumonia	pernas
gripe flu	**no peito** chest pain
resfriado cold	sentir dores
febre	**doer** hurt
ataque cardíaco heart attack	tomar remédio
enfarte heart attack	**xarope** medicated syrup
tossir cough	**injeção** injection
sentir calafrio chills	**pílula** pill
pressão alta high blood pressure	**inchar** swell
	desmaiar faint

3. **Assistência médica**

hospital	**receita** prescription
consultório Dr's office	tirar radiografia
marcar consulta appointment	raio X
pediatra	**seguro de saúde** health insurance
ginecologista	anestesia
dermatologista	medir a pressão
neurologista	sala de espera
cirurgião surgeon	de operação
oculista	

B. **Diálogo.** Não estou me sentindo bem!

Renato — Eu não estou me sentindo bem. Dormi pessimamente e acordei com o corpo doendo e uma tremenda dor de cabeça.

Leda — Você precisa tomar cuidado. Ouvi dizer que está dando uma gripe por aí. Você está com febre?

Renato — Acho que sim, pois estou suando e sentindo calafrios. Estou preocupado porque tenho um exame de português amanhã.

Leda — Você deve ir ao médico hoje mesmo. Por que você não telefona para a clínica da faculdade e marca uma consulta?

Renato — Acho que eu vou à farmácia comprar aspirina e xarope. Depois eu vou para casa repousar.

Leda — Renato, tomar remédio sem receita médica é perigoso. Você quer perder o exame de português, é?

Renato — Que é isso! Pra dizer a verdade, eu morro de medo de ir ao médico.

Leda — Deixe de ser bobo. Se você quiser eu vou com você.

C. **Histórico médico.** Complete as seguintes frases com o vocabulário abaixo:

dermatologista	anestesia	pulmão
enfarte	fazer um check-up	doença
gripe	garganta	inchado
tirar uma radiografia	pressão alta	tornozelo
marcar uma consulta	tomar remédio	receitar

1. Quando eu era criança eu tive todas as —— comuns, como catapora, sarampo, etc.
2. Aos 12 anos de idade eu fiz uma operação mas doeu muito apesar da ——.

3. Na escola secundária eu tinha muitos problemas de pele e consultei um —.
4. Não fumo hoje em dia porque tenho medo de câncer no —.
5. Tive que ir a um ortopedista pois quebrei o — jogando futebol.
6. Meu avô sofria do coração e morreu de —.
7. Na véspera do meu exame vestibular eu peguei uma — muito forte.
8. Para fazer um diagnóstico do pulmão tive que —.
9. Não gosto de ficar doente porque odeio —.
10. Para curar uma dorzinha de — eu sempre tomo xarope.
11. Eu sofria de insônia mas o médico me — umas pílulas e agora durmo bem.
12. Hoje eu estou com muita dor de dente e vou — com o dentista.

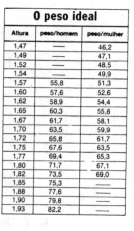

O peso ideal		
Altura	peso/homem	peso/mulher
1,47	—	46,2
1,49	—	47,1
1,52	—	48,5
1,54	—	49,9
1,57	55,8	51,3
1,60	57,6	52,6
1,62	58,9	54,4
1,65	60,3	55,8
1,67	61,7	58,1
1,70	63,5	59,9
1,72	65,8	61,7
1,75	67,6	63,5
1,77	69,4	65,3
1,80	71,7	67,1
1,82	73,5	69,0
1,85	75,3	—
1,88	77,6	—
1,90	79,8	—
1,93	82,2	—

E. **Definições.** Combine a coluna A com a coluna B.

A

1. Lugar onde o doente compra remédios.
2. O que se toma quando se tem dor de cabeça.
3. Depois do exame o médico diz qual é o seu problema.
4. Calafrio e suor.
5. Médico que trata de doenças do sistema nervoso.
6. Pessoa que cuida do paciente e ajuda o médico.
7. Prescrição de remédio dada pelo médico.
8. Líqüido vermelho que corre nas veias.
9. Sensação física inconfortável.
10. Marcar uma hora para ver o médico.
11. Perder os sentidos.
12. Orgão distribuidor do sangue.

B

a. diagnóstico
b. febre
c. enfermeira
d. sangue
e. dor
f. farmácia
g. aspirina
h. neurologista
i. marcar consulta
j. desmaiar
l. receita
m. coração

F. **Falando de saúde**

1. Quando as pessoas devem fazer um *check-up* médico?
2. Que doenças você teve quando era criança?
3. Alguém da sua família já esteve internado num hospital? Por que motivo?
4. Você prefere um médico ou uma médica? Por quê?
5. O que você faz quando tem gripe?
6. Quando se tem um problema de saúde, quais são as maneiras de se escolher um médico?
7. O que você acha da medicina socializada?
8. Quais são as vantagens do seguro de saúde?
9. Como o trabalho, o clima, a dieta e o estado mental do indivíduo afetam a saúde dele?
10. Por que as pessoas tomam vitaminas?

♥ Pressão arterial

Um conselho fácil de ser seguido: conheça sua pressão arterial. Se ela estiver alta, é fundamental baixá-la para evitar conseqüências piores.

♥ Fumo

O hábito de fumar aumenta de duas a seis vezes o perigo de um ataque cardíaco. Esse risco está ligado ao número de cigarros fumados por dia, aos anos dedicados ao fumo, e à quantia tragada.

♥ Diabetes

Cada vez mais o diabetes se revela um cruel inimigo do coração, cérebro, olhos e membros. Por isso é tão importante mantê-lo sob controle.

Vitamina demais é perigoso

● O homem moderno, sem tempo para comer, recorre aos *fast-food* (restaurantes de comidas rápidas) e toma megadoses de vitaminas para compensar. Coitado. É duplamente infeliz: os *fast-food* usam e abusam do tão perigoso sal: as vitaminas, tomadas em excesso, são uma emenda pior que o soneto. Veja estes exemplos:,

Vitamina A: Protege o organismo contra infecções e garante o crescimento dos ossos. Tomada em excesso, nos três primeiros meses da gravidez, pode trazer alterações ao feto (como o lábio leporino, por exemplo) e, fora da gestação, pode provocar lesões no fígado e cirrose.

Vitamina B 1: Protege o sistema nervoso e regula os batimentos cardíacos, além de evitar a anemia. Tomada em excesso, provoca perigosas reações alérgicas e até mesmo choque anafilático.

Vitamina B 2: Ajuda na cicatrização. Tomada em excesso, pode provocar alergias e até choque anafilático.

Vitamina B 12: Combate a fraqueza muscular e a anemia. Tomada em excesso pode provocar alergias perigosas e até choque anafilático.

Vitamina C: Usada no combate aos resfriados, pode ajudar também em casos de infecções e aumentar a elasticidade dos vasos periféricos. Tomada em excesso, tem sido assimilada ao crescimento de cálculos renais e à queima acelerada das vitaminas do grupo B que, desse modo, são eliminadas antes que o organismo as aproveite.

Vitamina D: Combate o raquitismo e ajuda a manter os dentes e ossos em bom estado. Tomada em excesso, favorece o aparecimento de cálculos renais e, conforme pesquisas, o crescimento de tumores.

Vitamina E: Dá estabilidade e integridade à membrana que recobre as células. Tomada em excesso, tem sido associada ao aparecimento de tumores e à carência da vitamina A.

VOCÊ ESTÁ ESTRESSADO?
Teste suas condições numa gradação entre estes dois pólos, que vão de 1 a 7

1 2 3 4 5 6 7

1. Não se incomoda de deixar coisas temporariamente inacabadas .... Tem de acabar as coisas depois que começa
2. Calmo e sem pressa por causa de compromissos .... Nunca se atrasa para compromissos
3. Não-competitivo .... Altamente competitivo
4. Ouve bem, deixa os outros acabarem de falar .... Antecipa os outros na conversa (acena, interrompe, acaba as frases pelos outros)
5. Nunca tem pressa, mesmo quando pressionado .... Sempre com pressa
6. Capaz de esperar calmamente .... Inquieto quando espera
7. **Devagar** .... Sempre **a toda velocidade**
8. Pega uma coisa de cada vez .... Tenta fazer mais de uma coisa ao mesmo tempo, pensa no que fazer a seguir
9. Lento e ponderado ao falar .... Vigoroso e convincente ao falar (gesticula muito)
10. Preocupado em satisfazer a si mesmo, não aos outros .... Quer o reconhecimento dos outros por serviço bem-feito
11. Faz as coisas devagar .... Faz tudo depressa (comer, andar etc.)
12. Ponderado .... Impetuoso
13. Expressa sentimentos abertamente .... Guarda para si os sentimentos
14. Tem grande número de interesses .... Poucos interesses fora do serviço
15. Satisfeito com o emprego .... Ambicioso, quer progredir depressa no emprego
16. Nunca se fixa prazos .... Com freqüência fixa prazos para si mesmo
17. Senso limitado de responsabilidade .... Sempre se sente responsável
18. Nunca avalia as coisas numericamente .... Muitas vezes avalia desempenho em termos numéricos (quanto, quantos)
19. Displicente no trabalho .... Leva o trabalho muito a sério (trabalha em fins de semana, leva trabalho para casa)
20. Não muito meticuloso .... Muito meticuloso (cuidadoso com pormenores)

Faça a soma das suas cotações e confira as respostas na próxima página

---

AUTO-AVALIAÇÃO

Autor: Dr. Haward I. Glazer

Escore total — 110 a 140 — Você é do tipo A₁. Se você está nesta categoria e especialmente tem mais de 40 anos, é provável ter um risco elevado de tornar-se doente do coração.

Escore total — 80 a 109 — Você é do tipo A₂. Você está no rumo de tornar-se propenso a doença cardíaca, mas seu risco não é tão alto quanto do A₁; não obstante, deve prestar atenção cuidadosa aos conselhos dados a todos do tipo A₁.

Total de pontos

Escore total — 60 a 79 — Você é do tipo AB. Você é uma mescla dos tipos A e B, mais saudável que só do tipo A, mas tem potencial para tornar-se um tipo A e deve admitir isto.

Escore total — 30 a 59 — Você é do tipo B₂. Seu comportamento está do lado menos propenso a cardíaco do espectro, geralmente está descontraído e enfrenta o *stress* adequadamente.

Escore total — 0 a 29 — Você é do tipo B₁. Você tende para o extremo dos traços não-cardíacos, seu comportamento manifesta poucas reações associadas ao risco de desenvolver doença cardíaca.

G. **Ponto de encontro.**

1. Qual tem sido a contribuição da medicina para o prolongamento da vida nos últimos anos? Com 2-3 colegas prepare uma apresentação sobre os aspectos éticos de se prolongar ou não a vida de pessoas gravemente enfermos. Fale sobre a eutanásia.

2. Teatrinho improvisado. Dramatize uma cena no consultório médico com os seguintes personagens:

> 2 pacientes
> 1 recepcionista
> 1 enfermeira
> 1 médico

Planeje a dramatização desde a sua entrada na sala de espera, diálogo com a recepcionista, conversa com o outro paciente, diálogo com a enfermeira enquanto ela toma a sua pressão, finalmente a consulta com o médico.

Queimando Calorias

O organismo humano dispende calorias mesmo nas atividades mais simples e vai buscá-las nos alimentos que proporcionam calorias através dos hidratos de carbono, proteínas ou gorduras. Na tabela abaixo apresentamos o valor da queima de calorias em algumas atividades.

ATIVIDADES	QUEIMA	ATIVIDADES	QUEIMA
Tomando banho e se vestindo	2,6 – 3,0	Andando de bicicleta depressa	11,1
Andando devagar	2,9	Jogando tênis	7,1
Andando depressa	5,2	Jogando futebol	8,9
Dirigindo carro	2,8	Remando a 97 m/min.	11,0
Andando de bicicleta devagar	4,5	Nadando a 55 m/min.	14,0

★ *Queima medida em calorias por minuto*

IX. VERBOS EM -IAR, -EAR

Verbs Ending in -ear and -iar

All verbs ending in *-ear* add an *-i-* when the *-e-* is stressed:

PASSEAR

PASSEIO	PASSEAMOS
PASSEIA	PASSEIAM

Although most are regular, a few verbs ending in *-iar* add an *-e-* when the *-i-* is stressed

ODIAR

ODEIO	ODIAMOS
ODEIA	ODEIAM

Among the verbs like *odiar* are *ansiar, incendiar*, and *remediar.*

VAMOS PRATICAR

A. O que fazem essas pessoas?

Mário

Sérgio e Cláudia

Ex: Mário campeia o gado.   Sérgio e Cláudia chateiam muito os seus vizinhos.

1. recear -- não ser promovido	1. passear -- pela praia todas as manhãs
2. chatear-se -- por tudo	2. odiar -- chegar ao cinema atrasados
3. odiar -- ficar sozinho	3. rechear -- o peru de Natal
4. barbear-se -- todas as manhãs	4. recear -- não poder viajar agora
5. passear -- todos os domingos	5. chatear -- os que não sabem falar português

B. Minidiálogos!

1.   A.   — Você passeou muito durante as férias?
     B.   — Claro! Eu nunca passeei tanto na minha vida.

2.   A.   — Por que você não penteou o cabelo?
     B.   — Eu penteei sim. Estava ventando muito e é por isso que o meu cabelo está despenteado.

3.   A.   — Por favor, não me odeie. O que aconteceu não foi culpa minha.
     B.   — Não odeio você mas quero que você me dê um tempo para aceitar a situação.

C. Tudo dá certo entre nós porque...

1. Nós (passear) *passeamos* juntos sempre que podemos.
2. Nós (odiar) filme de terror.
3. Nós não (recear) enfrentar o futuro.
4. Nós não (chatear) um ao outro.
5. Nós (remediar) os nossos problemas.

Ruínas de São Miguel das Missões -
Rio Grande do Sul

XI. POR QUÊ O BRASIL É DO TAMANHO QUE É

O Brasil é o quinto maior país do mundo, com uma área de 8.511.965 km². Mas quando entrou na História, era muito menor do que hoje. Foi durante a colonização que as suas fronteiras se expandiram e só no princípio do século XX, o atual território ficou definitivamente *demarcado*.

O Brasil entrou na História em 1500 quando foi descoberto por Pedro Álvares Cabral. Havia naquela época um acordo entre Portugal e Espanha, o chamado Tratado de Tordesilhas, assinado em 1494, que estabelecia os domínios desses dois países no Ocidente. Esse tratado demarcava uma linha imaginária, a linha de Tordesilhas, a 370 *léguas* das Ilhas de Cabo Verde. Todas as terras a leste dessa linha pertenceriam a Portugal, ficando as do lado oeste para o domínio espanhol. Embora os dois países soubessem da existência de terras nessa área, não se sabia qual a extensão delas.

Como se pode ver no mapa ao lado, as terras destinadas a Portugal eram de extensão pequena comparada às da Espanha. No início da colonização do Brasil, a população concentrava-se ao longo do litoral, onde o comércio envolvia a exploração do pau-Brasil e o *cultivo* da cana-de-açúcar. O governo português fez várias tentativas de expandir a colonização para o interior, mas as dificuldades eram muitas, principalmente por falta de *recursos* financeiros, grandes extensões de terras, ataques de índios e piratas, e a luta contra os invasores franceses e holandeses que tentavam estabelecer o seu domínio no Novo Mundo. Os franceses foram expulsos em 1567 e os holandeses em 1654.

As **bandeiras**

Ciclo da caça ao índio
Ciclo do Sertanismo de Contrato
Ciclo da mineração

1720 em Goiás e Mato Grosso. Foi também no século XVII que a *pecuária* começou a se expandir para o interior.

No começo ninguém se *arriscava* a penetrar o *sertão*, como era chamado o interior do Brasil. A penetração começou efetivamente em 1630 com as expedições, chamadas *bandeiras*, que partiam de São Paulo, e algumas vezes de Salvador, à procura de índios para o trabalho na *lavoura*, de escravos negros *fugidos*, e principalmente de novas riquezas como metais e pedras preciosas. Nestas expedições os bandeirantes efetivamente *alargaram* as fronteiras do Brasil além das estabelecidas pelo Tratado de Tordesilhas, explorando os *vales* do Rio Amazonas e do Rio Paraná, entre outras áreas tecnicamente sob o domínio espanhol. Em 1690 os *bandeirantes* descobriram ouro em Minas Gerais e em

Além dos bandeirantes, os padres missionários foram um elemento importantíssimo na expansão do território brasileiro. As ordens religiosas dos jesuítas, carmelitas, franciscanos e dominicanos davam assistência religiosa aos colonos, criavam escolas e catequisavam os índios. As aldeias que fundaram para a *catequização* eram as *missões*, estabelecidas principalmente na Amazônia e no Sul, desde os princípios do século XVII. As missões do Sul se localizavam na Bacia do Rio da Prata, onde estão hoje o Paraná, e Rio Grande do Sul. Foram os jesuítas espanhóis que desenvolveram essa região, conhecida como Sete Povos das Missões. Mais tarde esse território foi insistentemente atacado pelos bandeirantes paulistas na tentativa de escravizar os índios.

As **missões**

Como a expansão territorial *ultrapassou* a linha de Tordesilhas, Portugal negociou com a Espanha o estabelecimento de novas fronteiras. Foi assinado então o Tratado de Madri, em 1750, que garantia a Portugal todas as terras que tinham sido ocupadas pelos brasileiros, exceto a região do Rio da Prata. Mais tarde grande parte dessa região foi conquistada pelos brasileiros, dando ao Sul a sua forma atual. O último território a ser anexado ao Brasil foi o Acre, por um acordo entre o Brasil e a Bolívia, em 1903.

alargar enlarge
arriscar risk
bandeiras flags
bandeirantes explorerers
catequizar religious instruction
cultivo cultivation
demarcado fixed boundaries
fugido run-away

lavoura farming
légua league
missões missions
pecuária cattle
recursos resources
sertão backlands
ultrapassar go beyond
vales valleys

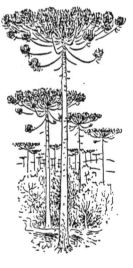

A. **Perguntas**

1. Explique o Tratado de Tordesilhas.
2. Por que os brasileiros se concentraram no litoral até o século XVII?
3. O que os Bandeirantes fizeram?
4. Fale sobre as atividades das ordens religiosas no Brasil colônia.
5. Explique o Tratado de Madri.

B. **Os maiores países do mundo.** Combine a coluna A com a coluna B e forme uma frase conforme o modelo:

O maior país do mundo é — com — km^2.
O segundo maior país do mundo é — com — km^2

1. Estados Unidos
2. Índia
3. Brasil
4. China
5. Austrália
6. Rússia

a. 22.402.200 km^2
b. 9.976.139 km^2
c. 9.596.961 km^2
d. 9.363.123 km^2
e. 8.511.965 km^2
f. 7.686.848 km^2

7. Canadá   g. 3.287.590 km^2

C. **Agora é a minha vez!**

Fale sobre a expansão territorial de algum país, desde a descoberta até o momento atual. Siga o plano de "Por que o Brasil é do tamanho que é", explicando os fatos históricos, econômicos, etc.

XII. ASPECTOS DO SUL E ENCERRAMENTO

───────*VÍDEO*───────

Chegamos mais uma vez ao fim de uma escala na nossa travessia. Até a próxima.

───────*PARE*───────

Torres, Rio Grande do Sul

UNIDADE 12

"DE PERNAS PRO AR"

Parte I: *"Uma surpresa para Dona Vera"*

Novela
Capítulo I (V - 643)
Capítulo II (V - 653)

Música
"Menino do Rio" (V - 652)

Cultura
O jogo do bicho (650)
A telenovela brasileira I (V - 641)

Leitura
Como aprender observando (V - 640)

Parte II: *"Pode ficar tranqüila, Vera"*

Novela
Capítulo III (V - 666)
Capítulo IV (V - 674)

Música
"Começar de Novo", Simone (V - 663)

Gramática
Interjeições (V - 672)

Cultura
A telenovela brasileira II (V - 659)
Entrevista com Regina Duarte (V - 664)

Leituras
"Abolição romântica" (660)
Televisão, moda e camelôs (661)

Parte III: *"Dona Silvana assume o comando"*

Novela
Capítulo V (V - 678)
Capítulo VI (V - 684)

Música
"Travessia", Milton Nascimento (V - 691)

Cultura
A sogra (V - 682)
Termos financeiros (V - 688)

V = Vídeo

"DE PERNAS PRO AR"

PARTE I: *"Uma Surpresa para Dona Vera"*

I. COMO APRENDER OBSERVANDO

—VÍDEO—

Estamos entrando numa nova *etapa* do nosso curso, que faz parte de uma *Travessia* pela língua portuguesa. Agora você está diante de um *desafio*: falar, compreender, ler e escrever cada vez melhor o português.

Aos poucos você vai encontrando novas palavras, novas expressões, maneiras de se comunicar. Lendo e escrevendo, convivendo com as palavras. Você vai começar a dominar a língua. O importante é enfrentar o desafio.

No *aprendizado*, observar é muito importante. É só através da observação que conseguimos *captar* inteiramente aquilo que estamos vendo em todos os detalhes.

Este quadro, por exemplo, à primeira vista parece apenas uma cena da vida brasileira. Mas se olharmos com atenção, procurando observar, vamos descobrir que essa cena da vida brasileira é composta de uma série de *detalhes* importantes.

Olhando com atenção, percebemos não apenas detalhes. Descobrimos também a beleza das formas e das cores e até mesmo a intenção do pintor.

——— PARE———

etapa stage   **desafio** challenge
aprendizado learning   **captar** capture
detalhes details

VOCE ENTENDEU? ══════════════════════════════════════

1. Segundo o texto, o que significa dominar uma língua?
2. Através da palavra escrita descobrimos as mensagens de um livro. Outra forma de aprender é observando.
   a. Como aprendemos através da observação?
   b. Quais são os elementos de um filme que precisamos observar para compreender a mensagem dele? Observe no vídeo o quadro de uma cena da vida brasileira e fale sobre ele.

II. A TELENOVELA BRASILEIRA I

─────────────────────── *VÍDEO* ───────────

Podemos analisar o que vemos a todo momento, observando tudo o que está a nossa volta: lendo um jornal, indo ao cinema, assistindo televisão! No Brasil, as telenovelas são os programas de maior audiência. Vendo uma novela você pode praticar o português e observar aspectos da cultura brasileira.

São muitos os profissionais envolvidos na produção de uma telenovela. Como resultado da alta qualidade desse trabalho, as telenovelas produzidas no Brasil fazem sucesso em todo o mundo. Esse nível de sofisticação se estende a todas as etapas da elaboração de uma novela.

Observe por exemplo, a qualidade da abertura de algumas telenovelas brasileiras.

Agora que você já sabe que a observação é muito importante no aprendizado de uma língua, preste atenção na abertura da novela "De Pernas pro Ar". Se observar bem, você vai descobrir o *enredo* da história.

enredo plot

Será que você conseguiu descobrir qual é o tema dessa novela? É a história de um homem que fica sozinho em casa, enquanto a mulher e os filhos viajam. Ele aproveita a saída da família para reformar a casa.

Esse é o Raul, o protagonista da história.

Ele é um bom pai e marido fiel, mas completemante incompetente para cuidar de coisas da casa, principalmente de uma reforma.

Vera, sua mulher, é bastante *ciumenta*. Tanto, que coloca sua mãe para vigiar o marido durante a ausência da família.

Rosa, a empregada, é uma simpática senhora mineira assustada com a idéia da reforma.

Sueli, uma vizinha, aproveita a ausência da família de Raul, para tentar um namoro com ele, sem maiores conseqüências.

Mas é com essa moça, Tarsila, a arquiteta contratada para dirigir a reforma, que Raul quase se envolve.

Além desses personagens, existem muitos outros que ajudam a virar a casa e a vida de Raul de pernas pro ar. Aliás, "de pernas pro ar" é uma expressão usada quando queremos nos referir a uma situação confusa, atrapalhada, realmente de pernas pro ar.

———————PARE———————

VOCÊ ENTENDEU?

1. O que você pode aprender vendo programas de televisão de um outro país? O que é importante observar nesses programas?
2. A que se deve o sucesso da telenovela brasileira?
3. A abertura das novelas dá uma idéia do tema ou do enredo delas. Observe atentamente os detalhes (pessoas, imagens, movimentos, música, etc.) da abertura de "De Pernas Pro Ar" e fale sobre o que você descobriu sobre ela e sobre o enredo.
4. Fale sobre os personagens principais dessa novela.

Coração Alado, 1980/81: Débora Duarte e Tarcísio

PONTO DE ENCONTRO

Falando sobre televisão. Com um grupo de 3-4 colegas discuta o seguinte:

1. Quais são os seus programas favoritos de televisão?
2. Qual a sua opinião sobre os comerciais de televisão? As pessoas são influenciadas por eles?
3. Os programas de televisão devem ser controlados quanto ao que mostram (como violência, sexo, temas controversiais, etc.) pelo governo ou por grupos de pessoas?
4. Quais são as vantagens da TV educativa (televisão pública) e da comercial?
5. Se você pudesse mudar algo na televisão, o que você modificaria, eliminaria, ou acrescentaria?

ciumenta jealous

Maioria quer ver a realidade nas novelas; 41% condenam a censura

Da Reportagem Local

A maioria dos paulistanos quer ver a realidade brasileira e assuntos referentes à política nas novelas e minisséries. Para 59% dos entrevistados a TV deve mostrar a realidade enquanto 26% acreditam que ela deve apenas divertir e distrair. A censura é condenada por 41% dos paulistanos, 24% admitem que ela seja exercida por conselhos de representantes da população, 14% pelo Ministério da Justiça e uma taxa idêntica pelas emissoras de TV.

Esses dados aparecem em pesquisa realizada pelo DataFolha no último dia 22, juntos a 1.050 paulistanos que assistem TV, mesmo que eventualmente. A pesquisa estratifica os entrevistados por zona geográfica, nível sócio-econômico da região, sexo e idade.

Entre sete situações apresentadas ao entrevistados, as cenas de relacionamento entre homossexuais são as mais condenadas pela população: 60% discordam totalmente que estas cenas sejam mostradas pela TV. Não deixa de ser curioso que a novela "Vale Tudo", que mostrou um relacionamento homossexual entre mulheres tenha atingido taxas de audiência que beiram 80%.

Abaixo, os principais pontos da pesquisa:

★ Os palavrões em novelas e minisséries são condenados por 50% dos entrevistados, a segunda maior taxa de discordância.

★ 36% dos paulistanos não querem ver homens nus na TV; a taxa de discordância às cenas com mulheres nuas é menor (26%).

★ São os homens os que mais acham que é dever da TV mostrar a realidade; 64% contra 53%.

★ São os mais jovens (16 a 24 anos) e os de escolaridade primária que mais querem ver a realidade nas novelas e minisséries (66% e 63%, respectivamente).

★ Quem mais condena as cenas de relacionamento entre homossexuais são os homens (68%), os mais velhos (69%) e os de escolaridade primária (65%). A maior taxa de concordância está entre os entrevistados de nível superior (30%).

★ Cenas de homens nus são condenadas por 43% dos homens contra 29% das mulheres.

A pesquisa é uma realização do DataFolha, sob a direção do sociólogo Antonio Manuel Teixeira, tendo como auxiliar de planejamento e análise o sociólogo Gustavo Venturi. A coordenação dos trabalhos de campo ficou a cargo de Mauro Francisco Paulino. A formulação dos temas e a interpretação dos resultados são de responsabilidade da Redação.

III. *"DE PERNAS PRO AR"*, CAPÍTULO I

A. Para melhor compreender "De Pernas Pro Ar"

"De Pernas Pro Ar" é uma comédia do tipo farsa que apresenta aspectos do comportamento do brasileiro representados por duas categorias de personagens: a dos profissionais de escritório e a dos trabalhadores de *serviço braçal*. Cada um desses grupos é mostrado na sua maneira de agir e pensar, evidenciando-se assim as diferenças e semelhanças culturais entre eles.

Os trabalhadores braçais são a classe menos educada, não falam bem o português, mas sempre tiram conclusões de tudo o que dizem, revelando assim a sua "filosofia popular". Para isso, usam ditos populares, frases feitas e raciocínios típicos de pessoas dessa classe. Basicamente, essa "filosofia" mostra dois lados de uma questão com o objetivo de justificar uma atitude ou um modo de pensar. Ocorre daí que o indivíduo também pode ter (ou se suspeita que ele tenha) dois modos de agir: um aceito pela sociedade ("ordem" social), e outro que ele tenta *disfarçar* de todas as maneiras possíveis por não ser considerado "correto".

Essa dicotomia de pensamento e comportamento é evidente em toda a história e praticada por indivíduos das duas classes sociais mencionadas. Por essa razão, o foco central do enredo é o da *desconfiança*, pois, com pequenas exceções, ninguém confia em ninguém. Sempre há a *suspeita* de que um personagem esteja escondendo uma segunda intenção.

Esse comportamento de duplas intenções é associado a uma das características do "malandro", um tipo *manhoso* que está sempre enganando as pessoas e usando de todas as *artimanhas* para se sair bem de uma situação. O malandro é uma figura tradicional na cultura brasileira, e freqüentemente retratado na literatura, folclore, teatro, cinema e televisão.

"De Pernas Pro Ar" é uma história de malandros e malandragens. Ironicamente, Raul, o protagonista, que é visto por todos como um grande malandro, não passa de um ingênuo pai de família, que mal pode ver a malandragem dos outros. Os espectadores estão conscientes disso, e justamente por essa razão — ver o inocente como vítima do sistema — a história se torna engraçada.

Há outras ironias e jogos de palavras nesta novela, a partir do próprio título da história. "Estar de pernas pro ar" quer dizer que tudo está uma confusão, mas também significa não estar fazendo nada. É bem verdade que a vida do Raul está uma confusão. Mas será que ele não está fazendo nada?[*]

Por se tratar de uma farsa, a apresentação dos personagens é superficial e generalizada. A caracterização deles e o próprio desenvolvimento do enredo são bastante exagerados, a fim de revelar aspectos do comportamento social do brasileiro. Numa farsa, os espectadores já conhecem todos esses fatores e podem prever o que vai acontecer. O enredo de "De Pernas Pro Ar" é bastante simples, construído em volta da reforma de uma apartamento, mas a informação cultural é muito interessante e bem feita.

1. Quais são os tipos de personagens em "De Pernas pro Ar"?
2. Como é caracterizada a classe dos trabalhadores braçais?
3. Como se pode explicar que os personagens dessa novela poderiam ter dois modos de agir?

artimanha wile, trick	**manhoso** sly, cunning
desconfiança distrust	**serviço braçal** manual labor
disfarçar disguise	**suspeita** suspicion

---

[*]Note a existência na peça de um grande número de expressões populares e de gíria (*slang*), cuja tradução nem sempre corresponde ao significado literal das palavras. Expressões com *vai dar* ou *não vai dar* têm múltiplas traduções ao inglês. Uma expressão como "espia pela janela e vê se tou na esquina" (655), traduzida como "bug off", literalmente quer dizer "look out the window and see if I'm on the corner".

4. Explique por que o foco central dessa novela é a desconfiança.
5. Basicamente, como se pode definir o malandro?
6. Que ironia existe no tratamento do tema do malandro nesta novela?
7. Quais são as características da farsa?

B. **Reformando apartamento.**

1. O que envolve reformar um apartamento?
2. Quais as razões que levam uma pessoa a reformar sua casa ou apartamento?
3. Quais são as vantagens e desvantagens de se renovar um apartamento ou comprar um novo?

C. **Para a próxima aula**

Leia para a próxima aula o Capítulo I de "De Pernas Pro Ar", verifique as palavras desconhecidas e procure compreender o enredo. Depois, só lhe faltará observar os detalhes da história nas imagens da televisão para aprender outras coisas. Lembre-se de que daqui para a frente a fórmula será:

LER + OBSERVAR = APRENDER.

CAPÍTULO I

─────── *VÍDEO* ───────

Cena -- 1

Vera —— Tá bem, eu já sei que eu vou ser mesmo pai e mãe de vocês, nessa viagem.

Raul —— Perfeitamente. Tá na hora, vamos nos despedir, tá? Que eu tenho que estar no escritório daqui a uma hora e com esse trânsito vocês chegam em Miami e eu não chego no centro da cidade.

Vera —— Tudo bem.

Raul —— Tchau.

Vera —— Tchau.

Raul —— E você? Vem cá, lindinha, dá um abraço aqui no papai.

Vera —— Tchau, amor... e *juízo*, hein? ... e juízo, hein? ... e juízo, hein?

Cena -- 2

Motorista —— O senhor vai pra onde, hein? Olha, se for pro centro da cidade eu vou pedir ao senhor pra pegar outro carro porque não vai dar pra mim ficar lá naqueles *engarrafamento*, não.

Raul —— Não, nós vamos pra Copacabana.

Motorista —— Copacabana? Ah, bom! Mas é que sempre que eu vejo um homem de paletó e gravata eu acho que vai pro centro da cidade.

Raul —— Não, é que a minha mulher viajou.

Motorista —— Ah, eu já entendi tudo. Isto aí era uma *fantasia*, né doutor? O senhor se fantasiou de homem sério, a mulher embarcou...

Raul —— Não é não. Você entendeu depressa demais e entendeu errado. Não é bem assim, não.

juízo behave yourself **fantasia** disguise, costume
engarrafamento traffic jam

Motorista	— Não é bem assim, mas é parecido, né doutor? Eu sei que eu sou meio falante. Àz vezes acabo me metendo na vida dos outros, mas também, eu passo o dia inteiro metido nesse táxi, né?

Cena -- 3

Raul	— Rosa... Rosa... Rosa!
Raul	— Alô. Alfredo? Raul. É. É, viajou... foi. Com as crianças pra Disneyworld. É, que, não, que é isso! Não, não, eu tô te ligando porque eu precisava do endereço de um pintor; pintor de paredes. Eu vou *fazer uma obra* em casa. Ah, você não tem mais contato, é, hein? Não, eu vou acompanhar a obra toda, eu consegui uns dias de folga no escritório e quando a Vera voltar vai ser uma surpresa pra ela. É. Tá legal. O quê? Pára com isso, Alfredo, pô, eu sou um cara casado, né? Tá legal. Tá OK, tchau. Ah, tá bom, tá.
	— Vamos ver aqui pelos classificados: pintor, pintor, pintor. Hum... *bombeiro*, bombeiro, este aqui deve ser bom, né?
	— De onde fala? Hum. É, eu queria contratar o bombeiro. É o quê, farmácia? Ah, eu vi no jornal. Ah, pra recados, né? Tá, então anote o recado. Telefonar para senhor Raul, 294 - 7732. Três, dois. É. Ah, o quê? Ah, um bom *palpite*, é? Camelo? Ah, eu não sabia não. Não, pode ficar com ele. Se acertar, a senhora me dá um *abatimento*, tá? Todo o serviço de bombeiro. É. OK. Obrigado, hein?
	— Bom, bombeiro já temos. Agora pintor... hum... seu Antônio... seu Antônio tem um amigo que é amigo de um pintor. Alô? Seu Antônio? Não, é Raul. Não. 'Tô aqui no apartamento, é.

Cena -- 4

Raul	— Oito e meia. Nossa, como eu dormi! Ah, esse silêncio, não estou acostumado. Já vai! Falar em silêncio, essa *campainha* começou cedo, hoje. Já vai! Um momento. Quem é? Ah, pois não, o senhor?
Bombeiro	— Bom dia.
Raul	— Bom dia.
Bombeiro	— Eu sou o bombeiro. Não foi daqui que chamou?
Raul	— Ah sei, foi. Do telefone, né? Pois não, por favor, entre, entre. Vamos lá. Primeiro vamos lá pra o banheiro, lá que tem uns *consertinhos* pra fazer.
Bombeiro	— Ah, pelo menos o senhor calcula que seja só um consertinho?
Raul	— É, são uns *vazamentos*.
Bombeiro	— É, mas nem todo vazamento é igual. Tem uns que são mais *fundos*, tem outros que têm só uma *bobaginha*.
Raul	— É?
Bombeiro	— É.
Raul	— Bom, eu espero que o meu seja só essa bobaginha aí.
Bombeiro	— Ah, mas só vendo, porque é igual vazamento de gente, pode ser um narizinho *escorrendo* de gripe, mas pode ser coisa mais complicada.
Raul	— O senhor é meio filósofo, né?
Bombeiro	— É a vida, né, doutor?
Raul	— Bom, então vamos lá, aos finalmente.
Bombeiro	— Sim, perfeitamente.

abatimento	discount	**escorrer**	drip (runny nose)
bobagem	silly (unimportant) thing	**fazer obra**	remodeling project
bombeiro	plumber (Rio)	**fundo**	deep
campainha	door bell	**palpite**	(tip)
conserto	repair job	**vazamento**	leak

Raul	— É aqui. Bom, vazamentos de um modo geral. *Pia...* *'pera aí.* Já vai. Seu Raimundo, o senhor vai olhando, eu já falo com o senhor.
Bombeiro	— *Deixa comigo,* deixa comigo.

Cena -- 5

Pintor	— Opa.
Raul	— Opa.
Pintor	— Eu fui chamado pelo amigo do porteiro aqui do prédio, eu sou o pintor.
Raul	— Ah, o pintor.
Pintor	— Edmundo, às suas ordens.
Raul	— Raul, ah, quer dizer, seu Raimundo é bombeiro, vai fazer uns *servicinhos* aqui pra gente. Seu Edmundo, o pintor.
Bombeiro	— Prazer, Raimundo.
Raul	— Bom, acho que vamos ter de trabalhar juntos, né? Vamos ver como é que *a gente se arranja.* Acho que o seu Raimundo pode ficar aqui no banheiro e pela cozinha, o que o senhor pode também ir fazendo aqui pela sala, já, começando por aqui, né? Escuta, você já tem experiência desse tipo de trabalho, né?
Pintor	— Ah, muita, doutor. Inclusive desde *bacuri* que eu estou nisso, né? Se o senhor quiser alguma referência, eu tenho aqui...
Raul	— Não, não, não, não precisa referência, não. Vamos ver o quê que é preciso.
Pintor	— Bom, de minha parte, pra começar, preciso comprar *massa*, né? ... e um pouco de tinta, né?
Raul	— Sim, mas isso quanto é que fica?
Pintor	— Olha, doutor, se o senhor for lá na loja, é um preço. Agora, se for eu que já sou um profissional conhecido, é outro, né?
Raul	— Mas essa loja, onde é que é?
Pintor	— Ah, doutor, não pode ser por aqui, não. Aqui no bairro é mais caro, né? Tem que ser lá pelo subúrbio.
Raul	— É, o senhor mora lá? É fácil comprar?
Pintor	— Morar, eu não moro, né? É que as minhas coisas estão lá na casa da sogra, as crianças e a mulher também tão lá, né? E inclusive eu tenho de ver uma casinha que eu vou alugar lá na *Baixada*... pra morar...
Raul	— É?
Pintor	— É.
Raul	— Quer dizer que foi difícil pra encontrar o senhor, não foi, não?
Pintor	— Que nada, doutor! A gente que faz *biscate* sempre tá correndo atrás, né? Eu tô sempre num lugar e noutro. Por aí.
Raul	— Por aí, né? Bom, então vamos ver o seguinte: vamos comprando aos poucos o material que a gente precisa, que é para não *entulhar* muito a casa. O senhor não acha, não?
Pintor	— Certo. O senhor é que sabe, doutor. A gente *amarra o burro de acordo com o freguês.*
Raul	— O senhor também é meio filósofo?
Pintor	— É...
Raul	— Bom, vamos fazer o seguinte, eu vou passar no Banco agora de tarde, pego o dinheiro, dou para o senhor, pra o senhor fazer a sua primeira compra, tá? Tá, amanhã então a gente começa, né? Podemos ir?

amarrar o burro... the customer is always right
bacuri kid
Baixada Baixada Fluminense, working-class suburb of Rio
biscate odd job
deixa comigo leave it to me

entulhar fill with rubble
a gente se arranja we'll work it out
massa mortar
'pera aí wait a minute
pia wash basin
serviço job

Pintor	— Podemos.
Raul	— O seu Raimundo começa amanhã, também, né?
Raimundo	— Também eu, venho amanhã.
Raul	— O senhor passe bem. Até amanhã. Deu pra ver os vazamentos lá?
Bombeiro	— Deu, deu e já sei tudinho o que tem que fazer.
Raul	— É?
Bombeiro	— Fica tranqüilo, fica tranqüilo.
Raul	— Eu gostaria que o senhor me desse um *orçamento*. É possível?
Bombeiro	— Amanhã eu trago. Fica tranqüilo, fica tranqüilo.
Raul	— Certo, eu preciso saber quanto é que vai custar, né?
Bombeiro	— Bom, então até amanhã.
Raul	— Até amanhã.
Pintor	— Até mais tarde, então.
Raul	— Até mais tarde.

Cena -- 6

Rosa	— Ué, seu Raul! Eu ouvi uma *barulhada* aqui dentro, que eu pensei que era ladrão. É, ou não é?
Raul	— Não, não é ladrão não, Rosinha, sou eu mesmo.
Rosa	— Como é, o senhor não devia estar no escritório?
Raul	— É, devia, mas... Rosinha, senta aí que nós vamos conversar.
Rosa	— Mas que *bagunça*, seu Raul! Já sei, é uma *faxina* grande que nós vamos dar!
Raul	— Olha, é um pouco mais do que isso.
Rosa	— Mas não deixa de ser uma *limpeza*. É, ou não é?
Raul	— Rosinha, nós vamos pintar o apartamento.
Rosa	— Nós, seu Raul? Mas o quê é que é isso? Onde é que estão os meus direitos? Eu vou querer as minhas *contas* agora mesmo. Eu já faço demais. Cozinho, lavo umas *pecinha*, tomo conta de criança, sou "beibi-síti". E agora vou *virar* pintora! É, ou não é?
Raul	— Calma, Rosinha, que não é bem isso.
Rosa	— O senhor disse que nós vamos pintar a casa. É, ou não é?
Raul	— Mas chega, Rosinha. Pára com essa mania de dizer: é, ou não é.
Rosa	— Ah, quer dizer que agora o patrãozinho vai decidir como é que eu falo. Logo eu, que ganhei distinção no *Mobral* e tô assim, ó, de *apostila* do *telecurso*.
Raul	— Quer fazer um favor? Senta aí. Eu vou te explicar tudo muito rápido, que eu tenho muita coisa pra fazer. Quem vai pintar o apartamento são os pintores. Quem vai cuidar dos vazamentos são os bombeiros. Nós vamos controlar tudo. Quando eu disse nós vamos pintar, é um modo de dizer.
Rosa	— Quer dizer que, quem tem que aprender a falar, não é bem eu, né?
Raul	— OK, Rosinha, você venceu. Já vi que tenho um karma na minha vida. Tudo tem que ser resolvido com discussão doméstica.
Rosa	— Se o senhor quiser, seu Raul, eu vou-me embora.
Raul	— Não, não, não, não, você não vai fugir agora, não, Rosinha.
Rosa	— Pois é, porque dona Vera também não me falou nada de obra.

apostila course manual	**Mobral** Movimento Brasileiro de Alfabetização, criado pelo governo federal em 1967.
bagunça mess	
barulhada big noise	**orçamento** budget, estimate
contas settle accounts	**pecinha** article of clothing
faxina cleaning	**telecurso** televised course
limpeza cleaning	**virar** become

Raul	— Ah, isso, isso que eu esqueci de dizer pra você. É que essa obra é um segredo, é uma surpresa pra dona Vera.
Rosa	— É mesmo? Que bom, seu Raul!
Raul	— É, que bom, né, Rosinha?
Rosa	— Que bom!

———————— *PARE* ————————

VOCÊ ENTENDEU?

Cena 1. Por que a Vera insiste em repetir "juízo, hein"?

Cena 2. O que o chofer do táxi insinua nos comentários que faz ao Raul?

Cena 3. Nos dois telefonemas dessa cena, as pessoas que falam com o Raul saem do assunto e entram em comentários pessoais. Em que tipo de sociedade isso pode acontecer?

Cena 4. Como o bombeiro expressa a sua "filosofia popular"? Como essa filosofia é expressa pelo motorista, na cena 2?

Cena 5. O pintor sempre fala do trabalho e das suas dificuldades pessoais. Que impressão ele quer dar ao Raul nesses dois aspectos? Ele parece ser um malandro?

Cena 6. Descreva a Rosa. Ela parece ser um tipo malandro? Até este ponto, como você poderia descrever o Raul? Descreva o apartamento dele.

PONTO DE ENCONTRO.

Conversas telefônicas

1. Complete com um colega a conversa telefônica entre o Alfredo e o Raul, na Cena 3. Quem for o Alfredo terá que criar as frases para formar o diálogo com o Raul.

2. Faça o mesmo exercício para a conversa telefônica entre o Raul e a senhora da farmácia, na Cena 3.

AGORA É A MINHA VEZ!

Faça um resumo do Capítulo I, na forma de narração em cadeia: um aluno começa a história e cada um dos outros conta uma parte dela.

Aluno 1: Esta é a história de um homem chamado Raul, que aproveita a viagem de sua mulher e de seus filhos a Disney World para fazer uma reforma no apartamento.
Aluno 2: No aeroporto...

PARA A PRÓXIMA AULA

O que vai acontecer no próximo Capítulo?

1. O Raul vai ter juízo, isto é, vai se comportar bem?
2. O Raul vai ter sorte de conseguir pessoas competentes para o trabalho da reforma?
3. O que você acha que a Rosa vai fazer?

IV. O JOGO DO BICHO

VÍDEO

O jogo do bicho é um tipo de loteria muito popular no Brasil. Tem esse nome porque cada número corresponde a um animal.

Raul —— 294-7732. Três dois, é. Hã? O quê? Ah, um bom palpite, é? Camelo? Ah, eu não sabia, não. Não, pode ficar com ele. Se acertar, a senhora me dá um abatimento, tá?

Raul, no telefone, se refere ao camelo, um dos bichos do jogo. Agora, você vai ver um comercial da Loteria do Estado de Goiás, onde são mencionados todos os bichos.

LEG solta os bichos:

O pavão papila
O tigre urra
O touro bufa

19 PAVÃO

O galo cacareja
O jacaré brame
O macaco assobia

15 JACARÉ   17 MACACO

O urso rosna
A vaca berra
O porco ronca
O cavalo relincha
O coelho guincha
O leão ruge
O elefante brame
O burro rincha

4 BORBOLETA

A cabra berra
O carneiro bale
O gato mia
O cachorro late
A águia pia
A cobra sibila
A avestruz grasna
A borboleta cicia

16 LEÃO

5 CACHORRO

1 AVESTRUZ

Nunca *dá zebra* na nossa loteria. Aposte na LEG, agora. São 18 milhões para o 1º prêmio e mais 4.292 outros prêmios. Loteria do Estado de Goiás, a sorte é sua -- pode *apostar, bicho*!

Embora seja proibido pela lei, o jogo do bicho é popularíssimo no Brasil. O *apostador* pode escolher entre diferentes números, com finais que vão do 0 a 99. As dezenas correspondem a 25 grupos, cada um com o nome de um animal. Há o grupo do camelo, o da águia, e assim por diante. Existem várias formas de jogar. Pode-se apostar apenas num número, ou num grupo de números. O valor do prêmio depende da aposta. Quanto mais se joga, maior o prêmio.

———————————— *PARE* ————————————

VOCÊ ENTENDEU?

1. O que é o jogo do bicho?
2. A voz do animal. Combine a coluna A com a coluna B.

9 COBRA

6 CABRA

A
1. o gato
2. o cachorro
3. a vaca
4. o porco
5. o galo
6. a cobra
7. o cavalo

13 GALO

B
a. late
b. ronca
c. sibila
d. mia
e. berra
f. relincha
g. cacareja

23 URSO

18 PORCO

3. O que significa LEG? O que ela está anunciando?

PONTO DE ENCONTRO

Falando de animais.

1. Você tem um animal de estimação? Fale sobre ele: nome, idade, características físicas e de personalidade, como você o conseguiu, etc.
2. Que espécies de animais estão em extinção? A quem cabe a responsabilidade de protegê-los?
3. Você é a favor ou contra o uso de animais para experimentos científicos?

dar zebra bad luck
bicho "animal", fellow (play on words)

apostar bet
apostador bettor

8 CAMELO

V. "MENINO DO RIO"

VÍDEO

Nas telenovelas brasileiras as músicas são planejadas com cuidados especiais. Compositores da música popular brasileira compõem especialmente para as novelas. E é claro que essas músicas se tornam muito populares em todo o Brasil. A canção que vamos ouvir agora faz parte da trilha sonora da novela "Água Viva".

"Menino do Rio"

Calor que provoca *arrepio*
Dragão *tatuado* no braço
Calção corpo aberto no espaço
Coração de eterno flerte
Adoro ver-te
Menino vadio
Tensão flutuante do Rio
Eu canto pra Deus proteger-te
O Havaí seja aqui

O que tu sonhares
Todos os lugares
As ondas dos mares
Pois quando eu te vejo
Eu desejo teu desejo

Menino do Rio
Calor que provoca arrepio
Toma esta canção como um beijo

arrepio shiver
calção swimming trunks

tatuar tatoo

PARE

VOCÊ ENTENDEU?

1. Qual é a importância da trilha sonora na televisão brasileira?
2. De que novela "Menino do Rio" faz parte?
3. Porque as músicas de telenovela se tornam muito populares no Brasil?

OBSERVE E RESPONDA

Pelas imagens do vídeo e a letra da música, como você imagina ser o protagonista (o "Menino") da novela "Água Viva"?

VI. *"DE PERNAS PRO AR", CAPÍTULO II*

A. Falando de desconfiança.

1. Por que é mais difícil conhecer as pessoas, inclusive os vizinhos, numa cidade grande?
2. Por que as pessoas tendem a desconfiar umas das outras?
3. Você desconfia de um mecânico, quando ele diz que há muitas coisas erradas com o seu carro? Por quê?
4. Quais são os tipos de pessoas de quem desconfiamos?

CAPÍTULO II

─────────── *VÍDEO* ───────────

Cena -- 1

Pintor	— Opa.
Raul	— Opa. Oi, seu Edmundo. Foi bom o senhor ter vindo. Eu vou ter que sair.
Pintor	— É, pois é, o senhor pediu pra eu passar aqui de tarde pra pegar o dinheiro.
Raul	— É, mas aconteceu um incidente, eu tenho que voltar à companhia.
Pintor	— Mas sabe o que é que acontece? É que *desse jeito* eu vou perder o dia inteiro, né? Mas se já o senhor me der o dinheiro agora, eu posso passar na loja e comprar tudo, né?

desse jeito if that happens

Raul	— Tá bom. Olha aqui, eu te dou esse dinheiro aqui. Você compra a *tinta*, a primeira parte do material. Amanhã cedo eu estou aqui.
Pintor	— É, mas, também, se o senhor não estiver, não tem problema. A senhorita aqui já me conhece e pode me receber, não é mesmo?
Rosa	— É, mas não tem problema, não, porque amanhã o senhor Raul vai estar aqui pra esperar o senhor. É, ou não é, seu Raul?
Raul	— É, ou não é, dona Rosa? Eu vou estar aqui, com certeza, sim, mas qualquer problema, hoje, você me telefona. Tá aqui o *cartãozinho* da firma, tá?
Pintor	— Tá.
Raul	— E o resto, tudo bem.
Pintor	— Então tá. Eu telefono.
Raul	— Até logo.
Pintor	— Até logo. Até logo.
Rosa	— Não gostei muito do jeito desse homem.
Raul	— Você, hein, mineira! *Desconfia* de todo mundo! *Êta* bicho desconfiado, uai!

Cena -- 2

Sueli	— Desce!
Raul	— Calma, calma. O elevador espera. Eu também.
Sueli	— Oi, seu Raul, muito obrigada. Mas é que a gente vive sempre correndo, não é mesmo?
Raul	— Pois é. Por que essa pressa? Do quê nos adianta, né? Vizinhos e quase não nos vemos. E assim mesmo quando nos vemos, é sempre no meio de tanta gente, né? Vamos lá?
Sueli	— Obrigada.

Cena -- 3

Raul	— Se dessa vez a campainha não ficar *rouca*, nunca mais! Nem *pensão* toca tanto!
Edmundo	— Opa!
Raul	— Opa, seu Edmundo. Ah, vejo que o senhor já trouxe parte do material.
Edmundo	— É isso aí, doutor, tudo em cima. Tudo em cima. Ainda consegui um *precinho camarada*, hein? Só tem uma coisa, eles não *dão nota*, né? É, com nota, fica mais caro. Também, acabaram com ...
Raul	— **Ora**, devia ter pedido nota. Bom, mas se o senhor decidiu assim, está bem. Mas da próxima vez, peça nota.
Edmundo	— Tá, o senhor me desculpa. Mas também, da próxima vez *não tem mais nem menos*, vou logo pedindo a nota. Só pode ficar um pouco mais caro, né?
Raul	— Ah, esse material, o senhor deixe no *quartinho de serviço*, lá, pra não *entupir* muito aqui.
Edmundo	— Ah, tá. Com licença.
Rosa	— Seu Raul, não fui bem com a cara dele; estranhei esse negócio da nota. É, ou não é?
Raul	— Sabe, Rosa, você é desconfiada. O rapaz não trouxe parte do material? Meu material está aí, né, seu Edmundo? E quando é que começamos a trabalhar?
Edmundo	— É... Bom, doutor, assim que o senhor comprar o resto do material, né?
Raul	— Bom, mas não dá pra ir comprando aos poucos?

cartão business card	**nem mais nem menos** exactly
chão floor	**ora** exclamation of mild annoyance
dar nota give a receipt	**pensão** rooming house
êta Mineiro exclamation	**preço camarada** special price
desconfiar be suspicious	**quarto de serviço** utility room
em seguida immediately	**rouco** hoarse
entupir plug up, fill up	**tinta** paint

Edmundo	— Bom, precisa comprar ainda massa, um *pincel*, uma *broxa*, uma boa proteção aí pro *chão*, né? Sabe como é, pintar não é só passar tinta na parede, né doutor? Mas se o senhor quiser, eu vou lá agora , compro e volto *em seguida*. Não tem problema. O senhor vai sair mas a dona Rosa fica aí. Aí eu volto logo e começo a obra.
Raul	— Está bom, se é para o bem da obra... Dou aqui mais quarenta, tá? você vai e volta logo, né?
Edmundo	— É isso aí, doutor. *Güenta* firme que eu *tô indo num pé e voltando noutro*.
Rosa	— Seu Raul, será que ele comprou a tinta certa, na cor certa?
Raul	— Ah, Rosa, que desconfiança!
Rosa	— Sei lá, eu acho esse homem tão *esquisito*...
Raul	— Você quer ver? Vem cá que eu te mostro.
Rosa	— Olha, a minha vizinha já me disse que eu sou... e que eu tenho cá comigo umas besteiras. Seu Raul, e depois, eu vou lhe dizer... eu não consigo acreditar nesse homem.
Raul	— Mas ele não trouxe a tinta?
Rosa	— Para ser franca, eu tou com vontade até de ir embora.
Raul	— Não, não! Você não vai me deixar sozinho agora, não!
Rosa	— Não sei não, seu Raul.
Raul	— Como que não? Olha aí. Vamos abrir essa lata, tá? Você vai ver que vai ser uma boa surpresa pra Vera. Vê uma coisa, só.
Rosa	— Eu ainda acho que o senhor é que vai ter muita surpresa.
Raul	— Tá, eu te mostro. Olha aqui. Você vai ver a cor da tinta. Miserável! Olha aí!

Cena -- 4

Raul	— Pintura, reformas, decorações. Ah, meu Deus, como é que uma pessoa pode ser tão desprotegida da sorte? Vamos ver. Vai ser uma loteria. Uma verdadeira loteria, mas se eu acertar numa boa firma, se eu acertar um bom número, eu jogo na *loto* 13 vezes... *acerto no bicho*, faço tudo que tenho direito. Arquitetos, aqui. Promon Engenheiros, construtores, eletro-químicos, metas, construção e reformas, ah, instalações comerciais... ah, eu preciso é ficar rico. *Jogar fora* aquele apartamento, comprar um apartamento todo novo, todo decorado...
Colega	— Tá *resmungando* mais do que mulher velha *rezando terço*, hein, cara?
Raul	— Você é irreverente! Um *tripudiador*! Eu acabei de *levar um cano* do tamanho de um elefante. Desta *grossura* assim, ó! Eu agora preciso achar uma coisa boa. Seja cara mas seja boa.
Colega	— Tá bom. *Vai fundo*, vai fundo. Vai até chegar ao fundo do poço. Olha, quando você chegar bem no fundo do poço, me fala, me fala que eu estou emprestando dinheiro a *juros* a *taxa* de fazer banqueiro se *arrepiar*!
Raul	— Olha aqui, *espia* pela janela e vê se eu tou na esquina. Me procura lá.

arrepiar scare, get goosebumps
acertar no bicho win - jogo do bicho
broxa large paint brush
chão floor
em seguida immediately
'güenta agüentar hang on
espia pela janela... bug off
esquisito strange
grossura size
ir num pé e voltar noutro
    back in a flash
jogar fora get rid of

juro interest rate
levar cano be swindled
loto lottery
ó interjection used when pointing
pincel small paint brush
resmungar grumble, mumble
rezar terço recite 1/3 rosary
taxa rate
tripudiador joker, wise guy
ir fundo take it all the way

— De onde fala? É exatamente. Eu precisava do orçamento de uma obra. Ah, é arquiteta e pode ir amanhã na minha casa? Oba! Não, quer dizer, tudo bem.

Cena -- 5

Raul	— Ah, entra. A senhora é...
Tarsila	— Oi, como vai? Tarsila.
Raul	— Ah, arquiteta?
Tarsila	— Arquiteta. Muito prazer.
Raul	— Muito prazer, Raul.
Romano	— Muito prazer, eu sou Romano. *É o mestre de obras.*
Raul	— Pois não, vamos entrando, vamos entrando. Bom, estamos todos aqui, né? Vamos ver o que se pode fazer. Mas na verdade, eu mesmo queria fazer a administração da obra, mas o escritório, que havia me dado férias, de repente precisou de mim e eu vou entregar a vocês. Assim, eu fico mais confiante, mais descansado e espero que menos *duro* também, porque eu acho que, afinal de contas, eu acho que a obra não é coisa muito cara, não, né?
Tarsila	— É, tá precisando mesmo de uma boa reforma. Eu acho até que ia bem um *rebaixamento* de teto.

Cena -- 6

Vera	— Mamãe, eu estou muito preocupada.
Silvana	— Mas o que foi, minha filha?
Vera	— O Raul, mamãe, ele anda muito esquisito.
Silvana	— Ah, ah, até aí você não está dizendo nada demais. Eu sempre disse isso.
Vera	— Mas não é bem assim, mamãe. Olha aqui, eu queria que a senhora *vigiasse* o Raul pra mim nessa minha viagem. Eu já achei tão esquisito ele não querer vir comigo. Agora estou com uns *pressentimentos*...
Silvana	— Ah, pode ficar tranqüila, querida. Eu vou ver isso pra você, tá? Beijinhos.
Vera	— Beijos.
Silvana	— Tchau.

— Eu vou ligar pra Rosinha. Ela é de confiança. Acho eu, né? Pra saber o que é que está acontecendo.

— Alô! Rosinha? Oh, minha filha, aqui é Silvana. É, a mãe de Vera. Bem, obrigada, querida. Escuta, Rosinha, minha filha, você pode me informar o que é que está acontecendo por aí? Como? Não pode dizer nada? Mas que é isso, menina? Como você não pode dizer nada? Ligar pro Raul? Mas aonde é que ele está? Ah, tá, tá bom, obrigada, hein? Até à vista, querida.

— Hum... Eu vou ao Rio, saber o que está acontecendo...

Cena -- 7

Raul	— Opa.
Raimundo	— Bom dia, seu Raul.
Raul	— Bom dia, seu Raimundo.
Raimundo	— A gente precisava decidir umas coisas lá no banheiro, seu Raul.
Raul	— É, então vamos. Vamos até o banheiro. Já venho.
Raimundo	— É que sempre tem umas coisas que podem ser feitas de um jeito ou de outro. Amarra-se o dono à vontade do burro. Não, quer dizer, amarra-se o burro à vontade do dono.

duro	broke	**rebaixamento**	lowering
mestre de obras	foreman	**vigiar**	check up on
pressentimento	foreboding		

Raul — O senhor, sempre com um ditado na *ponta da língua*, né seu Raimundo?

Raimundo — É a vida que ensina, doutor. Mas a questão é essa, doutor. O senhor quer que abra mesmo de verdade, ver tudo que está *podre* e troca, ou faz só uma *coisinha* de *fachada*?

— Ah, a questão também é essa, doutor... Essas torneiras precisam ser trocadas também. O chuveiro não precisa. O chuveiro está saindo água muito bem.

———————— *PARE* ————————

VOCÊ ENTENDEU?

Cena 1. Por que a Rosa não confia no pintor? Por que o Raul a critica?

Cena 2. O que o telespectador é levado a pensar do comportamento da Sueli e Raul?

Cena 3. Faça um resumo de como o pintor (Edmundo), consegue enganar o Raul.

Cena 4. Por que o Raul se acha desprotegido da sorte?

Cena 5. Descreva a arquiteta. Como é o comportamento dela?

Cena 6. A Vera tem motivos para suspeitar do Raul? Que missão ela dá à sua mãe?

Cena 7. O Raimundo é um tipo malandro? Quando ele inverte a ordem das palavras nos ditados, na realidade ele cria dois significados para eles. Explique esses significados.

PONTO DE ENCONTRO

1. Conversas telefônicas.
   Complete com um colega a conversa telefônica entre o Raul e a firma de arquitetura, na Cena 4. Siga o modelo já usado no Ponto de Encontro da página 649.

2. Dramatize com um colega, uma das cenas abaixo:
   a. Cena 2
   b. Cena 5

3. Descreva a Sueli, a vizinha. Quais são as intenções dela?

4. Descreva a D. Silvana. Ela corresponde à tradicional caricatura da sogra?

---

coisinha de fachada cosmetic job   **ponta da língua** tip of the tongue
podre rotten

AGORA É A MINHA VEZ!

O Capítulo II está resumido nos seis parágrafos abaixo, mas em cada um deles há um erro. Descubra os erros.

1. Raul deu o dinheiro ao pintor para ele comprar todo o material. A Rosa não gostou do pintor desde o início.

2. Em seguida Raul saiu para o trabalho. Como acontece todos os dias, ele encontrou no elevador a Sueli, a sua vizinha e amiga.

3. Os trabalhos da reforma continuam. Edmundo, o pintor, entrega ao Raul a nota de compra do material que ele comprou.

4. Rosa continua desconfiando do pintor. Para acalmá-la, Raul abre uma das latas de tinta e Rosa fica tranqüila quando vê o que há na lata.

5. O Raul decide, depois de alguns probleminhas, contratar uma arquiteta para fazer a reforma. Enquanto isso Vera está preocupada com o Raul por ele estar sozinho em casa e pede à mãe dela que o visite.

6. O capítulo termina com o Raimundo, o bombeiro, dizendo para o Raul que tudo no banheiro precisa ser trocado.

PARA A PRÓXIMA AULA

O que vai acontecer no próximo capítulo?

1. O Raul vai se encontrar com a Sueli?
2. Tarsila vai fazer um bom trabalho?
3. D. Silvana vai mesmo para o Rio vigiar o Raul?
4. A reforma vai prosseguir sem grandes incidentes?

Leia o próximo capítulo para ver se você está certo na sua previsão.

ORGANIZE SUA REFORMA

Você já viu que é possível fazer pequenas mudanças de grandes efeitos em sua casa, na reportagem "Reformar sem quebrar". Agora veja quais são os cuidados prévios para essa reforma acontecer realmente sem transtornos:

★ Antes de começar a comprar o material para a reforma, certifique-se de que não existe possibilidade de usar o que você já tem em casa.

★ Ao escolher os materiais, não esqueça de pedir informações sobre o produto: se é adequado para áreas de trânsito, se não descola com a ação da água e vapor e qual a manutenção ideal.

★ Empresas especializadas devem ficar encarregadas de tirar as medidas. Assim, você não corre o risco de faltar ou sobrar material.

★ Antes de começar a reforma, separe tudo o que vai ser necessário. Ferramentas certas garantem um trabalho limpo, sem cara de malfeito.

PARTE II: "Pode ficar tranqüila, Vera"

I. A TELENOVELA BRASILEIRA II

O Primo Basílio, obra do escritor português Eça de Queiroz adaptada por Gilberto Braga e Leonor Basseres, desfilará pelas telinhas em 16 capítulos.

VÍDEO

As novelas de televisão desempenham um papel muito importante na cultura brasileira. À noite todos se reúnem em frente da televisão para assistir essas histórias cheias de intrigas e amor. Essas novelas lançam modas, ditam costumes, criam expressões e músicas que se tornam populares assim como também trazem grande sucesso para os seus atores a atrizes.

Dentre as novelas de grande sucesso podemos citar: "Dancing Days", "A Escrava Isaura", "Roque Santeiro", "Um Sonho a Mais" e "Água Viva". Também é importante ressaltar que muitas obras primas da nossa literatura têm sido adaptadas para a televisão em forma de novela, como, por exemplo, "Gabriela, Cravo e Canela" de Jorge Amado, "O Tempo e o Vento" de Érico Veríssimo e muitas outras.

PARE

AGORA É A MINHA VEZ!

Com um grupo de colegas crie uma cena de telenovela para apresentação na sala de aula. Inclua alguns dos temas mais tradicionais como o do triângulo amoroso, da vingança, mistério, conflito familiar etc.

II. "ABOLIÇÃO ROMÂNTICA"

Televisão

Abolição romântica

Com Sinhá Moça, *a Globo
retoma o tema histórico para atingir o
público interno e o externo*

Sinhá Moça, a nova novela das 6
horas da Rede Globo, estreou na
segunda-feira passada com os quatro
elementos certos para conquistar tanto
o público interno como o externo. Em
primeiro lugar, *Sinhá Moça* é uma
novela de época. Ela se passa há 100
anos, no interior de São Paulo. Em
segundo lugar, a novela apresenta
uma heroína exaltadamente romântica, fiel ao seu primeiro amor e defen-
sora dos nobres ideais da justiça e da
liberdade. Em terceiro, essa mocinha
da novela é encarnada pela atriz Lucélia Santos, que estreou na televisão
há quase dez anos, também no horário das 6, interpretando um papel bastante semelhante — o da Escrava
Isaura, na novela de mesmo nome. O
último ingrediente é o da aproxima-
ção do centenário da proclamação da
abolição da escravatura no Brasil, a
ser comemorado em 1988. E *Sinhá
Moça* tem por tema central justamente
a luta antiescravagista.
   Para o público brasileiro, os quatro
elementos se casam perfeitamente porque *Sinhá Moça* segue a mesma trilha
de *Escrava Isaura*, um dos maiores
sucessos da Globo no horário. Além
disso, os temas de época estão em alta

na televisão brasileira, como prova o sucesso da novela *Dona Beija* na Rede
Manchete. A Globo só perde no capítulo
da comercialização da propaganda da novela, que, por ser de época, não permite a
inserção de produtos na trama, o mer-
chandising. Essas perdas, porém, são largamente compensadas junto ao público
externo. Nesse ponto, o modelo almejado
é novamente *Escrava Isaura*, o programa da Globo mais exportado. Antes mesmo de estrear, já havia 37 países, inclusive a China, interessados
em importar *Sinhá Moça*, atraídos pelo assunto da novela e por Lucélia
Santos. "Esta é a primeira novela feita, desde o primeiro momento, com o
objetivo de atingir o mercado externo", diz Nilton Travesso, 51 anos, diretor do núcleo da Globo encarregado
de *Sinhá Moça*.

FOTOS ANTONIO RIBEIRO

Lucélia Santos: "Personagem forte e altiva"

"Sinhá Moça" tem quatro ingredientes de sucesso. Baseando-se no artigo "Abolição romântica",
explique por que esses são os elementos certos para conquistar o público interno e externo:

    a. novela de época
    b. novela romântica

    c. Lucélia Santos
    d. antiescravagista

III. TELEVISÃO, MODA E CAMELÔS.

Inspirados nas novelas da TV

Decididos a manter o espaço con-quistado, os camelôs disputam os consumidores com os lojistas das imediações. O clima é de mercado persa. Há de tudo. O que foi lançado ontem nos *show rooms* da moda, ama-nhã estará nos tabuleiros que infestam as ruas da cidade. Mas a fonte de ins-piração dessa turma não são as pas-sarelas parisienses. As novelas de televisão ditam o que o povo vai com-prar. O nome do brinco fecho-eclair, que custa um mil cruzeiros, é *Corpo a Corpo*. O brinco-espada, homenagem a São Jorge, o Santo Guerreiro, faz o gênero *Blitz*. Aquele prendedor de cabelo — que antes servia para se-gurar papéis — já foi batizado de *Li-*vre *para Voar*, novela bem cotada, que tem garantido boa freguesia. Imi-tação de marcassita faz bastante su-cesso entre as bijuterias. É barato e convincente. Se a mocinha da novela das oito aparece de lenço no pescoço, pode procurar no camelô mais pró-ximo o seu exemplar: em estampa de poás, por dois mil cruzeiros, ou lisos, em cores atualíssimas, por cinco mil cruzeiros. A camisetona, o camisão, e principalmente a maneira de usar cada uma dessas peças, é ditado pela televisão e imediatamente fornecido — com explicações — pelos camelôs. Wellington Rodrigues, de uma banca instalada na Rua Carolina Machado, Rio, escreveu um *Caso Verdade*, cha-mando *Um Sonho de Tom*, onde conta a sua história de menino aban-donado que, graças a Deus, virou ca-melô. Na TV, o final é feliz. Na vida real, tem que brigar pelo ponto. ○

bijuteria costume jewelry
brigar pelo ponto dispute his place
brinco-espada sword-shaped earring
camelô street hawker
camisona oversized shirt
camisetona oversized undershirt
Caso Verdade TV mini-series
cotado popular
ditar dictate
estampa print
fecho-eclair zipper

freguesia group of customers
imediações surrounding area
liso solid color
lojista store owner
marcassita marcasite (iron pyrite)
mercado persa Persian bazaar
passarela style show
poá polka-dot
prendedor de cabelo hair pin
tabuleiro small table or tray

VOCÊ ENTENDEU?

1. Qual é a diferença entre um lojista e um camelô?
2. O que eles disputam?
3. Como a moda lançada nos *show rooms* chega às ruas da cidade?
4. Como as novelas de televisão ditam o que o povo vai comprar?
5. O que os camelôs têm que fazer para promover o seu mercado?

VAMOS NOS COMUNICAR

A. **Palavra-Puxa-Palavra**

1. **Guarda-roupa masculino**
   camisa de algodão/seda
   camiseta undershirt
   calça jeans
   um par de meias
   sapatos
   tênis
   botas
   sueter

   cueca shorts
   casaco overcoat
   acessórios: cinto
      lenço
      gravata
      chapéu
      luvas

O bom do Classifone é que a gente nem precisa sair do lugar para anunciar. **Classifone**

2. **Guarda-roupa feminino**
   vestido curto/longo
   saia
   blusa
   sapato de **salto** alto/baixo heel
   roupa íntima
      calcinha panties
      sutiã brassiere
      maiô swimming suit

   acessórios:
      colar necklace
      pulseira bracelet
      anel ring
      aliança wedding ring
      broche brooch
      lenço de cabeça kerchief
      brinco earring

3. **Expressões**
   estar na moda
   estar fora de moda
   seguir a moda
   lançamento de verão summer style

5. **Cuidados com a beleza**
   cabelereiro
   barbeiro
   cortar o cabelo
   pentear o cabelo
   fazer a barba/barbear-se
   fazer/pintar as unhas
   a **maquilagem** makeup
   o **batom** lipstick

4. **Como comprar**
   experimentar/provar try on
   tamanho médio/grande
   número do sapato/camisa
   vestir/usar

   apertado (too) tight
   frouxo loose
   longo/comprido
   ficar bem fit well

B. **A palavra certa!** Complete as frases abaixo usando as palavras na coluna ao lado.

1. Tenho que devolver esse sapato porque ... está errado.
2. Marta foi à festa de formatura num lindo...
3. A única jóia que eu gosto de usar é...
4. Eu engordei cinco quilos e a minha roupa agora está...
5. Papai cortou o cabelo e...
6. No cabelereiro a Sueli fez as unhas e...
7. A ... da Maria cobre as manchas do rosto dela.
8. Sua mini-sáia está muito...
9. Eu emagreci muito e a minha roupa está...

a. pulseira
b. maquilagem
c. número
d. vestido longo
e. curto
f. fazer a barba
g. frouxa
h. pentear o cabelo
i. apertado

C. **Falando de compras.**

   1. Você segue a moda?
   2. Você acha que a televisão tem influência na moda? Explique e dê exemplos.
   3. Que tipo de roupas e acessórios estão na moda agora?
   4. Quais estão fora de moda?
   5. Quais as que nunca caem de moda?

IV. *"COMEÇAR DE NOVO"*, SIMONE

─ VÍDEO ─

Um dos mitos criados pela telenovela é Regina Duarte, protagonista de mais de vinte novelas de sucesso. Sua popularidade no início de sua carreira a consagrou como a "namoradinha do Brasil". Regina Duarte evoluiu muito na sua carreira artística representando uma variedade muito grande de papéis como, por exemplo, a viúva Porcina em "Roque Santeiro", uma das telenovelas de maior audiência no Brasil. Um dos trabalhos mais importantes da vida artística de Regina Duarte foi o *seriado* "Malu Mulher", no qual ela retrata a condição da nova mulher brasileira. A música tema de "Malu Mulher" é a canção "Começar de Novo", que agora vamos cantar.

    seriado series

Começar de novo
E contar comigo
Vai *valer a pena*
Ter *amanhecido*
Ter me revelado
Ter me debatido
Ter me *machucado*
Ter sobrevivido
Ter *virado a mesa*
Ter me conhecido
Ter virado o barco
Ter me socorrido

Começar de novo
E contar comigo
Vai valer a pena
Ter amanhecido
Sem as tuas *garras*
Sempre tão seguras
Sem o teu fantasma
Sem tua *moldura*
Sem tuas *esporas*
Sem o teu domínio
Sem tuas esporas
Sem o teu fascínio

Começar de novo
E contar comigo
Vai valer a pena
Já te ter esquecido
Começar de novo

valer a pena be worth the trouble   **garras** claws
amanhecer wake up early   **moldura** "picture frame", ie., control
machucar-se hurt oneself   **esporas** spurs
virar a mesa upset the applecart

———————————— *PARE* ————————————

VOCÊ ENTENDEU?

1. Fale sobre Regina Duarte.
2. Qual é o tema do seriado "Malu Mulher"?
3. O que o título da canção "Começar de Novo" sugere?
4. Na primeira estrofe a cantora fala que valeu a pena a experiência de ter passado pelo sofrimento do divórcio por várias razões. Uma delas é a de "ter amanhecido" isto é "ter começado uma nova manhã". O que significam:
   a. ter me revelado?
   b. ter me machucado?
   c. ter sobrevivido?
   d. ter virado a mesa?
   e. ter me socorrido?
5. Na segunda estrofe ela diz que valeu a pena acordar pela manhã ("ter amanhecido") sem a presença do ex-marido dela. Essa presença é simbolizada em palavras como "garras seguras", isto é, mãos firmes que a prendiam. Por que ela diz que o ex-marido também era:
   a. um fantasma?
   b. uma moldura?
   c. esporas?
   d. domínio?
   e. fascínio?

V. ENTREVISTA COM REGINA DUARTE

─────VÍDEO─────

Você agora vai ter oportunidade de ver uma entrevista com Regina Duarte.

Entrevistadora — Qual é a Regina que a Regina vê no espelho?

Regina Duarte — Eu não sou muito *vaidosa*, pelo contrário, acho até que sou um pouco *desleixada*, assim, comigo. O meu grande "*barato*" mesmo, o meu grande prazer é o meu trabalho, né? É o momento de estar trabalhando. Agora, como pessoa, até tenho recebido críticas, assim de que eu sou uma pessoa meio... que eu podia me cuidar um pouco mais... E, e,... Agora, essa coisa de se olhar no espelho, eu sei que não sou uma pessoa bonita. Tenho absoluta consciência disso, que sou uma pessoa fotogênica. Fotografo legal, né? Quando pequena, eu queria ser famosa. Tinha vontade. Eu acho que todo mundo quer, né? A gente quer isso, que é uma forma de ser amado, de ser querido. Eu nunca estou satisfeita comigo, preciso sempre me exibir, entendeu? Pra...

Entrevistadora — Mas isso é uma coisa do ator, né? Isso...

Regina Duarte — Mas se ama sempre pouco.

Entrevistadora — E no caso do ator, se o ator não fosse vaidoso, como é que ele ia poder se exibir, como você diz, pros outros? Ele não ia nem ter a *envergadura* pra fazer... pra fazer isso, né?

Regina Duarte — Eu acho que quem se ama muito nem se exibe: se basta.

Entrevistadora — Tem gente que casa e quando se separa do primeiro casamento, acha que não vai casar nunca mais porque é uma experiência *dolorosa* e tal... mas você resolveu repetir a mesma coisa três vezes, né? Portanto você deve ser favorável ao casamento.

Regina Duarte — Eu acho que eu sou incapaz é de viver só. É diferente. Acho que tem pessoas que vivem bem, sozinhas, né? Eu, pra mim, não tem graça.

(Cena da novela *Roque Santeiro*)

Porcina — E você, Tânia?

Tânia — Eu não como sobremesa.

Porcina — Não come por quê? Pra não engordar? *Besteira*, menina!

Entrevistadora — Com essa novela, você fazendo a Porcina, você vai fazer uma comédia, como tal, pela primeira vez, na sua carreira.

Regina Duarte — É, pela primeira vez eu acho que tenho um personagem que tem humor, que faz coisas que eu acho engraçadas. Eu, quando leio... espero que as pessoas também achem, né, que ela é engraçada. Mas eu, quando leio, acho ela muito engraçada. Pela primeira vez um personagem que sai um pouco dessa coisa mais naturalista, mais do real. Eu acho a novela do *Dias* assim, meio hiper-real, sabe? Ela é um pouco acima da realidade, já entra num nível meio fantástico.

(Outra cena de *Roque Santeiro*)

Porcina — Quanto mais fica difícil, mais eu gosto! Só tem uma coisa: vou *ganhar essa parada*, ah, se vou! Mas vou, vou e vou! Essas coisa só tem um problema.

Sinhôzinho — O quê?

Porcina — Isso tudo me dá uma fome! Hum... hum... hum... hum... Sinhozinho!

Sinhôzinho — Hum?

Porcina — Ai, Sinhozinho, melhor que isso, só aquilo!

Sinhôzinho — O quê?

Porcina — A vida!

barato kick (slang)	**doloroso** painful
besteira nonsense	**envergadura** character, capacity
desleixado careless	**ganhar a parada** win the challenge
Dias Dias Gomes, author of *Roque Santeiro*	**vaidosa** vain

──────────── PARE ────────────

AGORA É A MINHA VEZ!

Nesta entrevista Regina Duarte fala sobre como ela se vê, sua maneira de ser, sua vida pessoal, a dedicação à sua arte, etc. Com base no que ela revela, faça uma apreciação de como você a vê.

PONTO DE ENCONTRO

Como repórter de uma rede de televisão, entreviste um ator ou uma atriz de fama, personificado por um de seus colegas. O entrevistado deve estar familiarizado com o ator/atriz e o seu trabalho.

VI. "DE PERNAS PRO AR", CAPÍTULO III

A. **Falando de trabalhadores.**

    1. Qual é a finalidade de associações como a "Associação dos Moradores do Bairro", "Associação das Donas de Casa", "Associação das Empregadas Domésticas"? Existem grupos semelhantes em algum país que você conhece?

    2. Rosa é uma empregada doméstica. Qual é a sua opinião sobre essa ocupação?

B. **Para a próxima aula:**

Leia para a próxima aula o Capítulo III de "De Pernas Pro Ar".

CAPÍTULO III

```
─────────────────────────────VÍDEO──────────────────────────────
```

Cena -- 1

Romano — Ué, seu Raul, por aqui? De folga no escritório, hoje?

Raul — É, mais ou menos. É que eu resolvi vir ver um pouco as coisas aqui em casa. O serviço lá no escritório já tá mais *mole*. O pessoal lá é que tá *meio apavorado*. Aliás, nem precisavam ter me chamado.

Romano — O senhor vê, todo mundo aqui trabalhando. Todo mundo *mandando brasa.*

Romano — Seu Raul...

Raul — O telefone. Era aqui.

Romano — É, mas eu acho melhor o senhor ir por lá, porque ele está debaixo da mesa. Não, por aí *não vai dar.* Por aí não vai dar, seu Raul. É.

Raul — Onde é que está esse telefone?

Romano — Debaixo da mesa.

Raul — Ah! Achei. Alô? É. É, sim. É... seu Romano? Tá. É do escritório de arquitetura? Ah, não, é? Sim, sim, está, sim. Seu Romano, é pra o senhor.

Romano — Ah, já vai. Obrigado, seu Raul. Dá licença. Alô? É, sou eu mesmo. É. Como vai? Escuta. Não, não. Reunião hoje às oito da noite na sede da Associação. Oito da noite. Escuta, eu não... você faz um favor pra mim? Eu queria que você avisasse o pessoal que eu tô muito ocupado hoje, sabe, não vai dar pra telefonar. Avisa também que vem o pessoal das outras Associações. Isso vai ser uma coisa ampla. É. Tá OK. Conto com você, hein? Tá, obrigado. Tchau.

— Alô. Sou eu mesmo. Não, não é. Não vai dar pra ir hoje aí, sabe? Eu tenho reunião na sede da Associação. Não, é coisa importante. Eu *juro.* Não, não... faz... amanhã a gente acerta isso. Tá OK. Obrigado, então. Um abraço, tchau.

— *Campanha de mobilização.* Reunião amanhã na Associação e tudo.

Raul — Então o senhor é o líder comunitário?

Romano — É, e principalmente *incumbido* da mobilização.

Raul — Mas agora está tudo mais calmo, né? Passou o período eleitoral.

Romano — Que nada! A *luta* interna é permanente!

Raul — Que luta interna?

Romano — Mas, como? O senhor não faz parte de Associação de Morador ... nenhuma?

Raul — Não, eu...

Romano — Qual é o seu *nível* de discussão, seu Raul? Sem isso nós não podemos nos *posicionar*! Como é que é o poder? Nós não podemos! Não... Deixa que eu atendo, seu Raul.

— Alô! Sim, sou eu! Mas pera aí, companheiro! Como é que você vai trocar de partido numa hora dessas? Nós não podemos negociar nossa soberania! A nossa identidade! Eu sei,

campanha de mobilização consciousness raising effort	**meio apavorado** easily flustered
não vai dar you can't get through	**mandando brasa** hard at it
incumbir be responsible for	**mais mole** easier
jurar swear	**nível de discussão** political orientation
luta interna internal struggle	**posicionar** relate to one another

desculpa, eu sei que você tá num orelhão. Tá certo, a gente... tá.... então vamos discutir isso na Associação, mais tarde. Tá. Prepare bem seus argumentos, hein? É, não, não. Uma idéia dessas não *se leva avante* com um *papo* desses. Tá certo, então. Tá OK. Tá bom. Passe bem. Até lá.

Raul	— Tá certo, seu Romano.
Romano	— Cuidado aí.
Raul	— Tudo bem, mas não esqueça de ver o trabalho dos companheiros, aqui.
Romano	— Não, o senhor pode deixar.
Raul	— Faça de conta que essa obra é um grande desafio e o senhor não vai *deixar a peteca cair.*
Romano	— Não, o senhor pode deixar. Zezinho, Zezinho, vamos lá. Vamos pintando isso aí. Oh, Osvaldo, vamos raspar com mais rapidez aqui. Tira todos os pregos...
Raul	— Ah, é demais! A minha casa virou Associação de Moradores.

Cena -- 2

Raul	— Bom dia. Tudo bem?
Sueli	— Tudo bem.
Raul	— Eu vou acabar acreditando em destino.
Sueli	— Mas, por quê?
Raul	— Eu me encontrar com você aqui, duas vezes em seguida e sozinhos...
Sueli	— Sabe, seu Raul, eu acredito muito em horóscopo... e todas essas outras coisas...
Raul	— E hoje, o quê que disse?
Sueli	— Eu hoje ainda não li, mas eu vou ler. Eu não comprei o jornal e também no rádio não deu pra ouvir nada.
Raul	— Então, se o seu horóscopo estiver bom, você me liga e a gente vê se coincide, né? Aí você me telefona, lê o meu, o seu...
Sueli	— Tá bom, mas só se eu tiver uma folguinha, tá?
Raul	— O meu horóscopo já disse que uma pessoa que está livre, hoje, vai aparecer.
Sueli	— Seu Raul...
Raul	— Mas, dona Sueli, fazer obra em casa é uma loucura. Eu preciso muito da sua orientação.

Cena -- 3

Raul	— Alô? Sueli? Como vai? Então, deram certo as previsões do horóscopo? Ah, é? Escuta, faz o seguinte, você... Não, eu te telefono mais tarde. Tá? Legal. Tchau.
Raul	— Alô? Ah, como vai, doutora Tarsila? Claro, claro, tudo bem. Tudo. Não, o mais importante agora para mim é o *prazo*, né? A qualidade, eu sei, também é uma preocupação de vocês.
Tarsila	— Ah, mas não é só sobre esses assuntos que eu sei conversar, não. Eu sei falar de outras coisas, também.
Raul	— Melhor pra nós, então.
Tarsila	— E que tal sairmos juntos, hoje? Pra jantar e nos conhecermos melhor?
Raul	— É, escute, hoje... hoje realmente eu não posso, quer dizer, uns amigos, né?
Tarsila	— Ah, tudo bem, tudo bem. Não se preocupe, não. Não precisa dar explicações. Guarde as explicações pra daqui a alguns dias.
Raul	— Não, eu só queria esclarecer...
Tarsila	— Não, não, tudo bem... Que é isso, Raul? Quem ataca tem que estar preparado pra um *revés*, né?
Raul	— Depois, volta à luta?

deixar a peteca cair drop the ball	**papo** conversation
combinar arrange	**prazo** term of payment
levar avante carry forward	**revés** reverse

Tarsila	— Ah, isso não sei. Se o *alvo* for muito bom, volta.
Raul	— E neste caso?
Tarsila	— Bom, neste caso, eu... Não sei, eu preciso fazer uma reunião com o meu *Estado Maior Emocional*. Não dá pra responder assim, de imediato. Aí não sei, se eu conseguir uma *vingança*, uma vingançazinha, pequenininha que seja, eu volto.
Raul	— Não me assusta, tá?
Tarsila	— Ah, que é isso? Não é meu hábito *assustar* as crianças. Agora você me dá licença que eu tenho que trabalhar. Está chegando gente aqui. Tá bem, mamãe, depois eu ligo pra você. Amanhã, pra gente *combinar* a hora do médico, tá? Tchau. Um beijinho.

Cena -- 4

Tarsila	— É isso mesmo, assim mesmo, seu Pedro. Olha, bem *lisinho* e sem nenhum *defeitinho* nessa parede. Quero tudo muito *caprichado*, hein? Dr. Raul é muito exigente.
	— Dá licença...Alô?
Voz em off	— Ligação dos Estados Unidos *a cobrar* para o Dr. Raul. Autoriza a ligação?
Tarsila	— O que é que eu vou fazer! A obra é secreta, o que é que eu vou explicar para a mulher dele?
Voz em off	— Vai pagar a ligação? Chamada de dona Vera.
Tarsila	— Pode ligar, sim. É Tânia quem autoriza.
Vera	— Alô? Quem fala, hein?
Tarsila	— Aqui é uma prima dele do interior. Quer dizer, uma amiga de uma prima dele.
Vera	— Mas quem é que está falando?
Tarsila	— Dona Vera, o Dr. Raul deixou recado, dizendo que está no escritório. A senhora liga pra lá. Tá. Até logo. Até a volta.

Cena -- 5

Colega	— Alô? Sim, um momentinho, um momentinho. Raul... pra você. É outra voz de mulher.
Raul	— Aonde?
Colega	— Na dois.
Raul	— Alô?
Voz em off	— Ligação dos Estados Unidos. Dona Vera. O senhor autoriza a chamada a cobrar?
Raul	— É claro, autorizo.
Vera	— Mas, francamente, hein, Raul?
Raul	— Você me ligou pela primeira vez e já começa a brigar?
Vera	— Não é pela primeira vez, coisa nenhuma. Eu já te liguei outra vez e você não estava em casa. Agora eu liguei, tem uma mulher *plantada* lá. Nem a mulher sabe direito quem ela é.
Raul	— Como assim? A que atendeu o telefone? Deve ser amiga da Rosa.
Vera	— Mas não foi isso que ela disse, não. Disse que era sua prima, ou amiga da sua prima. Que história de prima é essa, Raul? Virou *máfia* agora? Tudo primo, é?
Raul	— Vera, não é porque você está nos Estados Unidos, que você pode falar comigo assim, não. Escuta, como vão as crianças? Como vai você?
Vera	— Puxa, amor, eu estou com saudades, né? Você está trabalhando muito?

alvo target	**Estado Maior emocional** emotional general staff
assustar frighten	
a cobrar collect call	**plantado** installed, planted
caprichado just right	**liso** smooth
defeito defect	**vingança** revenge
combinar arrange	**máfia** Mafia

Raul	— Mais ou menos, né? Eu estou preparando uma surpresa pra você. Ah, surpresa, não posso falar. É boa, sim, é.
Vera	— Bem, não é eu chegar em casa e encontrar uma moça plantada lá, é?
Raul	— Olha, Vera, fica muito chato a gente brigar via *Embratel* internacional. Hum? Desligou.

Cena -- 6

Rosa	— Ué, seu Raul, o senhor deixou a comida toda? Estava *indisposto*?
Raul	— Não, não. Eu estava até muito bem disposto. Jantei muito bem.
Rosa	— Ué, mas a comida...
Raul	— Ah, não, é que não foi em casa que eu jantei.
Rosa	— Ah, sei... o senhor jantou com amigos. É, ou não é?
Raul	— É.
Rosa	— E hoje, o senhor vai jantar fora ou em casa?
Raul	— Olha, escuta, Rosa. Essa sua pergunta eu não posso responder agora. Porque, se eu estou de manhã no meu escritório e alguém me convida pra jantar, eu não posso dar uma *desculpa* qualquer. Também, eu não posso trazer em casa, com essa bagunça cada vez maior; de modo que eu não não posso dizer, agora de manhã, o quê que eu vou poder fazer hoje à tarde. Tudo depende do horóscopo.
Rosa	— Ué, seu Raul, eu só estou aqui porque o senhor pediu. Pediu, não! Me *ameaçou*, quase, né?
Raul	— É, eu sei, eu sei. Mas eu estive pensando bem, Rosa. Eu acho melhor nós deixarmos tudo *por conta* do mestre de obras. Aqui está muito bagunçado. Eu acho que você *aproveita*, passa uns dias fora, descansa e volta no final, pra *arrumar* a casa pra esperar a dona Vera. Eu mesmo vou dormir fora de casa, porque com esse *cheiro* de tinta, não é agradável ficar aqui de noite... e você passa uns dias em casa.
Rosa	— Ué, mas eu não sou rica pra ficar assim, em casa. É, ou não é?
Raul	— É, Rosa, mas é claro que você vai receber o seu salário. E você aproveita e leva algumas coisas pra fazer em casa. E essas coisas que tem aqui, que *estragam*, se não usar; leite, carne, ovos, você leva também, tá bom?
Rosa	— Bom, seu Raul, tirar férias uma vez na vida, até que é legal. É, ou não é?
Raul	— Olha aqui, Rosa. Você aproveita essas férias para treinar de falar esse seu: é, ou não é. Eu não suporto esse seu *cacoete*.
Rosa	— Tá bom, seu Raul. E vê se o senhor também, vê se fica mais calmo. Eu acho que dona Vera está fazendo falta. Quem sabe um *suquinho de maracujá* não acalma? É, ou não é?
Raul	— É, Rosa. Tá tudo certo. Eu vou *tomar providências*, tá? Bom, você não esquece? Ao sair, você fecha tudo *à chave*, que o mestre de obras, seu Romano, tem chave também. E apaga a luz, tá?
Rosa	— Quer dizer, eu volto a semana que vem, então?
Raul	— Humhum. Semana que vem. Só a semana que vem.

— *PARE* —

ameaçar threaten	**Embratel** Empresa Brasileira de Telecomunicações
aproveitar take advantage	
arrumar clean up	**estragar** spoil
à chave lock up	**indisposto** not feeling well
cacoete irritating habit	**deixar por conta de** leave it to
cheiro smell	**tomar providências** take steps
desculpa excuse	**suco de maracujá** passion-fruit juice

VOCÊ ENTENDEU?

Cena 1. O Romano tem uma grande consciência dos direitos individuais e de classe e é até mesmo um líder de uma associação de trabalhadores. O Raul é o mesmo tipo de pessoa? Compare os dois personagens nesse aspecto.

Cena 2. Na sua opinião, está havendo uma "paquera" entre Sueli e Raul? Explique.

Cena 3. Por que o Raul recua diante da agressividade da Tarsila? Como ela reage?

Cena 4. Por que a Tarsila diz à Vera, no telefone, que é uma "prima do interior"? Qual foi a intenção dela ao fazer isso?

Cena 5. A situação está definitivamente complicada para o Raul.
    a. comente o comportamento da Vera nessa cena.
    b. Como os colegas do Raul interpretam o que está acontecendo com ele?

Cena 6.
    a. A Rosa está sendo abelhuda? Como?
    b. O Raul tem "segundas intenções" ao dar férias para Rosa?
    c. Que remédio Rosa recomenda ao Raul?

PONTO DE ENCONTRO

1. Conversas telefônicas: Complete as conversas telefônicas, com um colega, da maneira em que foi feito na página 649.
    a. Entre o Romano e alguém da Associação de que ele faz parte, na Cena 1.
    b. Entre o Romano e um companheiro, na Cena 1.

2. Dramatize com uma colega os diálogos:
    a. entre Sueli e Raul, Cena 2.
    b. entre Raul e Tarsila, Cena 3
    c. entre Raul e Vera, Cena 5.

AGORA É A MINHA VEZ!

Assumindo a personalidade de um dos personagens abaixo, identifique quem você é, fale sobre a sua função na história e conte o que aconteceu a você neste capítulo. Faça outros comentários que lhe parecerem oportunos.
    a. Raul
    b. Vera
    c. Rosa
    d. Sueli
    e. Tarsila

Ex.: Eu sou o Romano, o mestre de obras, contratado para dirigir a reforma do apartamento do seu Raul. Além do meu trabalho, também sou muito ativo na luta pelos interesses dos meus companheiros da Associação. Sou líder comunitário e organizo reuniões. A toda hora tenho que interromper o trabalho para atender o telefone porque temos muito que decidir na Associação. Eu fico supreso que o seu Raul não pertença a nenhuma Associação de Moradores. Ele não entende nada do que é ter poder. Coitado do Seu Raul, ele anda perturbado com tanta confusão nesse apartamento.

PARA A PRÓXIMA AULA

O que vai acontecer no próximo capítulo?

1. Você acha que, finalmente, o Raul e a Sueli vão ter um caso?
2. O Raul vai sair com a Tarsila?
3. Agora que o Raul está só em casa, você acha que ele vai trair a Vera?
4. O Raul e a Vera vão brigar e até mesmo se separar?

Não perca o próximo capítulo para conferir as suas previsões.

VII. INTERJEIÇÕES

— VÍDEO —

São muitas as interjeições em português para indicar alegria, surpresa, negação e afirmação. Por exemplo, *tá, opa, oba, uai, uê, eta...* Veja você mesmo!

Raul	— **Tá.** Eu te mostro. Olha aqui!
Silvana	— Mas aonde é que ele está? Tá obrigada, **hein!** Até a vista querida!
Edmundo	— **Opa!**
Raul	— **Opa**, seu Edmundo. Ah, vejo que o senhor trouxe parte do material.
Raul	— É arquiteta e pode ir amanhã na minha casa? **Oba!** Não, quer dizer... tudo bem!
Raul	— Você, **hein**, mineira desconfia de todo mundo. **Eta**, bicho desconfiado, **uai!**
Rosa	— **Ué**, seu Raul. O senhor deixou a comida toda. Estava indisposto?
Raul	— Não, não, eu estava até muito bem disposto. Jantei muito bem.
Rosa	— **Ué**, mas a comida...

— PARE —

Interjections

A interjeição é uma palavra que expressa sentimentos de dor, alegria, surpresa, admiração, etc.

VAMOS PRATICAR!

1. — Você viu o filme brasileiro?
   — Vi sim. **Puxa**, é um filme muito bom.

2. — Eu gosto da vitrine dessa boutique.
   — **Ah**, olhe que vestido lindo!

3. — Aqui está a sua correspondência.
   — **Oba**, acho que tem cheque da mamãe aí.

4. — Que tal foi o concerto?
   — Foi ótimo. No fim, a platéia gritou "**bravo! bravo!**" e aplaudiu de pé.

5. — Cuidado, olhe o carro!
   — **Puxa vida**, você salvou minha vida!

6. — Lá está o garçom. Por que você não o chama?
   — **Psiu! Psiu!** Garçom, duas cervejas por favor.

7. — Que tal o omelete de camarão?
   — **Chi**, estava horrível!

9. — Garanto que não vai doer muito.
   — **Ai, ai, ai!** Doutor, está doendo. Pare, por favor.

10 — Eu não confio nesse pintor, seu Raul.
   — **Eta** mineira desconfiada.

11. — Tem tanta gente nessa fila!
   — **Epa**, vê se não empurra.

12. — Por que é que o mineiro é desconfiado?
   — **Uai**, você não sabe não?

13. — Meus parabéns pelo casamento!
   — **Ué**, como você ficou sabendo que eu me casei?

"Ah, você é o Joca Moreira que perdeu todo aquele dinheiro no jogo de cartas de ontem à noite!"

VIII. "DE PERNAS PRO AR", CAPÍTULO IV

A. **Falando de detetives.**

   1. O que você acha da profissão de detetive?
   2. Se você desconfiasse de que a pessoa que você ama o está traindo, você contrataria um detetive para espioná-la?
   3. Ao invés de contratar um profissional, você pediria à sua mãe para fazer o papel de detetive?

B. **Para a próxima aula.**

   Leia para amanhã o próximo capítulo dessa interessante novela.

CAPÍTULO IV

───VÍDEO───

Cena -- 1

Silvana — Ai, meu Deus, quem será? Deve ser a Vera e eu ainda não *apurei* nada pra ela. Alô, Vera? Sim, minha filha, sou eu. É, sim, eu deixei o meu telefone e o meu recado. Ah, imagina, minha filha... imagina, foi uma *loucura*. Eu tive que me lembrar do meu inglês do ginásio... Ah, mas ainda bem que eu tenho uma ótima memória e tive uma boa instrução. Ah, mas também não faz tanto tempo assim, né? Ah, claro, minha filha. Mas é que eu ainda não tenho nada pra te informar. Ah, escuta, Vera, minha filha, aconteceu uma coisa muito estranha, viu? Eu hoje liguei pra lá e me atendeu um homem. Quem será, hein? Ladrão? Ué, mas ladrão agora já atende o telefone quando toca? Bem, pode ser, né? Aqui no Rio acontecem coisas tão estranhas... tá, querida... tá... eu telefono, pode ficar tranqüila. Tchau.

— Bem, eu não vou ficar aqui a noite inteira de *bobeira*, né? Aproveito e vejo a *Fernanda Montenegro*.

Raul — Vera, eu *dormi fora* esta noite, mas eu não posso explicar a você. Não, não devo. É uma surpresa. Já falei. Não, não vou estragar a sua viagem, o seu passeio. Eu vou alegrar a sua volta. Não, Vera... você não confia em mim? Não, não, não, não precisa responder, não. Não. Tá certo. Não, mais uns dias e você volta. Eu estou com muita saudade. Eu não agüento o silêncio lá de casa. Não, Vera, não é isso. Isso é uma forma de dizer que eu gosto da presença de vocês. Claro, meu bem, pode confiar. Tchau, meu amor. Tá. Um beijo nas crianças, tá? Tchau. Não, Vera, eu não *reclamei* do preço do telefonema... não estou dizendo que *saiu caro*, não. Tá legal, um beijo, tá? Tchau.

— Tarsila? Escuta, que história é essa, de prima do interior? É mesmo? Não, eu não tinha pensado nessa possibilidade. É, agora ninguém mais vai atender o telefone mais lá em casa.

apurar find out	**loucura** crazy
bobeira like a fool	**reclamar** complain
dormir fora sleep out	**sair caro** to be expensive
Fernanda Montenegro famous actress	

	Hum, hum... É, depois eu digo que *deu defeito*. É a melhor solução. Tá bom. Escuta, mais tarde eu ligo pra você, tá? Tchau.
Colega	— Férias dessas todo mundo quer, né? Até eu!

Cena -- 2

Silvana	— Ué, estranho... Como é que esse cara entrou no apartamento? Eu não vi a Rosa chegar.
	— Bom dia.
Homem	— Bom dia.
Raimundo	— Seu Raul, seu Raul, o vazamento aumentou. A gente vai ter que falar com a vizinha.
Raul	— A de baixo, é? É tudo o que eu não queria. Ela é nervosa demais.
Raimundo	— Dr. Raul, com nervoso ou sem nervoso a gente vai ter que *enfrentar a fera*. Se ficar assim, não pode. O síndico até já... Olha aí, *falando no santo, aparece o milagre*.
Raul	— Não, não, não. Falando no milagre, aparece o santo, né, seu Raimundo? Esse é que é o ditado.
Raimundo	— Ô, doutor, o importante é que o síndico está aí, Dr. Raul.
Alberto	— O senhor vai me desculpar, mas como encontrei a porta aberta, como não tinha ninguém, eu fui entrando, né?
Raul	— Sei. Pois é, nós estamos aqui, com uma questão pra ser resolvida com o apartamento de baixo.

Cena -- 3

Alberto	— É justamente isso, seu Raul. A dona Florência vem vindo aí. Ela só não entrou, porque ficou com *receio* de encontrar alguém em *trajes íntimos*, sabe?
Raul	— Ah, quanto *zelo*! Quanto zelo!
Alberto	— Ah, olha ela aí.
Florência	— Olha aqui, olha aqui, ô seu Raul, eu ouvi a conversa *lá de fora* e resolvi entrar logo, sabe? Olha, assim não dá. Eu tenho tido muita paciência com o senhor... com o senhor, com o barulho das crianças...
Raul	— Eu sei, dona Florência, eu diria que a senhora tem reclamado muito pouco...
Florência	— É, mas o que importa agora, seu Raul, é que assim não pode ficar, viu? *Assim não dá*, mesmo! Olha aqui, na minha casa, o senhor precisa ver o estado que ficou a minha casa! Olha a parede do meu apartamento! Olha a parede do meu apartamento! Eu *empurro* o dedo assim na parede, sai água, seu Raul. Como é que pode uma coisa dessas?
Raul	— Dona Florência, tenha paciência, dona Florência. Eu, depois, eu converso com a senhora... eu pago tudo, mas pelo amor de Deus me *poupe* de ter uma discussão agora aqui com a senhora, porque eu não agüento! Eu não tenho condições!
Florência	— Olha, eu não quero *conversa* não, eu quero solução, sabe?
Raul	— A senhora vai ter solução, dona Florência, eu pago, eu pago, eu pago tudo...
Alberto	— Olha aí, seu Raul, o senhor assinou o *compromisso* da obra, não se esqueça disso, está bem?
Raul	— Tá certo, eu assinei.
Alberto	— Ah, outra coisa, eu ia me esquecendo outra vez; o senhor não vai poder pintar a porta do

assim não dá this can't go on	**falar no santo...** speak of the devil
compromisso written agreement	**lá de fora** from outside
conversa talk	**poupar** save
dar defeito break down	**receio** apprehension
empurrar push	**trajes íntimos** underwear
enfrentar a fera confront the monster	**zelo** zeal

                lado de fora, entendeu? O *regulamento* do prédio não permite.

Raul   —— Está certo, seu Alberto, eu não pinto, eu não pinto. Ah, seu Raimundo, dá um jeito nisso, *dá um jeito* nisso, pelo amor de Deus!

Raimundo   —— O senhor pode confiar em mim, pode confiar em mim, eu dou um jeito nisso.

Raul   —— Eu acho que isso não vai dar certo, não vai dar certo...

Raul   —— O quê? Seu Romano, o senhor quer fazer uma reunião na minha casa? Eu sei, seu Romano, eu entendo... Eu sei dos objetivos das Associações, eu sou a favor, eu... Está certo, seu Romano, está certo, tá. Mas quatro pessoas, hein? Quatro pessoas, hein? Coisa rápida. Não vai demorar não, tá, seu Romano?

Cena -- 4

Silvana   —— Ah, moço! O senhor vai lá pro apartamento do seu Raul, é?

Homem   —— Eu não sei não, senhora. Só sei que tem uma reunião aí.

Silvana   —— Ah, uma reunião?

Homem   —— É, sim senhora, dá licença.

Silvana   —— Nada. Sim, toda. Reunião!

Cena -- 5

Romano   —— Não, mas você faltou à reunião ontem. Isso foi *tratado* lá, ontem. Olha, depois a gente conversa. Até logo. Depois. Tchau.

Raul   —— O que significa isso?

Romano   —— Ah, era só um telefonema, eu estava tentando...

Raul   —— Não, não, não, não é isso, não. É isso, o *cavalete*. Está pintando o cavalete, é? O cavalete, cor de madeira, cor natural...

Romano   —— Fica calmo, seu Raul. Pra tudo tem um jeito...

Raul   —— Só tem um jeito; é comprar outro.

Homem   —— Mas eu pensei que era pra pintar tudo.

Raul   —— Só quando eu mandar. Só pinta quando eu mandar

Homem   —— Mas é que eu estava à toa...

Raul   —— É, você tava à toa. Você ainda tá à toa... mas eu vou ficar maluco, a Vera vai *ficar uma fera*... Olha aí...

Romano   —— Por favor!

Raimundo   —— Por favor! Olha aqui, ó, eu não sei. Alguma coisa está acontecendo com o *azulejo*. Não está *casando* o desenho.

Raul   —— *Pronto!* Não *faltava mais nada*! O azulejo aqui vai crescendo, crescendo, e não fecha o desenho.

———————— *PARE* ————————

azulejo tile	**não faltava mais nada** that was all I needed
casar match	**pronto!** Great!
cavalete easel	**regulamento** regulations
dar um jeito take care of	**tratar** disuss
ficar uma fera blow her top	

VOCÊ ENTENDEU?

Cena 1. Como a D. Silvana explica para a Vera o que está acontecendo no apartamento?
Cena 3.
      a. Quem é D. Florência.   Comente sobre o comportamento dela.
      b. Quem é o Alberto? Fale sobre a atitude dele.
Cena 5. Descreva essa cena e dê os motivos que fazem o Raul se sentir cada vez mais desesperado.

PONTO DE ENCONTRO

Conversas telefônicas. Complete as conversas telefônicas abaixo como foi feito nos capítulos anteriores.

    a. diálogo entre D. silvana e Vera,, da Cena 1.
    b. diálogo entre Raul e Vera, da Cena 1.

AGORA É A MINHA VEZ!

Faça um resumo do Capítulo IV completando o seguinte:
    1. D. Silvana tem muito pouco para informar à Vera mas diz que...
    2. A Vera telefona para o Raul e ele diz que...
    3. Raimundo diz que o vazamento aumentou e para piorar a situação, o síndico e a D. Florência...
    4. Além disso, o Romano...
    5. E enquanto tudo isso está se passando, a D. Silvana...

PARA A PRÓXIMA AULA

O que vai acontecer no próximo capítulo?

    1. D. florência vai entender o problema do Raul?
    2. Raul e Vera vão mesmo brigar de verdade?
    3. D. Silvana vai ter sucesso na sua investigação?

Não perca o próximo capítulo para ver se você acertou.

PARTE III: "Dona Silvana Assume o Comando"

I. "DE PERNAS PRO AR", CAPÍTULO V

Falando de relações familiares.

O conceito de união de família varia de sociedade para sociedade. Fale sobre o que isto significa em sua cultura ou em outras que você conhece. Considere a família imediata (pais e filhos) e a família estendida (a que inclui todos os parentes).

CAPÍTULO V

─VÍDEO─

Cena -- 1

Silvana ── Olha, minha filha, eu não queria falar nada pra você não, sabe? Eu não queria preocupar você. Mas é que estão acontecendo umas coisas estranhas lá no seu apartamento, umas reuniões.. não, não é festa, não. É entra e sai de homem e mulher... Ah, não! Mas pode deixar, querida, eu vejo tudo pra você. É como diz aquela minha vizinha *prafrentex*: hoje eu *escancaro*, eu escancaro tudo! É. Tá bem, mas deixa eu tomar coragem, e quando eu tiver coragem, aí então eu vou lá. Você sabe que eu tenho que me preparar pra essas coisas. Não é assim *de sopro* que a gente faz. Está, está, está bom. Eu ligo pra você. Fica tranqüila... Beijinhos. Tchau.

Cena -- 2

Raul ── Que desordem! Ninguém acha nada aqui. Mas, bagunça mesmo, vai ficar a minha vida, com esse *monte de* contas pra pagar. Só espero que a Sueli venha. Já vai!

Renato ── Olá, Raul. Eu sou o noivo da Sueli. Tudo bem?

Raul ── Oi, Renato. Renato... Tudo bem, tudo bem... Entra. Como é que é? Essa obra me deixa aqui meio... Entra, vem aqui pra dentro, devagar.

Renato ── Está com uma cara assustada, rapaz!

escancarar reveal, open up	**prafrentex** hip
monte de bunch	**de sopro** all at once

Raul	— Não, não é assustada, não. É a obra. É ... Que bom, que bom você ter vindo, não é? Afinal, a Sueli mora aqui do lado e a gente não conversa, né? Pelo menos a gente tem vizinhos. Vizinhos e a gente quase nunca se vê.
Renato	— São coisas de vizinhos de cidade grande, né?
Raul	— É verdade. Escuta, eu queria te oferecer uma bebidinha. O que é que você bebe, hein?
Renato	— Não, Raul, eu não bebo, não. Não se preocupe. Eu só vim aqui pra te dizer uma coisa: se você precisar de alguma coisa, você pode contar com a gente. A Sueli, inclusive, pode vir aí e te dar uma ajuda durante o dia, se você precisar, né? *Afinal de contas*, a tua mulher tá viajando, a Vera, né?
Rau	— É, a Vera. É. E a obra é uma surpresa pra ela, né? Mas que ótimo, eu vou fazer o seguinte: eu vou falar com a Sueli. Aliás, você pode falar com a Sueli e pede pra ela vir amanhã aqui e *dar uma geral*, tá? Bom, Renato, obrigado pela visita, hein, cara? Muito obrigado mesmo, muito obrigado, obrigadíssimo, hein? Escuta, você volta aqui pra uma comemoração, quando o apartamento estiver *prontinho*, OK?
Renato	— *Positivo*.
Raul	— Tá legal.
Renato	— Raul, felicidades na obra.
Raul	— Obrigado, hein? Obrigado.

Cena -- 3

Romano	— Bom dia.
Sueli	— Bom dia. O senhor deve ser o mestre de obras, não é mesmo?
Romano	— É, sim senhora, sou eu mesmo. A senhora tá precisando de alguma coisa?
Sueli	— Não, eu não tava precisando de nada, não. Eu sou a vizinha aqui do Dr. Raul.
Romano	— Estamos *perturbando* a senhora?
Sueli	— Não, não, sabe o que é; o Dr. Raul pediu para que eu viesse até aqui para observar um pouco e ver se os senhores estão precisando de alguma coisa, ou mesmo dar uma opinião.
Romano	— Olha, senhorita, já tem uma arquiteta que já faz esse serviço. *Eu não quero saber de confusão*, pelo amor de Deus!
Sueli	— Não, não se *incomode*, a minha interferência não vai ser assim, direta, entende? Eu só vim aqui pra ver. Vocês *fiquem à vontade*. Não se importem. Com licença.

— Alô? É daqui, mesmo. Pode completar. Vera! Querida, como vai? É Sueli. Não, não, não. A ligação não *caiu errada*, meu bem. É que eu estou aqui no seu apartamento. O Raul? O Raul foi pro escritório. Saiu cedo. É. A Rosa também não está. A Rosa foi embora. É. Não, não, mas não precisa ficar apavorada. Pois é, ela precisou tirar umas férias. Coitada... É verdade. É. Eu estou aqui no teu apartamento, pois é. Fazendo o quê? Bem, o Raul pediu que eu viesse até aqui pra *tirar umas medidas* do apartamento, é... ver um negócio do *seguro do prédio*, também... É verdade. É, ele teve que ir pro escritório e me pediu que viesse fazer isso. É. Você liga pra ele, que ele te diz tudo, direitinho, está bem, querida? OK, um beijo bem grande. Bom passeio, viu? Não se preocupe, está tudo indo às mil maravilhas. Está tudo ótimo. Um beijo.

— Bom, então tudo bem? Até logo, hein? Fiquem à vontade. *Mãos à obra*... Qualquer hora dessas eu volto aqui, viu? Tchau.

afinal de contas after all	**perturbar** bother
cair errado wrong connection	**positivo** ok
dar uma (olhada) geral give it the once over	**prontinho** all ready
ficar à vontade make oneself comfortable	**não quero saber de confusão** don't mess things up
mãos à obra get to work	**seguro do prédio** building insurance
não se incomodar don't trouble oneself	**tirar umas medidas** make some measurements

Romano — Passe bem. Vamos embora, vamos *apressar* isso. Essa obra tá muito *lenta*! Vamos lá!

Cena -- 4

Raul — Ai, meu Deus! Depois dessa, eu vou passar oito anos sem atender telefone. Já estou igual a *ratinho* de teste psicológico; toca a campainha, eu fico todo *ouriçado*.

— Alô? Hum? É. Pode completar. Alô, Vera? É. Como é que vão as .. hein? Ah, mas como você é insistente, Vera! Eu sei... Eu sei... Você investigou a minha vida. Telefonou no escritório. É. Escuta, quando você voltar eu vou arrumar pra você um *papel* de Maria Fofoca. É uma detetive que trabalha junto com o Mário Fofoca. Não, meu bem, eu não estou *desconversando*, não. Hum? Não, Vera. É claro que eu não virei *empreiteiro de obras*, não, meu amor. Escuta, Vera, não vamos discutir agora. É tarde. É madrugada. Aqui é. Vera, é diferença de *fuso horário*, meu bem. Você está na América do Norte, eu estou na América do Sul. Escuta, faltam poucos dias pra você voltar. Vamos esperar romântica-mente por esses momentos. Não, não, não, não, Vera. Eu jamais vou dizer pra você que a ligação interurbana está ficando cara. Eu não vou dizer isso, não, Vera. Não vou dizer. Tá legal, Vera. Tá, tchau. Um beijo nas crianças. Tá. Tchau. Tchau, amor. Tchau.

— Ah, meu Deus! Ai, só o que eu vou ter de pagar de conta telefônica...

Cena -- 5

Fiscal — Ah, é o apartamento dele. O senhor é o proprietário?

Raul — Sim, sou eu mesmo. O que é que é?

Fiscal — É que nós somos da fiscalização de obras. Tivemos uma *denúncia* de um vazamento que pode causar problemas.

Raul — É? Mas isso já foi resolvido.

Fiscal — O senhor dá licença da gente *dar uma olhadinha* na obra?

Raul — À vontade. A obra é livre, está aberta. Pode ir até o banheiro, lá. À vontade, não há nada a esconder...

Fiscal — Tá bom.

Cena -- 6

Raul — Bom dia.

Florência — Ah, que *susto*, seu Raul! Bom dia! Eu ia passando e a porta estava aberta e me *distraí* e acabei entrando.

Raul — Cuidado, dona Florência! Isso aí é um perigo, hein? A gente costuma andar muito sem roupa aqui dentro de casa.

Florência — Que é isso!

Raul — Dona Florência, foi a senhora que *deu queixa* de um vazamento?

Florência — Eu? Não senhor! Imagina! Bom... quer dizer, eu... eu só falei pro síndico, mas só falei aqui na frente do senhor. O senhor lembra? Aquele dia?

Raul — Lembro, lembro bem, sim. E a senhora, deseja mais alguma coisa?

Florência — Não, senhor, seu Raul. A obra tá bonitinha, né? *Adiantada*. Até logo, hein, seu Raul?

adiantado far along	**empreteiro** contractor
apressar hurry	**fuso horário** time zone
desconversar change the subject	**lenta** slow
dar uma olhada take a look	**ouriçado** bristle (hair on end)
dar queixa complain	**papel** role
distrair-se be distracted	**rato de teste** lab rat
denúncia complaint	**susto** fright

Raul	— Até logo. Passe bem. Até à vista. Até à vista.

Cena -- 7

Fiscal	— É, eu não tenho boas notícias...
Raul	— É? Não tem boas notícias, é? Mas não se *aflija*, não. Pode dizer. Há tempos eu não recebo uma boa notícia.
Fiscal	— Eu tenho impressão que o prédio todo está com problemas. E vai ter que ser feito obra geral.
Raul	— Ah, uma obra geral do prédio, é? Mas isso é ótimo, porque isso é problema do síndico! Vocês desçam na portaria e procurem por ele, lá.
Fiscal	— É, mas o prédio vai ter que pagar, né?
Raul	— Não, é claro, o prédio vai ter que pagar. O síndico vai ter que saber disso. Eu só não quero ter que administrar mais nada. Por favor, vocês descem na *portaria*, falem com o síndico... seu Alberto. Ele vai adorar essa notícia. Ah, chamem ele de Major, Major Alberto, tá? Passe bem. Boa tarde.
Fiscal	— Boa tarde.

Cena -- 8

Raul	— Oi, Tarsila, eu não vi você entrar...
Tarsila	— Como é que é, tá mais calmo, agora?
Raul	— Mais ou menos.
Tarsila	— Quase tudo pronto... né? Agora Raul,... sabe,... olha, pra ser franca,... eu acho que a gente tinha que mudar algumas coisas, ainda.
Raul	— Ah, não, não, não, por favor, não mexe nisso, não. A Vera ia ficar uma fera. Ela gosta de dar opinião sobre tudo.
Tarsila	— Nota-se. O pior que eu acho, sabe, é quando as pessoas resolvem opinar sobre as coisas que não entendem. Mas é incrível! Todo mundo acha que entende de decoração!
Raul	— Mas eu acho que uma pessoa que vai morar numa casa tem o direito, eu acho que tenha, o direito de fazer as coisas como quiser.
Tarsila	— Ah... *Não resta a menor dúvida...* Como, como por exemplo, com o corpo da gente... eu acho que a gente pode fazer o que quiser. Agora, só um médico sabe como eu...
Raul	— Tarsila, não me arranja mais confusão.
Tarsila	— Eu já vi tudo. Você é mesmo do *gênero pacato* e cidadão. Que tem medo de se aventurar, de ir à luta, de batalhar pelas coisas que quer. Então, prefere deixar mesmo tudo como está, mesmo que o que você tenha não seja o que você sempre sonhou. Aliás, você sonha? Eu acho que você nem sonha mais.
Raul	— Tarsila, eu...
Rosa	— Ah, desculpa. Eu cheguei assim, meio de repente, né? Seu Raul, era hoje que eu devia voltar. É, ou não é?
Raul	— É, Rosinha... É. Você chegou na hora certa, chegou exatamente na hora. A Dra. Tarsila já estava *de saída*, né?
Rosa	— Ah, sei... Então com licença, hein? Com licença...
Tarsila	— Toda.
Raul	— Bom... Bom, tchau.
Tarsila	— Tchau.
Raul	— Tchau. Tarsila...

afligir-se be upset	**portaria** front office
de saída on the way out	**não resta a menor dúvida** beyond any doubt
gênero pacato settled type	

II. A SOGRA

───── *VÍDEO* ─────

No Brasil como em muitas partes do mundo, a sogra é objeto de ironia. Vamos ver uma cena nova de nossa novela em que isto fica bem claro:

Raul	—	Bom Dia.
Moças	—	Bom dia.
Funcionário	—	Olá, Raul. Muita obra?
Raul	—	E olha, que é.
Fun.	—	Não é *gandaia*? Conta direitinho aí.
Raul	—	Olha, não adianta. Se você preferir, fica com a sua versão de que é muita *farra*, muita mulher, muita bebida.
Fun.	—	Tá bom, tá bom, eu vou acreditar em você.
Raul	—	Hoje chegou a minha sogra. Acho que *agora a coisa vai*. Nem que seja porque os operários vão se ver loucos para *se livrar dela*.
Fun.	—	Ah, então você tem toda a razão de estar *deprimido*. Olha, que visita de sogra é demais.
Raul	—	Sabe, até que me dou bem com ela.
Fun.	—	Mas ele já te chamou de *banana*, cara.
Raul	—	Já chamou. Banana, bananão. Eu chamei ela de nazista por que ela é mesmo. Mas, como a enfrentei, ela ficou mais *mansa*.

Fun. — Ah, sogra, não, Raul. Sogra? Realmente. É preciso apelar para os meus sentimentos assim? Olha, sogra me dá até vontade de chorar. Você sabe, o único provérbio que eu consegui guardar em toda a minha vida até hoje foi esse e estava num *pára-choque* de caminhão: "A única coisa que mata de repente é vento pelas costas e sogra pela frente".

a coisa vai now it's going to work
banana wimp
deprimido depressed
farra wild party

gandaia partying, dissolute behavior
livrar-se dela get rid of her
manso tame, mild-mannered
pára-choque bumper

— PARE —

PONTO DE ENCONTRO

Entrevista. Como repórter da "TV TRAVESSIA" faça duas entrevistas:

1. Entreviste a D. Silvana sobre o que ela acha do papel dela em "De Pernas Pro Ar". Sugestões para perguntas:

   a. O que a senhora acha da missão de detetive que a sua filha lhe deu?
   b. A senhora se sentiu confortável nessa posição?
   c. A senhora gosta de meter o bico na vida dos outros?
   d. Por que a senhora não gosta do Raul?
   e. Como a senhora se sente com relação a ele agora?
   f. Qual é a opinião da senhora sobre a caracterização que se faz da sogra. A senhora é esse tipo?
   g. A senhora se sentiu injustiçada no modo como foi apresentada?

2. Entreviste um sociólogo sobre a sogra como estereótipo e continue falando sobre estereótipos em geral. Sugestões para perguntas:

   a. Nos países que você tem estudado, a sogra é um estereótipo?
   b. Como a sogra é caracterizada?
   c. Você concorda com essa caracterização?
   d. Um outro estereótipo é o do político. Como ele é caracterizado?
   e. Quais seriam outros estereótipos de pessoas em seu país?
   f. Por que as pessoas gostam de criar estereótipos?

III. "DE PERNAS PRO AR", CAPÍTULO VI

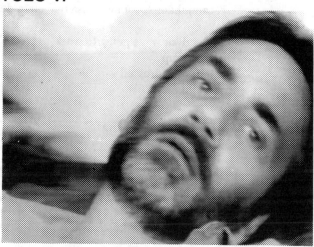

────── VÍDEO ──────

Raul	— Dona Silvana, que surpresa!
Silvana	— É. *Se bem que* eu tenho um certo receio, assim de surpresa, né? Mas é que, como eu tava aqui no Rio, aí eu resolvi visitá-lo.
Raul	— Tudo bem? Como vai a senhora?
Silvana	— Tudo bem...
Raul	— Então a senhora veio *resolver negócios*?
Silvana	— Não. Ah, não. Não adianta, as minhas mentiras não duram nem trinta segundos. Olha, eu vim aqui ver o que tá acontecendo, viu? Porque a minha filha me ligou e disse que achou você meio esquisito!
Raul	— É porque a obra era um segredo pra Vera. Eu aproveitei a saída das crianças pra fazer reforma no apartamento.
Silvana	— Ah, bem... Agora já entendi... Agora eu sei que o apartamento estava em obras, né? É óbvio, é claro, eu estou vendo, né? Olha, eu acho que vai ser uma surpresa pra ela, mas, uma coisa você vai me desculpar; *de agora em diante*, sou eu quem vai tomar conta desta obra aqui, tá? Senão a Verinha chega e encontra tudo de pernas pro ar.
Raul	— Tá, dona Silvana, tá. A obra já está na *reta final*: a senhora então assume o comando, tá?
Silvana	— OK.
Raul	— Inclusive a minha folga no escritório eles me tiraram. Eu tenho que voltar pra lá. A senhora assume o comando!
Silvana	— Pode deixar. Rosinha! Ô Rosinha, minha filha, vamos botar tudo no lugar. Isso não pode continuar nessa bagunça...
Silvana	— Sei... minha filha... sei... tá tudo bem... fica tranqüila é... A casa está em ordem. Hein? O Raul? Não, o Raul tá bem. Olha, ele continua meio banana, meio sem autoridade. Mas você tá sabendo que ele, disso, ele não vai curar nunca, né? Hã? Não, minha filha, eu não quero fazer suspense nenhum... É que eu sou sogra, não é? Eu não quero estragar nada, sei

de agora em diante from now on	**reta final** last stage
resolver negócios take care of business	**se bem que** although

que o meu papel é muito difícil, de sogra, e eu devo reconhecer, muito *a contra gosto*, né?... que eu não sou nada diplomata... Sim, tá tudo bem, querida, tá. Tá, tá bom, eu espero. Pode ficar *sossegada*. Tchau. Beijinhos.

Vamos, vamos, pessoal, vamos acabar com isso depressa, que a minha filha já tá nervosa, ela não pode chegar e encontrar... Isso, moço, pelo amor de Deus, onde que o senhor vai botar... o senhor tá cansado de saber que não pode ficar nesse canto... Bota isso prá cá. Olha aqui, moço,... Rosa, minha filha! Rosa, minha filha, venha cá. Olha aqui. Aumenta comida pra todo mundo, viu? É, vai comer todo mundo aqui em casa porque este negócio de comer todo mundo lá fora, gasta muito tempo e a gente não resolve nada, e assim, comendo aqui, a gente acaba logo com essa bagunça. Vamos.

Isso, isso... tira isso daqui. Está ótimo. Está ótimo. Tira isso daqui.

Raul	— Mas, dona Silvana, em três dias eu gastei mais de *açougue* e supermercado do que gasto num mês inteiro!
Silvana	— Mas, o que é que você quer, mas teve uma vantagem, acabou mais depressa; eles comeram aqui dentro de casa, porque dava mais tempo...
Raul	— Sim, mas eu não posso pagar. Uma vez que eu combinei com a doutora e ...
Silvana	— Ah, mas tá tudo bem.

Cena -- 2

Tarsila	— Bom dia, Dr. Raul.
Raul	— Bom dia. Ah, essa aqui é dona Silvana, a minha sogra.
Tarsila	— Muito prazer, Tarsila.
Silvana	— Prazer... A senhora que é a arquiteta, não é? Hum. Já ouvi falar muito na senhora...
Tarsila	— Eu também já sabia que a senhora havia chegado. Escuta, Raul, a gente precisa renegociar o orçamento.
Raul	— Ah, escuta. Tarsila, é o seguinte, eu hoje vou receber a resposta do Banco, então, conforme for a *grana*, ou eu pago à vista ou eu faço *parcelamento*. Essas renegociações de dívida precisam ser muito bem conversadas, né?
Tarsila	— Claro.
Raul	— Espera aí. Deixa que eu atendo.

Cena -- 3

Sueli	— Bom dia!
Raul	— Bom dia.
Sueli	— Bom dia, para todos.
Tarsila	— Bom dia.
Sueli	— Bom dia, tudo bem?
Silvana	— Bom dia.
Raul	— É dona Silvana, a minha sogra... Sueli...
Sueli	— Prazer, tudo bem?
Silvana	— Prazer.
Sueli	— É que eu *dei uma passadinha* por aqui pra ver se você estava precisando de alguma coisa. É

a contra gosto	against my will	**grana**	bread (money)
açougue	butcher shop	**parcelamento**	installments
dar uma passadinha	stop by	**ficar sossegado**	be calm

que o pessoal lá de casa foi ai passear, entende.. quer dizer que eu fiquei então *disponível*, né? Mas quando você precisar, Raul, é só me chamar, viu? Eu agora vou fazer umas comprinhas, mas depois eu posso voltar.

Tarsila — Bom, já que você vai sair, como tá tudo bem, eu também já vou indo, tá, Raul? Depois eu ligo pra você, tá? Então, até logo. Foi um prazer em conhecê-la.

Silvana — Prazer...

Tarsila — Vamos, então?

Raul — Até logo.

Silvana — Você arranjou muitas colaboradoras, não é? Logo você que acha que as mulheres não sabem fazer quase nada...

Raul — A Tarsila, Dra. Tarsila é arquiteta. É a dona da loja. Eu não pude *demití-la*. Dona Sueli, é vizinha, mora aqui do lado, eu não pude *despejá-la*. E a senhora, que é mulher também, tá tomando conta das obras, é minha sogra. E sogra a gente não pode dispensar; é como um *reboque* que vem preso no carro.

Silvana — Ah, é?... Você tá ficando muito *atrevidinho*, né?

Raul — Não, a senhora é que adora me provocar. Fica falando de mulheres, como se eu fosse um Barba Azul.

Silvana — Olha aqui. Eu estou aqui prestando uma homenagem por causa da minha filha, viu? Mas eu vou embora amanhã. Eu estou habituada a *lidar* com pessoas muito bem educadas, assim como o meu marido... E não adianta me chamar de nazista, não, que isso já está muito *gasto*.

Ah, santo Cristo! Que *ópera bufa* a nossa!

Cena -- 4

Vera — Raul, que saudade! Sabe que eu não esperava encontrar você no aeroporto?

Menina — Papai, foi ótimo! Você não sabe o que você perdeu!

Raul — Foi ótimo, é?

Menino — Nós trouxemos um negócio pra você.

Raul — Ah, é? Tá aí?

Menino — Lá em casa é que nós vamos te mostrar. É surpresa.

Raul — Ah... Por que é que você não me mostra antes?

Vera — Eu tô te achando *abatido*, o que é que houve?

Raul — Eu?

Vera — É.

Raul — Não, é que eu acordei cedo e na verdade eu nem dormi, preocupado em vir pra cá, sabe? Esse *maldito* escritório, também. Não foi fácil, não!

Vera — Quer dizer que tá tudo bem?

Raul — Ah, tá, sim... Tudo normal...

Vera — E as novidades, hein?

Raul — Nenhuma. Tudo igual.

Vera — Ô Raul, não era isso que eu esperava, não.

Raul — Tem tempo, Vera, em casa vocês vão ver... Tá? Em casa, tá legal?

Raul — E agora... Tan... Tan... Tantantannnn... A casa nova!

Vera — Que lindo que ficou!

abatido depressed	**gasto** worn out
atrevido daring, impudent	**lidar com** struggle with, deal with
demitir fire	**maldito** accursed
despejar throw out	**ópera bufa** comic opera
disponível available	**reboque** trailer

Raul	—	Vejam as paredes!
Vera	—	Tá linda!
Raul	—	As portas, todas novas, pintura... Cheiro de tinta, gostosíssimo... Olha aqui! Vem cá! Olha! Oh, o lugar da Rosa. Olha aí, tudo pintado, novo! Sigam-me... O quarto das crianças... Ah!
Menina	—	O papai é o *maior*, mesmo!
Raul	—	Maior? Você é maior do que eu, olha aí...
Vera	—	Até mulher tinha aqui dentro de casa...
Raul	—	Primeiro a arquiteta, que era responsável pela obra, depois a sua mãe...
Vera	—	É isso mesmo, a mamãe não me disse nada...
Raul	—	Milagre ela ter *guardado segredo*. Milagre!
Vera	—	Raul... engraçado... eu acho que tá tudo lindo. Agora, esses móveis... Eu acho que podiam ser outros móveis, você não acha, não? A casa toma nova forma, tem que *mudar o visual*... trocar o estilo... Raul, por favor, agora que você gosta de fazer obras, nós vamos poder fazer muitas obras... Olha, um dia a gente faz um cantinho... outro dia a gente faz outro... só, assim, pra não cair na rotina. A gente podia tirar esse sofá, aquela televisão ali também tá horrorosa, Raul... tá velha já, Raul, vamos comprar uma nova logo, colorida... Ah, pra falar a verdade, esse *abajur*, eu nunca gostei aqui. Sabia, esse *tapete* aqui é um *lixo*, Raul. A gente devia trocar tudo de novo, amor! Ai, Raul, adorei você ter feito essa obra! Agora que você gosta de obra, puxa vida, a gente pode fazer mil, nessa casa! Tirar aquele *jarro* de plantas...

Cena -- 5

Romano	—	Pode deixar, seu Raul, eu, como mestre de obras, vou tomar conta de tudo.
Sueli	—	Ai, Dr. Raul... Eu acredito tanto em horóscopo! Qual é o seu signo?
Vera	—	Vai ter que mudar tudo. Tudo, tapete, televisão, tudo... Aquele *aparelho de som*, também. Eu não gosto nada daquele aparelho ali!
Tarsila	—	Sabe, Raul, você tem de se aventurar, de *batalhar* pelas coisas que você sempre sonhou. Aliás, você sonha? Eu acho que você nem sonha mais.
Silvana	—	Agora sou eu, quem vai tomar conta dessa obra.

FIM

———PARE———

VOCÊ ENTENDEU?

Cena 1. Como se dá a conciliação entre Raul e D. Silvana?

Cenas 2-3. Conte o que aconteceu nessas cenas segundo o ponto de vista da D. Silvana.

Cenas 4-5.

    a. Qual foi a reação da Vera ao encontrar o Raul e depois que chegou ao apartamento?

    b. Fale sobre a ironia do fim da história e sobre o pesadelo do Raul.

abajur lampshade
aparelho de som stereo
batalhar battle
guardar segredo keep a secret
jarro pot

lixo garbage
maior the greatest
mudar o visual change the look
tapete carpet

AGORA É A MINHA VEZ!

Entrevista com o Raul. Um ou mais alunos assumem a personalidade do Raul e respondem às perguntas que serão feitas pelos outros alunos. Sugestões para perguntas:

1. Raul, por que você decidiu fazer a reforma do seu apartamento?
2. Como é que você se sentiu depois que a Vera e os seus filhos partiram?
3. Você tinha alguma intenção de se divertir um pouquinho na ausência da Vera?
4. Como você se sentia quando as pessoas desconfiavam das suas intenções?
5. Você queria ter um caso com a Sueli? Como você explica as conversas de duplo sentido que você teve com ela?
6. O que você acha da Tarsila? Você tinha medo dela? Por que você não quis um namorinho com ela?
7. Como você se sentia quando a Vera lhe telefonava?
8. Como é a sua situação financeira? Por que você teve que pedir dinheiro emprestado no Banco?
9. Você gosta do seu trabalho? Como são os seus colegas de escritório?
10. O que você acha dos homens que trabalharam na reforma do seu apartamento?
11. Qual a sua opinião sobre a Rosa?
12. O que você sentiu quando o Renato veio ao seu apartamento?
13. O que você acha da D. Silvana? Vocês são amigos agora?
14. Se você tivesse que fazer essa reforma outra vez, como você a faria? O que você aprendeu dessa experiência?
15. Você é dominado pela sua mulher? Ela vai conseguir convencer você a continuar a reforma do apartamento?
16. Você é tão ingênuo como parece?

IV. TERMOS FINANCEIROS

VÍDEO

Nosso personagem, Raul, está com sérios problemas de dinheiro. A pequena reforma que queria fazer em sua casa, transformou-se numa reforma geral do apartamento. Por isso, Raul está tentando arrumar mais grana no seu banco. Ao mesmo tempo, pede a Tarsila um novo orçamento. Quer saber se vai ter que pagar à vista ou por meio de parcelamento. Enfim, Raul vai tentar fazer renegociações de sua dívida.

Tarsila	— Escuta Raul, a gente precisa renegociar o orçamento, hein?
Raul	— Ah, escuta, Tarsila. É o seguinte: Eu hoje vou receber a resposta do banco, então conforme for a grana, ou eu pago à vista ou faço o parcelamento. Essas renegociações de dívida precisam ser muito bem conversadas, né?

Vamos ver agora uma cena nova de nossa novela. Raul vai muitas vezes ao banco, e com dificuldade consegue o empréstimo. Preste atenção ao vocabulário.

Raul	— Bom dia.
Banqueiro	— Ah, bom dia. Como vai, seu Raul. Tenha a bondade. Sente-se. Oh! O Pereira já veio me falar sobre o seu caso. Eu estive analisando a sua *ficha*. É um bom *saldo médio*, mas também estou observando que o Sr. nunca *lançou mão* de um *empréstimo* antes aqui.
Raul	— É. É que gosto de me *equilibrar* com o meu salário, né? Quando compro uma coisa maior, a prestação é diretamente com a casa. E por isso eu nunca precisei pegar dinheiro.
Banq.	— É, mas assim pela primeira vez, não é isso? Bom, o Pereira deve ter lhe informado direito como funciona a operação, isto é, taxa de juros... o senhor está sabendo tudo direitinho, não?
Raul	— Não, já me informei.
Banq.	— Me diga uma coisa, seu Raul. O Sr. pretende pagar tudo de uma vez ou acha que futuramente vai precisar *renovar o título*?
Raul	— Bom, para ser franco com o Sr., nós estamos no meio de uma obra.
Banq.	— No meio de uma obra? Não estou vendo obra nenhuma por aqui. Não estou entendendo. ...
Banq.	— Bom, seu Raul. Olha, nós estamos com nossa *carteira de empréstimos*... ela está fechada, mas eu vou submeter a sua ficha a uma *estância superior*. ...
Banq.	— Então vamos fazer o seguinte: O Sr. volta aqui amanhã, procura a Sula, nossa secretária. Ela vai lhe encaminhar. Vai lhe *fornecer* os papéis, tudo direitinho. Está bom assim, Sr. Raul? Então, um bom dia. Felicidades para o Sr.
Raul	— Felicidades para o Sr. também.

carteira de empréstimos loan portfolio
empréstimo loan
equilibrar balance
estância superior higher authority
ficha record

fornecer furnish
lançar mão avail oneself
renovar o título renew the loan
saldo médio average balance

— PARE —

A. **Palavra-Puxa-Palavra.** Dinheiro no Banco é dinheiro guardado!

abrir conta no Banco
conta corrente regular (active) account
depositar um cheque
fazer um depósito
descontar um cheque cash
retirar dinheiro
talão de cheques checkbook
canhoto do talão de cheques stub
escrever/emitir um cheque
cheque sem fundos bad check

economizar/ poupar
caderneta de poupança savings account
fazer/pedir um empréstimo
fazer financiamento/financiar
juros interest
hipoteca loan
cheque de viagem
cartão de crédito
Banco 24 horas/Banco Dia e Noite
saldo balance

cheque sem fundos bad check   **saldo** balance

B. **Conta no Banco.** Complete as frases da coluna A com os termos da coluna B.

A	B
	a. saldo

1. Tenho dois tipos de conta bancária: uma conta corrente e ...
2. Recebi um cheque do meu pai e vou ... hoje mesmo na minha conta.
3. Nos fins de semana eu uso o ... para retirar dinheiro do Banco.
4. Se eu tivesse um ... eu não precisaria de pagar o hotel com dinheiro.
5. Precisei fazer um ... no banco para comprar um carro.
6. Antes de escrever um cheque preciso saber qual é o ... da minha conta.
7. Fazer pagamentos com ... é ilegal e pode trazer problemas a quem o faz.
8. Vou ... um cheque porque preciso de dinheiro para hoje à noite.
9. Não posso financiar a compra da casa porque os ... são muito altos.
10. Não tenho mais cheques. Vou pedir ao banco que me envie dez ...

B
a. saldo
b. descontar
c. juros
d. depositar
e. cheque sem fundos
f. caderneta de poupança
g. Banco 24 Horas
h. talão de cheques
i. cartão de crédito
j. empréstimo

C. **Falando de Bancos.** Observe o cheque abaixo e responda:

a. Quem emitiu o cheque?
b. Qual é a quantia do cheque?

c. A favor de quem é o cheque?
d. Qual é a data dele?

D. **Ponto de encontro**

Teatrinho improvisado. Faça uma dramatização entre um cliente e o gerente do banco. O cliente está pedindo um empréstimo para comprar uma casa mas não tem muitas garantias para o financiamento. Ele também acha que os juros da hipoteca são muitos altos. O gerente procura tirar do cliente todas as informações necessárias para decidir se deve ou não conceder o empréstimo.

V. "TRAVESSIA", MILTON NASCIMENTO

---VÍDEO---

A música "Travessia" expressa bem o tema do nosso curso e vale a pena saber um pouco mais sobre ela. "Travessia" foi composta por Milton Nascimento, compositor mineiro muito popular no Brasil e muito *prestigiado* pela crítica. Na verdade, foi esta canção que lançou Milton Nascimento, nos anos 60. Se você prestar bem atenção na letra, vai ver que "Travessia" é uma linda canção de amor.

prestigiar give prestige to

Quando você foi embora
Fez-se noite em meu viver
Forte eu sou mas *não tem jeito*
Hoje tenho o que chorar
Minha casa não é minha
E nem é meu este lugar
Estou só e não resisto
Muito tenho pra falar

Solto a voz nas estradas
Já não quero parar
Meu caminho é de pedra
Como posso sonhar

não tem jeito I can't help it
pranto sobbing

Sonho feito de *brisa*
Vento vem terminar
Vou fechar o meu *pranto*
Vou querer me matar

Vou seguindo pela vida
Me esquecendo de você
Eu não quero mais a morte
Tenho muito o que viver
Vou querer amar de novo
E se não der não vou sofrer
Já não sonho — hoje faço
Com meu braço o meu viver

brisa breeze

--- PARE ---

FIM DE TRAVESSIA

APÊNDICES

QUADRO DE VERBOS

VERBOS

REGULARES

Infinito Gerúndio Particípio	Presente Indicativo	Pretérito Imperfeito	Pretérito Perfeito	Pretérito Mais-que-perfeito	Futuro Simples	Futuro do Pretérito	Presente Subjuntivo	Imperfeito Subjuntivo	Futuro Subjuntivo	Infinito Pessoal
contar contando contado	conto contamos conta contam	contava contávamos contava contavam	contei contamos contou contaram	contara contáramos contara contaram	contarei contaremos contará contarão	contaria contaríamos contaria contariam	conte contemos conte contem	contasse contássemos contasse contassem	contar contarmos contar contarem	contar contarmos contar contarem
comer comendo comido	como comemos come comem	comia comíamos comia comiam	comi comemos comeu comeram	comera comêramos comera comeram	comerei comeremos comerá comerão	comeria comeríamos comeria comeriam	coma comamos coma comam	comesse comêssemos comesse comessem	comer comermos comer comerem	comer comermos comer comerem
discutir discutindo discutido	discuto discutimos discute discutem	discutia discutíamos discutia discutiam	discuti discutimos discutiu discutiram	discutira discutíramos discutira discutiram	discutirei discutiremos discutirá discutirão	discutiria discutiríamos discutiria discutiriam	discuta discutamos discuta discutam	discutisse discutíssemos discutisse discutissem	discutir discutirmos discutir discutirem	discutir discutirmos discutir discutirem

IRREGULARES

Infinito Gerúndio Particípio	Presente Indicativo	Pretérito Imperfeito	Pretérito Perfeito	Pretérito Mais-que-perfeito	Futuro Simples	Futuro do Pretérito	Presente Subjuntivo	Imperfeito Subjuntivo	Futuro Subjuntivo	Infinito Pessoal
crer crendo crido	creio cremos crê crêem	cria críamos cria criam	cri cremos creu creram	crera crêramos crera creram	crerei creremos crerá crerão	creria creríamos creria creriam	creia creiamos creia creiam	cresse crêssemos cresse cressem	crer crermos crer crerem	crer crermos crer crerem
dar dando dado	dou damos dá dão	dava dávamos dava davam	dei deu demos deram	dera déramos dera deram	darei daremos dará darão	daria daríamos daria dariam	dê demos dê dêem	desse déssemos desse dessem	der dermos der derem	dar darmos dar darem
dizer dizendo dito	digo dizemos diz dizem	dizia dizíamos dizia diziam	disse dissemos disse disseram	dissera disséramos dissera disseram	direi diremos dirá dirão	diria diríamos diria diriam	diga digamos diga digam	dissesse disséssemos dissesse dissessem	disser dissermos disser disserem	dizer dizermos dizer dizerem

Infinito Gerúndio Particípio	Presente Indicativo	Pretérito Imperfeito	Pretérito Perfeito	Pretérito Mais-que-perfeito	Futuro Simples	Futuro do Pretérito	Presente Subjuntivo	Imperfeito Subjuntivo	Futuro Subjuntivo	Infinito Pessoal
estar **estando** **estado**	estou estamos está estão	estava estávamos estava estavam	estive estivemos esteve estiveram	estivera estivéramos estivera estiveram	estarei estaremos estará estarão	estaria estaríamos estaria estariam	esteja estejamos esteja estejam	estivesse estivéssemos estivesse estivessem	estiver estivermos estiver estiverem	estar estarmos estar estarem
fazer **fazendo** **feito**	faço fazemos faz fazem	fazia fazíamos fazia faziam	fiz fizemos fez fizeram	fizera fizéramos fizera fizeram	farei faremos fará farão	faria faríamos faria fariam	faça façamos faça façam	fizesse fizéssemos fizesse fizessem	fizer fizermos fizer fizerem	fazer fazermos fazer fazerem
haver **havendo** **havido**	hei hemos há hão	havia havíamos havia haviam	houve	houvera	haverá	haveria	haja	houvesse	houver	haver
ir **indo** **ido**	vou vamos vá vão	ia íamos ia iam	fui fomos foi foram	fora fôramos fora foram	irei iremos irá irão	iria iríamos iria iriam	vá vamos vá vão	fosse fôssemos fosse fossem	for formos for forem	ir irmos ir irem
ler **lendo** **lido**	leio lemos lê lêem	lia líamos lia liam	li lemos leu leram	lera lêramos lera leram	lerei leremos lerá lerão	leria leríamos leria leriam	leia leiamos leia leiam	lesse lêssemos lesse lessem	ler lermos ler lerem	ler lermos ler lerem
ouvir **ouvindo** **ouvido**	ouço ouvimos ouve ouvem						ouça ouçamos ouça ouçam			
pedir **pedindo** **pedido**	peço pedimos pede pedem						peça peçamos peça peçam			
perder **perdendo** **perdido**	perco perdemos perde perdem						perca percamos perca percam			
poder **podendo** **podido**	posso podemos pode podem	podia podíamos podia podiam	pude pudemos pôde puderam	pudera pudéramos pudera puderam	poderei poderemos poderá poderão	poderia poderíamos poderia poderiam	possa possamos possa possam	pudesse pudéssemos pudesse pudessem	puder pudermos puder puderem	poder podermos poder poderem

Infinito / Gerúndio / Particípio	Presente Indicativo	Pretérito Imperfeito	Pretérito Perfeito	Pretérito Mais-que-perfeito	Futuro Simples	Futuro do Pretérito	Presente Subjuntivo	Imperfeito Subjuntivo	Futuro Subjuntivo	Infinito Pessoal
pôr	ponho	punha	pus	pusera	porei	poria	ponha	pusesse	puser	pôr
pondo	pomos	púnhamos	pusemos	puséramos	poremos	poríamos	ponhamos	puséssemos	pusermos	pôrmos
posto	põe	punha	pôs	pusera	porá	poria	ponha	pusesse	puser	pôr
	põem	punham	puseram	puseram	porão	poriam	ponham	pusessem	puserem	pôrem
querer	quero	queria	quis	quisera	quererei	quereria	queira	quisesse	quiser	querer
querendo	queremos	queríamos	quisemos	quiséramos	quereremos	quereríamos	queiramos	quiséssemos	quisermos	querermos
querido	quer	queria	quis	quisera	quererá	quereria	queira	quisesse	quiser	querer
	querem	queriam	quiseram	quiseram	quererão	quereriam	queiram	quisessem	quiserem	quererem
saber	sei	sabia	soube	soubera	saberei	saberia	saiba	soubesse	souber	saber
sabendo	sabemos	sabíamos	soubemos	soubéramos	saberemos	saberíamos	saibamos	soubéssemos	soubermos	sabermos
sabido	sabe	sabia	soube	soubera	saberá	saberia	saiba	soubesse	souber	saber
	sabem	sabiam	souberam	souberam	saberão	saberiam	saibam	soubessem	souberem	saberem
ser	sou	era	fui	fora	serei	seria	seja	fosse	for	ser
sendo	somos	éramos	fomos	fôramos	seremos	seríamos	sejamos	fôssemos	formos	sermos
sido	é	era	foi	fora	será	seria	seja	fosse	for	ser
	são	eram	foram	foram	serão	seriam	sejam	fossem	forem	serem
ter	tenho	tinha	tive	tivera	terei	teria	tenha	tivesse	tiver	ter
tendo	temos	tínhamos	tivemos	tivéramos	teremos	teríamos	tenhamos	tivéssemos	tivermos	termos
tido	tem	tinha	teve	tivera	terá	teria	tenha	tivesse	tiver	ter
	têm	tinham	tiveram	tiveram	terão	teríamos	tenham	tivessem	tiverem	terem
trazer	trago	trazia	trouxe	trouxera	trarei	traria	traga	trouxesse	trouxer	trazer
trazendo	trazemos	trazíamos	trouxemos	trouxéramos	traremos	traríamos	tragamos	trouxéssemos	trouxermos	trazermos
trazido	traz	trazia	trouxe	trouxera	trará	traria	traga	trouxesse	trouxer	trazer
	trazem	traziam	trouxeram	trouxeram	trarão	trariam	tragam	trouxessem	trouxerem	trazerem
ver	vejo	via	vi	vira	verei	veria	veja	visse	vir	ver
vendo	vemos	víamos	vimos	víramos	veremos	veríamos	vejamos	víssemos	virmos	vermos
visto	vê	via	viu	vira	verá	veria	veja	visse	vir	ver
	vêem	viam	viram	viram	verão	veriam	vejam	vissem	virem	verem
vir	venho	vinha	vim	viera	virei	viria	venha	viesse	vier	vir
vindo	vimos	vínhamos	viemos	viéramos	viremos	viríamos	venhamos	viéssemos	viermos	virmos
vindo	vem	vinha	veio	viera	virá	viria	venha	viesse	vier	vir
	vêm	vinham	vieram	vieram	virão	viriam	venham	viessem	vierem	virem

GRUPO 3: (Ver p. 176 para explicação. Sigla: ■³.) VERBOS em -IR COMO

REPETIR

REPITO /i/	REPETIMOS /i/
REPETE /é/	REPETE /é/

DORMIR

DURMO /u/	DORMIMOS /u/
DORME /ó/	DORME /ó/

SUBIR

SUBO /u/	SUBIMOS /u/
SOBE /ó/	SOBE /ó/

Há também um grupo, os verbos em -*ear* e -*iar*, que apresentam alternâncias vocálicas:

PASSEAR

PASSEIO	PASSEAMOS
PASSEIA	PASSEIAM

ODIAR

ODEIO	ODIAMOS
ODEIA	ODEIAM

TEMPOS COMPOSTOS

O verbo *ter* é usado com o particípio para formar o *presente composto* e o *mais-que-perfeito composto*. Em geral qualquer forma do verbo *ter* pode ser usado para formar tempos compostos: *tenha* falado, *tiver* falado, *terei* falado, por exemplo.

PRESENTE COMPOSTO

TENHO FALADO	TEMOS FALADO
TEM FALADO	TÊM FALADO

MAIS-QUE-PERFEITO COMPOSTO

TINHA COMIDO	TÍNHAMOS COMIDO
TINHA COMIDO	TINHAM COMIDO

VERBOS COM ALTERNÂNCIA VOCÁLICA

Há três grupos de verbos com alternância vocálica na raiz do verbo, que afetam os vogais -e- e -o-:

GRUPO 1: (Ver p. 24-25 para explicação. Estes verbos vêm acompanhados de uma sigla de identificação sempre que apareçam em listas e nos vocabulários: ▬¹.) VERBOS em -AR COMO

GOSTAR

GOSTO /ó/	GOSTAMOS /ô/
GOSTA /ó/	GOSTAM /ó/

PESAR

PESO /é/	PESAMOS /ê/
PESA /é/	PESAM /é/

GRUPO 2: (Ver p. 43 para explicação. Sigla: ▬².) VERBOS em -ER COMO

BEBER

BEBO /ê/	BEBEMOS /ê/
BEBE /é/	BEBEM /é/

CORRER

CORRO /ô/	CORREMOS /ô/
CORRE /ó/	CORREM /ó/

VOCABULÁRIO

A

abacate *sm* avocado
abaixo *adv* below
abalar *v* jolt, shock
abalo *sm* rock; jolt
abandonar *v* abandon
abastecer *v* supply, furnish
abelhudo *adj* nosy, busybody
abençoar *v* bless
aberto *adj* open
abertura *sf* opening
aborrecer *v* bore; annoy
abotoar *v* button
abraçar *v* hug, embrace
abraço *sm* hug, embrace
abrigar *v* shelter, shield
abril *sm* April
abrir *v* open
absorto *adj* absorbed
abstrato *adj/sm* abstract;
    abstraction
abundância *sf* abundance
abuso *sm* abuse
acabar *v* finish
    __ **de** *exp* have just
acácia *sf* acacia (bot)
açaí *sm* assai; a drink made
    from the assai palm
acampamento *sm* campsite;
    summer camp
acampar *v* to camp
ação *sf* action
acarajé *sm* Bahian dish of
    beans and palm oil
acariciar *v* caress
aceitar *v* accept
acenar *v* wave
acender *v* light; turn on
acentuar *v* accentuate
acervo *sm* collection
acesso *sm* access
achar *v* find; think, believe
acidente *sm* accident
acima *adv* above
aço *sm* steel
açoitado *adj* whipped, beaten
acomodação *sf* accomodation
acompanhante *smf* com-
    panion
acompanhar *v* accompany

aconchegante *adj* comfort-

able,cozy
aconselhar *v* advise, counsel
acontecer *v* happen
acontecimento *sm* event
acordar *v* wake up
acordo *sm* agreement
acostumar *v* become used to
acreditar *v* believe
acrescentar *v* add; increase
açúcar *sm* sugar
acudir *v* help, aid
acumular *v* accumulate
adesão *sf* adhesion; adherence
adiantado *adj* advanced,
    ahead
adiantar *v* get ahead **não** __
    exp it's no use
adiar *v* postpone, defer
adicionar *v* add; attach
admirar *v* admire; be sur-
    prised
adolescente *smf/adj* adoles-
    cent
adorar *v* adore, love
adormecido *adj* asleep
adotar *v* adopt
adquirir *v* acquire
adulto *sm* adult
advertir *v* warn
advogado *sm* lawyer, attorney
afastar *v* remove
afetar *v* affect; feign
afetuoso *adj* affectionate
afinal *adv* after all; at last
afirmação *sf* affirmation;
    statement
afirmar *v* affirm; assure
afligir-se *v* grieve, worry
afoito *adj* anxious
afoxé *sm* carnival group sing-
    ing candomblé songs
afrodisíaco *adj* aphrodisiac
afundar *v* sink
agarrado *adj* clinging
agasalhar *v* protect, cover
agência de viagem/turismo *sf*
    travel agency
agir *v* act
agora *adj* now

agradável *adj* pleasant
agradecer *v* thank
agrião *sm* watercress
agrícola *adj* agricultural
agricultura *sf* agriculture
agropecuário *adj* related to
    agriculture and cattle-
    raising
água *sf* water
    __ **mineral (com gás/sem gás)**
    sf mineral water (car-
    bonated/non carbonated)
    __ **-marinha** *sf* aquamarine
aguardar *v* wait for; expect
agüentar *v* withstand
aí *adv* there
ai *interj* ouch!, oh!
ainda *adv* still; yet
airoso *adj* graceful, dignified
ajudar *v* help
ala *sf* aisle, row; side
alastrar *v* scatter, spread
albergue *sm* hostel
alberguista *smf* guest at a
    hostel
alcatre *sm* beef rump, loin
álcool *sm* alcohol
alecrim *sm* rosemary
alegoria *sf* allegory
alegre *adj* happy
alegria *sf* happiness
além de *adv* besides
além do mais *adv* moreover
alfabetização *sf* literacy
alfândega *sf* customs
algazarra *sf* clamor, tumult
algodão *sm* cotton
    __ **doce** *sm* cotton candy
algum *adj* some
alheio *adj* remote; strange; of
    other
alho *sm* garlic
ali *adv* there
aliança *sf* wedding band;
    alliance
alimentar *v* feed
alimento *sm* food
alma *sf* soul
almoçar *v* eat lunch
almoço *sm* lunch

alô *interj* hello (when answering the telephone)

alteração *sf* alteration

alternativa *sf* alternative; alternate

alternativo *adj* alternate

alto *adj* tall; high

altitude *sf* altitude

altura *sf* height

alucinado *adj* delirious, deluded

alugar *v* rent, lease

alvorada *sf* dawn

amanhã *adv* tomorrow

amante *smf* lover

amar *v* love

amargura *sf* bitterness

amarrado *adj* tied, tied up

amarrar *v* tie

amável *adj* likeable, nice

ambição *v* ambition

ambiente *sm* atmosphere, surroundings

ambiguidade *sf* ambiguity

âmbito *sm* scope

ambos *adj/pron* both

ambulante *adj* moving

ameaçar *v* threaten

ametista *sf* amethyst

amigo *sm* friend

amizade *sf* friendship

amor *sm* love

amoroso *adj* loving

ampliar *v* amplify, enlarge

amplo *adj* ample, vast

analfabeto *adj* illiterate

âncora *sf* anchor

ancoradouro *sm* anchorage, pier

andar *sm* floor, story of a building

__ **térreo** *exp* ground floor

andar *v* walk

anedota *sf* joke

anel *sm* ring (jewelry)

angariar *v* solicit, collect

animação *sf* animation, life

animado *adj* lively; animated

animal doméstico *sm* pet

aniversário *sm* birthday; anniversary

__ **de casamento** *sm* wedding anniversary

anjo *sm* angel

ano *sm* year

anseio *sm* longing, wish

ansioso *adj* anxious

anteontem *adv* day before yesterday

antecedência *sf* precedence

antena (parabólica) *sf* antenna (parabolic)

antigamente *adv* before, in the olden days

antigo *adj* old, former

antiguidade *sf* antiquity; antique

antipático *adj* unpleasant, unlikeable

antiquado *adj* old-fashioned

antiquário *sm* antiquary; antique dealer

antológico *adj* anthological

antúrio *sm* anthurium (bot.)

anualmente *adv* annually

anunciar *v* announce

anúncio *sm* announcement

anzol *sm* fishing hook

apagador *sm* eraser

apagar *v* put out; turn off; erase

apaixonado *adj* in love, impassioned

apanhar *v* pick up; catch

aparecer *v* appear, show up

aparelho *sm* equipment

apartamento *sm* apartment

apelido *sm* nickname

apenas *adv* only, barely

apertado *adj* tight

apertar *v* squeeze

aperto de mão *exp* handshake

apito *sm* whistle

aplicação *sf* application

apoio *sm* support

apontar para *v* point at/to

aposentar *v* retire

apostar *v* bet

apreciar *v* appreciate, give value to

aprender *v* learn

apresentação *sf* presentation; introduction

apresentador *sm/adj* announcer

apresentar *v* present

apressar *v* speed up

apropriado *adj* appropriate, fitting

aprovação *sf* approval

aprovar *v* approve

aproveitador *sm* one who takes undue advantage

aproveitar *v* take advantage of

aproximar *v* approximate

__ **-se** *v* get close

aptidão *sf* aptitude

apto *adj* able

aquarela *sf* water color painting

aquário *sm* aquarium (*cap.* Aquarius)

aquecer *v* heat, warm

aquecimento *sm* heating

aqui *adv* here

aquisitivo *adj* acquisitive, purchasing

ar condicionado *sm* air conditioning

arborizado *adj* full of trees

arbusto *sm* bush

arco-íris *sm* rainbow

ardente *adj* ardent, burning

área *sf* area

__ **de serviço** *sf* laundry room, utility room

areia *sf* sand

arenoso *adj* sandy

argüir *v* discuss

argumento *sm* argument, case

arma *sf* arm, weapon

armamento *sm* armament

armário *sm* wardrobe

armazém *sm* grocery store

aromático *adj* aromatic

arquibancada *sf* grandstand, bleachers

arquiteto *sm* architect

arquitetura *sf* architecture

arranjo *sm* arrangement

arrasar *v* raze, demolish

arrebatador *adj* enchanting
arredor *adv* surroundings
arrojado *adj* bold
arrojo *sm* boldness, audacity
arroz *sm* rice
arrumar *v* straighten up
arte *sf* art
artéria *sf* artery
artesão *sm* craftsman
artifício *sm* inventiveness, cunning
artigo *sm* article
artista *smf* artist
árvore *sf* tree
asa *sf* wing
ascendência *sf* ascendency
aspargo *sm* asparagus
aspiração *sf* aspiration, suction
aspirina *sf* aspirin
assaltante *sm* robber
assar *v* roast, broil
assassinar *v* murder, assassinate
assassino *sm* murderer, assassin
assíduo *adj* assiduous, diligent
assim *adv* thus
___ **que** *conj* as soon as
assinatura *sf* signature; subscription
assistir *v* attend; watch; be present
associação *sf* association
assoprar (soprar) *v* blow, huff
assunto *sm* subject matter, topic
assustado *adj* frightened; startled
astronômico *adj* astronomical
ataque *sm* attack
até *prep/adv* until, up to; even
atenção *sf* attention
atender *v* answer; take care of
atendimento (hora de) *sm* office hours
atento *adj* attentive, alert
aterrissar *v* land

atestado *sm* certificate; verification
atilado *adj* intelligent, alert
atingir *v* reach
atirar *v* throw; shoot
atitude *sf* attitude
atividade *sf* activity
atleta *smf* athlete
ator *sm* actor
atormentar *v* torment
atração *sf* attraction
atrair *v* attract
atrás *adv* back, behind
atrasar *v* be late; delay
atrativo *adj* attractive
através *adv* through
atravessar *v* cross; go through
atrevido *adj* daring, presumptuous
atributo *sm* attribute, characteristic
atrito *sm* friction; misunderstanding
atriz *sf* actress
atropelar *v* run over
atropelo *sm* trampling
atualmente *adv* at present
atulhar *v* fill up, cram
aturar *v* stand, put up with
auge *sm* height, peak
aula *sf* class; lesson
ausência *sf* absence
automobilístico *adj* automotive
automóvel *sm* automobile
autor *sm* author
autorização *sf* authorization
avaliação *sf* evaluation
avanço *sm* advancement, improvement
avarandado *sm* having a porch
ave *sf* bird
aventura *sf* adventure
averiguar *v* investigate
avião *sm* airplane
avisar *v* notify, inform
avó *sf* grandmother
avô *sm* grandfather
azar *sm* bad luck
azeite *sm* oil

azeitona *sf* olive
azul *adj* blue
azulejo *sm* tile

B

babá *sf* nursemaid, nanny
babar *v* slobber, dribble
bacará *sm* baccarat
bacharel *sm* person with A.B. degree
bactéria *sf* bacteria
badalado *adj* talked about
bagagem *sf* baggage, luggage
___ **de mão** *sf* carry-on luggage
bagunça *sf* mess (slang)
baiano *adj* Bahian (from the state of Bahia)
bailarina *sm* ballerina, dancer
bairro *sm* neighborhood, area of a city
baixo *adj* short; low
bala *sf* bullet
balança *sf* scale
balançar *v* sway, swing, rock
balancê *sm* balance (dancing)
balanço *sm* swing, rock
balangandã *sm* charm worn by Bahian black women
balcão *sm* counter
balela *sf* false rumor, lie
balneário *sm* spa; bath-house
balão *sm* balloon
bamboleante *adj* swaying, rocking
bambu *sm* bamboo
banca (de fruta/revista) *sf* stand
bancário *sm* teller
banco *sm* bank; bench
bandeira *sf* flag
bandeirante *sm* Brazilian frontiersman
banheira *sf* bathtub
banheiro *sm* bathroom
banho *sm* bath, shower
banto *sm/adj* Bantu
bar *sm* bar
baralho *sm* deck of playing cards
barato *adj* cheap, inexpensive

um _ *exp* cool, terrific (slang)
barba *sf* beard
 fazer a _ *v* shave
bárbaro *exp* great
barco *sm* ship
barraca *sf* booth; shack, tent
barrento *adj* muddy, mud-colored
barriga *sf* belly
barril *sm* barrel
barro (cozido) *sm* clay, mud (ceramic)
barroco *adj* baroque
barulheira *sf* noise
barulho *sm* noise
básico *adj* basic
basílica *sf* basilica
basquetebol *sm* basketball
bastar *v* be enough
bastante *adj* enough
batalha *exp* struggle
bate-papo *exp* conversation, chat
batedor *sm* beater; scout
bater *v* beat; knock
 _ **fotografia** *exp* take a picture
 _ **papo** *exp* have a conversation
bateria *sf* drums
baterista *sm* drummer
batizado *sm* baptism
batucar *v* pound, beat
baú *sm* trunk
baunilha *sf* vanilla
bêbado *adj* drunk(en)
bebê *sm* baby
beber *v* drink
bebida *sf* drink
à beça *exp* a lot, heaps
beijar *v* kiss
beira *sf* edge, margin
beira-mar *sf* seaside
beleza *sf* beauty
beliche *sm* berth, bunk bed
belo *adj* beautiful, lovely
bem sucedido *exp* successful
bênção *sf* blessing, benediction
benedito *exp*, "será o

benedito" indicating unbelief or irritation
benéfica *adj* beneficial
benefício *sm* benefit
benzinho *exp* term of affection "honey"
berçário *sm* nursery
berimbau *sm* one-stringed Bahian musical instrument
beringela *sf* eggplant
bermuda *sf* shorts
berrar *v* roar, shout
biblioteca *sf* library
bicarbonato de sódio *sm* baking soda
bicho *sm* creature, animal
bichinho *exp/sm* term of affection; little animal
bicicleta *sf* bicycle
bicudo *adj* beaked; grouchy
bidê *sm* bidet
bife *sm* beef, steak
bigode *sm* mustache
bilhete *sm* ticket; note
bilheteria *sf* ticket counter
bis *adv* encore, again, repeat
bisavó *sf* great grandmother
bisavô *sm* great grandfather
biscoito *sm* biscuit, cookie
bloqueio *sm* blockade
blusa *sf* blouse
boas-festas *sf* Merry Christmas, Seasons greetings!
boate *sf* nightclub
bobagem *sf* foolishness, nonsense
bobageira *sf* silly little thing
bobo *adj* foolish
boca *sf* mouth
bocado *sm* a bit, morsel, mouthful
bocha *sf* boccie ball
bóia *sf* buoy; meal (slang)
bola *sf* ball
bolacha *sf* cracker
bolo *sm* cake
bolsa *sf* purse
 _ **de estudos** *exp* scholarship
bolsista *smf* scholarship

recipient
bolso *sm* pocket
bom-gosto *sm* good taste
bomba *sf* pump; bomb
bombom *sm* candy
bondade *sf* goodness
bonde *sm* streetcar
bondinho *sm* cablecar
boné *sm* cap
boneca *sf* doll
bonito *adj* pretty, good-looking, handsome
borboleta (de saída/entrada) *sf* turnstile
bordel *sm* brothel
à bordo on board, aboard
borracha *sf* rubber, eraser
bosque *sm* woods, forest
bossa nova *sf* popular Brazilian music style of '60s
bota *sf* boot
botão *sm* button
botar *v* put; lay
botequim *sm* bar, snack bar
bôto *m* dolphin
bracelete *sm* bracelet
braço *sm* arm
branco *adj* white; blank
brando *adj* soft; bland; tender
brasa *sf* embers, live coals
brasão *sm* coat of arms
breve *adj* brief
briga *sf* fight; argument
brigadeiro *sm* brigadier general; chocolate dessert
brigar *v* fight; argue
brilhante *adj/sm* brilliant; shiny; diamond
brilhar *v* shine
brincadeira *sf* game; joke
brincar *v* play; joke
brinco *sm* earring
brinde *sm* toast; gift
brinquedo *sm* toy
brisa *sf* breeze
bronca (levar) *exp* be scolded
bronzear *v* get a tan
bucolismo *sm* bucolic poetry
bulevar *sm* boulevard
bumba-meu-boi *sm* tradi-

tional dance
buraco *sm* hole
burburinho *sm* murmur, noise
burocracia *sf* bureaucracy
burro *sm* mule, burro; stupid
buscar *v* look for; fetch
butique *sf* boutique

C

'cê *pp* você
cabeça *sf* head
cabeleira *sf* mane, head of hair
cabeleireiro *sm* hairdresser
cabelo *sm* hair
caber *v* fit
cabidela *sf* giblets
__ **à cabidela** *exp* giblet stew
cabo *sm* end; handle; cable
caboclo *sm* person of mixed race (Indian/white)
cabrito *sm* kid
caça *sf* hunt; game animal
caçador *sm* hunter
caçapa *sf* pocket of a billiard table
cacareco *sm* old trinket, knicknack
cachaça *sf* sugar-cane rum
cacho *sm* bunch, cluster
cachoeira *sf* waterfall
cachorro *sm* dog, puppy
__ **quente** *sm* hot dog
caco *sm* shard
cadastrar *v* assess, register
cadê *exp* popular form of **o que é de?** **onde está** where's?
cadeira *sf* chair
__ **de balanço** *exp* rocking chair
caderno *sm* notebook, workbook
cafajeste *sm* boor, vulgar person
café da manhã *sm* breakfast
cafona *adj* corny, in bad taste
caiado *adj* white-washed

caiaque *sm* kayak
caipirinha *sf* mixed drink of lime juice and cachaça
cair *v* fall
cais *sm* dock
caixa *sf/sm* box; cashier; check-out stand
__ **de som** *exp* speaker
__ **postal** *exp* post office box
cajá *sm* hog plum
caju *sm* cashew
calar *v* be quiet, keep still, not speak
__ **a boca** *exp* shut up
calça *sf* trousers
calçar *v* put on shoes; pave
calcular *v* calculate
calefação *sf* heating system
cálice *sm* chalice
calma *sf/adj* calm
calmante *adj* sedative, tranquilizer
calmaria *sf* calm (also naut.)
calo *sm* callus
calor *sm* heat
caloria *sf* calorie
calouro *sm* freshman; novice
cama *sf* bed
__ **de casal** *exp* double bed
camarada *smf* comrade
camaradagem *sf* comradeship
camarão *sm* shrimp
camareira/o *sm* chambermaid or houseboy
câmbio *sm* exchange, exchange rate
camelô *sm* street vendor
caminhão *sm* truck
caminhar *v* walk
caminho *sm* road; path; way
camisa *sf* shirt
camisão *sm* oversized shirt
camisaria *sf* shirt shop
campista *smf* camper; native of Campos
campo *sm* field; countryside
cana *sf* cane (sugar)
canavial *sm* canebrake, sugar cane plantation
canção *sf* song
cancela *sf* wooden gate

candelabro *sm* candelabrum
candidatar-se *v* make oneself a candidate, run for office
caneca *sf* mug
canela *sf* shin; cinnamon
caneta *sf* pen
canivete *sm* jackknife, pocketknife
canja (gíria) *sf* chicken soup; easy (slang)
cansado *adj* tired
cantar *v* sing
cantina *sf* Italian restaurant
canto *sm* corner, nook; song, chant
cantor *sm* singer
canudo *sm* tube; straw
cão *sm* dog
capa *sf* cape; cover
capacidade *sf* capacity; ability
capim *sm* grass
capital *sf* capital city
capitania *sf* capitancy
capitão *sm* captain
capoeira *sf* Afro-Brazilian martial art
cara *sf/sm* face; guy (slang)
característica *sf* characteristic
caracterizar *v* characterize
cardápio *sm* menu
cardeal *sm* cardinal
cardíaco *adj* cardiac
careca *adj* bald
carente *smf* needy, destitute
carga *sf* cargo
carinhoso *adj* affectionate
carioca *smf* native of Rio de Janeiro
carnaval *sm* carnival (pre-Lenten celebration)
carne *sf* meat; flesh
caro *adj* expensive; dear
carona *sf* ride, lift
carpete *sm* wall-to-wall carpeting
carreira *sf* career; rush
carrinho *sm* grocery cart
carro *sm* car, vehicle
carta *sf* playing card; letter (correspondence)

__ **de motorista** *exp* driver's license

cartão *sm* card

__ **de crédito** *exp* credit card

__ **postal** *exp* postcard

cartãozinho (da firma) *sm* business card

cartas (baralho) *sf* playing cards

carteira *sf* wallet; student desk

carteirinha *sf* ID card

carteiro *sm* postman

cartilha *sf* primer

cartomante *smf* fortuneteller

cartum *sm* comic strip, cartoon

carvão *sm* charcoal

casa *sf* house; home

__ **de câmbio** *exp* money exchanging house

casal *sm* couple (man, woman)

casamento *sm* marriage; wedding

casaquinho *sm* light coat, light jacket

casar/casar-se *v* marry

casco *sm* hoof; hull; empty bottle

casebre *sm* hut

caseiro *adj* homemade

caso *sm* affair

castanha *sf* nut

__ **do Pará** *sf* Brazil nut

castanho *adj* brown

castelo *sm* castle

castigar *v* punish

catálogo telefônico *sm* telephone directory

catar *v* search

catastrófico *adj* catastrophic

catedral *sm* cathedral

categoria *sf* category

católico *sm/adj* catholic; Catholic

caubói *sm* cowboy

cauda *sf* tail

causa *sf* cause; lawsuit

causar *v* cause

cavaleiro *sm* gentleman; knight

cavalhada *exp* folk ritual using horses *(Goiás)*

cavalo *sm* horse

cebola *sf* onion

cedo *adv* early

cego *adj* blind

celebração *sf* celebration

celebrar *v* celebrate

cena *sf* scene

cenoura *sf* carrot

censura *sf* censure, censorship

centavo *sm* cent

centeio *sm* rye

centro *sm* center; downtown

CEP (Código de Endereçamento Postal) *sm* ZIP code

cerejeira *sf* cherry tree; cherry wood

cerimônia *sf* ceremony

cerrado *sm* typical vegetation of Braz interior

certeza *sf* certainty

certo *adj* certain, correct

cerveja *sf* beer

cesto *sm* basket

cetim *sm* satin

céu *sm* sky; heaven

chá *sm* tea

chabu *sm* noise of a kind of fireworks

chalé *sm* chalet

chama *sf* flame

chamada *sf* call; telephone call

chamar *v* call

chamego *sm* infatuation

chão *sm* floor; ground

chapa (carne na) *exp* grill; meat cooked on a grill

chapa *sm* guy, man (slang)

chapéu *sm* hat

charmoso *adj* charming

charuteiro *sm* cigar-maker

chateado *adv* angry, upset

chato *adj* flat; boring, annoying

chave *sf* key

chaveiro *sm* key ring; key maker

chefe *sm* boss

chegar *v* arrive

cheio *adj* full

cheirar *v* smell

cheirinho *sm* fragrance

cheiro *sm* smell, odor

cheiroso *adj* nice smelling

cheque *sm* check

__ **de viagem** *exp* travelers check

talão de __ *exp* check book

chiar *v* screech, shriek

chinês *adj* Chinese

chocalhar *v* rattle

chocalho *sm* rattle

chocante *adj* shocking

chocar *v* crash; shock

chopp/chope *sm* draft beer

choque *sm* shock

chorar *v* cry, weep

chorinho *sm* a style of Brazilian song popular in XIX Century

chover *v* rain

chuchu *sm* chayote

para __ *exp* a lot

churrascaria *sf* restaurant serving barbecued meat

churrasco *sm* barbecue beef; barbecue

chutar *v* kick

chuva *sf* rain

chuveiro *sm* shower

chuvisco *sm* drizzle

cicatriz *sm* scar

ciclismo *sm* cycling

cidade *sf* city

cigarro *sm* cigarette

cínico *sm/adj* cynical

cinismo *sm* cynicism

cintilante *adj* scintillating, sparkling

cinto *sm* belt

cinza *adj* grey; ash

cinzeiro *sm* ashtray

ciranda *sf* children's game

circo *sm* circus

circuito *sm* circuit, route

circular *v* move in a circle; *adj* circular; *sm* circular

letter
citar *v* cite
ciumento *adj* jealous
ciúmes *sm* jealousy
clareza *sf* clearness, clarity
claro *adj* of course; clear
classe (média) *sf* class; middle class
classificado *adj* classified ad
clepsidra *sf* clepsydra, water clock
cliente *smf* client
clima *sm* climate
cobertor *sm* blanket
cobra *sf* snake
cobrar *v* collect, charge
cobrir *v* cover
coçar *v* scratch; itch
cochicho *sm* whisper
cochilar *v* doze, nap
côco *sm* coconut
código da cidade *exp* area code
coelho *sm* rabbit
coentro *sm* coriander
coerência *sf* coherence
cofre *sm* safe, vault
coisa *sf* thing
coitado *adj* pitiful one, poor fellow
colar *sm* necklace
coleção *sf* collection
colega *smf* colleague; peer; classmate
colégio *sm* highschool
coletivo *adj* collective
colher *sf* spoon
colher *v* pick, pick up
colo *sm* lap
colocar *v* place, put
colônia de férias *exp* vacation setup run by trade associations for their members; summer camp
colorir *v* color; brighten
coluna *sf* spine; column
combinação *sf* combination; women's slip
combinar *v* combine; match
combustível *sm* combustible;

fuel
começar *v* begin, commence, start
comemorar *v* commemorate, celebrate
comer *v* eat
comerciante *smf* dealer, merchant
comércio *sm* commerce
cômico *adj* comical, funny
comida *sf* food
comissão *sf* commission
cômodo *sm* room; *adj* comfortable
comovido *adj* moved, emotional
companheiro *sm* companion
companhia *sf* company
_ **aérea** *sf* airline
comparação *sf* comparison
compartilhar *v* share
completar *v* complete
completo *adj* complete
componente *sm* component
compôr *v* compose
comportamento *sm* behavior
comportar *v* behave
compositor *sm* composer
composto *adj* composed, made of; compound
compra (fazer) *exp* go shopping
comprar *v* buy
compreender *v* understand, comprehend
comprido *adj* long
compulsório *adj* compulsory
computação *sf* data processing
computador *sm* computer
comum *adj* common
comunicação *sf* communication
comunicar *v* communicate
comunidade *sf* community
conceder *v* concede
conceito *sm* concept
concertina *sf* concertina
concerto *sm* concert
concessão *sf* concession
concluir *v* conclude

conclusão *sf* conclusion
concordar *v* agree
concorrer *v* compete
concurso *sm* competition; contest
condição *sf* condition
condutor *adj* conductor
conexão *sf* connection
confeitar *v* decorate
confeitaria *sf* candy store
confiança *sf* faith, trust
confiar *v* confide, trust
confiável *adj* trustworthy
confirmação *sf* confirmation
confirmar *v* confirm
confluência *sf* confluence, concourse
conforme *adj* correspondent; it depends
confortar *v* comfort
confortável *adj* comfortable
conforto *sm* comfort
confundir *v* confuse; mistake
confusão *sf* confusion
confuso *adj* confused
congestionado *adj* congested
conhaque *sm* cognac
conhecer *v* know; meet; be acquainted with
conhecido *adj/sm* known; acquaintance
conjunto *sm* group; band
conquista *sf* conquest
consagração *sf* consecration
conseguir *v* succeed in, manage to (+verb); obtain (+noun)
conselho *sm* counsel, advice
consertar *v* fix, repair
conserto *sm* repair, mend
conservador *adj* conservative
conservar *v* conserve
considerar *v* consider
consistência *sf* consistency
consoante *sf* consonant
constância *sf* constancy, persistence
constatar *v* verify, confirm
constituição *sf* constitution
constituir *v* constitute

construção *sf* construction
construir *v* build, construct
construtora *sf* construction company
consulado *sm* consulate
consulta *sf* consultation; office visit
consultório *sm* doctor's or dentist's office
consumidor *sm* consumer
conta *sf* bill; account; tab
contador *sm* teller (of stories); accountant
contagiante (also contagioso) *adj* contagious
contar *v* tell; count
___ **com** count on, depend on
contemplar *v* contemplate
contente *adj* pleased, happy
contingente *adj* contingent
continuar *v* continue
continuidade *sf* continuance
contínuo *adj* continuous; progressive
contração *sf* contraction
contrapartida *sf* counterpart, compensation
contrariado *adj* upset, annoyed
contratado hired, employee
contratar *v* contract; hire
contribuição *sf* contribution; donation
contribuir *v* contribute
controlar *v* control
controvertido *adj* controversial
convenção *sf* convention
convencer *v* convince
convencional *adj* conventional
convênio *sm* agreement
conversa *sf* conversation
conversar *v* converse
convidado *sm* guest
convidar *v* invite
convite *sm* invitation
convivência *sf* cohabitation
convocação *sf* convocation
convocar *v* call, convoke
coordenador *sm* coordinator
copa *sf* breakfast area

copas *sf* Hearts
copo *sm* drinking glass
coqueiro *sm* coconut palm tree
côr *sf* color
___ **-de-rosa** *adj* pink
coração *sm* heart
corajoso *adj* brave, corageous
coral *sm* choral; choir
corda *sf* rope
coro *sm* chorus, choir
coroa *sf* crown; (slang) old person
coronel *sm* colonel
coroar *v* crown
corpo *sm* body
correio *sm* mail; post office
correlativo *adj* correlate, correlative
correr *v* run
corresponder *v* correspond
corretor *sm* broker; salesman
corrida *sf* run, race
corrimão *sm* bannister, handrail
corriqueiro *adj* commonplace, trivial
cortar *v* cut
cortiço *sm* beehive; tenement
cortina *sf* curtain, drapery
cosmético *sm/adj* cosmetic
cosmonauta *smf* cosmonaut
costa *sf* coast
costas *sf* back
costumar *v* accostume, be/get used to
costume *sm* custom
cotação *sf* quotation; price of currency
cotovelo *sm* elbow
couro *sm* leather
couve-flor *sf* cauliflower
coxinha de galinha *sf* chicken leg; a kind of snack
cozinha *sf* kitchen
cozinhar *v* cook
crediário *sm* credit department; layaway
creme de leite *sm* heavy cream, whipping cream

crença *sf* belief
crepúsculo *sm* twilight, dusk
crescer *v* grow
crescimento *sm* growth
criação *sf* creation
criado *sm* servant
criança *smf* child
criançada *sf* group of children
criar *v* raise, create
crina *sf* horsehair
cristalino *adj* christaline, cristal clear
cristão *adj* Christian
critério *sm* criterion
crítica *sf* criticism
criticar *v* criticize
cru *adj* raw
cruel *adj* cruel
cruz *sf* cross
cruzado *adj/sm* cross, crisscross; Brazilian currency unit
cruzar *v* intersect; cross
cruzeiro *sm* cross; old Brazilian currency
cuidado *sm* care; be careful
cuidar *v* care for, take care of
culinária *sf* culinary
culpa *sf* fault
cultivar *v* cultivate
culto *adj* cultured, refined
cultura *sf* culture
cumprimentar *v* greet
cumprimento *sm* greeting
cumprir *v* fulfill, comply
cunhado *sm* brother-in-law
cúpido *sm* greedy
cura *sm* priest
curar *v* cure
curiosidade *sf* curiosity
curioso *adj* curious, strange
currículo *sm* curriculum; syllabus
cursar *v* follow a course of study
cursinho *sm* university preparatory course
curso *sm* course; academic major
curtir *v* (slang) take pleasure in, enjoy

curto *adj* short
curto prazo *exp* short-run, short-term
curva *sf* curve
custar *v* cost
cutucar *v* poke

D

danado *adj* annoying, bad
ficar __ *exp* get angry
dançar *v* dance
dar *v* give
__ **corda** *exp* wind up
__ **certo** *exp* work out
__ **de frente** *exp* face; run into
não __ bolas *exp* not care
__ **o bolo** *exp* to stand someone up, not show up
__ **o fora** *exp* get out
__ **para** *exp* be good for, have a penchant for
__ **se ao respeito** *exp* behave; show respect
__ **se bem** *exp* get along well; be successful
__ **um jeito** *exp* resolve, find a solution
__ **vontade** *exp* make one want, feel like
__ **-se conta** *exp* realize
data *sf* date
debater *v* debate
__ **com** *exp* struggle with
década *sf* decade
decente *adj* decent
decepção *sf* deception; disappointment
decidir *v* decide
declaração *sf* declaration
declínio *sm* decline
decolar *v* take off
decoração *sf* decoration
decorar *v* decorate
decorativo *adj* decorative
decorrer *v* pass, elapse
dedicado *adj* dedicated
dedicar *v* dedicate
dedo *sm* finger, toe

__ **da mão** finger
__ **do pé** toe
defender *v* defend
defesa *sf* defense
deficiente *adj* deficient
definição *sf* definition
definir *v* define
defrontar *v* face, confront
degustar *v* taste
deitar *v* lie down; go to bed; put to bed
deixar *v* leave; let, allow
__ **cair** drop
delegacia *sf* police station
deleite *sm* delight, pleasure
delinqüente *adj* delinquent
demais *adv* too much
demolição *sf* demolition
demonstrar *v* demonstrate
demonstrativo *adj* demonstrative
demorar *v* delay
dendê *sm* African oil palm
dengo (also dengue) *sm* vanity
dentista *smf* dentist
dentro *adv* inside
dependência *sf* dependence; quarters
__ **de empregada** maid's quarters
depender *v* depend on
depoimento *sm* deposition
depredação *sf* depredation
depressa *adv* quickly, in a hurry
derrotar *v* defeat
derrubar *v* knock down
desacordo *sm* disagreement
desafio *sm* challenge
desalojar *v* dislodge, dispossess
desaparecer *v* disappear
desapontado *adj* disappointed
desarrumar *v* clutter, mess, disarrange
desastrado *adj* disastrous, calamitous
desastre *sm* accident; disaster
desavença *v* disagreement
descalço *adj* barefoot

descanço *sm* rest
descansar *v* rest
descartar *v* discard
descartável *adj* disposable
descer *v* go down, descend
descoberto *adj* uncovered; discovered
descobridor *adj/sm* discoverer
descobrimento *sm* discovery
descobrir *v* discover; uncover
desconfiar *v* suspect
descontração *sf* relaxation
descrever *v* describe
descrição *sf* description
descritivo *adj* descriptive
desculpar *v* to excuse
desejar *v* desire
desejo *sm* desire
desembarcar *v* get off (a boat or plane)
desembarque *sm* landing, disembarcation
desempenhar *v* perform; fulfill an obligation
desempregado *adj* unemployed
desenhar *v* design; draw
desenhista *smf* artist
desenho *m* drawing
desenvolver *v* develop
desenvolvimento *sm* development
deserto *adj* deserted; *sm* desert
desfiar *v* ravel, fray, shred
desfile *sm* parade
desfrutar *v* enjoy
desleixado *adj* careless, untidy
desligar *v* disconnect; hang up; turn off
deslize *sm* slip, slide, skid
deslocamento *sm* dislocation
deslumbrante *adj* dazzling
desmentir *v* contradict
desonesto *adj* dishonest
desordenado *adj* disorganized
despacho (administrativo) *sm* dispatch
despedaçar *v* break into

pieces, shatter
despedir *v* take leave; dismiss
despertador *sm* alarm clock
despertar *v* awaken, wake up
despesa *sf* expense, expenditure
despojado *adj* deprived; stripped
despojar *v* despoil
despreocupar *v* free from worry
desprovido *adj* lacking; devoid of
desquitado *adj* separated
destacar *v* stand out; emphasize
destaque *sm* distinction
destinar *v* destine, predetermine
destinatário *sm* addressee
destino *sm* fate, luck; destination
destruição *sf* destruction
destruir *v* destroy
desvantagem *sf* disadvantage
desvendar *v* reveal, unblindfold
detalhe *sm* detail
determinar *v* determine
detestar *v* detest, hate
detetive *smf* detective
Deus *sm* God
devagar *adv* slow
dever *v* owe; ought to
devido *adj* owing, due
devolver *v* return
dia *sm* day
__ **feriado** *sm* holiday
__**útil** *sm* work day
diálogo *sm* dialog
diamante *sm* diamond
diante *adv* in front of; before
diária *sf* daily; per diem
dicionário *sm* dictionary
diferença *sm* difference
difícil *adj* difficult, hard
diminuição *sf* reduction
diminuir *v* reduce, diminish
diminutivo *adj* diminutive
dinheiro *sm* money
direção *sf* direction

direcionar *v* give directions
direito *adj* right, correct; erect
direto *adj/adv* direct; straight ahead
dirigir *v* direct; drive
discar *v* dial
disco *sm* record, disk
__ **voador** *exp* flying saucer
discordar *v* discord, disagree
discutir *v* discuss; argue
dispor *v* dispose; arrange
disposto *adj* willing, disposed
disputar *v* dispute
distância *sf* distance
distinguir *v* distinguish
distrito *sm* district, section
ditado *sm* saying; dictation
ditongo *sm* diphthong
diversão *sf* fun
diversificar *v* diversify
diverso *adj* diverse, different
divertido *adj* entertaining, funny
divertir *v* entertain
__**-se** *v* have a good time
dividir *v* divide; share
divino *adj* divine
divorciado *adj* divorced
divórcio *sm* divorce
divulgador *adj* disseminator
dizer *v* say, tell
dó *sm* do (mus.); pity, mercy
doador *sm* giver, donor
dobrar *v* fold; double
dobro *sm* double
doce *sm/adj* candy; sweet
documentário *sm* documentary
documento *sm* document
doença *sf* disease, illness
__ **do sono** sleeping sickness
doente *adj* ill, sick
doer *v* hurt
doido *adj* crazy, mad
doméstico *adj* domestic
domicílio *sm* domicile
domingo *sm* Sunday
domínio *sm* domination
dona *sf* owner; title of respect for women

dono *sm* owner
dor *sf* pain, ache
__ **de dente** toothache
dormir *v* sleep
dormitório *sm* bedroom
dourado *adj* golden
dourar *v* gild
doutor *sm* doctor; lawyer or other person with degree
doutorado *sm* doctorate
driblar *v* dribble (soccer term)
droga *sf* drug; bad thing (slang)
ducha *sf* shower, douche
durão *adj* tough guy
dúvida *sf* doubt
duvidar *v* doubt
duvidoso *adj* doubtful

E

economia *sf* economy; economics
edifício *sm* building; apartment house
editora *sf* publishing house
educado *adj* educated; well-mannered
efeito *sm* effect
elefante *sm* elephant
elegante *adj* elegant
eleger *v* elect; choose
elétrico *adj* electric
eletrônica *adj* electronic
elevador *sm* elevator
eliminatória *adj* eliminatory
embalar *v* wrap; rock
embaraçosa *adj* embarassing
embaralhar (cartas) *v* shuffle
embarcar *v* embark
embarque *sm* departure
embreagem *sf* clutch
embriagado *adj* drunk
embrião *sm* embryo
embrulhar *v* wrap up
embutido *adj* built-in
emergência *sf* emergency
emoção *sf* emotion
emocionante *adj* exciting
empada *sf* kind of pastry

empaletozado *adj* wearing a jacket
empenho *sm* commitment
empregado *sm* servant, employee
empregar *v* employ
emprego *sm* job, employment
empresa *sf* business, company
emprestar *v* lend; loan
empurrar *v* push
encaixar *v* put in a box; fit
encaminhar *v* guide, direct
encantador *adj/sm* enchanting
encanto *sm* enchantment, charm
encarar *v* face
encerramento *sm* closing
enchente *sf* flood
enciclopédia *sf* encyclopedia
encontrar *v* find, meet, encounter
encontro *sm* encounter, meeting
encravar *v* insert; imbed
encurtar *v* shorten
endereço *sm* address
enfatizar *v* emphasize
enfeitar *v* decorate
enfermagem *sf* nursing
enferrujado *adj* rusty
enfim *adv* finally
enfrentar *v* face
enganar/-se *v* deceive; deceive oneself, be mistaken
engano *sm* deception; mistake
engarrafamento *sm* traffic jam
engenharia *sf* engineering
engenheiro *sm* engineer
engordar *v* get fat, gain weight
engraçado *adj* funny
engraxar *v* wax
engrossar *v* add body, thicken
engrupir *v* trick (slang)
enguiçar *v* break; break down
enigma *v* enigma, mystery
enjoar *v* become nauseated or

sick; become fed up with
enlace *sm* wedding
enlatar *v* can
enlouquecer *v* go crazy; drive someone crazy
enorme *adj* enormous
enquanto *conj* while
enredo *sm* plot
enrolar *v* roll up; confuse, complicate (slang)
ensaiar *v* rehearse
enseada *sf* bay
ensinar *v* teach, show
entender *v* understand
enternecido *adj* moved by emotion
enterrar *v* bury
entrar *v* enter, go in
entregar *v* deliver; hand in
entremeado *adj* interposed
entreolhar *v* exchange looks
entrevistar *v* interview
enunciar *v* enunciate
envergonhar (se) *v* become ashamed
enviar *v* send, remit
envolvência *sf* involvement
envolvente *adj* charming, involving
envolver *v* involve
enxergar *v* see
enxoval *sm* trousseau
enxugar *v* dry
episódio *sm* episode
época *sf* epoch, time
epopéia *sf* epic poem
equipado *adj* equipped
equitação *sf* horseback riding
equivalente *adj* equivalent
erguer *v* raise, put up; rise
erosão *sf* erosion
errado *adj* wrong, erroneous
errar *v* make a mistake, err
erro *sm* mistake
ervilha *sf* pea
escada *sf* stairs, stairway; ladder
__ rolante *exp* escalator
escala *sf* intermediate stopover; scale
escancarado *adj* wide open

escola *sf* school
escolaridade *sf* scholasticism
escolher *v* choose, select
escorregador *sm* slide
escova *sf* brush
escravizar *v* enslave
escravo *sm* slave
escrever *v* write
escritor *sm* writer
escritório *sm* office
escrivão *sm* notary public
escuridão *sf* darkness
escuro *adj* dark
escutar *v* listen
esfera *sf* sphere
esforço *sm* effort; thorough attempt
esfriar *v* get cold; cool off
esgoto *sm* sewage, sewer
esmagar *v* crush
esmeralda *sf* emerald
espaço *sm* space
espada *sf* spade, sword
espadas *sf* Spades (suit)
espalhar *v* scatter
espantar *v* scare, frighten
esparso *adj* sparse
especial *adj* special
especializado *adj* specialized
espécie *sf* species, kind
espectador *sm* spectator, audience
especulação *sf* speculation
espelho *sm* mirror
espera *sf* wait
esperança *sf* hope
esperar *v* hope; wait
espertalhão *sm* wiseguy (slang)
esperto *adj* smart; lively; intelligent
espetáculo *sm* spectacle, show
espetinho *sm* shish kebab
espinafre *sm* spinach
espinha *sf* pimple
espinho *sm* thorn
esporte *sm* sport
esposo *sm* spouse, husband
esquecer *v* forget
esquentar *v* heat up; get hot

esquerdo *adj* left

à esquerda *adv* to/on the left

esquiar *v* ski

esquina *sf* corner

essencial *adj* essential

estabelecer *v* establish, found

estabilidade *sf* stability

estação *sf* station; season

estacionamento *sm* parking

estacionar *v* park

estádio *sm* stadium

estado *sm* state; status

__ **civil** *exp* marital status

estágio *sm* internship; stage

estalado (ovo) *adj* fried

estampado *adj* stamped; patterned

estar *v* be

sala de __ *sf* living room

__ **em dia** *exp* be up-to-date

estável *adj* stable

estender *v* extend; stretch

estereótipo *sm* sterotype

esticar *v* stretch

estilista *smf* fashion designer

estilo *sm* style

estima *sf* affection

estimação *sf* esteem

estômago *sm* stomach

estoque *sm* stock

estourar *v* blow, burst

estrada (de rodagem) *sm* road, highway

estrangeiro *adj/smf* foreign; foreigner

estréia *sm* opening, premiere

estrela *sf* star

estremunhar *v* wake with a start

estruturado *adj* structured

estudante *smf* student

estudar *v* study

estúdio *sm* studio

estudo *sm* study

estufa *sf* green house

estupendo *adj* stupendous, great

estupidamente (gelada) *adv* incredibly, extremely (cold)

etapa *sf* stage

etiqueta *sf* label

evaporar *v* evaporate

evento *sm* event

evitar *v* avoid; prevent

evocar *v* evoke, remember

evolução *sf* evolution

exagerado *adj* exaggerated

exagerar *v* exaggerate

exagero *sm* exageration

exame *sm* examination, test

exato *adj* exact

F

fã *smf* fan (of someone)

fábrica *sf* factory

fábula *sf* fable

faca *sf* knife

face *sf* cheek; face

fácil *adj* easy

faculdade *sf* college

faiança *sf* glazed earthenware

falada *adj* spoken, talked about

falante *smf* speaker; someone who talks too much

falar *v* speak; say

falência *sf* bankrupcy

falhar *v* fail

falta *sf* lack

família *sf* family

famoso *adj* famous

fanático *adj* fanatic

fantasia *sf* costume; fantasy

fantasma *sf* ghost

farinha *sf* flour

farmácia *sf* pharmacy, drugstore

faroeste *sm* far west

farofa *sf* manioc flour

farol *sm* headlight; lighthouse

fascinante *adj* fascinating

fatia *sf* slice

fato *sm* fact

faturado *adj* gained; billed

faturamento *sm* gain, profit, income

fauna *sf* fauna

favela *sf* slums

favor *sm* favor

por —— *exp* please

favorito *adj* favorite

faxineira *sf* cleaning lady

fazenda *sf* farm, ranch

fazendeiro *sm* farmer, rancher

fazer *v* make; do

__ **anos** have a birthday

__ **compras** go shopping

__ **escala** have a stop-over

__ **fofoca** gossip

__ **frio** be cold (weather)

__ **limpeza** clean

__ **questão** make a point of

__ **as malas** pack one's bags

fé *sf* faith

febre *sf* fever

fechado *adj* closed, timid

fechar *v* close

feijão *sm* bean

feijoada *sf* bean dinner, black bean stew

feio *adj* ugly

feira *sf* fair, market

feira-livre *sf* open-air market, street market

feirante *smf* one who sells in the open-air market

feitiço *sm* enchantment, spell

feito *adj* made

feito *sm* accomplishment; deed

felicidade *sf* happiness

feliz *adj* happy

fera *sf* beast

feriado *sm* holidays

férias *sfp* vacation

ferimento *sm* wound

ferir *v* hurt, wound

ferro (saúde de) *adj* iron; excellent health, healthy

ferrovia *sf* railway

ferver *v* boil

festa *sf* party

festejar *v* celebrate, have a party

fevereiro *sm* February

fiado *adj* on credit

fiança *sf* bond, bail

fibra *sf* fiber

ficar *v* stay; be located at

ficha *sf* token; index card
ficticio *adj* fictitious
fiel *adj* loyal
fígado *sm* liver
fila *sf* line, queue, row
filatélica (agência) *adj* philatelic
filharada *sf* (large number of) children
filho *sm* son
filiar *v* become member
fim *sm* end
__ **de semana** *m* weekend
final *adj* final, last
financiado *adj* financed
financiar *v* finance; buy on time
fingir *v* pretend
fino *adj* fine, elegant
finório *adj/sm* astute,clever
firma *sf* firm, business
firme *adj* firm
fiscal *smf* inspector
fiscalização *sf* inspection
fisgar *v* hook
física *sf* physics
fisicamente *adv* physically
fita *sf* ribbon, tape
fixação *sf* fixation
flagelo *sm* torture
flagrante *sm*
em __ *exp* in the act
flanela *sf* flannel
flor *sf* flower
flora *sf* flora
floresta *sf* forest
floricultura *sf* floriculture
florista *smf* florist
fluencia *sf* fluency
fluido *sm* fluid
flutuar *v* float
fluvial *adj* pertaining to a river
fluxo *sm* flow, influx
focalizar *v* focus
foco *sm* focus
fofoca *sf* gossip (talk)
fofocar *v* gossip
fofoqueiro *sm* gossip (person)
fogão *sm* stove, range

fogo *sm* fire
fogueira *sf* bonfire
folga *sf* leisure; day off
folgado (gíria) *adj* non-chalant, easy-going; loose (slang)
folha *sf* leaf; sheet (of paper)
folhear *v* thumb through,
folheto *sm* leaflet, booklet
fome *sm* hunger
fonte *sf* source; fountain
fora *adv* outside
dar o __ *v* get out
fora-da-lei *adj* outlaw
força *sf* strength
formação *sf* education; formation
formar *v* form
formar-se *v* graduate
formatura *sf* graduation
formoso *adj* beautiful
formulário *sm* form
forró *sm* typical dance of the Northeast
forte *adj* strong
foto *sf* photograph
fotografia *sf* photography; photograph
fotógrafo *sm* photographer
fraco *adj* weak
fradinho (feijão) *sm* red (beans)
frajola *adj* elegant
francamente *adv* frankly
franco *adj* sincere, frank
frango *sm* chicken; fryer
franqueza *sm* frankness
frase *sf* sentence
freguês *sm* customer
freqüência *sf* frequency
freqüentado *adj* busy, well-attended
freqüentador *sm/adj* someone who attends
freqüentar *v* frequent,attend
fresco *adj* fresh
fretar *v* charter
frevo *sm* Carnival dance popular in the Northeast
fria (entrar numa)(gíria) *exp* get into trouble (slang)

frigideira *sf* frying pan, skillet
frio *adj/sm* cold
frio *sm* cold
fronteira *sf* border
frouxo *adj* loose
fruta *sf* fruit
fruto do mar *sm* seafood
fubá *sm* corn meal
fugir *v* flee, run away
fumar *v* smoke
FUNAI *acronym* Fundação Nacional do Índio
função *sf* function
funcionamento *sm* functioning, work
funcionar *v* function, work
funcionário/a *smf* employee, worker
fundar *v* found
fundear *v* cast anchor
fundos *sm* funds
funil *sm* funnel
furo de reportagem *exp* exclusive news
fuso horário *exp* time zone
futebol *sm* soccer

G

gado *sm* cattle
galáxia *sf* galaxy
galeria de arte *exp* art gallery
galeto *sm* grilled chicken
galinha *sf* chicken, hen
galvanizar *v* galvanize
gamela *sf* bowl
ganhar *v* win
garagem *f* garage
garçonete *sf* waitress
garoa *sf* mist, drizzle
garotada *sf* group of children; young people
garoto *sm* child, kid
garrafa *sf* bottle
gasolina *sf* gasoline
gastar *v* spend

gastar *v* spend
gata *sf* sexy girl (slang)
gato *smf* cat
gaúcho *sm* pertaining to Rio Grande do Sul
gaveta *sf* drawer
geladeira *sf* refrigerator
gelado *adj* ice-cold
geléia *sf* jam
gelo *sm* ice
Gêmeos *sm* Gemini
gênero *sm* gender; type
generoso *adj* generous
gengibre *sm* ginger
genro *sm* son-in-law
gente *sf* people
gentileza *sf* courtesy
geografia *sf* geography
geração *sf* generation
geral *adj* general
gerar *v* generate
gerente *sm* manager
gigantesco *adj* gigantic, enormous
ginástica *sf* gymnastics; exercise
gincana *sf* scavenger hunt
gingar *v* sway
gíria *sf* slang
giz *sm* chalk
glória (é uma) *exp* it's fantastic
gnocchi *sm* gnocchi (Italian dish made with potatoes)
goiabada *sf* guava paste
gol *sm* goal
gordo *adj* fat
gorjeta *sf* tip
gostar de *v* like, enjoy
gosto *sm* taste
gostoso *adj* tasty
governo *sm* government
gozador *sm* kidder, joker
graça *sf* grace
  de __ *exp* free
  ter __ *exp* be funny
gracioso *adj* graceful
graduação *sf* graduation
gráfica *sf* print shop
grana *sf* money (slang)

grandão /-ona *adj* very big
grande *adj* big; great
granel *sm* bulk
granulado (chocolate) *adj* granulated
grão *sf* grain
grátis *adj* free
gratuito *adj* free
grau *sm* degree
gravação *sf* recording
gravador *sm* recorder
gravar *v* record
gravata *sf* necktie
grávida *adj* pregnant
gravura *sf* print
graxa *sf* grease
greve *sf* strike
grifado *adj* underlined; italicized
grisalho *adj* grey haired
gritante *adj* bright (color)
gritar *v* shout, yell
grito *sm* shout
grosseiro *adj* rude
grosso *adj* wide, thick; rude
grupo *sm* group
gruta *sf* cave
guaraná *sm* Amazon plant
guaraná *sm* soft drink based on an Amazon fruit
guarda (polícia) *sm* guard, policeman
guarda-chuva *sm* umbrella
guardanapo *sm* napkin
guardar *v* guard; put away
guarita *sf* sentry box
guarnecer *v* garnish, supply
guerra *sf* war
guerrilha *sf* guerrilla
guia *sm* guide (book); *smf* guide (person)
guisar *v* cook
guitarra *sf* guitar
guri *sm* little boy

H

habilidade *sf* capacity, ability
habilitação *sf* license

habilitado (pessoal) *adj* licensed
habitação *sf* housing
habitante *sm* inhabitant
habitar *v* inhabit
hábito *sm* habit
harmonioso *adj* harmonious
hectare *sm* hectare
hein *interj* huh? right?
herdeiro *sm* heir
herói *sm* hero
hidromassagem *sf* water massage, whirlpool
higiênico *adj* hygienic
papel __ *sm* toilet paper
hipermercado *sm* large supermarket
história *sf* story; history
histórico *adj* historical
hoje *adv* today
  — à noite *exp* tonight
  — de manhã *exp* this morning
homem *sm* man
homenagem *sf* homage, honor
honesto *adj* honest
hora *sf* hour; time
  — do rush *exp* rush hour
horário *m* schedule
horoscopista *sm* horoscope maker
horóscopo *sm* horoscope
horrível *adj* horrible
hospedagem *sf* lodging
hospedar *v* put up (for the night); stay
hospedaria *sf* inn
hóspede *sfm* guest
hospitaleiro *adj* hospitable
hotel *sm* hotel
humilde *adj* humble
humildemente *adv* humbly
humor *sm* humor

I

Iate Clube *sm* Yacht Club
ida e volta *exp* round trip
idade *sf* age
idéia *sf* idea

identidade *sf* identity
idiota *smf* idiot
igreja *sf* church
igualmente, *adv.* equally, in
the same way, same to you
ilha *sf* island
ilhéu *sm/adj* island dweller
ilustrar *v* illustrate
imaginário *adj* imaginary
imbecil *adj* imbecile
imediato *adj* immediate
imerso *adj* immersed
imigração *sf* immigration
imigrante *smf* immigrant
imitar *v* imitate
imobiliária *adj* real estate
agency
impaciente *adj* impatient
impedir *v* prevent
impelir *v* thrust; push
impenitente *adj* unrepentant
imperativo *sm* imperative;
urgent
imperatriz *sf* empress
imperfeito *adj* imperfect
império *sm* empire
implementação *sf* imple-
mentation
implemento *sm* implement
implorar *v* implore; beg
imprescindível *adj*
indispensable
impressão *sf* impression
imprevisível *adj* unforesee-
able; unforeseen
improvisado *adj* improvised,
makeshift
impuro *sm* impure
imputar *v* attribute
imundo *adj* filthy
inabalável *adj* firm, unshake-
able
inacreditável *adj* unbelievable
inalterabilidade *sf*
immutability
inauguração *sf* inauguration,
opening
incansável *adj* tireless
inclinação *sf* inclination, penchant

incluído *adj* included
incluir *v* include
inclusive *adv* even; inclusive
incomodar *v* bother, annoy
inconfundível *adj* unmistake-
able
inconveniente *adj*
inconvenient
inda *adv* still
indecente *adj* indecent
indefectível *adj* unfailable
indelicado *adj* rude, brusque
independência *sf* independ-
ence
indestrutível *adj*
indestructible
indicação *sf* indication
indicar *v* indicate
indicativo *adj* indicative
índice *sm* index
indiferente *adj* indifferent,
uncaring
indígena *adj* indigenous,
indian
índio *sm* indian
indiscutível *adj* unarguable
indispensável *adj*
indispensable
indivíduo *sf* individual
indumentária *sf* dressing,
clothes
indústria *sm* industry
industrializado *adj* industri-
alized
inesquecível *adj* unforgetable
inexplorado *adj* unexplored
infância *sf* childhood, infancy
infantil *adj* infantile, childlike
infeliz *adj* unfortunate;
unhappy
infernal *adj* infernal, terrible
influência *sf* influence
influenciar *v* influence
informação *sf* information
informática *sf* informatics,
data processing; computers
infra-estrutura *sf* infrastruc-
ture
ingrata *sf* ungrateful
ingressar *v* enter
inicialmente *adv* initially

iniciar *v* initiate; begin
inimigo *sm* enemy
injusto *adj* unjust, unfair
inocência *sf* innocence
inscrição *sf* inscription;
enrollment
insinuante *adj* suggestive
insistir *v* insist
insolente *adj* insolent
inspirado *adj* inspired
inspirar *v* inspire
instintivamente *adv* instinc-
tively
instituição *sf* institution
instrução *sf* instruction
instrumento *sm* instrument
insuportável *adj* unbearable
insustentável *adj* unsupport-
able; unbearable
integração *adj* integration
integral *adj* integral; whole
integrar *v* integrate, be part
of
inteiro *adj* entire
intercalar *v* intersperse
intercâmbio *sm* exchange
interessante *adj* interesting
interessar *exp* be of interest
não __ *exp* it doesn't matter
interêsse *sm* interest
interior *sm* backlands; interior
intermédio *adv* through
internacional *adj* interna-
tional
interno *adj* internal
interpretação *sf* interpreta-
tion
interpretar *v* interpret
intérprete *smf* interpreter
interrogar *v* interrogate,
question
interromper *v* interrupt
interurbano *adj* interurban,
long distance
intimação *sf* ultimatum; sub-
poena
intimo *adj* intimate
intitulado *adj* entitled
intricado *adj* intricate

introduzir *v* introduce
intrometer *v* interfere
intrometido *adj* disruptive; butting in
inundar *v* flood
inusitado *adj* unusual
invariável *adj* invariable
invasor *sm* invader
inveja *sf* envy
invencível *adj* invincible
inverno *sm* winter
invulnerável *adj* invulnerable
ir *v* go
  —— **embora** *exp* go away, leave
irmã *sf* sister
irmão *sm* brother
irrecusável *adj* not to be refused
irregular *adj* irregular
irrigar *v* water, irrigate
isolado *adj* isolated
isqueiro *sm* lighter
ita *sf* small steamboat
Itamarati *sm* Brazilian State Department, Foreign Relations Ministry

J

já *adv* already
jagunço *sm* gunman
jamais *adv* never
jambeiro *sm* jambo tree
janeiro *sm* January
janela *sf* window
jangada *sf* raft
jantar *sm/v* dinner; have dinner
sala de __ *sm* dining room
jantar dançante *sm* dinner dance
jardim *sm* yard; garden
joalheria *sf* jewelry store
jogador *sm* player
jogar *v* play (game)
jogo *sm* game, sport
jóia *sf* jewel, jewelry; wonderful (slang)
jóquei *sm* jockey

jornada *sf* journey
jornal *sm* newspaper
jornaleiro *sm* newspaper vendor
jornalista *smf* journalist
jovem *adj* young
juízo *sm* judgment; sense; wisdom
julho *sm* July
junco *sm* wicker
junho *sm* June
junto *adj* together
jurar *v* promise, swear
júri *sm* jury
justamente *adv* precisely
justiceiro *adj* righteous
justificar *v* justify
justificável *adj* justifiable
justo *adj* just, fair
juventude *sf* youth

L

lá *adv* there
laço de fita *sm* ribbon
lado *sm* side
ladrão *sm* robber, thief
lagosta *sf* lobster
lamento *sm* lament
lâmpada *sf* lamp; light bulb
lamparina *sf* oil or kerosene lamp
lançamento *sm* launch
lanche *sm* snack
lanterna *sf* flashlight
lápis *sm* pencil
laranja *sf* orange
cor de __ orange colored
largada *sf* start
largamente *adv* largely, widely
largo *adj* wide
lastimar *v* regret
lata *sf* can
__ **de lixo** *sf* garbage can
lateral *adj* lateral
latifúndio *sm* land property
latim *sm* Latin
lavanderia *sf* laundry

lavar *v* wash
lavável *adj* washable
lavoura *sf* agriculture
lazer *sm* leisure
Leão Leo
leão *sm* lion
__ **do mar** *sm* sea lion, otter
legal *adj* legal; wonderful (slang)
legenda *sf* subtitle
lei *sf* law
leilão *sm* auction
leite *sm* milk
__ **de côco** *sm* coconut milk
leiteiro *sm* milkman
leitura *sf* reading
lelé *adj* goofy (slang)
lema *sm* motto
lembrança *sf* memory; souvenir
lembrar *v* remember, remind
lenço *sm* handkerchief; scarf
lençol *sm* bed sheet
lenda *sf* legend
lento *adj* slow
leonino *adj* pertaining to a Leo or a lion
ler *v* read
leste *sm* east
letra *sf* song lyrics; letter (of the alphabet)
letreiro *sm* sign, billboard
leva *sf* group
levantar *v* get up; rise; raise
levar *v* take
Libra Libra
lição *sf* lesson
licença (pedir) *sf* excuse; (ask for) permission
líder *sm* leader
ligação *sf* connection, call
ligado *adj* connected
ligar *v* connect, link; phone, ring up
limão *sm* lime, lemon
limpar *v* clean
limpeza *sf* cleaning; cleanliness
limpo *adj* clean
lindo *adj* pretty, lovely
língua *sf* language; tongue

__ **de vaca** *sf* ox tongue
lingüiça *sf* sausage
linha *sf* line
__ **cruzada** *exp* crossed line
__ **ocupada** *exp* busy line
liqüidação *sf* sale
lírio *sm* lilly
lista *sf* list
__ **telefônica** *sf* telephone
   directory
litoral *sm* sea shore, coast
   line
livraria *sf* book store
livre *adj* free, available
livreto *sm* booklet
livro *sm* book
lixo *sm* trash, garbage
lobisomen *sm* werewolf
locadora *sf* rental agency
localização *sf* location
locomoção *sf* locomotion;
   transportation
locomotiva *sf* train engine
logo *adv* soon
__ **que** *conj* as soon as
loiro (louro) *adj* blond
loja *sf* store, shop
lojista *smf* store clerk; store
   owner
lombo de porco *sm* pork loin
longo *adj* long
lotado *adj* full, loaded
loucamente *adv* madly
louco *adj* mad, crazy
lua *sf* moon
__ **de mel** *exp* honeymoon
lucrativo *adj* lucrative
lúdico *adj* playful
lugar *sm* place
lula *sf* squid
luminoso (cartaz) *adj* neon
   sign
lupa *sf* magnifying glass
luta *sf* struggle; fight
lutar *v* struggle; fight
luto *sm* mourning
luva *sf* glove
luz *sf* light

M

maçã *sf* apple
macaco *sm* monkey
macarrão *sm* spaghetti,
   macaroni
machucar *v* hurt
maço (de cigarro) *sm* pack
   (of cigarrettes)
madeira *sf* wood, lumber
madrasta *sf* step-mother
madrinha *sf* godmother
madrugada *sf* dawn
maduro *adj* ripe; mature
mãe *sf* mother
mágica *sf* magic
magnífico *adj* magnificent
mágoa *sf* sadness; hurt; pain
magro *adj* thin, skinny
maio *sm* May
maior *adj* bigger
mais *adv/adj* more
majestoso *adj* majestic
mal *adv* badly
mala *sf* suitcase
malandro *sm* scoundrel
malha *sf* sweater, jersey
maluco *adj* crazy, mad
malvado *adj* mean, bad
mamãe *sf* mom
mamão *sm* papaya
mancha *sf* spot; stain
mandar *v* order; send
maneira *sf* manner, way
manga *sf* mango; sleeve
manha *sf* whim, malice
manhã *sf* morning
mania (ter__ de) *sf* habit
manipular *v* manipulate
mano, maninho *sm*
   brother, little brother
manobra *sf* manoeuvre
manteiga *sf* butter
manter *v* maintain, keep
manusear *v* handle
mão *sf* hand
mapa *sm* map
máquina *sf* machine
__ **de lavar** *sf* washing
   machine
mar *sm* sea, ocean

maracujá *sm* passion fruit
marajá *sm* maharajah; grafter
   (slang)
marajoara *adj* native of
   Marajo island
maravilha *sf* marvel, wonder
maravilhoso *adj* marvelous,
   wonderful
marcar *v* mark
maré *sf* tide
marfim *sm* ivory
marido *sm* husband
marimbondo *sm* wasp
marítimo *adj* maritime
marola *sf* beachcomber
marrom *adj* brown
massa *sf* dough
massacre *sm* massacre
mata *sf* wilderness; woods
matar *v* kill
matéria *sf* subject
matéria-prima *exp* raw
   material
matrícula *sf* enrollment
matrimonial (enlace) *adj*
   nuptial, wedding
mazela *sf* illness
mecânica (oficina) *adj*
   mechanic
média *sf* average; coffee with
   milk
médico *sm* physician
medieval *adj* medieval
meditar *v* meditate
medo *sm* fear
meia *sf* stocking; sock
meia-noite *sf* midnight
meio *sm* means
meio *adj* half;semi
__ **dia** *sm* noon
meio-amargo (chocolate) *adj*
   semi-sweet
mel *sm* honey
melão *sm* melon
membro *sm* member
mencionar *v* mention, cite
menino *sm* little boy, child
menor *adj* smaller; minor
menos *adv/adj* less
mensagem *sf* message

mensalidade *sf* monthly payment

mentir *v* lie

mentira *sf* lie

Dia da __ *exp* April Fool's Day

mentiroso *adj* lying; liar

mercado *sm* market

mercar *v* sell, peddle

mercearia *sf* grocery store

merecer *v* deserve, merit

merenda *sf* snack; light lunch

mergulho *sm* dive, plunge

mês *sm* month

mesa *sf* table

mesada *sf* monthly allowance

mesmo *adj* same

mestrado *sm* master's degree

mestre de obras *sm* foreman

meta *sf* goal

metade *sf* half

metálico *adj* metallic

metro *sm* meter

metrô *sm* subway

mexer *v* stir; disturb

microondas *sm* microwave oven

migração *sf* migration

migrante *sm* migrant

milha *sf* mile

milhão *sm* million

milho *sm* corn, maize

mímico *sm* mime

mina *sf* mine

minério *sm* ore

mínimo *adj* minimal

ministério *sm* ministry

ministrada *adj* ministered

minoria *sf* minority

minuto *sm* minute

miscigenação *sf* interracial crossing

missa *sf* Mass

missão *sf* mission

mista (salada) *adj* mixed

mistério *sm* mistery

místico *adj* mistic

mistura *sf* mixture, mix, blend

misturar *v* mix, blend

miúdo *sm* giblet

mobiliar *v* furnish

mobilização *sf* mobilization

mochila *sf* knap sack, back pack

moço *sm* young man

moda *sf* fashion

moderação *sf* moderation

moderno *adj* modern

modesto *adj* modest

modo *sm* way, manner

moela *sf* gizzard

moer *v* grind

moita *sf* bush

molecada *sf* group of children

moleque *sm* kid, naughty boy

molhar *v* get wet; moisten

molho *sm* sauce

momento *sm* moment

monitor *sm* monitor

monstro *sm* monster

montagem *sf* assembly

montanha *sf* mountain

montanhoso *adj* mountainous

montar *v* mount; assemble

monte *sm* mountain; bunch (slang)

morar *v* live, dwell

moreno *adj* dark; brunette

morno *adj* tepid

morrer *v* die

mortalidade *sf* mortality

mosteiro *sm* monastery

mostrar *v* show

motivar *v* motivate; cause

motivo *sm* reason; cause

moto *sf* motorcycle

motor *sm* engine

motorista *smf* motorist, driver; chauffeur

mouro *sm* Moor

móvel *sm* piece of furniture

movimentado *adj* busy; active; bustling

movimentar *v* put into action

mudança *sf* move; change

mudar *v* change; exchange; move

mulher *sf* woman

mulherengo *adj* womanizer

múmia *sf* mummy

mundo *sm* world

município *sm* county; city

muscular *adj* muscular

música *sf* music

__ ao vivo *sf* live music

músico *sm* musician

N

nacionalidade *sf* nationality

nadar *v* swim

naipe *sm* suit (cards)

namorado *sm* boyfriend

namorar *v* court; go steady

nariz *sm* nose

narrador *sm* narrator

narrar *v* narrate; tell

nasal *adj* nasal

nascer *v* be born

nascido *adj* born

nascimento *sm* birth

natação *sf* swimming

Natal *sm* Christmas

natalidade *sf* birth

nativo *adj* native

natureza *sf* nature

nau *sf* ship

navegante *smf* saylor

navegar *v* navigate

navio *sm* ship

nebulosidade *sf* haziness, cloudiness

negação *sf* negation; denial

negativo *adj* negative

negligenciar *v* neglect

nervoso *adj* nervous

neto *sm* grandson; grandchild

neutralizar *v* neutralize

nevar *v* snow

neve *sf* snow

névoa *sf* fog

nhô *sm* dim. form of sir

nhoque *sm* gnocchi

nó *sm* knot

noite *sf* night, evening

noivo *sm* groom; bride; fiancé

nômade *adj* nomad

nome *sm* name

nora *sf* daughter-in-law

normal *adj* normal

Nossa! *interj* Wow!

nostálgico *adj* nostalgic
nota *sf* note; grade; receipt; bill
notar *v* notice, note
notícia *sf* news
novamente *adv* again
novela *sf* soap opera (TV or radio drama series)
novembro *sm* November
novidade *sf* news; novelty
novo *adj* new, young
noz *sf* nut
noz-moscada *sf* nutmeg
nu *adj* nude, bare
nublado *adj* cloudy
número *sm* number
numeroso *adj* numerous
nunca *adv* never
nutricionista *smf* nutritionist
nutriente *smf* nutrient
nuvem *sf* cloud

O

obcecado *adj* obsessed
objetivo *sm* goal, objective
obra *sf* work, job construction
obrigação *sf* obligation
obrigado *exp* thank you
observação *sf* observation
observar *v* observe
obstruir *v* obstruct
oclusivo *adj* occlusive, stop (consonant)
ocorrência *sf* occurence
óculos *sm* eyeglasses
ocupação *sf* occupation
ódio *sm* hate
odor *sm* odor
oeste *sm* west
oferecer *v* offer
oferta *sf* offer; sale
ofício *sm* trade
óleo *sm* oil
olhar *v* look (at)
ôlho *sm* eye
onça *sf* jaguar
ônibus *sm* city bus
ontem *adv* yesterday

__ **à noite** *exp* last night
Opa! *interj* Wow! Hey!
opção *sf* option
operacional (custo) *adj* operational
operador *sm* operator
operário *sm* worker
opinião *sf* opinion
oportunidade *sf* opportunity
oposto *adj* opposite
oração *sf* prayer; sentence
orçamento *sm* budget; estimate
ordem *sf* order
ordens (às suas __) *exp* at your disposal
ordinal *adj* ordinal
orelha *sf* ear
orelhão *sm* phone booth
orgia *sf* orgy
orgulho *sm* pride
origem *sf* origin
originalidade *sf* originality
orvalho *sm* dew
oscilar *v* swing, sway
ossada *sf* carcass; heap of bones
ostra *sf* oyster
ótimo *adj* excellent
ourives *smf* goldsmith
ouro *sm* gold; Diamonds (suit)
ousadia *sf* audacity
outono *sm* autumn
outro *adj* other, another
outubro *sm* October
ouvido *sm* ear
ouvir *v* hear
ovo *sm* egg
oxigênio *sm* oxygen

P

paca *sf* paca
pacato *adj* peaceful, quiet
paciência *sf* patience
paciente *smf/adj* patient
padaria *sf* bakery
padrão *sm* pattern; standard
padrasto *sm* step-father

padre *sm* father
padroeiro *sm/adj* patron
pagar *v* pay
página *sf* page
pai *sm* father
país *sm* nation, country
paisagem *sf* landscape
pajé *sm* witch doctor
palavra *sf* word
palco *sm* stage
palestra *sf* lecture
paletó *sm* coat (suit, sports)
palha *sf* straw
palito *sm* toothpick; matchstick
palmeira *sf* palm tree
palmito *sm* heart of palm
pamonha *sf* sweet corn cake; *sm* fool (slang)
panamericanismo *sm* Panamericanism
pancada *sf* blow
panela *sf* pan, pot
pano *sm* fabric
panorama *sm* landscape
pantanal *sm* wetlands, swamp
pantaneiro *adj* pertaining to the wetlands
pão *sm* bread, loaf
papa *sm* Pope
papai *sm* father, dad
papel *sm* paper; role (in a production)
papelaria *sf* stationery store
papo *exp* small talk
bater um __ *exp* chat
paquerar *v* flirt with, court
par *sm* pair
parabenizar *v* congratulate
parabéns *sm* congratulations
parada *sf* bus stop; parade
paraíso *sm* paradise
parar *v* stop
parceiro *sm* partner
parcial *adj* partial
parecer *v* seem
__ **-se com** *exp* look like
parecido *adj* similar, resembling
parede *sf* wall

parente *smf* parent
parreira *sf* grapevine
parte *sf* part
particularidade *sf* characteristic
partir *v* depart, leave
passageiro *sm* passenger
passagem *sf* ticket; passage
passaporte *sm* passport
passar *v* pass; iron (clothes)
pássaro *sm* bird
passe *sm* pass
passo *sm* step
pasta *sf* briefcase
pastel *sm* turnover
pastoril *adj* bucolic
pátio *sm* courtyard
patrão *sm* boss
patrimônio *sm* estate
paupérrimo *adj* very poor
pé *sm* foot
peça *sf* piece, part; theater play
pechincha *sf* bargain
pechinchar *v* haggle
pedaço *sm* piece
pedido *sm* request
pedir *v* ask for, request
pedra *sf* stone, rock
pegajoso *adj* clammy
pegar *v* grab; hold; get
peito *sm* chest
peixe *sm* fish
Peixes Pisces
pelada *sf* informal soccer match
pelado *adj* naked
peludo *adj* hairy
pena *sf* pity; penalty; feather
pêndulo *sm* pendulum
pendurado *adj* hanging
pendurar *v* hang; suspend
penduricalho *sm* charm
pensar *v* think; believe
pequeno *adj* small, little
pêra *sf* pear
percalço *sm* benefit; trouble; dificulty; disadvantage
percorrer *v* pass through
perder *v* lose
perdição *sf* downfall

perdoar *v* pardon
perdulário *adj* spendthrift
perfeição *sf* perfection
perfeito *adj* perfect
pergunta *sf* question
perguntar *v* ask
periferia *sf* suburb
perigo *sm* danger
perigoso *adj* dangerous
período *sm* period
perito *adj* expert
permanecer *v* remain
permissão *sf* permission
permissivo *adj* permissive
permitir *v* permit
perna *sf* leg
peroba *sf* peroba tree
perplexo *adj* perplexing
persistência *sf* persistence
personagem *smf* character
personalidade *sf* personality
perto *adv* close, nearby
peru *sm* turkey
perversidade *sf* perversity
pesar *v* weigh
pescador *sm* fisherman
pescar *v* fish, go fishing
pescoço *sm* neck
peso *sm* weight
pesquisa *sf* research
pêssego *sm* peach
pessoa *sf* person
petisco *sm* snack
pia *sf* sink, wash basin
piada *sf* joke
pianista *smf* pianist
piano *sm* piano
picardia *sf* maliciousness
picaresco *adj* burlesque, funny
pico *sm* peak
pijama *sm* pijamas
pilha *sf* battery
pilotar *v* pilot
piloto *sm* pilot
pimenta *sf* pepper (e.g., ground)
pimentão *sm* pepper (fruit)
pincel *sm* brush
pingue-pongue *sm* pingpong

pintor *sm* painter
pioneiro *sm* pioneer
pipoca *sf* popcorn
pipoqueiro *sm* popcorn vendor
piquenique *sm* picnic
pirralho *sm* scamp
piscar *v* blink, wink
piscina *sf* swimming pool
pista de dança *sf* dance floor
piteira *sf* cigarette holder
pitoresco *adj* picturesque
pizza *sf* pizza
planalto *sm* plateau
planejado *v* planned
planejamento *sm* planning
planejar *v* plan
planeta *sf* planet
planície *sf* plains
plano *sm/adj* plan, plane; flat
planta *sf* plant
plantar *v* plant
plástica (beleza) *adj* physical beauty
plástico *sm* plastic
platéia *sf* audience
pneu *sm* tire
pó de café *exp* ground coffee
pobre *adj* poor
pobreza *sf* poverty
poço *sm* well
poder *v* can, may, be able
poderoso *adj* powerful
podre *adj* rotten
poeira *sf* dust
poema *sm* poem
pois não *exp* of course; at your service
polegada *sf* inch
polenta *sf* Italian corn porridge
policial *smf* police officer
político *sm* politician
poltrona *sf* armchair
poluir *v* pollute
poluição *sf* pollution
polvilho *sm* tapioca flour
polvo *sm* octopus
ponteiro *sm* hand (of a clock)
ponto *sm* point

__ do ônibus/taxi *sm* bus/taxi stop

pontual *adj* punctual

popeline *sf* poplin

população *sf* population

pôr *v* put, lay

porção *sf* portion, amount

porco *sm* pig

porta *sf* door

porta-jóias *sm* jewelry box

portão *sm* gate

__ de embarque *exp* departure gate

portaria *sf* entrance (of a building), lobby; hotel reception area

portátil *adj* portable

porto *sm* port

posição *sf* position

positivo *adj* positive

possessivo *adj* possessive

possibilidade *sf* possibility

potencial *adj* potential

poupança *sf* savings

caderneta de __ *exp* savings account

poupar *v* save (money)

povo *sm* people

povoado *sm* small town

praça *sf* square, plaza; playground

praga *sf* plague; curse

praia *sf* beach

prancha *sf* surf board

pranto *sm* crying; tears

prateleira *sf* shelf

prática *sf* practice

praticar *v* practice

prato *sm* plate; dish

prazer *sm* pleasure

prece *sf* prayer

preciosidade *sf* worth, preciousness

precioso *adj* precious

precisar *v* need

preço *sm* price

predatória *adj* predatory

prédio *sm* building

predominante *adj* predominant

preencher *v* fill out

prefeito *sm* mayor

prefeitura *sf* city hall

preferência *sf* preference

preferir *v* prefer

preguiçoso *adj* lazy

prejudicar *v* hurt

prender *v* capture, catch; arrest

preocupação *sf* preoccupation, worry

preocupado *adj* worried

preposição *sf* preposition

presença *sf* presence

presente *sm* present, gift

presentear *v* give a gift

preservação *sf* preservation

preservar *v* preserve

pressa *sf* hurry, rush

pressentimento *sm* hunch

prestação *sf* loan payment

prestes a *exp* about to, ready

prestígio *sm* prestige

presunto *sm* ham

pretender *v* intend

preto *adj* black

preventivo *adj* preventive

prever *v* foresee

prévio *adj* previous

previsão *sf* forecast

previsto *adj* foreseen

primário *adj* primary

primavera *sf* spring

primeiro *adj* first

primitivo *adj* primitive

primo/a *smf* cousin

princesa *sf* princess

principal *adj/sm* most important, main

príncipe *sm* prince

prior *sm* priest

prioridade *sf* priority

privativo *adj* private

privilegiado *adj* priviledged

privilégio *sm* priviledge

problema *sm* problem

procedência *sf* origin

procedente *adj* coming from, derived

processamento *sm* processing

procissão *sf* procession

procurar *v* look for

pródigo *adj* prodigal

produção *sf* production

produto *sm* product

produtor *sm* producer

profano *adj* profane

profissão *sf* profession

prognóstico *sm* forecast; omen

programação *sf* programming

progresso *sm* progress

proibição *sf* prohibition

projetar *v* project

prolongar *v* prolong

promessa *sf* promise

promoção *sf* promotion

promover *v* promote

pronto *adj* ready

pronúncia *sf* pronunciation

pronunciar *v* pronounce

proposta *sf* proposal

próprio *adj* own; proper

próspero *adj* prosperous

prosseguir *v* proceed

provar *v* try, taste; prove

provérbio *sm* proverb

provisão *sf* provision

provocar *v* provoke

próximo *adj* next

psicologia *sf* psycology

psicológo *sm* psychologist

psiquiatra *smf* psychiatrist

psiu! *interj* shhh!

publicação *sf* publication

publicar *v* publish

publicitário *sm* advertising person

público *sm* public

pudim *sm* a type of custard

pular *v* jump, dance; jump over, skip over

pulsante *adj* pulsating

pulsar *v* pulsate

pulso *sm* wrist

pungente *adj* pungent

punguista *sm* pickpocket

puxa! *interj* wow!

puxar *v* pull

Q

quadrado *sm/adj* square
quadrilha *sf* gang
quadrinho *sm* comic strip
quadriplicar *v* quadruple
quadro *sm* picture, blackboard, chart
qualidade *sf* quality
qualificação *sf* qualification
quantidade *sf* quantity
quarentena *sf* quarantine;
quarteirão *sm* city block
quarto *sm* bedroom, room; quarter
quase *adv* almost
quebrado *adj* broken, broke (slang)
quebrar *v* break, shatter
queda *sf* fall; weakness (slang)
queijo *sm* cheese
queimada *sf* burning
quentão *sm* hot alcoholic beverage typical of the June festivals
querer *v* want; love
querido *adj* dear
questão *sf* question; issue
quilo *sm* kilogram, kilo
quilômetro *sm* kilometer
química *sf* chemistry
quindim *sm* Brazilian dessert made with eggs and coconut
quintal *sm* backyard

R

raciocinar *v* think; reason
racionalmente *adv* rationally
radiante *adj* radiant; shining
radicalismo *sm* radicalism
rádio *sm* radio
radiograma *sm* radiogram
raiva *sf* anger
raíz *sf* root
ralar *v* grate
rapaz *sm* young man, boy
rápido *adv* rapid
raquete de tênis *exp* tennis racket

raramente *adv* rarely
raro *adj* rare
rasgar *v* tear
rato *sm* mouse, rat
razão *sf* reason
reação *sf* reaction
reacionário *adj* reactionary
reagir *v* react
real *adj* real; royal
realização *sf* realization
realizado *adj* realized
realmente *adv* really
reboco *sm* plaster
reboque *sm* tow
recado *m* message
recanto *sm* corner; quiet place
receber *v* receive
receita *sf* recipe
recepção *sf* reception; hotel registration desk
recheado *adj* stuffed
recibo *sm* receipt
reclamação *sf* complaint
reclamar *v* complain
reconhecido *adj* recognized; grateful
reconstrução *sf* reconstruction
recordação *sf* memory
recordar *v* remember
recorte *sm* clipping
recreação *sf* recreation
recreador *sm* amusing; sporting person
recrutamento *sm* recruitment
redação *sf* composition
rede *sf* hammock; net; network
redução *sf* reduction
reduzir *v* reduce
reencontrar *v* meet again
refeição *sf* meal
referir *v* refer to
referência *sf* reference
refinamento *sm* refinement
reforçar *v* reinforce; emphasize
refratário *adj* refractory
refresco *sm* punch, juice drink

refrigerante *sm* soft drink
regata *sf* regatta
regime *sm* diet; regime
regimento *sm* regiment
registrado *adj* registered
registrar *v* register
regravar *v* re-record; re-engrave
regulamentado *adj* regulated
regular *adj* regular
rei *sm* king
reitor *sm* rector; head of a university
rejeitar *v* reject
relacionar *v* relate; list
relâmpago *sm* lightening
relatar *v* narrate
relógio *sm* clock, watch
  _ de bolso *exp* pocket watch
  _ de parede *exp* wall clock
  _ de pulso *exp* wristwatch
remarcação *sf* mark-down (prices)
remédio *sm* medicine, drug
remelexo *sm* swaying, swinging
remetente *smf* sender
remunerada *adj* renumerated
renda *sf* income
render *(se) v* surrender
rendimento *sm* income
repartido *adj* parted, divided
repente *adj* sudden
repercussão *sf* repercussion
repercutir *v* rebound
repetir *v* repeat
repleto *adj* full
réplica *sf* response, reply
reportagem *sf* article
reposição *sf* replacement; restitution
repouso *sm* rest
representante *smf* representative
repressão *sf* repression
reprodução *sf* reproduction
reprovar *v* disapprove, reprove
republicano *adj* republican
requebrar *v* break
requentado *adj* reheated

requer *v* require
requisito *sm* requirements
reserva *sf* reservation
reservar *v* reserve
residência *sf* residence
residir *v* reside
resolver *v* resolve, solve; decide
respeitado *adj* respected
respeitar *v* respect
respirar *v* breath
resplandecer *v* shine, glitter
responder *v* answer
responsabilidade *sf* responsibility
responsável *adj* responsible
resposta *sf* response, answer
restante *adj* rest, that which remains
restaurante *sm* restaurant
resto *sm* rest, remainder
restrição *sf* restriction
resultado *sm* result
resumo *sm* summary
retirar *v* withdraw; remove
retorcido *adj* twisted
retrato *sm* picture, photo, portrait
reunião *sf* meeting, reunion
reversível *adj* reversible
revista *sf* magazine; review
revolta *sf* revolt
ribanceira *sf* bank, shore
rico *adj* rich
ricota *sf* ricotta cheese
riqueza *sf* richness; wealth
rir *v* laugh
risco *sm* risk
correr um ___ *v* take a risk
risotto *sm* Italian rice dish
rocha *sf* rock
roda *sf* wheel; circle
rodagem (estrada de) *sf* highway
roda *sf* wheel
rodízio *sm* rotation
rodoviária *sf* bus station
romance *sm* novel; romance
romântico *adj* romantic
romper *v* break, rupture

roqueiro *adj* rock music fan; rock music player
rosa *sf* rose
rosto *sm* face
rotação *sf* rotation
roteiro *sm* route, plan
rotina *sf* routine
roubar *v* steal
roupa *sf* clothing
roxo *adj* purple
rua *sf* street
rubi *sm* ruby
rude *adj* rude; rustic
ruga *sf* wrinkle
ruína *sf* ruin
rum *sm* rum
rústico *adj* rustic

S

sabão *sm* soap
saber *v* know
sabonete *m* bath, hand soap
saborear *v* savor
sacola *sf* bag
sacrificar *v* sacrifice
sacro *adj* sacred
sacudido *adj* energetic
safado *adj* shameless
Sagitário Sagittarius
saia *sf* skirt
saída *sf* exit; departure; way out
sair *v* leave; go/come out
sal *sm* salt
sala *sf* room
salada *sf* salad
salgados *sm* hors d'ourves
salsichão *sm* frankfurter
saltar *v* get off; jump
salto *sm* jump
salvar *v* save
sambista *smf* samba player/dancer
sandália *sf* sandal
sanduíche *sm* sandwich
sanfona *sf* accordion
sanitário *sm* bathroom
santa *adj* saint
sapataria *sf* shoe shop

sapato *sm* shoe
saudade *sf* nostalgia, longing
saúde *sf* health
seca *sf/adj* drought; dry
secretaria *sf* office
secretário *sm* secretary
secular *adj* secular; age-old
século *sm* century
seda *sf* silk
sede *sf* thirst
segredo *sm* secret
seguinte *adj* following, next
seguir *v* follow
seguro *adj* safe, sure
seleção *sf* All-Star team
selecionar *v* select
selo *sm* stamp; seal
selva *sf* jungle
semana *sf* week
semelhante *adj* similar
semente *sf* seed
sempre *adv* always, ever
senhor *sm* sir, gentleman, man
senhora *sf* madam, lady, wife
sensacional *adj* sensational, fantastic
sensual *adj* sensual
sentar *v* sit, seat
sentir *v* feel, be sorry; sense
ser *v* be
sereia *sf* mermaid
seresta *sf* musical party; serenade
série *adj* series
sério *adj* serious, stern
serra *sf* mountain chain
serrano *adj* mountaineer
sertanejo *sm* country person
serviço *sm* service
servir *v* serve
sessão *sf* session
setor *sm* sector
sexo *sm* sex
shopping *sm* shopping center, mall
show *sm* show
significar *v* mean, signify
signo zodiacal *exp* sign of the Zodiac

silvo *sm* whistle
sim *adv* yes
simbolizar *v* simbolize
simpático *adj* nice, pleasant; likeable
simples *adj* simple; regular (mail)
simplesmente *adv* simply
sinal *sm* signal
__ de trânsito *sm* traffic signal
sinaleiro *sm* traffic signal
sincretismo *sm* sincretism
singeleza *sf* simplicity
siri *sm* soft crab
sistema *sm* system
sisudo *adj* serious, unsmiling, stern
situação *sf* situation
situar-se *v* be located
só, sómente *adv* only, just, not until
sobremesa *sm* dessert
sobrinho *sm* nephew
socar *v* sock
social *adj* social
socialização *sf* socialization
sociedade *sf* society
sociólogo *sm* sociologist
sofá *sm* sofa, couch
sofisticado *adj* sophisticated
sofrer *v* suffer
sogro *sm* father-in-law
soja *sf* soy
sol *sm* sun
solidão *sf* solitude; loneliness
solidariedade *sf* solidarity
sólido *adj* solid
solitário *adj* solitary
solo *sm* soil, earth
solteiro *adj* unmarried
soluçar *v* sob; weep
soluço *sm* sobbing; sigh; hiccup
som *sm* sound
sonho *sm* dream
sono *sm* sleep, sleepiness
sopa *sf* soup
soprar *v* blow (air)
sôpro *sm* breath, wind
sorrir *v* smile

sorte *sf* luck
sortear *v* raffle
sorteio *sm* raffle
sorvete *sm* ice cream
sorveteiro *sm* ice cream man
sossegar *v* quiet down
sózinho *adj* all alone
subir *v* climb; go up
submeter *v* submit
suburbano *adj* suburban
sucesso *sm* success
suco *sm* juice
sufoco *sm* hard time (slang); suffocation
suicidar *v* commit suicide
suíte *sf* suite, master bedroom
sujeira *sf* dirt, filth
sujo *adj* dirty
sumir *v* flee; go away; disappear
supérfluo *adj* superfluous, extra
superioridade *sf* superiority
supermercado *sm* supermarket
supôr *v* suppose
surdo *adj* deaf; voiceless (consonant)
surgir *v* appear
surprêsa *sf* surprise
sustentar *v* support, sustain
surdo *adj* deaf; voiceless (consonant)
surgir *v* appear
surprêsa *sf* surprise
sustentar *v* support, sustain

T

tabuleiro *sm* board, game board
talher *sm* flatwear; silverware
talvez *adv* maybe, perhaps
tamanho *sm* size
também *adv* also, too
tapa *sm* slap
tapete *sm* rug, carpet
tarde *sf/adv* afternoon; late
tarifa *sf* tariff, tax

tarô *sm* tarot
taxa *sf* fee
táxi *sm* taxi, cab
tchau *interj* goodbye
teatro *sm* theater
teclado *sm* keyboard
técnico *sm* technician *adj* technical
telefonar *v* telephone, call
telefone *sm* telephone
__ sem fio cordless telephone
telefonema *sm* phone call
telefonista *smf* telephone operator
telegrama *sm* telegram
televisão *sf* television
telha *sf* roofing tile
tema *sm* theme
tempêro *sm* seasoning, spice
tempo *sm* time; weather
temporada *sf* season; period of time
temporário *adj* temporary
tenebroso *adj* dark, gloomy
tenista *smf* tennis player
tensão *sf* tension
tenso *adj* tense
tentador *adj* tempting
tentar *v* try, attempt; tempt
tépido *adj* tepid
ter *v* have
terapêutico *adj* therapeutic
terminar *v* end, terminate
término *sm* end
têrmo *sm* term
terra *sf* land; homeland; earth
terraço *sm* patio, terrace; balcony
terrestre *adj* terrestrial
território *sm* territory
tese *sf* thesis
testar *v* test
tigela *sf* bowl
tigre *sm* tiger
tijolo *sm* brick
tímido *adj* timid, shy
tinta *sf* ink, dye, paint
tio *sm* uncle
típico *adj* typical
tipo *sm* type, kind
tiragem *sf* circulation, edition

tirar *v* take; take out; remove
toalete *sf* toilette
toalha *sf* towel; table cloth
tocar *v* play; touch
toca-fita *sm* tape player
tocador *sm* player
tocar *v* play (music); touch
todo *adj* all
tomar *v* drink; take
__ **conta de** *exp* take care of
tomara que *exp* may it be that
tomate *sm* tomato
tonalidade *sf* tonality; tone
tonelada *sf* ton
tônica *sf* tonic
topar *v* come across; stumble
tópico *sm* topic
tornar-se *v* become, turn into
torneio *sm* tournament
torta *f* pie
tortuoso *adj* torturous; crooked
tossir *v* cough
totalidade *sf* totality
touca *sf* cap
Touro Taurus
trabalhar *v* work
trabalho *sm* work
tradição *sf* tradition
tradicional *adj* traditional
tragédia *sf* tragedy
trágico *adj* tragic
traição *sf* treason, betrayal
traje *sm* costume
trajetória *sf* trajectory
trancar *v* lock
tranqüilo *adj* tranquil, calm
transamazônica *adj* trans-amazonic
transar *v* have a love affair
transbordar *v* overflow
transcorrer *v* elapse
transformar *v* transform
trânsito *sm* traffic
transmissão *sf* transmission
transporte *sm* transportation
transviado *sm* pervert
trapalhão *adj* clumsy, awkward, bumbling
trapezista *smf* trapezist

tratar com *exp* deal with
trazer *v* bring
trégua *sf* cease fire
treinamento *sm* training
trem *sm* train
trevo *sm* shamrock; clover leaf
tribo *sf* tribe
tricô *sm* knitting
triste *adj* sad
trocar *v* exchange
troço *sm* thing
trôco *sm* change
trombada *sf* crash, collision
tropeçar *v* trip, stumble
trovão *sm* thunder clap
truco *sm* card game
tucano *sm* toucan
turbilhão *sm* whirlpool
turismo *sm* tourism
turista *smf* tourist
turmalino *sm* turmaline
Ué! *interj* Hey! Huh!
último *adj* last
untar *v* oil, grease
urbano *adj* urban, urbane
urubu *sm* buzzard
usar *v* use; wear
usina *sf* plant, factory
usufruir *v* enjoy
utilização *sf* use
uva *sf* grape

V

vaca *sf* cow
vacina *sf* vaccine
vaga *sf* space available; vacancy
vagão *sm* wagon
vagem *sf* green beans; pod
vaidoso *adj* vain
valentia *sf* bravery, prowess
valer *v* be worth
valor *sm* value
vantagem *sf* advantage
vão *sm* span
varanda *sf* porch, patio
variado *adj* varied
variável *sf* variable

vários *adj* several, various
vasilha *sf* bowl
vasto *adj* vast
vazio *adj* empty
vegetação *sf* vegetation
vegetal *adj/sm* vegetable
vela *sf* candle
velhice *adj* age
velhinha *sf* old lady
velho *adj* old
vencedor *adj* winner
vencer *v* conquer; overcome; win
vendedor *sm* salesman
vender *v* sell
ventar *v* blow (wind)
vento *sm* wind
ver *v* see
veranico *sm* Indian summer
veranista *smf* vacationer
verão *sm* Summer
verbena *sf* Verbena
verbo *sm* verb
verdade *sf* truth
verdadeiro *adj* time, real
verde *adj* green
verdejante *adj* verdant
vergonha *sf* shame
vermelho *adj* red
vestibular *sm* university entrance exam
vestido *sm* dress
vestir *v* wear; dress
veterinário *sm* veterinarian
véu *sm* veil
vez *sf* time; turn
viagem *sf* trip
viajar *v* travel, go on a trip, go away
vibração *sf* vibration
vibrar *v* vibrate
vida *sf* life
videocassete *sm* video-cassette
vidro *sm* glass; glass container, jar
viela *sf* alley
vigiar *v* watch over
vinagre *sm* vinegar
vinho *sm* wine

violão *sm* guitar
violência *sf* violence
violino *sm* violin
vir *v* come
virar *v* turn around; turn; turn into
Virgem Virgo
visita *sf* visit; visitor
visitar *v* visit
vista *sf* view, vista
visto *sm* visa
vítima *sf* victim
vitória *sf* victory
viúvo *sm* widower
viver *v* live
vivo *adj* alive
vizinho *sm* neighbor
voador *adj* flying
voar *v* fly
vocabulário *sm* vocabulary
vogal *sm* vowel
volante *sm* steering wheel *adj* flying
voleibol *sm* volleyball
volta *sf* return
dar uma __ *exp* go for a walk
voltar *v* return, come/go back
vontade *sf* will, desire
vôo *sm* flight
voz *sf* voice
vulgar *adj* vulgar

X

xadrez (jogo) *sm* chess
Xingú *name* Amazon river; Amazon national park
xícara *sf* cup (e.g. for coffee)

Z

zangar *v* upset
zona *sf* zone
zoológico *sm* zoo

ÍNDICE REMISSIVO